스포츠 심리학

스포츠심리학

저자 / 황진 · 김상범 · 김병준 · 김영숙

초판 1쇄 인쇄 / 2015년 2월 23일
초판 4쇄 발행 / 2021년 2월 28일

발행인 / 이광호
발행처 / 도서출판 대한미디어
등록번호 / 제2-4035호
전화 / (02)2267-9731 팩스 / (02)2271-1469
홈페이지 / www.daehanmedia.com

ISBN 978-89-5654-349-9 93690
정가 16,000원

※ 이 책은 저작권법에 의하여 보호받는 저작물이므로 무단으로 전재하거나 복제하여 사용할 수 없습니다.
※ 교재 구성상 문헌이 인용되는 부분마다 각주를 달지 못하고, 책 말미에 참고문헌으로 일괄 게재하였습니다.
  참고문헌 편저자 여러분의 양해를 구합니다.
※ 잘못 만들어진 책은 구입처 및 대한미디어 본사에서 교환해 드립니다.

2급 스포츠지도사

스포츠 심리학

머리말

    이 책에서는 스포츠운동심리학과 운동행동학(운동학습, 운동발달, 운동제어)을 광범위하게 다루고 있다. 스포츠심리학은 스포츠와 운동 상황뿐만 아니라 직업과 건강 등 삶의 여러 영역에 크게 기여하고 있다. 일례로 스포츠심리학의 지식은 트레이닝과 코칭 영역으로 확장되면서 심리와 관련된 멘탈 트레이닝이 기존의 공식적인 트레이닝에 포함되고 있는 추세이다. 운동발달과 운동제어 분야 역시 노화와 관련된 각종 신체활동 문제를 예방하고 개선시키는 열쇠를 제공해주고 있다.

    이 책의 특징은 경쟁상황에서 축적된 스포츠심리학적 지식을 비경쟁 상황인 여가와 건강 상황에 효과적으로 적용시켰다는 데서 찾을 수 있으며 궁극적인 목적은 일선 현장에서 미래의 생활체육을 이끌어나갈 예비 생활체육 지도자들이 일반인들의 운동(exercise)과 신체활동(physical activity) 참여, 행복을 증진시키는 데 심리학적 지식이 어떻게 활용되는가를 제공하는 데 있다. 이 책은 총 6개의 부로 구성되어 있다. 1부에서는 스포츠심리학의 정의, 역사, 영역과 역할을 설명하였다. 2부는 운동행동학(motor behavior)이라는 체육학의 한 분야이자 스포츠심리학을 광범위하게 정의할 때 포함되는 운동제어, 운동학습, 운동발달 분야를 다룬다. 3부에서는 성격과 동기, 목표설정, 자신감, 심상, 주의집중, 루틴 등 심리훈련을 설계할 때 기본적 정보가 되는 영역을 4부에서는 집단 응집력, 리더십, 사회적 촉진, 사회성 발달과 같이 지도자나 교사가 집단을 이끌어갈 때 중요하게 고려할 문제들이 제시되어 있다. 5부에서는 운동심리학이 중점적으로 소개되었기 때문에 운동 회원을 지도하는 지도자와 스포츠센터 관리자, 전공 대학원생 연구자가 특히 관심을 가질 것으로 기대한다. 6부에서는 스포츠심리상담과 관련된 이론 모형, 프로그램, 절차와 기법을 제시하여 스포츠와 운동 상황에서 요구되는 상담에 대한 자신감을 기르도록 하였다.

    이 책은 스포츠심리학의 여러 학문 분야에서 축적된 주요 이론과 지식을 요약해서 제시하도록 기획하였으며 스포츠심리학의 전반적인 내용이 빠지지 않고 포함되어 있기 때문에 수험서는 물론 전공서로서도 활용가치가 높다. 스포츠 지도자, 교사, 운동회원, 체육 전공자, 행정가, 건강 관련 정책 개발자, 운동선수, 스포츠 팀 관계자 등이 스포츠심리학을 도입하기에 앞서 알아야 할 정보가 녹아 있다. 모든 저자들은 이 책을 바탕으로 독자가 스포츠심리학의 발전과 역할에 대해 관심을 가지기를 기대한다.

2015년 봄
저자 일동

차례

| 머리말 5

I부. 스포츠심리학 개관
1장 _ 스포츠심리학의 정의 및 의미 10
2장 _ 스포츠심리학의 역사 16
3장 _ 스포츠심리학의 영역과 역할 24

II부. 운동기술의 원리와 학습의 이해
1장 _ 운동기술의 이해 36
2장 _ 운동학습의 이해 41
3장 _ 운동기술의 연습 45
4장 _ 운동학습의 평가 51
5장 _ 운동발달의 이해 56
6장 _ 운동발달의 평가 65
7장 _ 운동발달 프로그램 구성 및 실제 69

III부. 스포츠수행의 심리적 요인
1장 _ 성격 76
2장 _ 정서와 시합불안 88
3장 _ 동기 112
4장 _ 목표 설정 127
5장 _ 자신감 136

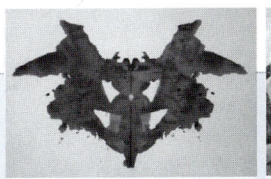

6장 _ 심상 146
7장 _ 주의집중 155
8장 _ 루틴 165

Ⅳ부. 스포츠수행의 사회심리적 요인

1장 _ 집단응집력 176
2장 _ 리더십 188
3장 _ 사회적 촉진 209
4장 _ 사회성 발달 223

Ⅴ부. 운동심리학

1장 _ 운동의 심리적 효과 234
2장 _ 운동심리 이론 247
3장 _ 운동실천 중재전략 255

Ⅵ부. 스포츠심리상담

1장 _ 스포츠심리상담의 개념 274
2장 _ 스포츠심리상담의 적용 286

| 참고문헌 297
| 찾아보기 310
| 저자소개 312

I 부
스포츠심리학 개관

스포츠심리학은 스포츠 상황에서 인간 행동을 과학적으로 탐구하는 분야이다. 운동기술의 학습, 제어, 발달에 관심을 두는 운동행동학은 1960년대 이후 체육학에서 독자적인 학문으로 자리 잡아왔다. 스포츠 상황에서 인간의 생각, 감정, 행동에 초점을 맞춘 스포츠심리학은 건강을 위한 운동에 관심을 두는 운동심리학과 구별되는 경향을 보이고 있다. I부에서는 스포츠심리학을 정의하기 위해 알아야 하는 관점, 스포츠심리학의 역사 그리고 스포츠심리학에 포함된 하위 분야의 영역과 연구 주제를 살펴본다.

1장 스포츠심리학의 정의 및 의미

 학습목표

- 광의 및 협의의 스포츠심리학을 정의한다.
- 운동행동학과 스포츠운동심리학의 관계를 설명한다.
- 스포츠운동심리학의 세부 분야와 탐구 주제를 설명한다.

1. 스포츠심리학의 정의

스포츠심리학을 어떻게 정의하는가는 스포츠심리학을 보는 관점에 따라 달라진다. 대체로 1980년대까지 스포츠심리학은 운동학습, 운동발달, 운동제어 같은 자연과학적 특성이 강한 분야까지 포함하는 넓은 학문분야로 여겨졌다. 이처럼 운동학습, 운동발달, 운동제어와 함께 '스포츠심리'를 모두 포함시켜 스포츠심리학이라고 보는 관점을 '광의의 스포츠심리학' 관점이라고 한다.

반면에 운동학습, 운동발달, 운동제어를 포함시키지 않고 사회심리학적 배경이 강한 스포츠심리 영역만을 스포츠심리학으로 간주하는 관점은 '협의의 스포츠심리학' 관점이라고 한다. 1980년대 이후 체육학 전공의 세분화 추세에 따라 광의의 스포츠심리학 관점은 약화된 반면 협의의 스포츠심리학 관점이 보편화되고 있다.

따라서 스포츠심리학에 대한 관점이 무엇인가에 따라 스포츠심리학의 정의는 크게 달라질 수 있다. 운동학습, 운동제어, 운동발달을 스포츠심리학에 포함시키는 관점은 폭이 넓다. 이런 넓은 관점은 스포츠심리학의 발전 초기부터 학문의 발전에 영향을 준 전통을 갖고 있고, 지금도 일부 국제학회에서는 이 관점을 따른다. 최근에는 운동학습, 운동제어, 운동발달을 '운동행동학(motor behavior)'으로 부르는 경향이 강해지고 있다. 좁은 관점의 스포츠심리학은 그 탐구 대상에 스포츠(sport)와 운동(exercise)을 모두 포함시켜 '스포츠운동심리학(sport and exercise psychology)'이라고 한다. 스포츠운동심리학으로 스포츠심리학을 정의할 때에는 운동행동학과는 구별하는 관점을 따르는 것이다.

일례로 Hoffman(2013)은 체육학을 생물물리 영역, 행동 영역, 사회문화 영역의 3개 영역으로 구분한다. 생물물리 영역은 운동생리학과 운동역학이 포함되고, 행동 영역에서 운동행동학(motor behavior)과 스포츠운동심리학(psychology of sport and exercise)을 구분하여 포함시킨다(표

표 1-1. 체육학에서 운동행동학과 스포츠운동심리학(Hoffman, 2013)

영역	학문분야
생물물리	운동생리학 운동역학
행동	운동행동학(motor behavior) 스포츠운동심리학(sport & exercise psychology) 스포츠교육학
사회문화	스포츠사회학 체육사 체육철학

1-1). 체육학에서 운동생리학과 운동역학이 구별되는 영역이듯이 운동행동학과 스포츠운동심리학도 구별되는 것으로 보는 관점을 취한다. 이러한 관점은 운동행동학이나 스포츠심리학을 일반심리학이 아니라 체육학에 속한 독자적인 학문으로 보고 있다.

스포츠심리학 분야에서 전통이 오래된 국제학회의 하나인 북미스포츠심리학회(NASPSPA)가 추구하는 관점은 Hoffman(2013)의 관점과는 다르다. NASPSPA는 운동발달, 운동학습, 운동제어를 포괄하는 학문 명칭으로 운동행동학(motor behavior)을 사용하고, 스포츠운동심리학(sport and exercise psychology)은 별도로 포함시킨다. 즉, 운동행동학과 스포츠심리학을 발전시키는 것을 목적으로 하는 학술단체라는 입장을 취한다. 학문분야 명칭으로 '운동행동학'이란 용어를 사용했고, 운동행동학에 운동학습, 운동발달, 운동제어를 포함했다.

NASPSPA가 표방하는 스포츠심리학 영역은 운동행동학과 스포츠운동심리학으로 구분된다. 이러한 구분은 스포츠심리학의 학문 발달에서 전통으로 이어지는 것으로 볼 수 있으며, 여러 국제학회에서도 이 분류를 따르고 있다. 국내에서도 한국스포츠심리학회(KSSP)는 운동행동학과 스포츠운동심리학을 모두 포함하는 광의의 스포츠심리학을 발전시키는 것을 목적으로 하고 있다.

운동행동학과 스포츠운동심리학은 상호 연관되어 있어 서로에게 도움을 줄 수 있다. 수행향상에 영향을 주는 여러 심리변인을 연구할 때 운동행동학의 개념과 스포츠운동심리학의 개념이 동시에 연구되기도 한다. 일례로 주의와 수행의 관계에 관한 연구는 운동행동학에서도 중요하게 다루며, 스포츠운동심리학에서도 동시에 관심을 가지는 주제이다(Gill & Williams, 2008). 선수의 코칭에 적용되는 교육 프로그램도 운동행동학뿐만 아니라 스포츠운동심리학의 지식에 의존하기도 한다. 따라서 현재의 운동행동학과 스포츠운동심리학은 학문적으로 구분되어 있지만 상호 도움을 주는 관계에 있다.

정리해보면, 스포츠심리학을 광의의 개념으로 보면 운동행동학과 스포츠운동심리학을 모두 포함한다. 반면 협의의 개념으로 보면 운동행동학을 제외하고 스포츠운동심리학만을 의미한다(표 1-2). 광의의 관점에서 스포츠심리학을 정의하는 단체와 전문 자료는 다음과 같다.

- 북미스포츠심리학회(NASPSPA)
- 국제스포츠심리학회(ISSP)
- 한국스포츠심리학회
- RQES(Research Quarterly for Exercise and Sport)

대학의 체육학 교육과정도 운동행동학과 스포츠운동심리학이 구분되는 것이 일반적이다. 주요 대학 체육학과의 교육과정은 협의의 스포츠심리학 관점을 나타낸다고 볼 수 있다. 협의의 관점을 취하면 운동행동학을 포함시키지 않고 스포츠운동심리학의 여러 주제만 다루는데, 다음의 단체와 자료가 대표적이다.

- 응용스포츠심리학회(AASP)
- Hoffman과 Harris(2000)
- JASP(Journal of Applied Sport Psychology)
- TSP(The Sport Psychologist)

표 1-2. 광의 및 협의의 스포츠심리학 특성

구분	특성
광의의 스포츠심리학	• 운동학습(motor learning), 운동발달(motor development), 운동제어(motor control), 스포츠심리(sport psychology) 영역을 모두 포함하는 관점 • 국제스포츠심리학회(ISSP), 북미스포츠심리학회(NASPSPA)는 광의의 스포츠심리학 관점을 대표하는 국제학회임 • 1980년대 이후 체육학의 전문화와 세분화 추세에 따라 광의의 스포츠심리학 관점은 점차 약해지고 있음
협의의 스포츠심리학	• 체육학의 전문화와 세분화 영향으로 스포츠운동심리학(sport and exercise psychology) 분야가 부각되면서 운동학습, 운동발달, 운동제어 분야를 포함하지 않는 관점 • 1986년 설립된 응용스포츠심리학회(AASP)는 스포츠심리학이라는 명칭이 들어 있지만 운동학습, 운동제어, 운동발달 같은 운동행동학(motor behavior)은 학회의 목적에 포함되어 있지 않고 있어 협의의 스포츠심리학 관점을 대표하는 학회임 • 협의의 스포츠심리학 관점을 대표하는 AASP에는 건강운동심리(health & exercise psychology), 수행심리(performance psychology), 사회심리(social psychology)의 3개 세부 영역이 포함되어 있음

스포츠심리학을 정의할 때에는 운동행동학과 스포츠운동심리학을 구분하는 것이 이해와 소통에 도움이 된다. 운동행동학은 운동학습, 운동제어, 운동발달을 포함하는 분야로 운동기술의 학습과 수행에 영향을 주는 인지적 과정, 신경심리적 과정과 생물학적 메커니즘, 생애에 걸친 수행에 영향을 주는 운동발달 패턴을 연구하는 데 관심을 갖는다. 스포츠운동심리학은 체육학의 한 분야로, 스포츠와 운동 상황에서 인간 행동에 관한 지식을 발전시키는 데 관심을 갖는다.

2. 스포츠심리학의 의미

광의의 스포츠심리학은 운동행동학과 스포츠심리학을 모두 포함한다. NASPSPA가 제시하는 운동행동학의 세 분야는 운동학습, 운동제어, 운동발달이며 각 분야의 탐구 영역은 다음과 같이 정리할 수 있다.

- 운동학습: 운동기술의 효율적 수행과 학습에 관련된 변인을 주로 인지적 관점에서 연구하는 영역
- 운동제어: 움직임이 어떻게 생성되고 조절되는지를 신경심리적 과정과 생물학적 메커니즘을 통해 밝히는 영역
- 운동발달: 인간의 생애에 걸쳐 운동이 어떻게 발달하는지를 탐구하는 영역

국제스포츠심리학회(ISSP)는 광의의 스포츠심리학 관점을 취하고 있어 운동행동학과 스포츠운동심리학을 모두 다룬다. 2013년 베이징에서 열린 제13차 국제스포츠심리학회 학술대회에서 분류한 주제를 살펴보면 운동행동학과 스포츠운동심리학에서 다루는 세부 주제를 이해하는 데 도움이 된다(표 1-3). 표에는 스포츠운동심리학에 18개의 세부 주제가 나열되어 있고, 운동제어/학습(motor control/learning)에 2개의 세부 주제가 제시되어 있다. ISSP는 '운동행동학(motor behavior)'이라는 용어를 사용하기보다 '운동제어/학습'이란 용어를 사용하고 있다. NASPSPA가 운동행동학이란 용어를 분명하게 사용하는 것과는 비교된다.

국제스포츠심리학회가 학술대회에서 다루는 주제의 범위를 살펴보면 수행향상의 심리에서부터 코칭심리학, 부상과 재활의 심리, 운동발달에 이르기까지 매우 다양하다는 것을 알 수 있다. 특히 스포츠운동심리학 분야는 개인 차원, 집단 차원의 주제를 포함하고 있고, 유소년과 엘리트뿐만 아니라 부상 선수까지 대상으로 한다는 것을 알 수 있다.

스포츠운동심리학 분야는 운동행동학과 상호 연관성을 갖고 있지만, 역동적으로 전문화되고 있다. 스포츠운동심리학은 체육학 교육과정을 구성하는 한 분야로, 스포츠와 운동 상황에서 인간 행

표 1-3. 제13차 국제스포츠심리학회 학술대회(베이징) 주제 분류

분야	주제
스포츠운동심리학	• 수행향상을 위한 심리적 준비와 심리훈련 • 스포츠 전문지식 • 스포츠 인지능력 • 스포츠 동기 • 스포츠 기분상태와 정서 • 번아웃과 과훈련 • 부상 예방과 재활에서의 심리적 요인 • 심리생리학 및 신경과학 관점 • 리더십 • 응집력 • 커뮤니케이션 기술 • 스포츠에서의 도덕성 • 코칭심리학 • 운동의 심리적 혜택 • 심리치료에서 운동의 역할 • 유소년 스포츠심리학 • 스포츠에서 진로개발과 진로전환 • 생애발달 관련 측면
운동제어/학습	• 운동발달 • 기술 습득

동을 과학적으로 탐구하고 그 지식을 신체활동 상황에 적용하는 데 관심을 갖는다. 스포츠운동심리학은 다음과 같은 특성을 갖는다는 점을 알아둘 필요가 있다.

- 스포츠와 운동 상황에서 인간 행동을 연구하고 적용하는 체육학의 한 분야
- 스포츠와 운동은 신체활동의 다양한 유형과 상황을 광범위하게 포함하는 용어
- 스포츠운동심리학은 인간 행동을 이해하고 이론을 발전시키는 학문
- 스포츠운동심리학은 응용 분야로 연구결과를 현장에 실천하는 데 관심이 많음

스포츠심리학은 발전 초기에 일반심리학의 이론과 연구방법에 의존했다. 현재의 스포츠심리학은 일반심리학의 한 분야라기보다 체육학의 분야로 인식되면서 이전과 달리 역으로 일반심리학에 영향을 줄 정도로 성장했다. 스포츠심리학은 관점에 따라 정의가 달라질 수 있다. 전통적으로 운동학습, 운동제어, 운동발달과 함께 스포츠심리를 모두 포함하는 광의의 스포츠심리학이 세계적으로

발전했다. 1970년대 이후로 '운동행동학(운동학습, 운동제어, 운동발달)'이란 명칭으로 이 분야가 학문적으로 발전하였다. 건강을 위한 운동(exercise)의 역할이 커지면서 협의의 스포츠심리학은 스포츠운동심리학이란 용어로 자리 잡아가고 있다.

    스포츠심리학을 대표하는 학술단체마다 목적으로 추구하는 세부 분야에서 약간씩 차이가 있다. 주요 학술단체의 웹사이트를 방문하면 임원진, 추구하는 목표, 자료, 학술대회에 관한 정보를 얻을 수 있다.

- 한국스포츠심리학회: www.kssp.or.kr
- 응용스포츠심리학회: www.appliedsportpsych.org
- 국제스포츠심리학회: www.issponline.org
- 북미스포츠심리학회: www.naspspa.org
- 유럽스포츠심리학회: www.fepsac.com

2장 스포츠심리학의 역사

학습목표

- 운동행동학의 하위 분야의 발전과정을 이해한다.
- 스포츠운동심리학의 발전과정을 알고, 최근의 경향을 설명한다.
- 운동행동학과 스포츠운동심리학의 발전에 기여한 학자의 활동을 이해한다.

1. 스포츠심리학의 발전과정

스포츠심리학 발전과정의 초창기는 운동행동학과 스포츠운동심리학의 구분이 뚜렷하지 않았다. 지금처럼 두 분야가 체육학의 독자적인 하위 학문분야로 성장하기까지 급격한 학문적 발전을 이룬다. 운동행동학의 발전과정을 먼저 살펴보고 이어서 스포츠운동심리학을 다룬다.

가. 운동행동학

운동행동학에 포함된 운동학습, 운동제어, 운동발달의 연구는 1800년대와 1900년대 초반에 시작되었다. 당시의 연구는 주로 운동기술을 이용하여 인간의 마음을 알아보고자 하였다. 다시 말해 운동기술은 그 자체가 연구 목적이 아니라 인간의 인지(cognition)를 알아보기 위한 수단이나 도구의 역할을 담당했다. Adams(1987)는 초창기 연구는 결과지식, 연습의 배분, 전이효과, 파지, 개인차 변인의 5가지에 중점을 두었다고 분석한 바 있다. 초창기 연구가 운동기술을 활용해서 인지를 알아보았다면 현대의 운동행동학은 운동기술 자체를 연구하는 것을 목적으로 한다.

운동제어의 연구도 1800년대 말에 처음 시작되었는데, 근육이 갖고 있는 스프링 특성을 연구하거나 움직임이 일어날 때 신경이 어떻게 제어되는지를 알아본 것이 최초라고 할 수 있다. 이 두 가지 초창기 연구는 모두 운동행동 자체를 연구한 것이 아니라 생물학(biology)에 관심을 둔 연구였다. 따라서 이들 연구는 운동제어의 최초 연구라고 부를 수는 있지만, 체육학 연구는 아니었다.

제2차 세계대전(1939~1945)은 운동행동학 연구가 급격하게 늘어난 계기가 되었다. 전쟁을 위해 전투기 조종사를 선발하고 훈련시키는 과정에서 운동행동 연구가 요구되었다(Adams, 1987). 전쟁을 수행해야 하는 국가의 입장에서 보면 운동기술은 전투를 잘하기 위한 필수적인 요소이므로 운동기술을 이해하는 것이 중요한 국가적 과제였다.

1960년대와 1970년대는 운동행동학이 체육학(kinesiology)의 하위 분야로 정착되는 기틀을 마련한 시기였다. 체육학은 신체활동을 과학적으로 탐구하는 분야였고, 운동행동학을 연구하는 학자들은 체육학을 학문 배경으로 갖고 체육학과에 속해서 연구와 강의를 시작했다. 운동행동학이 일반심리학이나 신경생리학에서 탈피하여 체육학에 정착하기 시작한 것이다. 당시에 운동행동학을 체육학의 학문분야로 발전시키는 데 결정적으로 기여한 학자는 프랭클린 헨리(Franklin Henry)였다. 그는 '기억고 이론(memory drum theory)'에 관한 논문을 발표하는데, 체육학 분야에서 최초의 학술 논문의 하나로 인정받고 있다(Henry & Rogers, 1960). 기억고 이론에 따르면 복잡한 운동을 할 때에는 간단한 운동에 비해 반응시간(reaction time)이 느려진다. 이는 복잡한 운동을 하기 위해 계획하는 데 시간이 많이 걸리기 때문이다. 운동 프로그램(motor program)이란 개념은 운동에 필요한 일종의 프로그램이 뇌에 있다는 개념인데, 이는 헨리의 기억고 이론에서 발전했다.

운동제어와 학습에 관한 최근 연구는 신경과 근육이 운동을 어떻게 제어하고 반복하게 하는지에 관심을 기울인다. 연구 결과는 질병이나 사고로 인해 움직임에 불편을 겪는 사람들에게 도움을 줄 수 있는 치료법을 발견하는 데 기여할 수 있다. 또 운동선수의 수행을 향상시키기 위한 목적으로도 접목될 수 있다.

운동발달은 운동학습과 운동제어와 밀접한 관련을 갖고 있다. 운동학습과 운동제어 연구에서 일종의 발달적 접근을 취하는 것이 운동발달 분야이다. 운동발달은 일반심리학의 한 분야인 발달심리학에서 유아의 반사행동을 연구한 이론과 방법에서 발전하기 시작했다. 운동발달 연구의 초창기에는 쌍둥이를 연구하여 유전과 환경이 행동에 어떤 영향을 주는지를 살피기 시작했다. 운동학습이나 운동제어와 마찬가지로 초창기에는 운동기술 자체를 연구하는 것이 아니라 다른 연구 목적을 위해 운동기술을 수단으로 사용했다.

1940년대와 1950년대에 접어들면서 발달심리학자들은 운동기술을 연구하는 데 관심이 멀어졌다. 대신 아동이 운동기술을 어떻게 습득하고, 기본 운동기술이 어떻게 형성되며, 성장이 운동수행에 어떤 영향을 주는지 등 운동기술의 발달적 측면을 연구하는 몇몇 학자(Ruth Glassow, Larry Rarick, Anna Espenschade)가 연구를 이어갔다. 이들은 운동학습과 운동제어를 발달적 관점에서 연구했고, 1960년대까지 그 분위기가 이어졌다.

1970년대에 접어들면서 운동학습, 운동제어에 관한 연구가 늘면서 운동발달 연구도 많아졌다. 운동발달은 운동행동학의 한 분야로 자리를 잡았는데, 그 이유는 운동학습이나 운동제어 분야와 관심 주제가 같으면서 발달적 접근을 취했기 때문이다. 하지만 성장과 성숙에 따른 운동수행, 기본 운동의 발달적 패턴 같은 주제는 운동발달만이 갖고 있는 전통적인 연구주제였다. 최근의 운동발달 연구 주제는 아동 대상의 운동학습 연구, 아동 대상의 운동제어 연구, 성장이 운동학습/제어/발달에 미치는 영향이라는 3가지로 묶을 수 있다(Thomas & Thomas, 2013).

나. 스포츠운동심리학

스포츠운동심리학은 스포츠와 운동 상황에서 인간의 ABC를 연구하는데, A(affect)는 감정, B(behavior)는 행동, C(cognition)는 인지를 의미한다. 스포츠와 운동에 참가하면서 인간의 ABC가 어떻게 영향을 받고 달라지는지에 관심을 기울이는 체육학의 하위 학문이다. 스포츠운동심리학은 일반심리학과 밀접한 관련을 갖고 발전해왔다. 심리학은 인간의 사고, 감정, 행동을 다루는 분야이며, 스포츠운동심리학은 스포츠와 운동 상황에서 생각, 감정, 행동을 다룬다.

스포츠운동심리학은 1900년대 말에 최초의 연구가 이루어졌다. 1960년대에 와서 전문 국제학회가 창설되는 등 체육학 학문분야의 하나로 인정받기 시작했다. 스포츠운동심리학의 발전과정은 태동기, 그리피스 시대, 1960년대와 1970년대, 현재의 스포츠운동심리학이라는 4단계로 구분하는 것이 일반적이다.

태동기의 대표적 학자는 노먼 트리플릿(Norman Triplett)이다. 그는 1989년에 다른 사람의 존재가 사이클 수행에 어떤 영향을 주는지를 연구했다. 신기하게도 혼자서 사이클을 탈 때보다 다른 사이클을 여럿이 함께 타면 수행이 더 좋아지는 것을 발견했다. 이러한 연구 주제는 현대에 와서 사회적 영향 또는 사회적 촉진(social facilitation)으로 자리 잡았다. 신체활동과 정신건강의 연관성에 관한 연구도 2000년대 초반에 관심이 높아졌는데, 대표적인 것으로 운동이 우울에 미치는 영향에 관한 Franz와 Hamilton(1905)의 연구가 있다.

1919~1938년간 미국의 일리노이대학교 교수였던 콜먼 그리피스(Coleman Griffith)는 스포츠심리학을 아주 체계적으로 연구했는데, 주제와 방법이 지금과 유사한 측면이 많았다. 그래서 스포츠심리학의 진정한 시작은 콜먼 그리피스부터라고 보는 관점이 인정받고 있고, 그를 '북미 스포츠심리학의 아버지'라 부른다. Griffith는 운동연구실험실(Athletic Research Lab)을 설립하고 연구논문과 책을 출간했다. 특히 그의 저서 2권(『코칭심리학』, 『심리학과 운동경기』)은 스포츠심리학 분야의 최초 저서로 알려져 있다. 당시 유명 운동선수와 인터뷰를 통해 스포츠 종목에서 요구되는 심리적 속성을 연구했고, 프로야구팀인 Chicago Cubs의 스포츠심리 컨설턴트를 맡았다. 1920년대에는 프로팀의 심리 컨설턴트를 했을 정도로 스포츠심리학의 현장 접목에 관심을 기울였다.

Griffith는 유명 선수의 심리적 프로파일을 만들었고, 자신감과 동기를 끌어올리는 방법을 연구하기도 했다. 이처럼 지금의 스포츠심리학자와 매우 비슷한 연구와 컨설팅을 한 그였지만, 안타깝게도 후진을 양성하지 못했다. 그 결과 자신의 연구 성과를 후학이 이어가지 못했고, 그 결과 1960년대까지 이 분야는 침체를 겪는다.

1960년대에 들어서면서 스포츠심리학은 국제적 학술단체가 만들어지기 시작한다. 학술단체의 형성은 연구자들이 교류하는 장이며, 하나의 학문이 독자적으로 발전한다는 증거로 여겨진다. 국제스포츠심리학회(ISSP)가 1965년에 첫 모임을 가졌고, 북미스포츠심리학회(NASPSPA)는 1967년에 설립된다. 캐나다운동학습스포츠심리학회는 1969년에 창설되어 학자들이 연구 성과를 교류하기 시작한다.

1970년대에 와서 스포츠심리학은 체육학의 하위 전공분야로 공식적으로 인정받기 시작한다. 북미를 비롯한 전 세계의 주요 대학에서 스포츠심리학 연구가 체계적으로 진행되었다. 이들 연구결과는 1979년에 발간되기 시작한 「Journal of Sport Psychology(JSP)」에 발표되었다. 당시 대부분의 연구는 실험실에서 실험연구로 이루어졌는데, 일반심리학 이론을 스포츠에서 검증하는 목적을 갖고 있었다. 일반심리학 이론을 빌려와 실험실이라는 인위적 장소에서 실험하는 연구를 당연하게 받아들이던 시대였다. 당시 일리노이대학의 레이너 마튼스(Rainer Martens)는 스포츠에서의 경쟁불안을 체계적으로 연구하고 측정도구까지 개발했다. Martens의 연구 성과는 지금도 학자와 지도자들 사이에서 인정받고 있다.

1980년대 이후는 지금과 같은 스포츠운동심리학이 자리를 잡기 시작했다. 첫째, 운동심리학(exercise psychology)이 스포츠심리학(sport psychology)으로부터 분리되어 체육학에서 독자적인 학문 영역으로 자리를 잡았다. 운동을 통한 건강에 관심이 늘면서 운동심리학에 관한 체계적 연구 프로그램과 대학원 과정이 발전하기 시작한 것은 1980년대에 나타난 특징적인 현상이다. 모건(William P. Morgan)은 스포츠심리학과 구별되는 분야로 운동심리학을 발전시킨 주역이었다. Rainer Martens는 운동의 심리생리적 측면을 체계적으로 연구하여 운동심리학의 토대를 마련하는 데 기여했다. 운동심리학의 영향력이 커지면서 국제학술지 JSP는 운동(exercise)이란 명칭을 학술지명에 추가로 포함시키는 결정을 내려 JSEP(Journal of Sport and Exercise Psychology)로 바뀐다. 따라서 스포츠운동심리학의 발전은 스포츠심리학이 먼저 발전했고, 1980년대 이후에 운동심리학이 스포츠심리학과는 구분되는 독자적 영역으로 발전하기 시작했다는 것을 알 수 있다. 이 두 분야는 다르기도 하지만 이론과 방법 측면에서 유사점도 있어 스포츠운동심리학이라는 학문분야로 대표해서 불리는 것이 일반적이다.

1980년대는 스포츠운동심리학의 발전과정에서 실험실보다는 현장연구가 급격하게 증가한 시기였다. 이전에는 일반심리학의 이론과 방법을 빌려와 실험실에서 인위적인 과제로 실험을 하는 연구가 주를 이루었다. 하지만 스포츠와 운동의 실제 상황에서 인간의 행동, 감정, 생각을 보다 잘 이해하기 위해서는 현장을 중시해야 한다는 견해가 지지를 받으면서 현장연구가 크게 늘었다. 1980년대 이후 스포츠운동심리학에서 현장연구가 늘면서 현장적용 가치를 중시하는 새로운 학술지가 등장한다. 다음 학술지 2종은 스포츠운동심리학의 연구 중에서 현장에 관심을 두는 연구를 주로 게재한다.

- TSP: The Sport Psychologist(1987년 발간)
- JASP: Journal of Applied Sport Psychology(1989년 발간)

1990년대 이후부터 연구가 축적되면서 스포츠심리학과 운동심리학은 별도의 학문분야로 발전한다(Vealey, 2009). 최근의 발전과정에서 가장 주목할만한 사건으로 AASP(당시에는 AAASP)가 1991년에 스포츠 참가자에게 심리상담을 할 수 있는 전문가가 갖춰야 할 자격 기준을 마련하고 자격제도를 시행한 것을 들 수 있다. AASP의 자격제도는 미국 올림픽위원회에서 대표선수의 심리상담 자격으로 인정하게 되었다. 스포츠운동심리학 분야에 등장한 자격제도는 세계 여러 나라에 영향을 주었다. 우리나라의 경우 2004년에 한국스포츠심리학회가 스포츠심리상담사 자격제도를 도입했는데, AASP의 자격제도의 영향을 받은 것이다.

스포츠운동심리학은 스포츠와 운동 상황에서 인간의 생각, 감정, 행동을 체계적으로 연구하는 분야이다. 생각, 감정, 행동을 연구하기 위해 연구방법도 특별하게 발전해왔다. 스포츠운동심리학 연구에서 자주 사용되는 연구방법은 다음과 같이 6가지로 구분된다.

- 질문지: 스포츠운동심리학 연구에서 가장 널리 사용되는 방법이다. 질문지에는 나이, 운동종목과 같이 구분을 위한 목적의 질문이 포함될 수 있다. 이보다는 주로 특정 생각, 감정, 행동을 측정하기 위해 표준화된 양식으로 만들어진 질문들로 구성된 것이 일반적이다. 경쟁불안, 동기, 자신감 등을 측정하기 위한 질문지가 개발되어 있다.
- 인터뷰: 스포츠와 운동 참가자의 신념, 체험, 가치 등을 알아보기 위해 심층적인 인터뷰를 이용한다. 인터뷰를 이용하면 운동의 중도 포기 이유에 대해 응답자의 관점에서 어떻게 생각하는지를 아주 생생하게 찾아낼 수 있다. 표준화된 제한된 문항으로 알아보는 질문지보다 융통성이 더 크다. 인터뷰를 위해서는 인터뷰 절차를 체계적으로 마련해야 하며, 인터뷰를 수행하는 연구자도 훈련을 받아야 한다.
- 관찰: 스포츠와 운동 상황에서 참가자의 활동을 측정하는 목적으로 자주 사용되는 방법이다. 지도자의 코칭행동을 관찰해서 코칭 피드백을 주기 위한 목적이라면 관찰이 적합하다. 관찰을 위해서는 행동 범주를 정의해야 하고, 체크리스트 같은 코딩 시스템을 이용한다. 관찰의 신뢰도와 타당도를 높이기 위해 관찰자를 미리 훈련시키며, 신뢰도도 점검한다.
- 생리적 측정: 바이오피드백과 같이 신체나 심리상태를 나타내는 생리적 지표를 측정하는 방법이다. 스트레스를 알아보기 위해 생리적 지표를 측정할 수 있는데 혈압, 심박수가 여기에

해당한다. 최근에는 뇌파를 이용하여 이완상태나 집중을 알아보기도 한다.
- 생화학적 측정: 자주 사용되지는 않지만 혈액, 소변을 분석하는 방법이 이용된다. 생화학적 분석을 통해 스트레스에 대한 반응이나 정서 상태를 추정하는 것이 가능하다.
- 내용분석: 질적 연구를 통해 수집한 문서자료, 신문자료, TV프로그램 내용 등과 같은 텍스트를 분석할 때 사용한다. 내용을 분석하여 유사한 내용끼리 묶고 의미를 부여하는 방식으로 진행된다. 내용분석은 자세하게 기록된 자료를 바탕으로 의미 있는 주제를 찾아낼 수 있어 스포츠운동심리학 연구에서 자주 이용된다.

2. 우리나라의 스포츠심리학

우리나라 스포츠심리학의 출발은 앞에서 설명한 세계적 추세와 비교할 때 수십 년 정도 늦었다. 우리나라의 스포츠심리학은 초창기 주요 대학에서 관련 과목이 개설되는 것에서 출발하였다. 연구보다는 교육이 중심이 되었다. 1940년대에 경북대, 이화여대를 비롯하여 국내 몇 개 대학에 체육 관련 학과가 생기면서 스포츠심리학이 '체육심리학'이란 명칭으로 개설되기 시작했다. 당시의 개설과목에서 다룬 교재와 강의 내용에 관한 자료를 구하기는 쉽지 않지만, 1970년대에 사용된 체육심리학 교재를 보면 일본의 영향을 받은 것으로 추정된다.

우리나라의 스포츠심리학은 일반심리학과의 교류가 거의 없는 상태에서 발전했다. 즉, 북미의 스포츠심리학은 발전 초기에 일반심리학의 주제와 방법을 많이 빌려왔다. 하지만 우리나라에서는 다른 학문도 마찬가지이지만 스포츠심리학은 외국의 지식을 받아들이는 방식으로 발전해왔다. 따라서 연구 주제와 방법이 국내 환경에서 독자적으로 발전하기보다는 미국, 유럽, 일본에서 유학한 학자들에 의해 소개되면서 발전해왔다.

우리나라 스포츠심리학 발전의 또 다른 특징은 스포츠심리학이 일반심리학의 영역과는 별다른 교류 없이 체육학의 범위 내에서 자리를 잡아갔다. 한국체육학회의 창설(1953년)과 한국체육학회지(1955)의 창간으로 스포츠심리학이 체육학의 범주에서 발전하기 시작한다. 이처럼 초창기부터 체육학의 범주에서 스포츠운동심리학이 발전한 것은 외국에서 발전되고 있는 지식을 받아들이는 입장이었기 때문이다.

1986년 아시안게임과 1988년 올림픽 개최 이후에 스포츠운동심리학을 포함하여 체육학이 전문화의 길을 가기 시작했다. 1988년 서울올림픽은 사회, 경제, 문화적으로 우리나라가 발전하는 계기가 되었을 뿐만 아니라 체육학도 급성장하게 된 계기가 되었다. 올림픽이 개최되기 직전에 스포츠과학학술대회가 개최되는데, 서울과 천안에서 개최된 스포츠과학학술대회는 우리나라의 체육학자가 세계 여러 나라에서 온 학자와 교류하는 첫 번째 대규모 장이었다.

당시 스포츠과학학술대회에서는 '분과' 개념이 도입되었는데, 분과는 우리나라 체육학의 하위 전공분야를 정의하는 데 상당히 큰 영향을 미쳤다. 이전까지는 체육학자가 실기를 몇 종목 지도하고 전공하는 하위 학문분야에 대한 정체성이 크지 않은 경우가 많았다. 하지만 스포츠과학학술대회에서는 '분과'가 철저하게 지켜지는 모습을 보고 각 대학에 소속된 교수는 자신이 어느 분과에 속하는지 정해야 하는 압력을 느끼게 되었다.

1988년의 학술대회를 계기로 스포츠심리학뿐만 아니라 체육학의 여러 하위 학문분야(운동생리학, 운동역학, 스포츠사회학, 스포츠교육학 등)는 독자적인 영역을 구축하기 시작했다. 우리나라의 스포츠심리학계도 이 행사의 영향을 받아 올림픽 다음 해에 한국스포츠심리학회를 창설(1989)했고, 한국스포츠심리학회지(1990년)도 발간하기 시작했다. 한국스포츠심리학회는 국내의 스포츠심리학 전공자의 학술 교류의 장이며, 1년에 몇 차례 자체 학술행사를 수행한다. 이화여자대학교 김종선 교수가 학회의 초대 회장을 지냈으며, 2015년에는 제14대 회장이 학회를 이끌고 있다.

우리나라의 스포츠심리학은 한국스포츠심리학회의 발전과 호흡을 같이해왔다. 이 학회지는 앞에서 언급했듯이 광의의 스포츠심리학 관점을 따른다. 즉 운동학습, 운동제어, 운동발달 분야의 학자들이 스포츠심리학 학자들과 함께 학술적 교류를 하고 있다. 학회 초창기에는 외국의 연구 분위기에 따라 실험실에서 운동과제를 다루는 실험연구가 주를 이루었다. 이후에 질문지를 사용하는 스포츠심리학 연구가 폭발적으로 증가했다.

1980년대는 외국에서 유학한 학자들이 귀국하여 연구와 교육을 하면서 외국의 스포츠심리학을 소개하기 시작한 시기였다. 당시에는 미국, 유럽, 일본에서 유학한 학자가 많았는데, 유학을 다녀온 학자들은 자신의 박사학위 논문을 바탕으로 새로운 주제와 연구방법을 전해주기 시작했다. 유학파의 등장은 그전까지 일본의 영향을 받은 체육심리학의 학풍과 비교되면서 새로운 성장 동력으로 자리 잡기 시작했다. 유학을 다녀온 학자들은 자신의 전공분야가 매우 구체적으로 정해져 있었다. 즉, 운동행동학을 전공했는지 스포츠운동심리학을 전공했는지가 분명하게 구분되었다.

2000년대에 접어들면서 우리나라의 스포츠운동심리학은 새로운 도약을 시작한다. 미국의 AASP가 갖고 있는 자격제도를 본받아서 2004년에 스포츠심리상담사 자격제도가 도입된다. 자격제도는 3개의 급으로 구분되어 있는데 등급별로 학력, 현장수련, 연구, 학회 참가에 관한 기준이 다르게 정해져 있다. 1급 스포츠심리상담사는 스포츠심리학 전공으로 박사학위를 취득하고 200시간 이상의 현장수련을 마쳐야 취득이 가능하다. 2급의 경우 석사학위와 140시간의 현장수련을 마쳐야 한다. 3급은 현장수련이 부과되지 않은 일종의 대중적 자격이다. 3급을 취득하면 석사학위가 없어도 2급에 지원할 수 있고, 2급은 박사학위가 없어도 1급을 신청할 수 있도록 되어 있다(표 1-4).

한편 국내 주요 대학은 운동행동학이나 스포츠운동심리학을 전공하여 석사학위와 박사학위를

표 1-4. 한국스포츠심리학회 1, 2급 스포츠심리상담사 자격 취득 요건

항목	내용	1급	2급
1. 현장수련	1) 심리훈련 및 상담(60%)	120시간 이상	84시간 이상
	2) 심리측정 및 분석(20%)	40시간 이상	28시간 이상
	3) 훈련 또는 시합 관찰(20%)	40시간 이상	28시간 이상
총 수련 시간		200시간 이상	140시간 이상
2. 사례발표		발표 2회 이상	발표 1회 이상
3. 학술행사 참가		50시간 이상	30시간 이상
4. 슈퍼비전		10회 이상	7회 이상

받을 수 있는 프로그램을 운영하고 있다. 이들 학위 프로그램은 심리학과에서 개설한 사례는 찾기 힘들며, 체육 관련 학과에서 운영하고 있다. 우리나라에서 체육학의 하위 학문분야인 스포츠심리학이 일반심리학과 교류가 거의 없는 것은 발전과정에서 외국에 의존해왔기 때문으로 보인다.

우리나라 대학의 체육 관련 학과에서는 학부 전공생에게 1~2개의 스포츠심리학 관련 과목을 개설해준다. 스포츠심리학이란 명칭으로 과목이 널리 개설되면 운동학습과 운동심리학이 뒤를 잇는다. 학교에 따라 운동심리상담, 운동발달, 응용스포츠심리학을 개설하기도 한다. 최근 엘리트 선수와 프로 팀 등에서 스포츠심리 컨설팅을 찾고 있고, 언론에서 스포츠심리학을 보도하면서 스포츠심리학에 대한 대중적 인기도 높아지고 있다. 고등학생 중에는 스포츠심리학을 자신의 진로로 삼기 위해 미리 탐색하는 사례도 늘고 있다.

3장 스포츠심리학의 영역과 역할

📖 **학습목표**
- 스포츠심리학, 운동제어, 운동학습, 운동발달, 운동심리학의 연구 영역을 이해한다.
- 스포츠심리학, 운동제어, 운동학습, 운동발달, 운동심리학 연구가 어떤 공헌을 하는지 설명한다.

1. 스포츠심리학

스포츠심리학은 두 가지 목적을 가진다. 첫 번째 목적은 심리가 독립변인, 스포츠수행이 종속변인이 되는 상황을 분석하는 것이다. 즉, 심리적 요소가 스포츠수행에 어떤 영향을 주는가를 알아보는 것이다. 두 번째 목적은 스포츠수행 또는 참가가 독립변인, 심리적 변화가 종속변인이 되는 관계를 이해하는 것이다. 쉽게 말해 스포츠 참가가 심리에 어떤 영향을 주는가를 이해하는 것이다.

첫 번째 목적인 심리적 요인이 스포츠수행에 영향을 주는 연구문제를 몇 가지 들면 다음과 같다.

- 불안이 농구 자유투의 성공률에 어떤 영향을 주는가?
- 자신감 수준에 따라 아동의 수영 학습에 어떤 차이가 있는가?
- 응집력이 높은 팀과 낮은 팀은 리그에서 팀 성적에 어떤 차이가 있는가?

다음으로 스포츠 참가가 심리에 어떤 영향을 주는가를 다루는 예는 다음과 같다.

- 등산을 규칙적으로 하면 우울과 불안에 어떤 영향을 주는가?
- 태권도 수련을 하는 아동은 성격이 공격적으로 변하는가?
- 방과 후 스포츠클럽에 참가한 학생들은 자기존중감이 향상되는가?

가. 주요 연구 주제

Vealey(2009)는 스포츠심리학이 다루는 주요 주제를 6개로 구분하였는데 여기에는 성격, 동기, 에너지 관리, 개인 및 집단 과정, 유소년스포츠심리, 수행향상 기법이 포함된다. 〈표 1-5〉에는 대학의 스포츠심리학 과목에서 다루는 주제를 예로 제시하였다.

- 성격: 스포츠심리학 연구의 초창기에 엘리트 선수가 갖고 있는 독특한 성격 특성을 파악하는 데 집중하였다. 당시에는 단체종목과 개인종목을 비교하거나 접촉종목과 비접촉종목을 비교해서 성격 차이를 알아내는 연구가 진행되었다. 하지만 운동선수가 선천적으로 갖고 있는 성격은 존재하지 않는 것으로 나타났다. 최근에는 타고난 성격보다는 우수 선수가 갖고 있는 강점으로서 인지 심리적 특성을 밝히는 데 관심이 높아졌다. 이들 연구에서는 우수 선수는 그렇지 않은 선수에 비해 자신감이 높고, 보다 효과적인 인지 전략을 사용하며, 주의집중 전략이 뛰어나고, 각성 수준을 잘 조절하며, 감정과 생각을 잘 조절하고, 자신의 종목에 대한 전념도가 높은 것으로 밝혀졌다.
- 동기: 동기란 어떤 행동을 하게 만드는 내적·외적 힘들의 합이라고 할 수 있다. 스포츠심리학에서는 동기를 여러 이론적 관점에서 탐구해왔다. 내적 동기와 외적 동기가 어떤 영향을 미치는지, 외적 보상이 동기에 어떤 영향을 주는지는 초창기부터 지금까지 지속적인 관심 주제이다. 내적 동기를 높이기 위해 스포츠 환경을 어떻게 만드는 것이 바람직한가에 대한 해답도 어느 정도 구한 상태이다. 최근에는 지도자가 만드는 동기 분위기가 선수나 학생에게

표 1-5. 대학의 스포츠심리학 과목 강의 주제 예시

주제	내용
스포츠심리학 소개	스포츠심리학의 정의, 역사와 발달과정, 영역과 역할
스포츠 성격	성격의 정의, 성격 모형, 성격 측정, 성격과 운동수행
스포츠 경쟁불안	각성, 불안, 스트레스, 경쟁불안과 운동수행
스포츠 동기	동기와 행동, 성취동기, 유능감, 목표성향, 동기 분위기
스포츠 동기	인지평가 이론, 자기결정 이론, 귀인 이론
주의와 인지기술	주의집중, 이완, 심상
주의와 인지기술	목표설정, 인지재구성, 루틴
자기지각	신체적 자기개념, 자기존중감, 자신감과 자기효능감
스포츠와 응집력	응집력 개념, 응집력의 측정, 링겔만효과, 응집력과 수행
스포츠 리더십	리더십의 개념과 이론, 효과적인 리더십과 수행, 코칭행동
스포츠와 정서	긍정과 부정적 정서, 정서모형, 재미와 몰입
사회적 영향	사회적 촉진, 관중효과, 모델링, 기관찰과 주요 타자
공격성과 인성발달	공격성의 정의, 공격성 이론, 도덕성, 스포츠와 인성발달
탈진과 재활심리	탈진의 원인과 증상, 탈진모델, 부상선수의 심리적 반응과 처치

어떤 영향을 주는지도 연구하고 있다.
- 에너지 관리: 각성(arousal)은 심신의 활성화 수준을 말하는데, 시합에 참가한 선수라면 각성이 감정과 행동에 영향을 준다는 것을 잘 알고 있다. 경쟁적인 스포츠에서 각성이 달라지면서 나타나는 각종 현상에 관한 다양한 이론과 개념이 등장했다. 각성과 관련된 개념으로 불안, 스트레스 등에 대한 연구도 많이 진행되었다. 특히 경쟁불안에 관한 이론으로 역U자 이론, 다차원불안 이론, 카타스트로피 이론, 적정 에너지역(optimal energy zone) 이론 등이 주목을 받았다.
- 개인 및 집단 과정: 다른 사람의 존재가 수행에 주는 영향, 집단 속에서 개인의 동기가 저하되는 현상, 팀의 응집력이 팀 수행과 개인 만족에 미치는 영향, 리더십의 개념과 이론에 관한 연구도 스포츠심리학에서 중요한 주제이다. 스포츠에서 발생하는 공격행동(aggression)의 원인과 결과를 알아보는 연구가 아이스하키 같은 접촉 종목에서 많이 이루어졌다.
- 유소년스포츠심리: 유소년스포츠가 널리 보급되면서 스포츠 참가와 아동의 심리적 성장에 관해서도 스포츠심리학이 오랫동안 연구를 해왔다. 아동의 스포츠 참가와 지속에 영향을 주는 요인, 스포츠 참가가 아동의 심리적 성장에 주는 영향, 아동의 스포츠 중도 포기의 원인과 대책, 아동기 스포츠 참가 경험과 성인기 신체활동 습관의 관계 등이 핵심적인 주제이다.
- 수행향상 기법: 스포츠심리학의 현장 응용 관점에서 다양한 심리기술 훈련 기법이 개발되었다. 심리기술 훈련 기법은 경기력 향상에 목적을 두지만, 심리적 성장 그 자체에 목적을 두기도 한다. 이 분야에서 널리 연구된 기법에는 목표설정, 자기암시, 각성조절, 이미지트레이닝, 주의집중, 이완기법이 포함된다. 다양한 수행향상 기법이 개발되고 검증되면서 각급 선수 개인이나 팀을 대상으로 수행향상 기법을 적용하는 연구 사례도 늘어났다.

나. 스포츠심리학의 역할

스포츠심리학 전문가는 연구, 교육, 상담 역할을 수행한다(그림 1-1). 이 3가지 역할은 상호 영향을 주는 관계에 있어 연구 성과를 교육에 활용하기도 하고, 상담 사례를 토대로 연구가 진행되기도 한다.

- 연구: 대학이나 연구기관에서 스포츠심리학 연구를 수행한다. 연구 결과는 학회 발표를 통해 동료 연구자와 논의하고, 학술지에 논문으로 게재하기도 한다. 연구를 통해 새로운 지식을 발견하여 스포츠심리학 발전에 기여한다.
- 교육: 스포츠심리학자는 대학에서 스포츠심리학, 스포츠운동심리학, 운동심리학, 운동학습 같은 과목을 강의한다. 체육학 연구법 같은 다른 과목을 강의하기도 하고, 대학원에서 보다

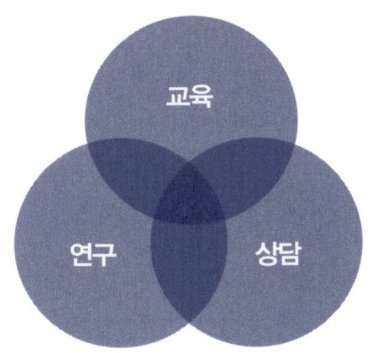

그림 1-1. 스포츠심리학 전문가의 역할

전문화된 과목을 강의하기도 한다.
- 상담: 선수와 팀을 대상으로 심리기술훈련(PST)을 하거나 심리상담을 해주는 역할을 한다. 선수 개인이나 팀으로부터 심리훈련 요구가 많아지고 있어 스포츠심리학자가 상담할 기회가 많아지고 있다. 선수 개인, 선수단 전체 또는 지도자를 대상으로 스포츠심리에 관한 지식을 전달하는 역할도 여기에 포함된다.

2. 운동제어

운동제어(motor control)는 인간의 움직임이 어떻게 생성되고 제어(조절)되는가에 관심을 가진다. 운동의 제어에 관해서는 크게 두 가지 관점이 존재한다. 첫째는 운동 프로그램(motor program) 관점으로, 대표 학자는 Schmidt(1975, 1991)이다. 운동 프로그램은 컴퓨터 프로그램 같은 역할을 한다고 본다. 뇌에 저장되어 있는 운동 프로그램을 선택해서 작동시키면 우리 몸의 어떤 근육을 어떻게 수축할 것인지에 대한 명령이 전달된다. 운동 프로그램은 다음과 같은 5가지 역할을 한다.

- 동작을 하는 데 필요한 근육 선정
- 근육이 수축하는 순서 결정
- 근육이 수축되는 힘의 크기 결정
- 수축의 상대적 타이밍(relative timing) 결정
- 수축의 지속시간 결정

운동 프로그램 관점은 몇 가지 한계를 갖고 있다. 인간이 할 수 있는 수많은 동작을 고려할 때

각 동작을 제어하는 운동 프로그램을 뇌에 저장하려면 과부하가 걸릴 수도 있다. 운동 프로그램 이론은 프로그램 저장으로 인한 과부하의 문제를 해결하기 위한 시도로 도식(schema) 개념을 도입한다. 도식이란 동작의 특성이 비슷한 것끼리 함께 묶어서 처리할 수 있는 일종의 융통성을 의미한다.

운동 프로그램 이론에 만족하지 않은 학자들은 다이내믹 시스템 이론을 대안으로 제시했다(Kelso, 1995; Fischman, 2007). 이 이론은 운동 프로그램의 역할을 축소시키는 대신 지각 시스템과 동작 사이의 직접적인 연결관계를 더 중시한다. 협응구조(coordinated structure)는 의사결정이나 중추신경계에서 통제에 그다지 의존하지 않으면서도 동작을 가능하게 해준다. 다이내믹 시스템 이론에서는 자유도, 제한요소, 협응구조, 어포던스, 비선형성, 상대적 타이밍 같은 특별한 개념이 사용된다.

운동제어의 최근 동향은 뉴로사이언스의 접목이다. 운동제어 학자들은 운동제어의 메커니즘을 알아내기 위해 인간의 운동행동을 분석하는 것뿐만 아니라 동물 대상의 연구를 통해 운동제어의 신경적 기초를 파악하기 시작했다. 또 컴퓨터 발전에 힘입어 수학적 모델링 기법을 이용하여 뇌가 운동행동을 어떻게 통제하고 협응시키는지를 알아보는 시도도 이루어졌다. 최근에는 뇌를 촬영하는 기법이 발전하면서 뇌 활동과 운동제어의 관계를 파악하는 것이 가능해졌다. 전통적인 뇌 활동 기록법인 EEG도 활용되지만 보다 첨단 기법인 PET, MRI, NMR, fMRI 같은 촬영기법도 적용되고 있다.

운동제어에 관한 지식을 활용하면 초보자부터 숙련자에 이르기까지 동작의 학습과 효율적 수행에 도움을 줄 수 있다. 뇌, 신경계, 근육이 운동을 조절하기 위해 어떤 역할을 하는지를 이해하려고 노력하는 분야가 운동제어이다. 주로 운동을 어떻게 학습하는지에 관심을 가지는 분야인 운동학습(motor learning)도 운동제어 지식을 활용하면 보다 효율적인 학습이 가능해진다. 뇌를 촬영하는 기법을 활용한 운동제어가 시도되면서 운동제어에 어려움을 겪는 환자나 장애인의 운동을 도와주는 연구도 전망이 밝아지고 있다.

대학에서는 운동제어를 운동학습과 연계시켜 과목을 개설하는 경우가 많다. 운동학습과 운동제어 지식은 연계되어 있고 상호 도움을 줄 수 있기 때문이다. 〈표 1-6〉은 운동학습 및 제어 과목에서 다루는 강의 주제를 예로 제시한 것이다.

표 1-6. 대학의 운동학습 및 제어 과목 강의 주제 예시

주제	내용
운동학습 및 제어 소개	과목 소개, 이론과 현장 활용
운동학습의 개념	운동학습의 과정, 운동학습의 주요 요인
운동기술의 이해	운동기술의 개념 및 분류, 운동행동 연구의 이론 소개
운동의 측정	운동결과의 측정, 운동과정의 측정, 운동학습의 측정
정보처리와 운동수행	정보처리와 운동학습, 주의와 운동수행, 기억과 운동학습
운동수행의 정확성	운동 정확성, 운동수행의 정확성 이론, 운동수행과 타이밍
운동협응	협응의 개념과 의미, 다이내믹 시스템 이론과 운동협응
운동협응의 적용	운동기술학습과 운동협응, 재활훈련과 운동협응
운동학습의 개념	운동학습의 정의 및 의미, 운동학습 이론
운동학습과 피드백	운동학습과 피드백, 피드백의 분류, 보강피드백
운동기술의 연습계획	연습의 구성, 효과적인 연습을 위한 전략
운동학습의 평가	운동학습의 파지, 운동학습과 전이
운동 숙련성	운동 숙련성의 의미, 운동학습과 숙련성, 주의와 시각탐색전략

3. 운동학습

운동학습은 운동기술을 효율적으로 습득하는 데 필요한 원리를 발견하는 데 관심을 갖는다. 가장 핵심적인 주제는 '운동을 어떤 방식으로 연습할 것인가?'와 '피드백을 어떻게 제공하는 것이 수행과 학습에 도움이 되는가?'라 할 수 있다. 이 두 가지 주제에 대해 많은 연구가 이루어졌는데, 일부 연구 결과는 우리가 일반적으로 예상했던 것과는 다른 결과를 보여주기도 한다.

먼저 연습법에 관한 연구는 연습 전에 목표설정, 설명, 시범과 모델링, 심리적 연습에 주목하며, 연습 중에는 연습의 설계와 맥락을 다룬다. 연습법으로는 가변연습과 불변연습, 집중연습과 분산연습, 무선연습과 구획연습의 효과를 분석하였다. 구획연습과 같이 어려움을 겪지 않고 단순하게 반복하는 연습법은 연습 때 당장은 효과가 좋지만 장기적으로 효과가 떨어진다는 결론도 제시되었다.

피드백에 관한 연구는 피드백의 유형을 나누고, 어떤 피드백이 수행과 학습에 도움이 되는지를 발견하는 데 초점을 맞췄다. 피드백은 수행지식(KP)과 결과지식(KR)으로 구분된다. 피드백을 연

구할 때에는 빈도, 정확성, 유형, 지연간격 같은 변인을 사용하였다. 흥미 있는 사실은 피드백의 빈도를 낮추는 것이 단기적으로는 어려움을 겪을 수 있지만 장기적으로 도움이 된다는 것이다.

앞에서 설명한 운동제어 이론은 운동학습 연구에서도 활용된다. 특히 정보처리에 기반을 둔 운동 프로그램 관점과 다이내믹 시스템 관점이 운동학습 연구에 접목되었다. 최근에는 동물과 인간을 대상으로 신경 변화에 주목하는 방식으로 운동학습 연구가 시도되고 있다. 운동제어 분야와 마찬가지로 수학적 모델링에 기반을 둔 운동학습에도 관심을 기울이고 있다. 운동학습은 뇌졸중 환자의 재활을 돕는 데 기여하고 있다.

운동학습은 운동제어와 협력하면서 다음과 같은 일상생활에서 접하는 여러 동작을 효율적으로 수행하는 것을 도와줄 수 있다. 다음에 제시된 동작을 보면 운동학습과 운동제어는 반드시 운동선수에게만 적용되는 문제가 아니라 일반인 누구에게나 적용될 수 있다는 것을 알 수 있다.

- 아이가 처음으로 숟가락, 젓가락 사용법을 배우는 것
- 치과 의사가 거울을 보면서 치과 기구를 사용하는 것
- 고등학교 졸업 후에 운전면허 시험을 치르는 것
- 비행기 조종법을 익히는 조종사
- 악기 연주법을 배우고 공연 준비를 하는 음악가

결론적으로 운동학습의 목적은 운동기술이 어떻게 학습되는가를 이해하는 데 있으며, 연습법과 피드백이 어떻게 운동기술의 수행과 학습에 영향을 주는지를 탐구한다. 또 보다 효율적인 동작을 하기 위해 필요한 조건과 과정이 무엇인지를 설명한다.

4. 운동발달

성장은 운동행동에 영향을 주는 요인이다. 여자아이는 13~14세까지, 남자아이는 18~20세까지 성장한다. 성장에 따라 개인차가 나타날 수 있는데, 크기와 힘은 정적인 관계를 보인다. 몸집이 큰 아동이 힘도 세다. 근신경의 효율성이 증가해도 힘이 세질 수 있다. 운동발달에서는 성장이 수행에 미치는 영향을 다룬다.

성장이 운동수행에 미치는 영향과 함께 나이가 들어감에 따라 운동수행과 학습이 어떻게 달라지는가도 운동발달 분야의 관심거리다. 힘과 협응의 변화는 생애 가장 초반과 가장 후반에 급격하게 진행된다. 하지만 성장은 사춘기 이후에는 의미가 줄어든다. 성장에 따른 인지적 과정의 변화도 운동발달에서 다루는 주제의 하나이다.

경험이 아동의 운동수행에 어떤 영향을 미치는데, 경험이 없는 아동에게 연습 경험을 주면 경험이 부족한 성인보다 수행이 더 좋다는 결과도 있다. 이러한 결과는 교육의 중요성을 시사하고 있다. 경험의 질을 높이는 방법에도 관심을 기울일 필요가 있는데, 정보처리에 관한 이론과 지식을 접목한다면 연습 경험의 질을 높이는 것이 가능하다. 아동에게 연습 경험을 줄 때에는 아동이 정보를 처리하고 의사결정을 내리는 데 도움을 줄 수 있도록 특정 전략을 수립하는 것도 가능하다.

아동과 노인의 신경근 시스템에서의 차이가 운동수행에 어떤 영향을 주는지도 운동발달에서 관심을 갖는다. 나이가 들면서 뇌와 운동 뉴런은 구조적으로 약해지고 기능도 위축된다. 이런 이유로 인해 동작은 느려지고 가변성도 커진다. 하지만 노인은 경험을 활용해서 속도, 힘, 정확성이 낮아지는 것을 보상하게 된다. 중추신경계에서 어떤 일이 발생하는지 이해하는 것도 중요하다.

성장이 진행됨에 따라 구조와 기능이 어떻게 달라지고, 그 영향으로 운동기술에는 어떤 변화가 나타나는지도 연구되고 있다. 던지기 능력의 경우 사춘기 이전의 남자와 여자는 신체 구조 측면에서는 비슷하지만 던지기에서 남녀 간 차이는 크게 나타난다. 이를 토대로 던지기 동작은 사춘기 이전까지 생물학적 요인이 중요한 역할을 하는 기술이라는 것을 알 수 있다.

운동발달의 최신 추세는 앞에서도 언급했던 첨단 기술의 접목이다. 특히 뇌 활동을 촬영하는 기법이 발달하면서 아동의 뇌 활동을 관찰하고, 장애인의 뇌 활동에서 특이점을 찾아내는 것이 가능해졌다. 지금까지 뇌 활동을 다룬 연구는 ADHD 같은 질환을 갖고 있는 아동을 대상으로 해왔다. 아동과 성인을 대상으로 수학적 모델링 기법을 사용해서 운동 과제를 다루는 연구도 진행되고 있다.

최근의 운동발달 연구는 운동행동이 뇌의 발달에 어떤 영향을 주는가를 다루는 것으로 발전하였다. 이전까지 뇌가 운동행동에 어떤 영향을 주는가를 다루던 것에 비하면 탐구 주제의 순서가 뒤바뀐 것이다. 뉴로사이언스의 발전과 뇌 활동을 측정하는 첨단 기술의 발전으로 운동발달의 탐구 주제와 방법도 달라지고 있다. Clark와 Oliveira(2006)는 운동행동학(운동제어, 운동학습, 운동발달) 분야에서 앞으로 연구할만한 가치가 높은 주제를 다음과 같이 선정하였다.

- 인간의 운동협응과 제어를 보다 잘 이해하기 위해 뉴로이미징 기법과 행동 데이터를 어떻게 결합시킬 수 있을 것인가?
- 어떤 수학적 모델을 이용하여 새로운 실험과 시뮬레이션을 하고, 운동행동에 관한 이해도를 높일 수 있을 것인가?
- 아동의 초기 운동 경험이 유전자 발현과 이후의 운동행동에 어떤 영향을 주는가?
- 운동장애를 예측할 수 있는 유전 지표가 있는가?
- 음악, 미술, 스포츠, 외과수술, 크레인 조작, 경주자동차 드라이버 같은 특정 운동 재능을 발

굴할 수 있는 유전적 지표가 있는가?
- 새로운 기술을 습득하거나 부상이나 질병으로 기술을 재습득하는 개인의 능력을 향상시킬 수 있는 좋은 전략이 무엇인가?
- 인간 운동행동의 원칙을 적응력이 더 좋은 로봇을 개발하는 데 어떻게 이용할 수 있을까?

5. 운동심리학

운동심리학이 주로 관심을 가지는 것은 신체활동에 영향을 주는 사회인지적 요인을 찾아내는 것과 운동에 따른 심리적 혜택을 분석하는 것이다. 운동심리학은 2000년대에 접어들면서 급격하게 지식과 관심이 증가하면서 이제는 스포츠심리학과 구별되는 독자적인 학문으로 자리를 잡았다. Dishman과 Chambliss(2010)는 운동심리학을 크게 2개 영역으로 구분하였다. 그 첫째는 운동에 따른 심리적 효과이며, 다른 하나는 운동행동의 변화와 지속 실천이다.

운동에 따른 심리적 효과를 알아보기 위해 지금까지 자주 다루었던 심리적 요인으로 불안, 우울, 스트레스, 웰빙, 수면, 피로, 자기존중감, 인지기능을 들 수 있다. 예를 들어 상태불안, 특성불안을 낮추는 데 상당한 효과가 있으며, 우울을 극복하는 데는 특별히 뛰어난 효과가 있는 것으로 알려졌다. 운동 유형과 운동 강도, 운동 기간에 따른 효과의 차이도 연구되었다. 그 외에 아동의 자기존중감을 향상시키는 효과도 긍정적인 것으로 밝혀졌고, 수면의 질을 높이는 효과에 관한 증거도 제시되고 있다. 뇌 활동을 측정하는 첨단 기법이 등장하면서 운동에 따른 인지기능을 알아보는 연구도 관심이 커지고 있다.

운동을 중도에 포기하는 사람이 많고, 운동을 아예 시도하지 않은 인구도 줄어들지 않고 있어 운동행동을 변화시키기 위한 목적으로 다양한 이론들이 제안되고 접목되었다. 대표적으로 자주 적용된 이론에는 계획행동 이론(Theory of Planned Behavior), 자기효능감 이론, 자기결정 이론 등이 있다. 그 외에도 다양한 행동 수정기법, 인지행동 수정기법을 적용한 중재연구가 이루어져 운동행동의 개시, 유지, 중도 포기 등의 이유를 탐구하고 있다. 최근에는 변화단계 이론에 근거한 중재기법이 적용되면서 보다 체계적으로 운동 실천을 유도하고 있다. 대학에 개설된 운동심리학 과목에서는 〈표 1-7〉과 같은 강의 주제를 다룬다.

운동심리학은 다음과 같은 영역에서 공헌한다. 첫째, 운동은 우울, 불안, 스트레스, 웰빙, 에너지, 피로, 수면, 자기존중감, 인지 기능에 긍정적인 영향을 주며, 전통적인 다른 중재기법과 병행해서 사용하면 효과적이다. 둘째, 운동행동에 대한 심층적인 이해를 통해 운동을 개시하고 지속하게 만드는 중재기법을 보다 효과적으로 개발할 수 있다.

표 1-7. 대학의 운동심리학 과목 강의 주제 예시

주제	내용
운동심리학	운동심리학 소개
운동의 심리적 효과	성격과 운동, 운동에 따른 성격 변화
운동의 심리적 효과	자기개념, 자기존중감
운동의 심리적 효과	스트레스, 불안
운동의 심리적 효과	우울과 운동, 우울 극복 운동 가이드라인
운동의 심리적 효과	정서, 웰빙, 인지능력
운동과 특별한 현상	운동의존성(중독)
신체이미지	신체이미지와 운동
운동행동 이론과 모형	합리적 행동 이론, 계획행동 이론
운동행동 이론과 모형	자기결정 이론
운동행동 이론과 모형	범 이론, 기타 이론
사회적 영향	리더십, 응집력, 사회적 지지
중재전략	운동 실천 영향요인, 중재전략

II부
운동기술의 원리와 학습의 이해

II부에서는 운동기술의 원리와 학습에 대한 영역을 소개하기 위해 운동기술이나 학습이 무엇인지 다양한 개념을 살펴보고 이를 평가할 수 있는 체계적인 방법 등이 소개되어 있다. 또한, 운동발달에 대한 이해 및 평가를 통해서 체계적인 운동발달 프로그램을 구성하고 이를 현장에 활용할 수 있는 응용방안이 제시되어 있다.

1장 운동기술의 이해

 학습목표

- 운동기술의 개념을 알아본다.
- 운동기술과 운동제어를 이해한다.
- 운동능력의 이론, 분류방법 및 예측에 대해 살펴본다.

1. 운동기술의 개념

인간은 일상생활에서뿐만 아니라 스포츠 장면 혹은 산업 현장에서 과제가 요구하는 다양한 목적을 달성하기 위하여 신체의 움직임을 통해 그 목적을 실현하고 있으며, 이때 그 목적을 달성하기 위해 수행하는 수의적이고 효율적인 신체의 움직임을 '운동기술(motor skill)'이라고 정의할 수 있다.

인간은 움직임을 통해 운동기술을 획득하고 발전시켜나가면서 과제가 요구하는 목표를 실현한다. 예를 들어 자전거 타기에 익숙하지 않은 아이의 경우, 자전거 타기와 관련된 신체 개별적인 움직임과 아울러 중심 잡기, 핸들 조작 등의 여러 신체동작이 조화롭고 효율적으로 동작할 때까지 반복과 연습을 통해 자전거를 잘 탈 수 있는 운동기술을 획득하는 단계로 발전해나가게 된다. 축구, 농구, 야구 등 각종 스포츠에서 요구되는 운동기술뿐만 아니라 일상생활에서 요구되는 목표를 가진 효율적이고 수의적인 움직임(예: 바느질, 다림질 등)은 모두 운동기술이라고 정의할 수 있다.

운동기술은 다음 3가지 조건을 가지고 있어야 한다. 첫째, 운동기술은 목적지향적이어야 한다. 즉, 특정한 의도와 목적 없이 행하여지는 신체의 움직임은 운동기술이 될 수 없다는 것을 의미한다. 둘째, 운동기술은 수의적이어야 한다. 이는 운동을 행하는 수행자가 의식을 가지고 신경을 통한 근육명령에 의해 일어난 운동이어야 한다는 것을 의미한다. 즉, 반사나 수행자 자신의 의도에 의한 움직임이 아닌 것은 운동기술이 될 수 없다. 셋째, 운동기술은 반드시 신체 혹은 사지에 의한 움직임이 있어야 한다. 즉 체스, 장기, 바둑 등 정신 혹은 인지 능력을 강조하는 기술은 운동기술이 아니며, 이는 인지기술이라고 언급된다.

인간이 목적지향적인 운동을 수행하면서 반복과 연습을 통해 성공적으로 습득되었을 경우 나타나는 운동기술의 특징은 ① 운동수행 시 최소의 시간을 소모하고 ② 최소 에너지를 소비하며 ③ 운동수행 시 성공에 대한 확실성을 최대화하는 상태로 변화되어가는 것이라 기술할 수 있다.

2. 운동기술의 분류

운동기술은 기술 수행에 사용되는 근육의 크기와 움직임이 한 번에 이루어지는지, 연속적으로 연결되어 일어나는지에 따른 움직임의 연속성 그리고 운동기술을 수행할 때 그 동작의 대상이나 물체 혹은 수행자의 주위를 둘러싸고 있는 주변 환경의 안정성에 의해 분류될 수 있다.

가. 근육의 크기

운동기술을 분류하기 위하여 가장 일반적으로 사용되는 방법으로는 근육의 크기를 들 수 있다. Singer(1980)는 운동기능을 대근운동기술(gross motor skill)과 소근운동기술(fine motor skill)로 분류하였다. 대근운동기술이란 동작을 수행하기 위하여 신체의 큰 근육을 사용하는 것으로 주로 큰 동작을 포함하는데, 이러한 동작은 일상생활에서 흔히 볼 수 있는 걷기나 달리기 같은 동작이나 던지기, 차기 등과 같이 대부분의 스포츠 상황에서 이루어지는 운동기술이 대근운동기술에 포함된다. 소근운동기술은 신체의 각 분절이 정확한 반응을 일으키기 위하여 비교적 작은 근육을 사용하는 예리하고 섬세한 기술로서 눈과 손의 협응과 같이 정확하고 세밀한 움직임을 포함하는 기술과 함께 손가락과 손을 사용하여 이루어지는 글씨 쓰기, 타자 치기, 피아노 연주 등이 소근운동기술에 해당한다.

나. 움직임의 연속성

운동기술을 분류하는 또 다른 기준으로는 움직임의 연속성을 살펴볼 수 있으며, 이를 기준으로 불연속적 운동기술, 계열적 운동기술, 연속적 운동기술로 나눌 수 있다. 불연속적 운동기술(discrete motor)은 동작의 시작과 끝이 명확하게 나타나는 기술로서 동작이 짧은 시간에 빠르게 진행되는데 던지기, 받기, 차기 등을 예로 들 수 있다. 계열적 운동기술(serial motor skill)은 일련의 불연속적 운동기술이 연속적으로 연결되어 하나의 전체적인 운동기술로 나타나는 것으로서 자동차 출발시키기, 체조 및 마루운동, 야구의 수비기술 등이 이에 해당한다. 마지막으로 연속적 운동기술(continuous motor skill)은 시작과 끝을 인지할 수 없고, 특정한 움직임이 계속적으로 반복되는 운동기술을 의미하는데 달리기, 수영, 사이클, 자동차 운전 등이 포함된다.

다. 환경의 안정성

운동기술 분류는 기술을 수행할 때 수행자를 둘러싸고 있는 환경의 변화에 따라 폐쇄운동기술(closed motor skill)과 개방운동기술(open motor skill)로 구분할 수 있다(Gentile, 1972; Poulton, 1957). 폐쇄운동기술은 환경이 변하지 않는 안정된 상태에서 수행하는 기술로서, 환경이 안정되어 있기 때문에 수행자가 자신의 리듬과 의지에 따라 시작할 수 있는 특징을 가지고 있으며 사격, 양궁, 체조 등이 이에 해당된다. 개방운동기술은 움직이는 대상의 속도와 방향에 따라 자신의 동작을 조절해야 하기 때문에 수행자가 시·공간적으로 변화하는 환경의 변화에 대한 적응력과 판단력을 가지고 있어야 한다. 농구, 축구, 야구, 테니스 등이 대표적인 개방운동기술에 포함된다.

3. 운동기술과 운동제어

인간이 수행하는 운동기술의 종류는 무수히 많고 다양하지만, 각각의 운동기술을 이루고 있는 최소단위를 '움직임(movement)'이라고 한다. 움직임은 인간의 삶에서 매우 중요하고 필수적인 요소로 걷고, 뛰고, 달리는 것은 물론 공을 차고, 던지고, 다른 도구를 사용하여 운동기술을 수행하는 등 다양한 운동기술을 이루는 데 필수적인 요소이다. 인간이 이렇게 다양한 운동기술의 바탕이 되는 개별적인 움직임을 어떻게 생성하고 조절하는가에 관한 원리와 기전을 제공해주는 연구 분야를 '운동제어(motor control)'라 한다.

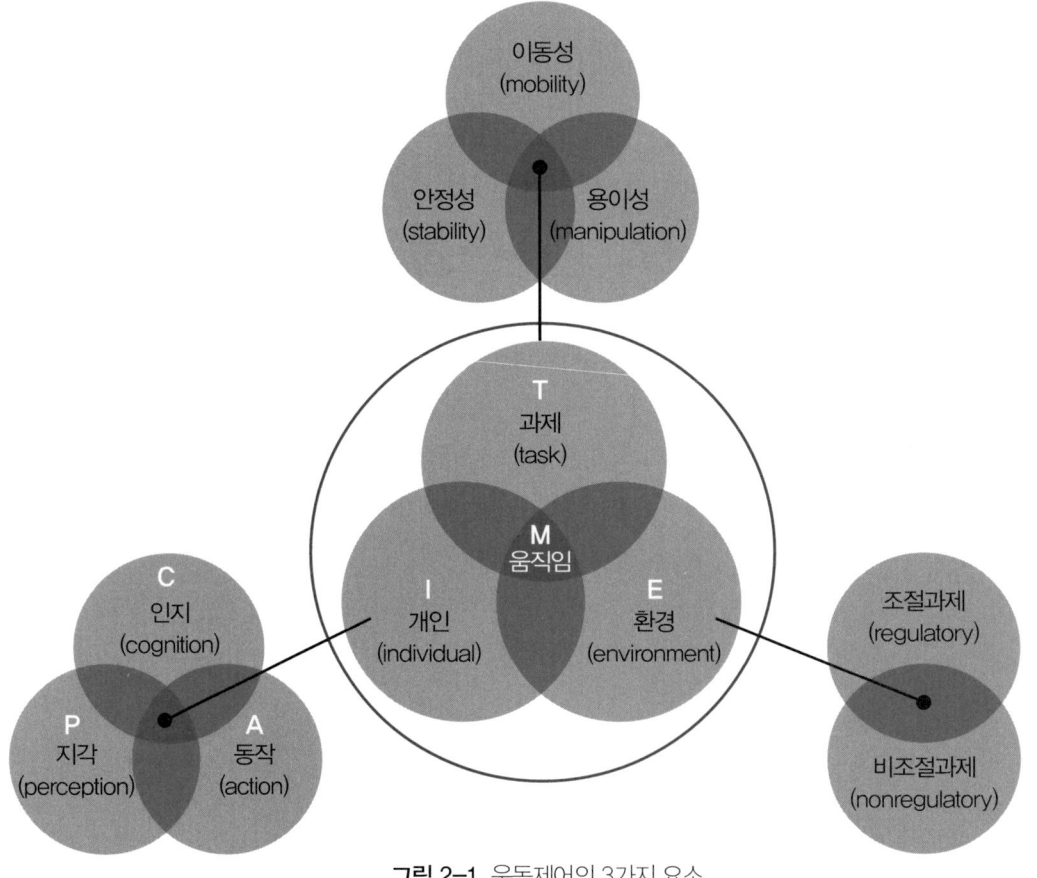

그림 2-1. 운동제어의 3가지 요소

움직임은 그 자체뿐만 아니라 움직임에 영향을 미치는 개인(individual), 과제(task) 그리고 환경(environment) 요인들의 상호작용에 의한 결과로 이루어진 것으로, 이때 개인요인은 수행에 관여하는 개개인이 환경에서 의미 있는 정보를 수집하는 과정을 지칭하는 지각(perception), 수집된 정보를 바탕으로 실행에 필요한 판단과 계획에 관계되는 인지(cognition) 그리고 계획을 근육명령에 의해 실제적인 움직임을 만들어내는 동작(action)에 의해 최종적인 움직임이 형성된다.

과제요인은 요구되는 과제의 특성에 따라 이동성 과제, 조종성 과제, 안정성 과제로 나누어진다. 이동성 과제는 걷기, 달리기, 뛰기 등 사지의 움직임을 통한 신체의 물리적 위치이동에 관여하는 과제이고, 조종성 과제는 공 혹은 운동용구(예: 라켓, 장비) 등을 이용하여 던지고, 굴리고, 맞히고, 치는 것과 같은 과제수행을 하는 것을 말하며, 안정성 과제는 신체 이동이 포함되지 않는 모든 종류의 균형 잡기 과제를 말한다.

환경은 움직임을 수행할 때 움직임에 영향을 미치는 주변 환경 조건을 말하는 것으로, 환경은 그 속성에 따라 조절환경과 비조절환경으로 구분할 수 있다. 조절환경은 움직임에 영향을 줄 수 있는 환경적 요소로, 공의 크기와 그라운드 상태(예: 천연 잔디) 같은 과제를 수행하는 데 있어 조절환경 요인이 변화되면 움직임에도 영향을 미치는 환경을 말한다. 또 비조절환경이란 과제수행에 어느 정도 영향을 주기는 하지만, 움직임에 직접적인 영향을 미치지 못하는 환경으로서 경기장의 소음과 밝기 및 크기 등이 있다(Shumway-Cook과 Woolacott, 2012)[그림 2-1 참조].

4. 운동기술과 운동능력

가. 운동능력

운동능력은 어떤 과제나 활동을 수행하는 데 기반이 되는 가설적인 구조로, 다양한 기술을 수행하는 것과 관련된 개인의 일반적인 특성을 말한다. 이러한 능력은 대부분 선천적으로 결정되거나 성장이나 성숙에 의해 발달되는 것으로 연습이나 경험에 의하여 쉽게 변하지 않는 비교적 안정적인 특성으로 간주된다. 대체적으로 능력은 기술과 혼용되어 사용되기도 하는데, 능력은 여러 가지 기

표 2-1. 운동능력과 운동기술의 비교

운동능력	운동기술
유전적으로 결정된다	후천적으로 습득된다
안정적이고 영속적이다	연습과 경험에 의해 변화한다
종류가 제한적이다(20~30개)	종류가 다양하다
다양한 기술 수행의 기초가 된다	다양한 능력을 바탕으로 하여 나타난다

술과 과제를 수행하는 개인의 역량이며, 기술은 능력을 바탕으로 하여 다양한 움직임이 연속적으로 이루어진 과제나 활동의 수행력을 말하는 것으로, 연습이나 경험에 의해 변화한다(표 2-1 참조).

나. 운동능력의 예측

운동능력의 차이는 운동 과제의 수행 결과를 토대로 다른 운동 과제의 수행 정도를 예측하는 문제와 관련이 있다. 예를 들어 선수를 발굴하고 육성하거나 학교체육 수업을 하는 상황에서 참여자의 운동수행을 정확하게 예측하고 운동능력을 파악해야 하는 경우, 현재 키가 크고 체력이 우수한 선수를 발굴할 것인지 아니면 신체조건은 부족하지만 운동능력이 우수한 선수를 발굴하고 육성해야 할 것인지에 대한 문제는 지도자들에게 매우 중요한 문제가 된다.

이와 관련하여 예측 상황에서는 3가지 공통적인 특징이 있는데 첫째, 예측은 미래의 개인 수행능력에 대하여 답을 제시하고자 한다. 따라서 지도자들은 현재 선수의 운동능력과 체격, 체력 같은 요인을 종합적으로 고려하고, 선수들의 성장 배경을 조사한 뒤에 우수한 선수들을 발굴해야 한다. 둘째, 예측을 하기 위해서는 운동기술에 필요한 능력이 무엇인지를 정의해야 하며, 어느 정도의 능력을 가지고 있는지를 정확하게 측정하거나 추정할 수 있어야 한다. 따라서 다양한 운동능력 분석 방법을 통하여 운동기술에 필요한 능력을 구분하고 많은 대상을 양적으로 측정한 후 실제 운동기술 수행 점수와 운동능력 검사 점수를 비교하는 과정을 거쳐야 한다. 셋째, 운동기술과 관련된 각 운동능력을 검사하는 항목 자체가 타당성과 신뢰성을 확보하여야 한다.

1) 운동능력의 변화

학습의 초기 단계와 후기 단계에서 나타나는 운동수행력 간의 관련성은 앞으로의 운동기술 수행을 위해 사용되는 운동능력을 예측하는 데 매우 중요한 정보를 제공해준다. 그러나 학습 초기 단계와 후기 단계에서 사용되는 운동능력이 기술 수행의 연습에 따라 달라지기 때문에 단지 초기 수행으로 후기 수행을 예측해서는 안 된다.

2) 운동학습 단계와 운동능력

Ackerman(1988)은 학습 단계를 인지, 연합, 자동화 단계로 구분하였으며, 인지 단계에서는 다양한 정보를 획득하고, 저장·회상·통합·비교하는 것과 같은 인지능력이 필요하다고 하였으며, 두 번째 단계인 연합 단계에서는 정보처리 속도와 관련된 능력인 지각 속도 능력(perceptual speed ability)이 운동수행에 가장 중요한 역할을 한다고 하였다. 그리고 마지막 단계인 자동화 단계에서는 과제의 특성에 따라 인지적 처리 과정이 거의 요구되지 않는 움직임의 속도와 정확성에 관련된 심동적 능력이 성공적인 운동수행을 결정한다고 하였다.

2장 운동학습의 이해

 학습목표
- 운동학습의 정의를 알아본다.
- 운동학습의 이론과 원리에 대해 이해한다.
- 운동학습이 이루어지는 다양한 단계를 살펴본다.

1. 운동학습의 개념

운동학습은 개인적 특성을 바탕으로 연습이나 경험을 통해 과제와 환경적인 변화에 부합하는 가장 효율적인 협응 동작을 형성시켜나가는 과정을 말한다.

가. 운동학습의 정의

운동학습은 숙련된 운동수행을 위한 개인 능력의 영구적 변화를 유도하는 일련의 내적 과정으로, 운동학습의 과정을 직접적으로 관찰할 수 없으며, 연습과 경험에 의해 나타나는 특성을 가지고 있다.

나. 운동학습의 관점 및 특성

운동학습은 운동 과제를 반복적으로 수행함에 따라 나타나는 일반적인 능력 변화로, 운동제어의 이론적 관점에 따라 다양하게 정의될 수 있다. 먼저 정보처리 관점에서는 운동학습을 "운동 과제를 수행할 때 필요한 운동 프로그램을 형성하여 기억체계에 도식화하고 운동기술 수행을 향상시키기 위하여 보다 효율적인 도식으로 재구성해가는 과정"이라고 보고 있다. 다이내믹 시스템 이론에서는 운동학습을 "주어진 운동 과제를 수행하기 위한 가장 효율적인 협응구조를 형성하고, 환경과 주어진 과제의 특성적 변화에 대하여 적절하게 대처할 수 있는 적응성을 향상시키는 과정"이라고 정의하고 있다. 그리고 생태학적 관점에서는 "연습이나 경험을 통하여 지각-운동 활동영역(perceptual-motor workspace) 내에서 과제와 환경적 요구에 일치하도록 지각과 동작 간의 협응을 향상시키는 과정"이라고 보고 있다.

운동학습은 다양한 이론적 관점과 함께 공통적으로 적용되는 3가지 특성을 가지고 있다(Magill, 2003; Schmidt & Wrisberg, 2004). 첫째, 운동학습은 숙련된 운동수행을 위해 개인의 능력을 영구적으로 변화시켜가는 내적 과정이다. 둘째, 운동학습은 과정을 직접적으로 관찰할 수 없다. 셋째, 운동학습은 연습과 경험에 의해 나타나는 현상을 말하며, 성숙과 동기 및 훈련 등에 의해 일시적으로 변화하는 수행을 포함하지 않는다. 운동학습에 대한 다양한 관점과 정의 및 공통적인 특성을 종합해보면, 운동학습은 "개인적 특성을 바탕으로 연습이나 경험을 통하여 과제와 환경적 변화에 부합하는 가장 효율적인 협응 동작을 형성시켜나가는 과정"이라고 정의할 수 있다.

다. 운동학습과 운동수행

운동수행이란 어떤 특정한 목적을 가지고 수의적으로 생성된 운동 동작을 의미하고, 직접적인 관찰이 가능하기 때문에 수행자의 운동수행을 반복적으로 관찰하여 평가할 수 있다.

표 2-2. 운동학습과 운동수행의 비교

운동학습	운동수행
직접적 관찰 불가능	직접적 관찰 가능
비교적 영구적	일시적
연습과 경험에 의함	특정한 목적에 의함

라. 운동학습의 과정

운동학습의 과정이란 학습자가 교사에 의해 운동기술이 무엇인지에 대한 설명과 시범 및 영상을 통하여 어떻게 하는 것인지에 대한 운동 동작을 살펴본 후에 운동기술 동작의 전체적인 움직임 형태의 정보를 관찰하고 연습하여 운동기술을 습득하는 과정을 말한다.

2. 운동학습 이론

운동학습의 원리는 운동학습을 연습에 따라 중추적 표상을 발달시키는 것으로 보는 정보처리적 관점과 지각-운동 활동영역에서의 탐색 활동을 통하여 지각과 동작의 협응을 강화시켜나가는 생태학적 관점으로 설명될 수 있다.

가. 중추적 표상과 운동학습

정보처리적 관점은 기억체계에 저장되어 있는 중추적 표상에 의하여 인간의 운동이 발현된다고 보고 있으며, 피드백에 근거한 운동학습과 운동 프로그램에 근거한 운동학습으로 구분하여 설명할 수 있다.

1) 피드백 정보에 근거한 운동학습

피드백 정보에 근거한 운동학습은 피드백 정보를 통한 계속적인 오류 수정과정을 거쳐 학습이 이루어지는 것을 말한다.

2) 운동 프로그램에 근거한 운동학습

운동 프로그램에 근거한 운동학습은 움직임이 발생하기 전에 그 움직임에 대한 운동명령이 하나의 프로그램 형태로 기억 속에 저장되고, 위계적인 순서에 따라 하위 중추로 전달되어 움직임이 실행되는 것이다.

나. 탐색 전략을 통한 운동학습

다이내믹 시스템 이론과 생태학적 이론에서는 인간의 운동행동을 과제-환경-유기체 간의 상호작용 속에서 발생하는 것으로 보고 있으며, 운동학습은 이러한 상호작용을 최적화하기 위하여 환경으로부터 적절한 지각정보를 찾아내고 주어진 문제를 해결하는 능력을 향상시키는 과정으로 보고 있다.

1) 탐색 전략과 지각-운동 활동영역

탐색전략은 운동문제를 효과적으로 해결하기 위해서 그 과제에 대한 적절한 지각단서와 운동반응을 찾는 과정을 말한다.

2) 탐색 전략을 통한 협응구조의 형성

학습자는 환경과 과제의 특성에 대한 정보를 지각하고, 지각-운동 활동 영역 내에서의 탐색활동을 통하여 최적의 협응 형태를 형성하게 된다.

3) 자세의 변화

운동기술 학습의 과정은 주어진 과제의 특성과 학습자의 신체 시스템 간에 존재하는 수많은 제한 요소들의 공동 작용을 통해 나타나는 자세의 변화과정으로 볼 수 있는데, 이러한 자세의 변화는 협응구조의 형성과정에서 드러나는 가장 큰 특징이며, 운동기술 수준을 평가하기 위한 근거가 되기 때문에 운동기술의 학습을 통해 과제의 특성에 가장 적합한 최적 유형의 협응과 제어 형태의 형성과정 및 안정성 획득 과정을 규명해야 한다.

3. 운동학습의 단계

운동학습의 단계를 구분하는 것은 지도자가 학습자의 행동적 변화에 따라 제공해야 할 정보의 질과 양을 결정하여 효율적인 학습 계획을 수립하는 데 많은 정보를 제공하기 때문에 매우 중요한 지표로 활용될 수 있다.

가. Fitts와 Posner의 단계
Fitts와 Posner(1967)는 운동학습의 단계를 정보처리 관점에서 인간의 인지적인 처리과정을 중심으로 인지·연합·자동화 단계로 구분하였으며, 지금까지도 운동기술 학습에 가장 많이 적용되고 있는 학습 단계이다.

나. Gentile의 단계
Gentile(1972)은 운동학습의 단계를 학습자가 배워야 할 운동기술의 정보와 환경 간의 관련성 및 각 단계에서 활용할 수 있는 지도자의 교수 전략에 초점을 맞추어 움직임의 개념 습득·고정화 및 다양화 단계로 구분하였다.

다. Bernstein의 단계
Bernstein(1967)은 여분의 자유도를 활용되는 정도가 운동기술의 수행 수준을 결정짓는다고 생각하여 자유도의 활용 정도와 움직임의 역동적·질적 변화에 초점을 맞춰 운동학습의 단계를 자유도의 고정, 자유도의 풀림, 반작용의 활용 단계로 구분하였다.

라. Newell의 단계
Newell(1985)은 Kugler, Kelso 그리고 Turvey(1980)가 제안한 운동학습의 단계 모형을 발전시켜 운동학습의 단계를 협응·제어 단계로 구분하였으며, 협응구조의 발달에 초점을 두고 있다는 점에서 Bernstein(1967)의 주장과 유사하다.

3장 운동기술의 연습

 학습목표
- 운동기술의 연습계획을 알아본다.
- 연습계획을 위한 준비 및 구성에 대해 이해한다.
- 운동기술의 연습을 위한 가이던스, 정신연습, 피드백에 대해 살펴본다.

1. 연습계획을 위한 준비

가. 학습자의 특성
운동기술의 효과적인 연습계획을 위해서는 학습자의 개별적인 특성인 인지적 능력과 신체적 특성, 발달 정도 및 성별에 따른 특성을 고려해야 한다.

나. 운동학습의 특성
학습과제의 제시는 지도자의 시범을 통하여 이루어지고, 이러한 시범은 운동 동작의 정보를 습득하는 데 도움을 준다. 초보자의 시범은 오류 탐지 능력을 강화시켜주고, 숙련자의 시범은 운동수행에 질적 변화를 위한 단서를 제공해주며, 학습자와 연령과 체격이 비슷한 동료들의 시범은 자신감을 향상시켜 학습과제의 성공적 수행에 긍정적인 영향력을 미친다.

다. 동기유발
동기유발은 학습자에게 효과적인 운동수행을 위한 운동기술 과제에 대한 동기화를 부여하는 것으로, 지도자는 동기유발의 한 가지 방법인 목표설정을 통하여 학습자에게 성취 가능한 목표설정 및 목표에 대한 명확성을 제시해주어야 한다.

라. 보강정보
보강정보에는 영상자료, 바이오피드백, 언어적 보강정보가 있는데, 특히 언어적 보강정보는 수행에 관한 정보를 학습자가 이해할 수 있는 수준의 언어로 제공하여 학습자의 정보 활용 능력을 높이고 동작과 관련된 중요한 단서를 스스로 찾을 수 있는 기회를 제공하는 것을 의미한다.

2. 연습의 구성

연습계획을 구성할 때 가장 먼저 생각해야 할 것은 연습의 가변성으로, 이러한 연습의 가변성은 학습자가 기술을 연습할 때 다양한 움직임과 환경 상황을 경험할 수 있도록 도와주고 학습자가 동일한 움직임을 반복하지 않고 수행 형태의 일반성을 강화시킬 수 있도록 도와주는 역할을 한다.

가. 구획연습과 무선연습

운동기술을 연습할 때 다양한 요소들 간의 간섭 현상이 발생하는 것을 '맥락간섭 효과'라고 한다(Battig, 1979). 맥락간섭이란 학습자가 학습 시간과 자료 가운데 어떠한 사건이나 경험 사이에 발생하는 갈등으로 인해 학습과 기억에 방해받는 것을 말하는데, 이러한 맥락간섭의 효과는 크기에 따라 구획연습과 무선연습으로 나눌 수 있다.

구획연습은 학습자가 다양한 변인들을 포함하고 있는 하나의 기술을 학습하는 데 있어서 각 변인들을 나누어 각각 할당된 시간 동안 연습하는 것으로, 맥락간섭의 효과가 낮아 무선 연습에 비해 연습 수행에 효과가 높고, 무선연습은 학습자가 운동기술에 포함되는 하위 요소들을 무작위로 연습하는 것으로 맥락간섭의 효과가 높아 파지와 전이에 효과적이다. 따라서 실제 운동학습 현장에서는 수행과제와 학습자의 특성을 고려하여 두 가지 방법을 적절하게 활용하는 것이 효과적이다.

나. 집중연습과 분산연습

집중연습과 분산연습은 연습과 휴식의 상대적인 시간에 의해 구분되는데, 연습 시간이 휴식 시간보다 상대적으로 긴 경우를 '집중연습'이라고 하며, 휴식 시간이 연습 시간보다 긴 경우를 '분산연습'이라 한다. 따라서 지도자는 학습자와 운동기술의 특성 그리고 성취하고자 하는 목표 등을 고려하여 어떠한 지도방법을 선택할 것인지를 결정해야 하며, 많은 양의 연습을 위해서는 집중연습을 실시하고 질적인 연습을 원한다면 분산연습을 선택하여 지도하는 것이 바람직하다.

다. 전습법과 분습법

전습법은 학습자가 운동기술 과제를 한꺼번에 전체적으로 학습하는 방법이고, 분습법은 운동기술 요소를 몇 개의 하위 단위로 나누어 학습하는 방법을 말하는데, 이러한 방법들을 효과적으로 선택하기 위해서는 과제의 조직화와 복잡성으로 표현되는 운동기술의 특성과 학습자의 수행 능력을 반드시 염두에 두어야 한다.

Wightman과 Lintern(1985)은 운동기술을 학습하는 데 사용되는 분습법을 분절화, 단순화, 부분화로 구분하여 제시하였다. 분절화는 학습할 전체 기술을 특정한 시·공간적인 영역으로 나누어 연습한 후 각각의 기술이 특정 수준에 도달하면 전체 기술로 결합하여 연습하는 방법을 말하고, 단순화는 운동기술을 수행할 때 과제 요소를 줄여 기술 수행의 난이도나 복잡성을 낮추는 방법을 말하며, 부분화는 운동 과제에 포함되는 하위 요소를 하나 또는 둘 이상으로 분리하여 각각 연습하는 방법을 말한다.

3. 가이던스와 정신연습의 활용

가. 가이던스 기법의 활용

가이던스는 신체적·언어적·시각적 방법을 사용하여 학습자의 운동수행에 직접적으로 도움을 주는 과정으로 학습자의 수행 오류를 줄여주고, 위험한 동작에 대한 두려움을 없애주며, 부상을 예방하기 위하여 사용된다. 그러나 과도한 가이던스의 제공은 학습자가 가이던스에 지나치게 의존하게 되어 학습에 지장을 줄 수도 있기 때문에 효과적인 학습이 이루어지기 위해서는 적절한 시기에 가이던스를 제거하여 가이던스의 의존성을 방지해야 한다.

나. 정신연습의 활용

정신연습은 운동학습과 수행을 촉진하기 위한 목적으로 대근운동이 일어나지 않는 상태에서 과제를 상징적·인지언어적으로 예행 연습하는 것을 말한다(김선진, 2010). 이러한 정신연습은 동작의 결과를 예측하여 실제 동작에서 불필요한 과정을 생략하고(Schmidt & Lee, 1999), 운동 과제의 운동 요소보다는 인지적인 요소에 더 많은 영향을 주어 운동학습의 초기 단계와 숙련 단계에 효과적이다(Feltz & Landers, 1983).

4. 피드백의 기능과 활용

가. 피드백의 개념

피드백이란 목표 상태와 수행 간의 차이에 대한 정보를 되돌려서 수행자에게 동작 그 자체 또는 운동수행의 결과나 평가에 대한 정보를 제공하는 것을 말하는데, 이러한 피드백은 감각 피드백과 보강 피드백으로 나누어서 설명할 수 있다. 감각 피드백은 운동감각 정보, 피부수용기로부터의 정보, 시각적 정보를 통해 학습자 내부의 감각 시스템으로부터 제공되는 것이고, 보강 피드백은 지도자나 동료들 또는 영상 등을 통해 학습자의 외부로부터 제공되는 정보를 의미하는 것으로서 감각 피드백 정보에 보충적으로 사용된다.

나. 피드백의 기능

1) 정보 기능
피드백은 감각 피드백과 보강 피드백 정보를 통하여 학습자에게 성공적인 운동수행에 필요한 적절한 정보를 제공해주는 기능을 수행한다.

2) 강화 기능
피드백에서는 성공적인 운동수행을 통해 현재의 수행을 지속적으로 유지하거나 보다 나은 수행을 할 수 있도록 하는 정적강화 기능과 실패한 운동 수행 시 성공적인 수행을 할 수 있도록 기술 수행을 교정하는 부적강화 기능을 수행한다.

3) 동기유발 기능
보강 피드백은 학습자가 운동기술을 지속적으로 추진할 수 있는 동기를 유발하기 때문에 지도자들이 학습자의 동기 상태를 파악하여 지속적으로 운동기술의 목표를 성취할 수 있도록 유도하는 교수전략을 구성해야 한다.

다. 피드백의 분류

피드백은 정보의 내용에 따라 결과지식과 수행지식으로 구분되며, 정보의 기능에 따라 처방 정보, 정보 피드백, 전환 정보로 구분된다.

1) 수행지식과 결과지식
수행지식이란 학습자에게 동작의 유형에 대한 정보를 제공하는 것으로서 지도자나 치료사들이 수행자에게 운동 동작의 자세에 대한 운동학적인 질적인 정보를 제공하기 때문에 '운동학적 피드백'이라고 하며(Walter & Swinnen, 1994), 미적 동작과 동작의 패턴 및 속도와 관련된 운동학적

표 2-3. 수행지식과 결과지식

	수행지식(KP)	결과지식(KR)
공통점	언어와 시각으로 제공, 움직임 종료 후 제공	
차이점	움직임 생성과 움직임 패턴에 관한 정보	환경적 목적 관점에서의 결과에 대한 정보
	내재적 피드백과 구별되어 사용	내재적 피드백과 중복되어 사용
	실제 경기 과제에서 유용하게 사용	실험실 상황에서 유용하게 사용

정보를 제공한다. 결과지식이란 학습자에게 움직임의 목표와 움직임의 결과에 대한 수행 차이에 대한 정보를 제공하는 것으로서 운동기술의 수행과 학습에 도움을 준다(표 2-3).

2) Newell의 범주화

Newell(1996)은 피드백이 지각-운동 활동영역에서의 탐색을 활성화시키고 과제의 목표를 인식할 수 있도록 하는 데 절대적인 기여를 한다는 개념과 피드백이 가지고 있는 정보의 특성에 따라 처방 정보, 정보 피드백, 전환 정보로 범주화하였으며, 학습자에게 같은 정보가 다양한 방법으로 전달될 수 있기 때문에 전달되는 정보의 특성과 정보를 전달하는 기전을 구분하는 것이 중요하다고 하였다.

① 처방 정보

처방 정보는 학습자에게 완료된 움직임의 운동학적 정보를 제공하는 것으로, 운동기술의 특성과 수행자의 기술 수준에 따라 다르게 사용되어야 하며 언어적 설명이나 시범을 통해 전달된다.

② 정보 피드백

정보 피드백은 학습자가 수행한 역동적인 움직임의 이전 상태 또는 현재 상태에 대한 정보를 제공하는 것으로 움직임의 연속성이나 완료된 움직임에 대한 정보와 관련이 있으며, 움직임의 상태에 대한 정보를 제공하는 동시적 피드백과 동작이 완료된 후 그 움직임의 특성과 연속성에 대한 정보를 제공하는 종료 피드백 그리고 지연 피드백으로 구분된다.

③ 전환 정보

전환 정보는 적절한 협응 형태를 형성하는 지각-운동 활동영역의 탐색을 활성화시키는 제어 변수로서 움직임 제어에 적절한 정보를 제공하고 다음에 시행될 동작을 구성하는 데 도움이 되며, 과제 특성에 맞는 새로운 협응구조로 변화시키는 데 영향을 준다.

라. 피드백의 활용

피드백과 운동학습에 대한 연구들은 운동기술 학습과정에서 개인에 따라 다양한 능력의 차이가 있기 때문에 운동기술 유형과 학습자의 특성에 따라 다양한 형태의 정보를 제공해야 할 필요성이 언급되고 있다(Fox, Copper & Mckenna, 2004; 육동원·윤용진·이한우, 2005) 또한 학습자가 운동학습과 기술 수행 가운데 피드백이 제거되거나 적절한 시기에 제공받지 못하면 심리적 문제나 수행능력 감소 등의 다양한 문제들이 발생할 수 있다. 따라서 지도자들은 학습자의 현재 기술

수준과 정보처리 능력을 고려하여 이해할 수 있는 정보를 제공해야 한다. 피드백은 학습자의 현재 기술 수준과 정보를 처리할 수 있는 능력을 고려하여 학습자가 이해할 수 있는 정보를 다양하게 제공해야 지속적인 운동학습이 이루어진다.

표 2-4. 피드백의 분류

피드백의 종류	기능과 고려할 점	예시
프로그램 피드백	초보자나 경험이 많지 않은 학습자에게 유용한 피드백으로, 학습자가 움직임 패턴에 관련된 기본적인 학습 정보를 발달시키는 데 도움을 준다.	"팔보다 손을 더 빠르게 움직여라" → 배트 스윙 시, 빠른 손목 움직임의 중요성을 제공한다.
매개변수 피드백	유경험자에게 유용한 정보로, 학습자가 움직임 패턴에 관련된 기본적인 학습 정보를 적용하는 데 도움을 준다.	"빠르게 스윙하라" → 힘을 얼마나 더 발현해야 하는가를 제공한다.
시각 피드백	유경험자에게 유용한 피드백으로, 학습자에게 시각적 서술을 제공해주지만 초보자에게는 언어 정보를 함께 제공해주어야 한다.	배트 스윙의 영상 자료를 여러 각도에서 보여준다.
기술 피드백	유경험자에게 유용한 정보로, 학습자의 동작 특정 요소에 초점을 맞추어 정보를 제공한다.	"너는 스윙이 너무 뻣뻣하다" → 동작의 관찰적 특징을 제공해준다.
처방 피드백	초보자나 경험이 많지 않은 학습자에게 유용한 피드백 정보로, 학습자에게 구체적인 수정·대체 동작을 제안한다.	"손을 편안히 하고 더 빨리 움직여라" → 관찰된 동작의 오류를 수정하고 교정하는 정보를 제공한다.

4장 운동학습의 평가

 학습목표
- 운동학습의 평가에 대해 알아본다.
- 운동학습의 변화와 특성에 대한 평가방법을 살펴본다.
- 운동학습의 파지 및 전이 현상에 대해 이해한다.

1. 운동학습의 평가

가. 연습의 효과와 기술의 효과

1) 운동기술 연습의 효과

① 근수축과 인지적 요인의 효율성 변화

운동학습 초기에는 많은 근육이 동원되고, 높은 에너지 형태를 보이며, 부적절한 환경적 단서에 시각을 집중하여 많은 주의집중이 요구된다. 하지만 학습이 진행되고 숙달되면서 사용되는 근육의 수가 적어지고, 에너지 소비도 감소하게 될 뿐만 아니라 중요한 정보에 시각적으로 선택 집중하게 되어 낮은 주의집중으로도 운동수행이 가능해진다.

② 운동의 협응 변화

운동의 협응 변화란 운동학습 시 초기에는 관절들이 경직된 동작들을 보이지만 연습을 통하여 부드러운 움직임으로 형성되는 것을 말한다. Bernstein(1967)은 이러한 현상을 운동기술은 기능적으로 연결되어 있는 신체의 각 분절들이 형성하는 협응체계를 통해 발현되기 때문에 학습 초기에는 이러한 협응체계를 단순화시키기 위하여 각 관절의 움직임을 제한하는 자유도의 고정현상이 나타나지만, 운동기술 학습이 이루어지면서 고정되어 있던 신체의 자유도가 풀리고 보다 복잡한 협응체계가 형성된다는 자유도의 고정과 풀림으로 설명하고자 하였다. 학습자는 과제와 환경과의 상호작용 속에서 학습을 통해 협응구조를 형성하지만 제한요소들 간의 관계가 변하게 될 경우, 협응구조는 불안정한 상태에 빠지게 되어 그동안 유지하고 있던 운동기술이 매우 불안정한 상태에 있게 된다. 그러나 운동기술을 학습하는 과정에서 불안정한 상태는 보다 효율적인 운동협응 형태로의 전환과정임을 이해하는 것이 중요하다.

2) 운동기술 학습의 평가

지도자는 운동기술 학습의 평가에 있어서 학습자와 과제 및 환경 간의 상호작용을 통한 자세의 질적 변화를 측정할 수 있어야 하기 때문에 운동기술 학습이 이루어지는 과정에 대한 폭넓은 지식을 가지고 있어야 한다.

① 운동 결과 평가

운동 결과 평가는 기술 평가의 첫 단계로, 수행하는 운동 과제의 목표를 확인하고 학습자의 운동 수행이 목표 수준에 도달하였는지를 결정하며, 개인에 따라 주어진 운동 과제를 수행하는 기능이 다르다는 것을 기본적으로 가정하고 있기 때문에 수행 목표의 기준도 개인마다 다르게 적용된다.

② 운동기술과 기술 유형 평가

두 번째 단계인 운동기술과 기술 유형 평가에서는 수행된 기술이 무엇이며 그 기술 유형이 어떠한지를 확인하고 운동기술과 기술 유형에 대한 과제 및 환경 그리고 수행자 변인의 효과에 대하여 조사한다.

③ 운동기술 수행과 관련된 요소 분석

마지막 단계인 운동기술 수행과 관련된 요소 분석에서는 특정한 운동기술을 수행하는 데 있어서 제한 요소로 작용하는 다양한 변인들을 확인하는 것으로, 운동수행 부진의 원인을 밝혀내고 새로운 운동기술의 연습계획 수립에 도움을 준다(Mathiowetz, 1993).

2. 운동학습과 파지

가. 파지의 개념

파지란 연습으로 향상된 운동기술의 수행력을 오랫동안 유지할 수 있는 능력으로, 운동기술의 파지 검사를 통하여 운동기술에 대한 학습 여부를 판단할 수 있다.

1) 정보처리 관점

정보처리 관점에서는 운동기술의 파지를 기억의 과정 중 감각 시스템을 통해 얻은 감각 정보를 체계적으로 선택하는 과정인 '부호화'와 그로 인해 인지적으로 처리되는 '인출'이라는 측면에서 설명하고 있으며, 이를 통해 움직임과 동작에 대한 기억 표상이 운동기술의 파지와 밀접한 관련이 있다고 보고 있다.

2) 다이내믹 관점

Bernstein(1967)은 운동기술을 수행하는 데 필요한 필수요소의 획득이라는 측면에서 운동기술의 파지를 설명하였으며, 운동기술의 학습을 복잡한 자유도의 문제와 관련하여 과제와 환경 그리고 유기체 간의 밀접한 상호관련 속에서 운동기술 학습에 필수적인 요소의 특성을 파악하고 학습하는 과정이라고 보았다.

나. 파지에 영향을 미치는 요인

1) 운동 과제의 특성

운동기술의 파지와 학습에 가장 큰 영향을 미치는 것은 학습하고자 하는 운동 과제 자체의 특성이기 때문에 그 특성을 정확하게 이해하고 환경이 요구하는 과제의 특성에 부합하는 신체 분절 간의 상대적 움직임에 대한 학습이 이루어져야 한다.

2) 환경의 특성

Gibson(1966)은 지각과 동작 시스템 간의 밀접한 상호관련성을 강조하면서 환경에서 제공되는 정보의 처리과정을 직접지각 시스템을 통해 설명하고 "환경의 제한요소가 운동기술의 학습과 밀접한 관련이 있다"고 언급하였으며, 이러한 측면에서 운동기술의 학습과정에서 환경의 제한요소에 대한 적응 여부는 운동기술의 파지에 영향을 준다는 것을 알 수 있다. 따라서 지도자는 학습자들의 효율적인 운동기술의 획득과 파지에 적합한 환경학습을 제공해야 한다.

3) 학습자의 특성

운동기술의 파지는 개개인의 특성에 따라 차이가 난다. Zanone과 Kelso(1997)는 운동기술 학습이 이루어지기 전에 개개인이 갖고 있는 협응 경향에 대한 지식의 중요성을 강조하면서 운동기술 학습이 일련의 연속적인 과정이며, 개인차가 존재한다는 측면에서 학습자의 협응 경향에 대한 사전지식의 규명이 필요하다고 언급하였다. 따라서 지도자는 학습자의 협응 경향을 올바르게 파악하고, 학습자의 경험과 운동기술 수준에 맞는 교수전략을 제시하는 것이 중요하다.

4) 연습과 파지

연습량은 운동기술의 획득과 파지에 영향을 미치지만 일정 수준의 운동기술에 도달한 후에는 많은 연습을 하여도 운동기술이 크게 향상되지 않는 경향을 보이기 때문에 지도자는 학습자가 최적의 학습이 이루어질 수 있도록 연습량을 조절해야 하며, 과제를 학습하는 연습 단계에서 적절한 간섭을 통하여 오랫동안 파지할 수 있도록 학습자의 수준에 맞는 연습량을 제공해야 한다.

3. 운동학습과 전이

운동학습의 전이(transfer)란 과거의 수행 또는 학습 경험이 새로운 운동기술의 수행과 학습에 영향을 미치는 것을 말한다. 전이 과정에 대한 정보는 학습자들이 새로운 상황과 과제에 적응하는 능력을 향상시키는 데 유용하게 활용되고 이러한 정보를 바탕으로 학습자가 무엇을 배우고 어떻게 기술을 학습하는지에 대한 학습과정의 이해를 도울 수 있으며, 교육과정 개발이나 재활치료 현장에서 사용되는 치료 프로그램 개발에 있어서 매우 중요한 개념이기 때문에 운동학습의 전이 현상에 대한 이해가 필요하다.

가. 정적전이

정적전이란 과거의 학습이나 과제의 연습에 대한 경험이 새로운 운동기술의 학습과 수행에 긍정적인 영향을 미치는 것으로서 운동기술의 요소와 처리과정이 유사할 경우 나타나게 된다.

1) 운동기술 요소의 유사성

운동학습의 정적전이는 운동기술 요소의 유사성이 있거나 수행 상황이 비슷한 경우 발생하는데 예를 들어 기본 동작의 유사성에 있어서 오버 암이라 불리는 유형은 야구공 던지기, 테니스 서브, 배구 스파이크 등 물체를 때리거나 던지는 데 있어서 전완 운동이 기본 과제이다. 이러한 동작은 엉덩이와 어깨의 회전, 어깨-팔-팔목의 탄력적인 수행을 필요로 하며, 결국 특정한 목표를 성취하기 위한 손목과 손의 동작으로 끝을 맺게 된다. 이와 같이 두 연습이 동일한 일반적 유형을 갖는 운동 종목의 한 가지 변수를 대상으로 이루어진다면 학습자는 다른 변수에 동일한 유형을 사용함으로써 학습을 전이시킬 수 있기 때문에 정적전이 현상을 발견할 수 있다.

2) 처리과정의 유사성

정적전이 현상은 연습 과제와 전이 과제의 처리 과정이 유사할 경우에도 발생하는데, 이러한 현상은 인지심리학자들과 운동행동 학자들의 연구에 의해 이루어진 전이적정처리 가설을 통해 설명할 수 있다. 이 가설에서는 연습 조건에서 나타나는 운동학습이나 운동수행의 인지적 과정이 전이 조건과 유사할수록 정적전이 효과가 발생하며, 학습자들이 운동기술의 학습이나 수행 과정에서 문제 해결 활동에 적극적으로 참여하였을 때 효과적인 전이효과가 발생한다고 주장함으로써 처리과정의 유사성에 대한 정적전이 현상을 설명하고 있다.

3) 협응구조 형성과 전이

다이내믹 관점에서는 운동기술의 학습을 과제, 환경 그리고 학습자가 갖고 있는 제한요소에 대한 적응력을 향상시키는 과정이며, 제한요소들 간의 상호 관련 속에 운동시스템의 협응구조를 형성하는 과정이라고 보았다. 따라서 학습자의 신체적 특성의 변화와 정보를 포함하고 있는 환경의 지속적인 변화 속에서 과제의 요구수준에 맞는 운동협응 형태를 형성하기 위해서는 연속적인 협응구조의 변화와 함께 운동기술의 전이 현상이 끊임없이 나타난다고 할 수 있다.

나. 부적전이

부적전이란 두 과제의 운동수행 상황에서 획득하는 지각 정보의 특성이 유사하지만 움직임 특성이 다른 경우에 발생하며, 같은 자극에 대한 반응에서 움직임의 공간적 위치가 변하거나 움직임의 타이밍 특성이 변할 때 부적전이 효과가 나타나기 쉽다. 스포츠 경기 간에서의 부적전이의 예는 한 종목의 스포츠를 오래 하여 운동 동작이 고정된 경우 새로운 운동 동작의 학습 시에 자신도 모르게 전에 학습한 동작이 발현되어 수행에 부정적인 영향을 끼치게 되는데, 이러한 예는 야구의 스윙과 골프의 스윙에서 찾아볼 수 있다. 야구는 스윙 시 비거리를 늘리기 위해 무게중심의 이동이 크게 이루어지고 상황에 따라 다양한 스윙 형태를 갖지만, 골프는 정확도에 더 많은 비중을 두기 때문에 몸의 중심이동에 대한 움직임이 제한되고 대부분 어퍼스윙 형태의 특징을 갖고 있어 운동 수행이 비슷하나 움직임의 특성이 다르기 때문에 부적전이 현상이 발생하게 된다.

5장 운동발달의 이해

 학습목표
- 운동발달의 개념 및 원리를 이해한다.
- 운동발달의 단계별 특성을 이해한다.
- 운동발달에 미치는 요인을 이해한다.

1. 운동발달의 개념 및 원리

가. 운동발달의 개념

운동발달이란 인간이 태어나기 전부터 사망에 이르기까지 움직임 과제, 개체의 생물학적 조건 및 환경조건 간에 상호작용을 통해 야기되는 전 생애에 걸친 운동행동의 불연속적인 변화와 그 변화가 일어나는 과정을 말한다.

운동발달은 일반적인 특징을 나타내는데, 연령이 증가함에 따라 신체의 기능이 변화하고 개인에 따라 차이를 나타내며 태어나서 죽을 때까지 기능적인 역량이 지속적으로 향상 또는 감소하는 계열적인 변화의 특성을 보인다.

시기적 구분		기간	
태아기	배아기	임신 ~ 출생	임신 ~ 8주
	태아기		8주 ~ 출생
영아기		출생 ~ 2세	
유아기		2 ~ 6세	
아동기		6 ~ 12세	
청소년기		12 ~ 18세	
성인기	초기	18세 이상	18 ~ 40세
	중기		40 ~ 65세
	후기(노인기)		65세 이상

그림 2-2. 운동발달의 구분

이러한 운동발달은 시기적으로 구분할 수 있으며 태아기, 영아기, 유아 및 아동기, 청소년기 그리고 성인 및 노인기로 나눌 수 있다. 태아기는 임신부터 출생까지를 말하며, 발달이 처음 시작되는 시기이다. 영아기는 생후 2년까지이며, 유아 및 아동기인 2~6세까지는 기본적인 운동기술과 지각 능력이 급격히 발달한다. 청소년기는 12~18세까지로 중·고등학생 시기이며, 성인기는 초기(18~40세)·중기(40~65세)로 구분하며, 65세 이후를 후기 또는 노인기라고 한다. 아동기에 비해 청소년기부터는 운동발달의 변화가 급격하게 나타나지 않으며, 성인 중기 이후부터 점차 감소하는 경향을 보인다. 하지만 이러한 시기적 구분은 전형적인 단계 구분에 불과하므로 같은 시기에 동일한 움직임 특성을 가져야 한다는 의미로 확대 해석하면 개인적인 특성을 고려하지 못할 수 있으니 주의해야 한다(그림 2-2).

나. 운동발달의 원리

운동발달은 초보적 반사운동에서 수의운동 순으로, 버둥거림에서 기기, 앉기, 서기, 걷기 순으로, 뻗기에서 잡기, 조작하기 등으로 일정한 순서를 가지고 발달한다. 또한 머리에서 꼬리 방향으로, 중심에서 말단 방향으로, 전체 운동에서 특수 운동으로, 대근활동에서 소근활동 등의 방향성이

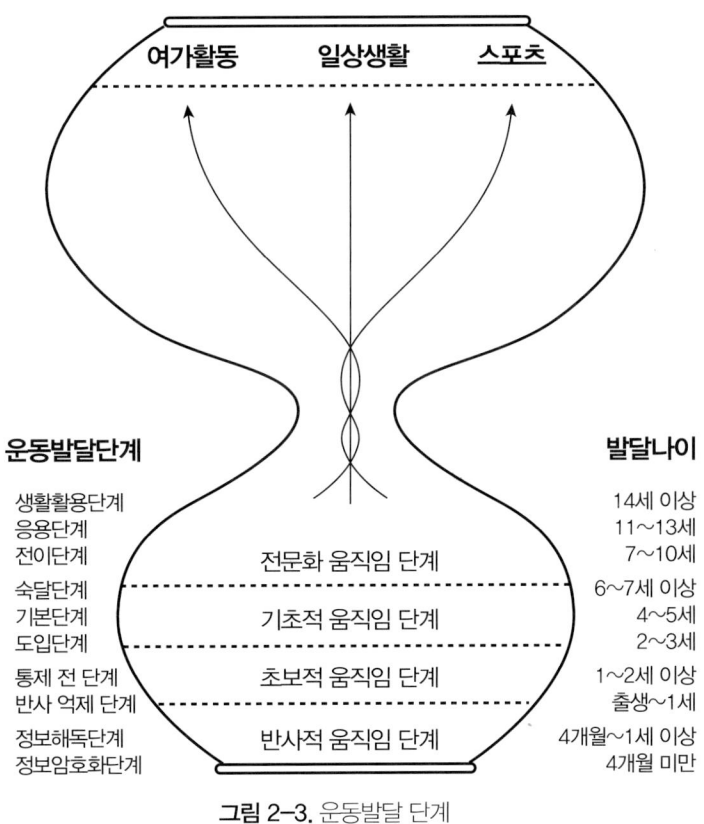

그림 2-3. 운동발달 단계

있다. 신체적·정신적 영역에서는 낮은 단계에서 높은 단계로, 단순에서 복잡으로, 서투름에서 세련됨 등으로 연속적이고 점진적인 과정을 보이며, 시기에 따라 발달 속도에 다양한 차이가 존재하고, 신체의 기관 특성에 따라 발육발달의 패턴이 다르게 나타난다. 발달은 유전적·내적 조건에 의해 결정되지만, 환경적 조건(영양, 운동, 학습기회)에 의해 변용성을 보이고, 각 개인의 특징에 따라 조숙형·만숙형 등으로 발달에 개인차가 존재하며, 각 부분이 미세하고 특수화되는 분화와 통합되는 협응의 과정을 거친다. 마지막으로 발달은 모든 측면(신체적, 정신적)과 상호 관련성이 있으며, 개체와 환경의 상호작용(선천적, 후천적)을 통하여 나타난다.

2. 운동발달 단계별 특성

가. 운동발달 단계

운동발달의 단계는 반사 움직임 단계(Reflexive MP), 초기 움직임 단계(Rudimentary MP), 기본 움직임 단계(Fundamental MP), 스포츠 기술 단계(Specialized MP), 성장과 세련 단계(Growth and Refinement Phase), 최고 수행 단계(Peak Performance Phase), 퇴보 단계(Regression Phase)로 나눌 수 있다.

1) 반사 움직임 단계(Reflexive Movement Phase): 출생~1세

불수의적인 움직임이나 전형적인 리듬을 갖는 형태의 움직임이 나타나지만, 신경체계는 아직 미완성 단계이다. 점차 신경계가 성숙하면서 수의적인 운동제어가 가능해지며, 반사가 점차 사라지기 시작한다. 반사활동을 통해 환경에 대한 정보를 즉각적으로 획득할 수 있다.

2) 초기 움직임 단계(Rudimentary Movement Phase): 1~2세

성숙에 의해 절대적인 영향을 받으며, 비교적 그 과정의 예측이 가능하다. 생존을 위한 수의적인 움직임의 기본형태가 나타나며 머리, 목, 몸통 조절, 뻗기, 잡기 등의 물체조작 및 기기, 걷기 등의 이동운동이 발달한다.

3) 기본 움직임 단계(Fundamental Movement Phase): 2~6세

성숙과 환경적 조건(연습의 기회, 동기, 교육)이 중요한 역할을 한다. 초기 움직임 단계에서 획득한 기술보다 훨씬 발전적인 형태의 이동기술과 물체조작기술이 가능하며 지각-운동 능력 발달 및 신체 인식과 균형 유지가 발달한다.

4) 스포츠 기술(전문적인 움직임) 단계(Specialized Movement Phase): 7~14세 이후

일상생활 및 스포츠 등에 요구되는 다양하고 복잡한 활동들을 위한 움직임 패턴이 가능한 단계이다. 다양한 움직임 패턴이 보다 세련되고 효율적인 형태로 발전하게 되며, 연령이 증가할수록 각각의 움직임 동작을 서로 연관시켜 하나의 일관된 동작을 형성할 수 있는 시기이다. 전환단계(7~8세), 적용단계(11~13세), 생애활용단계(14세 이후)로 나누어진다.

5) 성장과 세련 단계(Growth and Refinement Phase): 청소년기

질적·양적인 측면이 급격하게 발달하는 단계이다. 사춘기에 해당하는 시기로, 호르몬 분비의 증가와 근육-골격체계가 급성장하며, 운동기술 수준이 급격히 발달한다.

6) 최고 수행 단계(Peak Performance Phase): 성인 초기

근력 및 심폐기능 그리고 정보처리 등에서 최고의 능력을 발휘하며 최상의 운동기술 수행(남자 28~30세, 여자 22~25세)이 가능한 단계이다.

7) 퇴보 단계(Regression Phase): 성인 후기

30세 이후 생리적·신경학적 기능이 감소하기 시작하는 단계이며, 운동행동 능력이 쇠퇴하고 스피드를 요구하는 운동 과제를 수행하는 능력이 현저하게 낮아진다. 심혈관, 근력, 유연성, 지구력, 신경기능 등이 감소하며 체지방이 증가한다.

시기	태아기	영아기	유아기	아동기	청소년기	성인 초기	성인 후기
연령	임신	1세	2세	6세	12세	18세 30세	70세
발달 단계	반사 움직임 단계	초기 움직임 단계	기본 움직임 단계	스포츠 기술 단계	성장과 세련 단계	최고 수행 단계	퇴보 단계

그림 2-4. 시기별 운동발달 단계

나. 기초 운동능력의 발달

1) 반사운동 발달

반사운동 발달은 출생 4개월 전부터 생후 1년까지 지속되며 외부 감각자극에 따라 자연스럽게 나타나는 불수의적 반응이다. 반사는 영아의 의지와는 상관없이 나타나며, 성장과 생존(빨기, 찾기 등)을 돕는 가장 기본적인 역할(움직임 예측 및 진단)을 한다. 영아의 반사는 적정한 시기에 점차 사라지며, 특정 반사의 관찰을 통해 신경학적인 병적 이상 유무를 관찰 및 예측할 수 있다. 이러한 반사는 이후 수의적인 움직임을 하는 데 기초가 되며 반사의 종류로는 모로 반사, 빨기 반사, 쥐기 반사, 갈란트 반사, 바빈스키 반사, 밥킨 반사, 걷기 반사 등이 있다.

2) 자세 조절 능력 발달

자세 조절 능력은 균형과 높은 관련성이 있으며, 특정 자세를 취할 때 필요한 안정성과 정향성이 요구된다. 즉, 다양한 환경 조건에서 필요한 효율적인 신체 협응을 통해 보다 복잡한 움직임을 적절하게 유지하고 획득할 수 있도록 하는 중요한 역할을 한다. 이러한 자세 조절은 모든 신경계, 근골격계 및 심리적 요인 등의 상호작용을 통해 다양한 환경 조건에 따라 이루어지며 전정계를 통해 전달되는 방향 정보를 이용하여 자세의 균형을 유지하게 된다. 자세 조절은 머리와 목에서 몸통으로, 앉기에서 서기 등 순차적으로 이루어지며 말단 방향으로 신체가 점차 발달하게 된다.

자세 조절 측정 방법으로는 크게 정적 자세 측정법(롬버그 검사, 응용 롬버그 검사, 한 발로 서기, 눈 감고 한 발로 서기 등)과 동적 자세 측정법(기능적 뻗기 검사, 스테핑 스톤 검사 등)이 있으며 신체 협응 및 균형 능력을 평가하기 위해 주로 사용된다.

3) 이동운동 능력 발달

이동운동 능력은 기초 이동운동 능력과 응용 이동운동 능력의 순으로 발달된다. 기초 이동운동 능력은 영아기에 발달되기 시작하며 기기, 걷기, 점핑(수평, 수직) 등과 같은 다양한 종류의 발달이 포함되어 있다. 응용 이동운동 능력은 이러한 기본적인 이동운동 능력이 발달된 후에 학습하게 되는 보다 복잡하고 어려운 이동 동작인 호핑, 갤로핑, 슬라이딩, 리핑, 스키핑 등을 포함하고 있으며 아동의 운동발달 정도를 파악할 수 있다. 이러한 발달은 순차적으로 진행되며 유아의 근력, 균형 능력, 협응 능력 등의 향상으로 가능해진다.

4) 물체조작 능력의 발달

물체조작 능력은 기초 물체조작과 일반 물체조작 순으로 발달한다. 기초 물체조작은 미성숙한 형태의 뻗기와 쥐기 같은 형태를 보이는 것을 시작으로 점차 시각을 활용하여 보다 정확한 동작을 수행할 수 있는 기술 능력으로 점차 발달하게 된다. 이러한 능력의 발달은 영아가 손을 이용하여 물체를 잡거나 제어할 수 있고 스스로 서서 이동할 수 있는 시기부터 가능하며 소근운동 기술(그리기, 쓰기 등)에서 대근운동 기술(던지기, 차기, 받기 등)로 점차 발달한다. 일반 물체조작은 어떠한 물체에 힘을 가해 움직일 수 있도록 하는 던지기, 차기 등과 같은 기술과 움직이는 물체를 이용한 받기, 트래핑, 튕기기 등의 기술로 구분할 수 있으며 점차 발달한다. 이러한 조작 능력의 발달은 대뇌피질의 성숙에 의해 영향을 받게 된다.

3. 운동발달 영향 요인

운동발달에 영향을 미치는 요인은 매우 다양하며, 크게 개인적 요인과 사회·문화적 요인으로 분류할 수 있다.

가. 개인적 요인

1) 유전

유전적인 특성은 염색체(46개) 속에 들어 있는 약 2만 개의 유전인자에 의해 결정되며 성염색체로 인하여 남녀의 성이 구분되는데, 이는 수정을 통하여 태아의 염색체에 받아들여지게 된다. 키와 몸무게 같은 생리적 특성 및 순수지능과 관련된 인지적 특성들도 유전에 의해 크게 결정될 수 있으며, 성장 및 성숙을 포함한 전체 발달에 영향을 줄 수 있다.

2) 성장과 성숙

성장은 이미 형성된 신체 부위의 크기, 무게, 부피 등이 비율적으로 증가하는 것을 말한다. 특히 유아기에서 청소년기까지 급격한 발달을 보이며, 특히 아동기의 경우에는 여아(9세경)가 남아(11세경)보다 빠른 성장을 나타낸다.

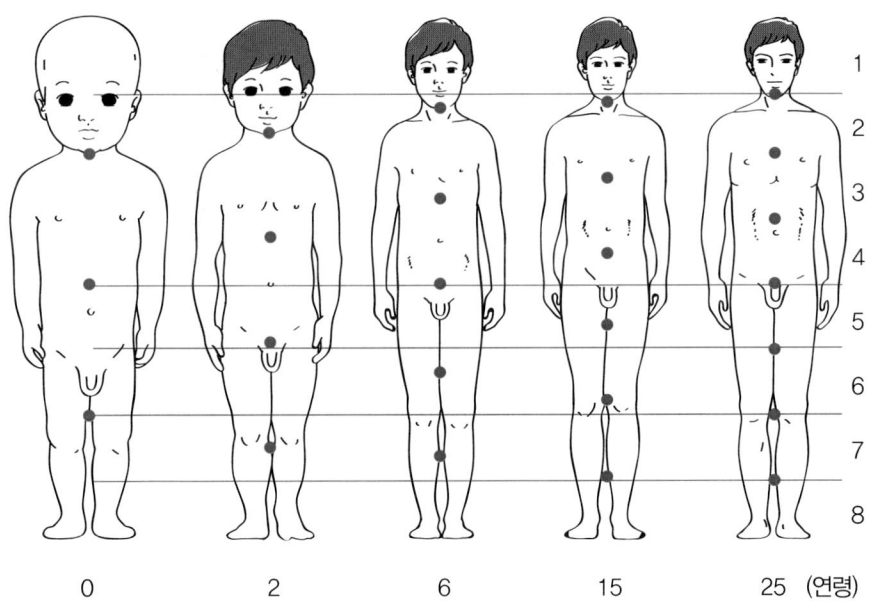

그림 2-5. 성장에 따른 신체 비율의 변화

성숙은 성장과는 다른 뜻으로 구별되며, 정확한 차이점을 알아야 한다. 신체적으로 양적인 성숙 증가를 의미하는 성장과는 달리 성숙은 신체의 질적인 기능 및 심리적인 측면의 발달을 의미한다. 이러한 성숙은 신체적인 발달에 따른 경험과 습관에 의해 지속적이고 연속적인 변화과정을 거친다. 성숙은 연대에 따른 연령(나이)만으로 측정하거나 평가하기에는 한계가 있지만, 생물학적인 연령에서 살펴볼 수 있는 형태학적(치아, 뼈 등) 연령과의 비교를 통해 보다 타당하고 객관적으로 판단하여 설명할 수 있다.

3) 신체 시스템의 발달

신체 시스템은 신경기관, 골격기관, 근육기관 등으로 구성되어 있으며 신체의 원활한 움직임 및 동작을 위해서는 이러한 신체 시스템의 성장이 적절하게 발달해야 한다. 신경기관은 크게 신체의 움직임을 명령하는 중추신경계(뇌, 척수)와 신체 내외의 정보를 중추신경계로 전달하는 말초신경계(체성신경, 자율신경)로 나누어지며, 이를 통해 적절한 반응과 운동발달이 이루어진다. 골격기관(뼈, 관절, 인대 등)은 신체를 지탱하고 내장기관을 보호하는 역할을 하며, 기본적으로 유전적인 영향이 크다. 하지만 출생 이후 받게 되는 다양한 자극 및 영양상태 등의 요인에 의해 많은 영향을 받게 된다. 골격근은 수많은 근섬유로 구성되어 있는 근육들이 약 200개 이상 이루어져 있다. 근섬유는 액틴과 미오신이라는 미세 섬유로 이루어져 있으며, 근육의 수축과 이완작용을 가능하게 한다.

4) 체력의 발달

① 심폐체력

심폐체력은 심박수(심장이 1분 동안 뛰는 횟수)와 심장의 크기, 심장의 수축력, 동맥 혈압 등에 영향을 받는 1회 박출량을 통해 알 수 있는 주요 체력 요소 중의 하나이다. 일반적으로 심박수는 분당 70회 정도가 정상이며, 개인차가 존재한다. 여성이 남성보다 약 5회 정도 높으며, 신생아기에는 높고 운동선수들은 낮은 경향을 보인다.

② 근력

근력은 근육의 수축 및 이완에 의해 생기는 힘을 말하며, 연령에 따라 근육의 수가 증가 및 감소하고 근력운동을 통한 근력 증가로 인해 더 강한 힘을 발휘할 수 있다. 아동의 경우 성장과정에서 자연스럽게 경험하게 되는 다양한 신체활동을 통해 서서히 근력이 증가하게 된다.

③ 유연성

유연성은 관절에 있는 건, 인대, 근육 등에서 나타나는 생리적인 요인에 영향을 받는데, 특히 운동 상해와 높은 관련성이 있으므로 평소 유연성 향상 및 유지를 위한 적절한 신체활동이 요구된다. 지속적인 유연성 훈련은 관절의 가동범위를 향상시켜 부상의 예방과 효율적인 움직임에 도움이 된다.

5) 심리적 요인

운동의 발달은 신체적인 요인뿐만 아니라 심리적 요인에 의해서도 많은 영향을 받을 수 있다. 대표적인 심리적 요인들로는 자긍심, 동기 등이 있으며 부모나 교육자에 의해 많은 영향을 받아 형성된다. 이러한 심리적 요인들을 통해 자신의 능력 및 성공에 대한 가치 평가와 판단을 하게 되며, 개인의 성향과 능력에 따라 개인차가 크게 나타날 수 있다. 또한 어떤 목표에 대한 지속적인 행동을 가능하게 하는 내·외적인 부분과 관련된 보상 부분도 포함되며, 운동발달과 관련된 행위에 참여할 수 있도록 영향을 준다.

나. 사회·문화적 요인

1) 성역할

성역할은 아동의 사회화 과정에서 나타나는 가장 기본적인 요인으로, 남성 및 여성의 특징에 적합하다고 여기는 태도나 행동 등 사회적인 신념이나 고정관념에 의한 영향이 크게 작용한다. 이러한 성역할의 구분은 아동들의 놀이 및 스포츠 사회화에 큰 영향을 미치며, 부모나 교사들에 의해 남아들은 보다 복잡하고 경쟁적이며 동적인 놀이를, 여아는 보다 안정되고 비경쟁적이며 정적인 놀이를 하도록 강요받게 되어 자신의 성과 반대된 놀이는 적절하지 않은 잘못된 행위로 점차 무의식 속에 인식하게 된다. 이러한 성별 구분에 의한 놀이 및 스포츠 활동은 성별에 따라 운동발달의 차이를 줄 수 있으며, 아동들의 기술 능력 발달에 영향을 미치게 된다.

2) 사회적 지지자

사회적 지지자는 가족, 친구, 동료 등이 있으며 출생 후부터 운동발달에 가장 중요한 영향을 미치는 역할을 하게 된다. 특히 가족 간의 긴밀한 유대관계는 가장 중요한 요소 중의 하나이며, 초기에 형성되지 못하면 자녀의 긍정적인 운동발달에 장애를 줄 수 있는 큰 요인이 될 수 있다.

부모가 운동을 중요하다고 인식하는 정도에 따라 자녀의 운동발달은 상당한 영향을 받게 되므로 다양한 신체활동을 함께 접할 수 있도록 하여 운동에 대한 긍정적인 태도와 인식이 생길 수 있도록 지도하는 것이 중요하다. 형제나 자매는 유아기에 처음 경험하게 되는 놀이집단으로 사회화 과정을 경험하게 되는 중요한 역할을 하며, 친구나 동료들을 통하여 사회화 과정을 보다 강화하게 되고, 적극적인 스포츠 활동에 영향을 준다. 이처럼 아동은 연령이 증가할수록 보다 규칙적인 신체활동의 참여를 통해 사회화가 가속화되며, 이러한 활동은 유아의 정서적인 기능에 큰 영향을 미칠 수 있다.

3) 대중매체

최근 다양한 대중매체의 발달로 인하여 운동 및 스포츠 활동과 관련된 다양한 정보를 보다 쉽게 접근할 수 있게 되었다. 또한 각종 스포츠 활동 참여에 직·간접적인 영향 요인으로 작용하고 있으며, 시설 및 운동 프로그램과 관련된 정확한 정보를 얻는 데 큰 도움이 되고 있다.

4) 인종과 문화적 배경

인종이나 문화적 배경은 운동발달과 성장에 영향을 줄 수 있다. 흑인과 백인의 경우 초기 운동발달에서 흑인이 우세함을 보이며, 저소득층 아동이 고소득층 아동에 비해 인지발달은 낮으나 운동발달은 높은 것으로 보고되고 있다. 하지만 더욱 정확한 설명을 위해서는 각 개인별 유전적 요인이나 부모의 경제적인 능력 차이, 양육 및 교육 방식 등과 같은 다양한 요인들을 고려해야 한다.

5) 자극과 결핍

출생 후 접하게 되는 모든 자극과 결핍은 아동 발달에 긍정적·부정적 영향을 줄 수 있다. 따라서 부모, 형제자매, 교육자는 언어·신체·환경적으로 신중하게 자극을 선택하여 아동의 운동발달에 도움을 줄 수 있도록 해야 한다.

6장 운동발달의 평가

 학습목표
- 운동발달 평가의 목적과 유의점을 이해한다.
- 운동발달 평가에서 사용되는 평가도구에 대하여 이해한다.

1. 운동발달 평가의 목적 및 유의점

가. 평가의 개념

운동발달의 평가는 측정(measurement)을 통해 얻어진 정보를 수집하여 운동행동과 관련된 변화를 관찰하고 기록한 후 시기별 성장 및 발달 상태를 파악하여 평가(evaluation)하는 것을 말한다. 이러한 평가는 운동발달 영역에서 매우 중요한 부분을 차지하며, 개인별 발달 정도와 문제점을 파악할 수 있어 운동발달 프로그램을 구성하는 데 큰 도움이 된다.

나. 평가의 목적

운동발달 평가의 목적은 정확한 측정을 통해 운동기술 발달에 필요한 정보를 제공하고, 진단 및 심사를 통해 시기별 발달의 차이 및 이상 유무를 구분하여 개인의 운동발달을 일정하게 범주화시켜 발달에 필요한 처치나 지도방법에 사용되거나 발달의 기준을 설정할 수 있도록 한다. 또한 시간의 흐름(연령)에 따라 다양해지는 경험이나 치료 및 프로그램 등에 대한 영향을 최소화하여 발달적 변화를 관찰하고 신체적 상태에 따른 운동발달 수준에 대한 피드백을 제공해 부모나 교사에게 기술발달 측면에서 부족한 점을 인식시켜 발달에 필요한 효율적인 지도법이나 처치를 통해 긍정적인 동기를 부여하는 데 있다. 이러한 운동발달의 평가를 통해 향후 가져올 신경적인 발달 결과를 예측하여 자신의 능력에 적합한 운동 및 스포츠 종목을 선택하는 데 필요한 기초자료로 활용하여 효율적인 운동발달 프로그램 개발에 도움을 줄 수 있다.

다. 운동발달 평가의 유의점

정확한 운동발달 평가를 위해서는 운동발달에 대한 세밀한 질적 분석이 요구되며, 측정과 평가를 통해 얻어진 자료를 보다 면밀하게 관찰하고 분석하여 긍정적인 운동발달을 실질적으로 유발할

1) 기초 지식

운동발달의 질적 평가를 위해서는 먼저 평가에 필요한 기초 지식이 필요하며 움직임에 대한 지식, 수행자에 대한 지식, 효과적 지도를 위한 지식, 체계적 관찰 전략 개발을 위한 지식 등 다양한 정보가 이에 포함된다.

2) 체계적 관찰 및 분석

정확한 평가를 위해서는 운동발달을 체계적으로 관찰할 수 있어야 하며, 가능한 한 관련된 모든 정보들을 수집하여 운동발달에 영향을 미치는 주요 요인들을 파악해야 한다. 이러한 요인들을 파악하기 위해서는 체계적인 관찰을 통해 분석하고 처치할 수 있는 능력이 필요하다.

2. 운동발달 평가도구의 활용

가. 평가도구의 조건

운동발달 평가에 대한 항목과 목적이 정해지고 난 후 그에 적합한 평가도구를 선택해야 하며, 정확한 측정을 위해 타당도 및 신뢰도가 높은 검사도구를 선별하여 사용해야 한다.

1) 타당도

타당도는 평가하고자 하는 변인을 검사도구를 이용하여 얼마나 정확하게 제대로 측정하였는지에 대한 정도이다. 예를 들어 체중 측정은 체중계, 신장 측정은 신장계 등의 도구를 이용하였을 때 평가도구의 타당도가 높다고 할 수 있다.

2) 신뢰도

신뢰도는 동일한 대상을 반복 시행하여 측정하였을 때 어떠한 경우에도 결과가 일정하게 나타나는 정도이다. 즉, 측정하려는 것을 얼마나 안정적이고 일관성 있게 평가도구가 정확하게 측정하였는지를 의미한다.

나. 평가도구의 종류 및 활용

일반적인 운동발달 평가도구는 결과 지향 평가도구와 과정 지향 평가도구로 나누어진다. 과거에는 주로 아동발달 영역에 대한 양적 평가도구에 집중되어 기술적인 한계를 보였으나 최근에는 질적인 특성에 중점을 둔 과정 지향 평가도구들의 개발로 문제점들이 보완되고 있다.

1) 결과 지향 평가도구

결과 지향 평가도구는 운동발달 시기별로 나타나는 다양한 변인들을 양적으로 분석하여 문제점을 진단하기 위한 평가도구이다. 신생아, 영유아 및 아동기 그리고 노년기의 운동발달 평가에 주로 사용되는 도구는 아래와 같다(김선진, 2011).

① 신생아의 운동발달 평가
- APGAR Scale
- Gestational Age Assessment(GAA)
- The Brazelton Behavioral Assessment Scale(BBAS)

② 영유아 및 아동기의 운동발달 평가
- The Bayley Scales of Infant Development(BSID)
- The Gesell Schedules
- Alberta Infant Motor Scale(AIMS)
- The Denver Development Screening Test(DDST)
- The Peabody Developmental Motor Scales(PDMS)
- The Basic Motor Ability Tests-Revised(BMAT-R)
- The Bruininks-Oseretsky Test of Motor-Proficiency(BOT)

③ 노년기의 운동발달 평가
- AAHPERD Test for Adults over 60
- Williams-Greene Test of Physical and Motor Function

2) 과정 지향 평가도구

과정 지향 평가도구는 정확한 운동발달 과정을 측정하기 위한 질적 평가도구이며, 지금도 다양한 도구들이 개발되어 현장에 적용되고 있다(김선진, 2011).

① Test of Gross Motor Development(TGMD): 만 3~10세까지의 아동 대상
② Fundamental Movement Pattern Assessment Instrument(FMPAI): 아동의 운동발달

상태 평가

③ Developmental Sequence of Fundamental Motor Skills Inventory(DSFMSI): 아동의 기본적 이동기술과 물체조작기술 평가

④ Ohio state University Scale of Intra Gross Motor Assessment(SIGMA): 14세까지의 아동 대상

⑤ Hughes Basic Gross Motor Assessment: 5.5~12.5세까지의 아동 대상

⑥ McCarthy Scales of Children's Abilities(MSCA): 2.5~8.5세 유아 및 아동 대상

⑦ Frostig Development Test of Visual Perception(FDTVP): 4~8세 유아 및 아동 대상

7장 운동발달 프로그램 구성 및 실제

 학습목표
- 운동발달 프로그램의 계획에 필요한 측면을 이해한다.
- 운동발달 프로그램의 구성방법에 대하여 이해한다.

1. 운동발달 프로그램의 계획

운동발달 프로그램을 계획하기 위해서는 충분한 배경지식 및 학습자의 특성과 발달적 측면을 정확하게 이해해야 한다. 만약 지나치게 프로그램의 이론적인 측면만 강조하게 되면 학습자의 욕구와 흥미를 저해할 수 있으므로 반드시 다양한 환경적 조건을 적절히 조절하고, 학습자의 개인적 특성(연령 등)을 고려하여 교수학습 유형을 결정한 후 학습과제를 선택하고 프로그램을 구성할 필요성이 있다.

운동발달 프로그램 구성 시 기본적으로 요구되는 기초 운동기술 유형으로는 기초 안정성 움직임, 기초 이동 움직임, 기초 조작 움직임 등이 있으므로 적절히 조합하여 프로그램을 구성하고 지도자의 구성, 시설 및 도구 등 프로그램이 추구하는 목표 및 방향성을 신중하게 고려해야 한다. 특히 유아 및 아동기의 경우 시기별 발달단계가 다르고 학습과제 및 환경 그리고 학습자의 상호작용을 통해 학습하게 되므로 다양하고 계획적인 놀이를 지속적으로 경험할 수 있도록 해주어야 한다. 반면 갱년기 이후 신체적인 기능이 급격히 감소하는 노인들의 경우 노화 및 부상(낙상 등)을 예방하고 건강 및 체력 유지에 도움이 될 수 있는 프로그램을 구성하여 건강한 삶을 유지할 수 있도록 한다.

가. 운동발달 프로그램 구성 시 고려사항

운동발달 프로그램 구성 시 학습자의 신체 척도, 근력, 이동성 등과 프로그램에서 사용될 운동 강도 및 도구들의 특성을 고려하지 못하면 발달단계에 맞지 않는 프로그램을 학습하게 되는 부정적인 결과가 초래될 수 있으므로 지도자는 안전하고 적절하게 프로그램을 설정하고 구성하여 진행하여야 한다.

운동발달 프로그램 구성은 목적에 따라 학습자의 움직임 향상, 건강 증진, 인지발달, 재활 등에 초점을 둘 수 있으며 지도자는 프로그램을 통해 학습자가 달성해야 할 구체적인 목표를 세우고 다양한 요인들을 고려하여 학습자의 운동발달 수준을 향상시킬 수 있도록 해야 한다. 또한 효과적인 운동발달을 위해서는 학습자가 자신의 신체를 최대한 다양하게 움직일 수 있을 때 특정한 기술을 향상시킬 수 있음을 인지하고, 자연스럽게 습득할 수 있도록 창의적인 프로그램을 구성하기 위해 노력해야 한다.

기본적으로 운동발달 프로그램은 체력 향상에 목적을 두어 계획하고 근력, 근지구력, 심폐지구력, 유연성 등을 발달시킬 수 있도록 하며, 학습자의 개인차를 고려하여 프로그램에 다양성과 변화를 주도록 한다. 같은 연령대보다 발달 상태가 지체되거나 선천적·후천적으로 장애를 가지고 있는 학습자들의 경우 생활을 영위하는 데 필요한 운동발달에 근접할 수 있도록 해야 하며, 이러한 경우 프로그램의 구성이나 기구의 설치 및 운영 등에 보다 큰 노력이 요구된다. 지도자는 프로그램의 구성과 운영에 있어 운동 및 인지발달에 대한 폭넓은 지식과 적절한 기구의 사용을 위한 폭넓은 이해가 필요하며, 학습자가 프로그램을 통하여 각각의 요소들을 다양하게 배울 수 있도록 해야 한다.

2. 운동발달 프로그램의 모형

운동발달 프로그램은 일반적으로 영유아 및 아동기 그리고 노인기에 주로 활용되며, 운동발달의 특성상 청소년이나 성인에 비해 신체능력이 현저히 낮으므로 개인차와 연령에 따른 적절한 프로그램 구성 및 이해가 필요하다.

가. 영유아 및 아동기의 운동발달 프로그램

운동발달 지도자는 영유아 및 아동의 발달 시기에 따른 특성을 파악하고 전반적인 이해가 필요하며, 최근에는 전문가에 의해 운동발달 단계별로 체계화된 교육 프로그램으로 운영되는 시설들이 점차 늘어나고 있는 추세이다.

1) 영아기
아직 운동발달이 미성숙하고 불안전한 영아의 경우 무리한 운동기술을 습득하기에는 어려움이 있으므로 안전에 중점을 두어 다양한 동작들을 경험할 수 있도록 해야 한다.

2) 유아기
유아기에는 이동이나 조작과 관련된 움직임들을 다양하게 경험하게 되므로 기본적인 운동발달이 이루어질 수 있도록 하는 것이 중요하며, 간단한 집기 형태 등의 움직임을 다양하게 경험하도록 한다. 이 시기에는 협동과 관련된 사회성과 스스로 문제를 해결하고 극복할 수 있는 능력이 점차 발달한다.

3) 아동기

아동기에는 다양하고 새로운 운동기술을 경험하고 습득할 수 있는 기회를 주는 것이 중요하다. 특히 서로 다른 움직임들을 조합한 운동기술들을 경험하는 것이 좋으며, 또래집단에 대한 흥미와 관심이 높아지는 시기이므로 아동 스스로 집단에서 서로 간에 많은 활동을 할 수 있도록 지도해야 한다.

나. 노인기의 운동발달 프로그램

노인과 관련된 운동발달 프로그램은 체력과 건강 측면을 발달시킬 수 있도록 하며, 노화에 의한 신체활동 능력의 저하를 억제하여 보다 효율적인 삶을 영위할 수 있는 운동발달 프로그램이 필요하다. 하지만 정상 성인에게 요구되는 체력 훈련 프로그램은 자칫하면 부상의 위험이 따르게 되므로 부상 예방 및 체력의 유지 등과 같은 프로그램이 함께 진행되어야 한다.

1) 체력 유지

노인은 연령에 따른 신체기능의 저하로 인하여 심폐계, 근골격계 및 신경계와 면역능력 등의 기능 감소로 인하여 쉽게 병에 걸리고 낙상 등의 부상의 위험이 높으며 우울 및 불안 등의 심리적인 이상 증세가 나타나기도 한다. 따라서 규칙적이고 지속적인 유산소 운동 및 근력운동 등 적절한 신체활동을 통해 예방할 수 있도록 한다.

2) 이동능력 유지

최근 노인들의 낙상 빈도가 점차 증가하고 있다. 연령 증가에 따라 발생 빈도가 높아지고 있으며, 약 40%가 80세 이상 노인들에게서 발생한다. 미국의 경우 65세 이상 노인이 사고로 인해 사망하는 경우가 높고, 이러한 사고 중 낙상이 3분의 2를 차지할 만큼 높은 비중을 차지하는 것으로 나타나고 있다. 노인들은 약해진 뼈로 인해 낙상하기 쉬우며, 낙상으로 인한 골절은 회복이 느리고, 부상으로 인한 기력 감퇴는 불균형한 영양 섭취 등으로 생명에 위협이 될 수 있는 다양한 합병증이 발생할 위험 요소가 높다. 이러한 낙상의 주요 원인은 골량의 감소로 인한 것이므로 평소 적절한 영양소로 균형 잡힌 식사와 규칙적인 운동을 할 수 있는 프로그램 참여가 필요하다.

3) 조작능력 유지

노인들은 연령이 증가할수록 일상생활에서 요구되는 다양한 조작운동능력이 저하되는데, 특히 신경계 등의 이상으로 치매, 파킨슨병 등의 병적 증상이 있을 경우 상황은 더욱 심각해진다. 따라서 운동발달 프로그램을 계획할 때 신체적인 부담이 되지 않으며 다양한 물체를 조작할 수 있는 운동들을 포함하여 보다 쉽고 재미있게 구성하여야 한다. 이러한 물체조작 프로그램은 노인들의 조작능력 저하를 감소시키고 발달시키는 데 많은 도움을 줄 수 있다.

III부
스포츠수행의 심리적 요인

스포츠 상황에서 경기력은 선수들의 인지, 정서, 동기 같은 심리적 변수를 바탕으로 목표설정, 자신감, 심상, 주의집중, 루틴 같은 심리기술에 의해 좌우된다. 이 단원에서는 선수들의 다양한 심리적 변수 및 이러한 심리 특성을 바탕으로 현장에서 응용할 수 있는 스포츠심리기술 훈련의 기초를 살펴보게 된다.

1장 성격

학습목표
- 성격의 정의와 개념을 이해한다.
- 성격에 관한 이론적 모형과 스포츠운동심리학 연구를 비교한다.
- 스포츠 및 운동심리학 분야에서 이용되고 있는 심리 측정도구를 살펴본다.

1. 성격의 개념과 이론

인간의 고유한 속성 중 가장 대표적인 것이 성격이다. 성격의 개념은 매우 다양하고 광범위하기 때문에 스포츠와 운동심리학 분야에서도 이에 대한 많은 이론들과 개념들이 지속적으로 발전되어왔다.

가. 성격의 특성

Friedman과 Schustack(2003)은 성격심리학을 "인간을 유일하게 만드는 것에 관한 연구"로 정의 내렸다. 이들은 인간의 성격을 개인의 무의식 상태로 보는 정신분석적 관점에서부터 인간과 환경 간의 상호작용 관점에 이르기까지 8개의 성격으로 조망하는 관점을 제시했으며, 이에 대한 각각의 관련 요인은 다음과 같다.

다양한 학자들의 성격에 대한 정의를 통해 공통적인 특성을 살펴보면 크게 독특성, 일관성, 경향성으로 구분할 수 있다(김성옥, 1999).

표 3-1. 성격의 특성

관점	관련 요인
정신분석(psychoanalytic)	무의식(unconscious)
신경정신분석(neoanalytic)	자아(ego, self)
생물학(biological)	생물학(biological)
행동주의(behavioral)	환경 조건(conditioned by environment)
인지(cognitive)	인지(cognitive)
특성(trait)	특성(traits), 기술(skills), 기질(predispositions)
인본주의(humanistic)	영적(spiritual)
상호작용(interactionist)	인간과 환경 간의 상호작용

1) 독특성(uniqueness)

인간은 타인과 구분할 수 있는 저마다의 사고와 행동양식이 있으며, 이는 주어진 환경자극에 대한 독특한 반응 양식으로 표현된다. 인간이 다양한 자극에 기계처럼 반응한다면 누구나 똑같은 상황에서 똑같이 사고하고 행동할 것이며, 이로 인해 개인 간의 구분은 의미가 없어질 것이다. 그러나 개개인의 고유한 독특성 때문에 성격 연구는 다양해지고 훨씬 역동적으로 발전해왔다.

2) 일관성(consistency)

성격은 시간이나 상황의 변화에 영향 받지 않고 비교적 안정되고 일관적으로 나타난다. 그때그때 주어진 상황이나 시간의 흐름에 따라 각각 다른 행동이 나타난다면 성격보다는 환경적인 영향이 더 강하다고 볼 수 있다. 이러한 경우 환경이 바뀌면 얼마든지 성격이 바뀌기 때문에 성격을 통해 행동을 예측하기란 매우 어려워진다. 이 경우 개인의 심리적인 성격 연구보다 그 사람을 둘러싼 사회학적인 연구가 더 타당할 것이다.

3) 경향성(tendency)

성격은 사고나 느낌, 행동 그 자체보다는 그 속에서 나타나는 일련의 경향성을 의미한다. 비록 성격이란 속성 자체가 눈에 보이지는 않지만 그 사람의 행동적인 경향성, 즉 지속적으로 친절한 행동을 통해 그 사람의 성격이 좋다는 것을 추론하게 된다.

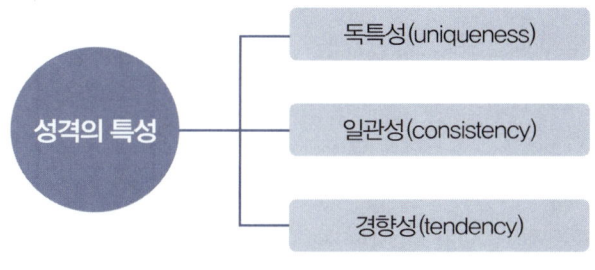

그림 3-1. 성격의 특성

나. 성격의 구조

Hollander(1971)는 성격의 구조를 크게 심리적 핵, 전형적 반응, 역할과 관련된 행동으로 구분했다. 예를 들어 선수생활을 하는 대학생은 학교에서는 학생의 역할을, 운동집단에서는 선수의 역할을 그리고 가정에서는 부모의 자녀 역할을 하고 있다. 이러한 역할 상황에 따라 개인의 행동은 다를 수 있으며, 이것이 역할행동이다. 이처럼 성격의 구조는 역할행동, 전형적 반응, 심리적 핵으로 들어갈수록 일관성이 높아진다.

1) 심리적 핵

심리적 핵은 가장 기초단계이며, 깊숙이 내재되어 있는 각 개인의 실제 이미지를 말한다. 앞에서 말한 성격의 속성 중 일관성이 가장 높은 단계이며, 가치, 흥미, 동기, 개인의 자아, 기본적인 태도 등을 포함한다.

2) 전형적 반응

전형적 반응은 주변 상황 및 환경의 자극에 의해 상호작용 결과가 나타나는 행동을 말한다. 이렇게 나타나는 전형적 반응의 결과로 심리적 핵을 예측할 수 있다.

3) 역할행동

역할행동은 성격의 가장 바깥 단계이며, 환경을 어떻게 인식하느냐에 따라 행동이 달라지기 때문에 주어진 환경에 가장 민감한 성격의 속성이라고 할 수 있다.

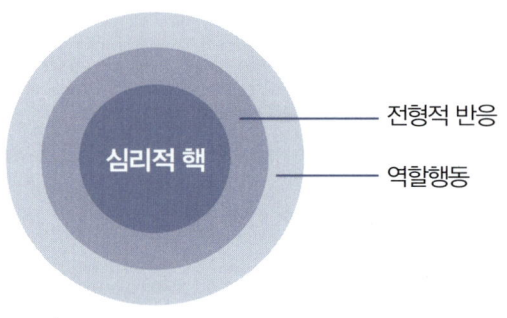

그림 3-2. 성격의 구조

2. 성격 이론

스포츠 성격에 대한 연구를 진행할 때 보다 체계적이고 실증적인 연구를 위해서는 탄탄한 이론적 뒷받침이 선행되어야 한다. 스포츠 성격의 정의만큼이나 스포츠 성격을 다룬 다양한 이론이 제시되어 있다. 이러한 이론은 스포츠 성격을 과학적으로 규명하기 위해 저마다 독특한 접근방식과 관점을 가지고 있으며, 각기 장단점을 가지고 있다(정청희·황진 외, 2009).

가. 정신역동 이론

프로이트(Freud)는 정신역동(psycho-dynamic) 이론을 통해 인간의 성격에 대한 연구를 진행한 대표적인 심리학자이다. Freud는 인간의 성격에서 의식보다는 무의식의 작용을 강조하였고 인간의 성격을 원초아(id), 자아(ego) 그리고 초자아(super-ego)로 구분하였다.

원초아는 배고픔, 갈증, 배설, 성, 공격성 등과 같은 1차적인 생리적 욕구를 의미하며 성격의 기본이 된다. 원초아는 지극히 본능적이고 직관적인 반응으로 흥분이나 긴장을 일으키며, 이러한 자극에 대한 반응이 이루어지면 만족하고 그렇지 않으면 고통을 느끼게 된다. 본능적으로 쾌락만을 추구하기 때문에 항상 충족될 수 있고, 이 때문에 필연적으로 갈등이 야기된다. Freud는 이러한 갈등을 해소하기 위해 자아를 제시했다.

자아는 원초적인 욕구에 대한 반응으로, 현실에 의한 타협책이라고 볼 수 있다. 원초아 욕구가 충족되지 못할 때 만족을 느끼기 위해 고통을 참고 현실과 적응해야 하는데, 자아가 바로 그런 역할을 한다. 따라서 자아는 본능적인 원초아와 이상적인 초자아 사이에서 갈등을 해결하고 합리적으로 현실을 받아들이게 하여 양쪽 모두 수긍할 수 있는 적절한 만족수준을 추구한다.

초자아는 순수한 이상적인 도덕 욕구로서 초자아에 의해 인간은 누가 보지 않아도 양심에 맞는 행동을 하고 잘못을 저질렀을 때 부끄러움을 느끼게 된다. 자신의 행동을 초자아의 기준에 맞추려고 노력하며 초자아와 자신의 행동이 일치할 때 자신의 도덕성과 양심에 대한 자긍심을 가지게 된다.

Freud의 이론은 가상적인 이론적 틀을 제시하면서 초창기 성격 연구에 지대한 공헌을 했으며, 이후 정신분석학파의 기틀을 마련하는 데 선두적인 역할을 했다. 그러나 너무 무의식의 세계에 편중되어 있고 상상적인 측면이 많아서 비과학적이라는 비판에 직면하고 있다.

표 3-2. 프로이트의 정신구조

구조	의식성	내용	기능
원초아	무의식	본능적 욕구, 만족 추구	즉각적, 비합리적, 충동적
자아	의식	원초아와 초자아 중재	현실적, 합리적, 논리적
초자아	의식 및 무의식	이상과 도덕 추구	지시, 비평, 금지

나. 사회학습 이론

사회학습 이론은 전통적인 성격 이론과 달리 어떤 개인의 성격이 고유하다고 보지 않고 개인이 처한 특정 상황 및 개인이 학습한 행동이 성격을 좌우한다고 주장한다. 즉, 어떤 선수가 공격적인 성향을 가졌더라도 매번 공격적이지는 않을 것이며 적절한 상황에 따라 공수를 병행하는 행동을 보일 것으로 예측되기 때문이다. 이에 대해 사회·인지심리학자인 Bandura(1977)는 심리적 기능은 개인 요인과 환경 요인의 지속적인 상호작용에 의해 설명된다고 주장했다. 이러한 측면은 상당 부분 행동주의 심리학자들과 일치하는데, 즉 어떤 선수가 공격적인 행동을 나타내는 것은 상황이 공격적인 행동을 야기했고 과거의 경험에 의해 공격적인 행동이 강화되었기 때문이다.

다. 체형 이론

성격 이론 중에서 초기 특성 이론 중의 하나가 바로 체형 이론(constitutional theory)이다. 사람의 체형에 따라 성격이 달라지며, 개인의 성격은 타고난 생물학적 구조에 의하여 영향을 받는다고 주장한다(Sheldon, 1942). Sheldon은 인간의 체형을 내배엽형, 중배엽형 그리고 외배엽형의 3가지 유형으로 나누고 그 유형에 부합되는 성격 특성을 제안하였다.

표 3-3. Sheldon의 체형 구분

체형		기질	
내배엽형	부드럽고 둥글며, 소화기관이 매우 발달됨	내장 긴장형	이완되어 있고, 먹기를 좋아하며, 사교성이 풍부함
중배엽형	근육이 잘 발달됨. 체격은 단단하고 각져 있으며, 신체가 강함	신체 긴장형	에너지가 왕성하고, 주장적이며, 용기 있음
외배엽형	키가 크고, 허약함. 큰 대뇌 및 예민한 신경계	대뇌 긴장형	조심스럽고, 두려워하며, 내향적이고, 예술적임

내배엽형은 배가 나오고 뚱뚱한 비만형이며, 사교적이고 안락하고 먹는 것을 즐기는 성격이다. 중배엽형은 튼튼한 뼈대와 근육을 지닌 건장하고 반듯한 골격형으로, 지배력이 강하고 정력적이며 신체적 모험을 좋아하는 성격이다. 외배엽형은 홀쭉하고 뼈대가 가늘고 길며 허약한 세장형으로, 자제력이 강하고 민감하며 사교적이지 못하다. 체형 이론은 성격 연구 분야에서 사실 크게 주목받지 못하고 연구결과에 대해 많은 비판을 받고 있지만, 사실 일상생활에서 우리는 여전히 타인의 체구나 체형 등을 통해 그 사람의 성격을 가장 손쉽게 추론하곤 한다.

라. 특성 이론

Cattell(1965)은 성격특성을 표면특성(surface trait)과 기본특성(source trait)으로 구분하였다. 표면특성은 상냥한 미소나 예의바른 태도와 같이 밖으로 드러나면서 함께 공존하는 것으로 보이는 특성들의 묶음이며, 기본특성은 표면특성을 일으키고 표면특성으로 하여금 일관성을 갖도록 하는 성격을 구성하는 기본 요소이다. Cattell은 성격특성을 기술하는 용어들을 질문 문항으로 만들어 그 결과를 '요인분석(factor analysis)'이라는 통계 기법으로 분석하여 인간에게는 공통적으로 16개의 기본 특성이 있다고 주장했다. 그는 이 16개의 기본특성을 토대로 '16개 성격 요인 질문지(Sixteen Personality Factor Inventory)'를 개발하여 성격 측정에 반영하였다.

마. 욕구위계 이론

Maslow(1968)는 인간은 자신의 삶을 의미 있고 가치 있게 만들기 위해 스스로 개인적인 목표를 추구하는 존재라고 주장했다. 그에 의하면 인간은 스스로 부족을 느끼는 동물이어서 하나의 욕구가 충족되면 또 다른 욕구가 충족되기를 원한다고 했다. 즉, 인간은 기본적으로 무엇인가를 원하는 욕구적인 존재라고 주장했다. 이를 토대로 인간의 욕구는 그 강도와 중요성에 따라 일련의 위계적인 단계로 배열되어 있어 낮은 단계의 욕구가 만족되어야 더 높은 단계의 욕구를 의식하게 된다고 주장했다. 계층의 제일 하단에 있는 것은 생리적인 욕구이고 그 위로 안전 욕구, 소속과 사랑의 욕구, 존중 욕구, 심미적 및 인지적 욕구가 차례로 위치하며 제일 상위에 위치한 것은 자아실현 욕구이다.

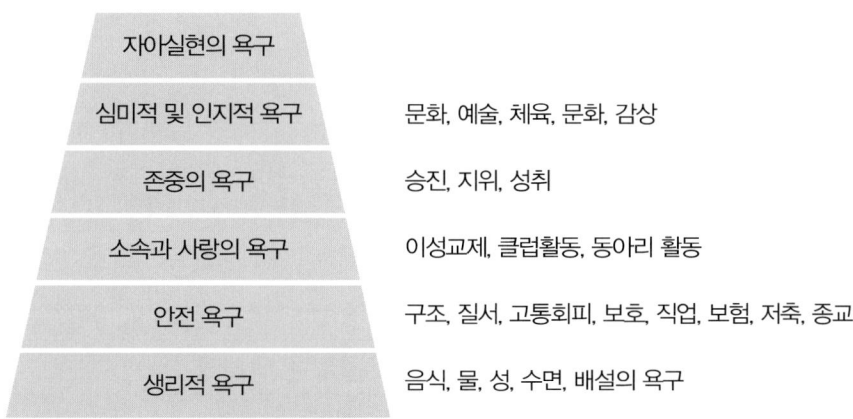

그림 3-3. Maslow의 욕구 체계(Maslow, 1968)

3. 성격의 측정

어떤 개인을 얼마나 잘 이해하고 예측하는지는 성격 측정이 얼마나 정확한지에 달려 있다. 성격을 정확하게 측정한다는 것은 거의 불가능하지만, 최대한 개인의 성격을 제대로 측정하고자 체계적인 연구방법을 통해 많은 도구들이 개발되었다.

가. 질문지 측정법

보통 '자기보고식 검사'라고 하며, 우리가 흔히 참여하고 있는 설문을 통해 진행되는 방식이다. 성격을 묻는 문항을 제시하고 자신에게 맞는 응답을 설문 참여자가 스스로 결정하는 방식이다. 해석이 비교적 편하고 계량화가 쉬워 양적 연구에 가장 많이 활용된다. 질문지 측정법은 간편하게 연구목적을 달성할 수 있지만, 성격에 대한 구성개념이나 요인을 어떻게 정의하느냐에 따라 설문내용이 달라지기 때문에 타당성 있고 객관화된 문항개발 절차가 선행되어야 한다. 국내의 스포츠심리학 분야에서는 Spielberger(1966)의 상태-특성 불안 검사지(STAI)나 MBTI 검사지(Myers & Briggs Type Indicator) 등이 일선 스포츠 현장에서 꾸준히 이용되었다.

1) 다면적 인성 검사(Minnesota Multiphasic Personality Inventory: MMPI)

1940년 미국 미네소타대학의 정신과 및 심리학과 교수들이 개발한 검사로, 정상인과 비정상인을 구별하기 위하여 임상 장면에서 많이 사용되고 있는 질문지형 성격진단 검사이다.

2) Cattell 성격요인 검사(Cattell Personality Factor Questionnaire: 16PF)

Cattell이 고안한 검사지로, 16개의 기본 성격특성을 활용하여 측정한다.

표 3-4. 16개 기본 특성(Cattell, 1965)

특성명칭	기본특성	
	높은 성향	낮은 성향
A	개방적(온정, 협동, 태평)	폐쇄적(초연, 비판, 무관심, 냉정)
B	지적(영리, 빈틈없음, 사려, 추상적)	무지한(아둔, 구체적)
C	안정적(침착, 성숙, 인내, 지구력, 꾸준)	감정적(불안, 충동, 침울)
E	주장적(공격적, 경쟁적, 자만, 자신감)	복종적(온순, 동조, 조심)
F	낙천적(활기, 열정, 즐김, 재치, 수다)	비관적(심각, 차분, 우울, 걱정)
G	양심적(인내, 책임감)	수단적(경솔, 미숙, 변덕)
H	모험적(대담, 자발적)	소심(두려움, 무관심)
I	민감(감상적, 의존적)	완고(현실적, 성숙, 자부심, 강건)
L	회의적(의심, 세심, 질투)	믿는(이해, 속기 쉬움)
M	상상적(괴짜, 열중, 방심)	실제적(주도면밀, 관습적, 논리적)
N	약삭빠름(타산적, 세속적, 수단적)	솔직함(자연스러움, 순진, 자발적)
O	걱정(근심, 고민, 까다로움, 우울)	평온(자신, 고요, 쾌활)
Q1	실험적(자유, 급진)	보수적(전통, 관습)
Q2	자주적(자립, 독립)	집단에 의존(추종, 동조, 의존)
Q3	통제적(강박, 자의식, 정확한)	비통제적(느슨, 충동적, 부주의)
Q4	긴장(좌절, 강요, 화내는)	이완(진정, 침착, 안정된)

3) Eysenck의 한국판 성격차원 검사

Eysenck가 1975년에 개발한 성격차원 검사로 신경증적 경향성, 정신병적 경향성 그리고 허위성을 측정한다.

4) Butler와 Hardy(1992)의 선수 수행 프로파일

Butler와 Hardy는 성격적인 특성과 관련해서 선수들의 수행 프로파일을 제시했다. 기본적으로 운동선수들의 심리기술을 밝히고 측정할 수 있는 기술이지만, 이를 통해 선수들의 성격적인 특성을 살펴볼 수 있다. 운동선수들은 자기 스스로 각 부분에 등급을 매기는 방식으로 자신의 강점과 수행향상을 위한 잠재적인 영역에 표시할 수 있다. 수행 프로파일은 운동선수를 주변 사람과 환경과의 관계를 맺으면서 신체활동을 함과 동시에 심리기술 발달에 몰두시킬 수 있는 하나의 방법이다.

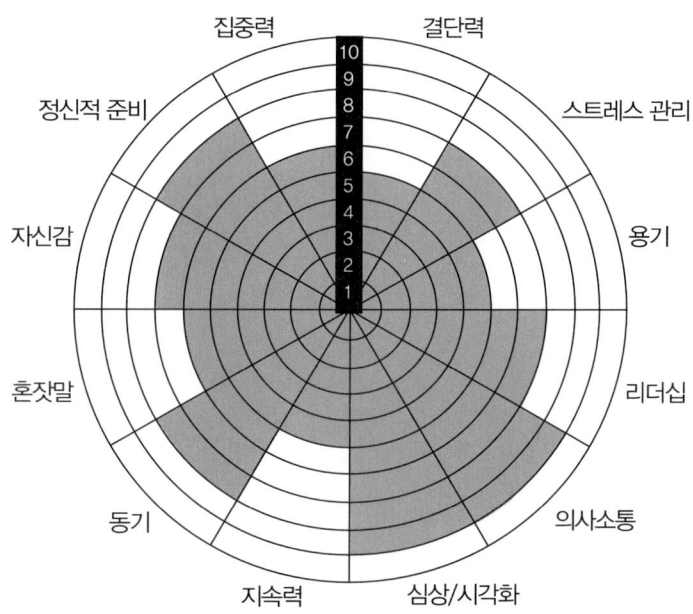

그림 3-4. 선수 수행 프로파일(Butler & Hardy, 1992)

5) MBTI 성격 측정

> **참고자료 및 읽을거리**
>
> **MBTI의 예시 문항**
>
> 1. 나는 대체로
>   (A) 다른 사람들과 쉽게 어울리는 사람이다.
>   (B) 조용하고 말이 없는 편이다.
>
> 2. 만약 자신이 교사라면
>   (A) 실제적인 사실을 다루는 과목들을 가르치고 싶다.
>   (B) 이론적인 과목을 가르치고 싶다.
>
> 3. 나는
>   (A) 감정을 이성보다 더 자주 내세우는 편이다.
>   (B) 이성을 감정보다 더 자주 내세우는 편이다.
>
> 4. 하루 정도 어디를 다녀오고 싶을 때, 나는
>   (A) 언제 무엇을 할 것인가를 계획하는 편이다.
>   (B) 별 계획 없이 훌쩍 떠나는 편이다.
>
> **16가지 성격유형 MBTI®**
>
> | ISTJ 세상의 소금형 | ISFJ 임금 뒤편의 권력형 | INFJ 예언자형 | INTJ 과학자형 |
> |---|---|---|---|
> | ISTP 백과사전형 | ISFP 성인군자형 | INFP 잔다르크형 | INTP 아이디어 뱅크형 |
> | ESTP 수완 좋은 활동가형 | ESFP 사교적인 유형 | ENFP 스파크형 | ENTP 발명가형 |
> | ESTJ 사업가형 | ESFJ 친선도모형 | ENFJ 언변능숙형 | ENTJ 지도자형 |
>
> **Big Five 성격**
>
> 1. 정서적 불안정성(neuroticism)
>   신경질적임, 불안, 우울, 적대감 vs. 정서적 안정성
>
> 2. 외향성(extraversion)
>   열중, 사교성, 주장, 활동성 vs. 내향성
>
> 3. 개방성(openess to experience)
>   독창성, 다양성, 호기심, 심미성
>
> 4. 호감성(aggreableness)
>   상냥함, 이타성, 겸손, 신뢰성 vs. 자기중심성, 이기주의, 의심
>
> 5. 성실성(conscientiousness)
>   절제, 성취 욕구, 자기 규제

나. 투사법

어떤 개인에게 애매하거나 해석하기 어려운 과제를 제시하고 그에 대한 반응을 분석함으로써 피험자의 성격을 진단하는 방법이다. 이 검사는 본래 피험자의 무의식에 내재된 본능적인 측면을 예측하기 위해 개발되었다. 투사법의 기본 전제는 애매한 자극이 주어지면 내재적인 본능이 드러난다는 점이다.

1) 로르샤흐 잉크반점 검사(Rorschach Inkblots)

정신의학자인 Herman Rorschach가 1921년에 개발한 로르샤흐 검사는 일련의 잉크반점 무늬가 있는 10장의 카드로 구성되어 있다. 피험자는 한 번에 카드 한 장씩을 보고 잉크반점과 닮아 보이거나 비슷하게 보이는 모든 것을 말하도록 한다. 그리고 검사자가 피험자에게 응답에 대한 해석을 자세하게 묻는다. 채점은 주로 반응을 하게 한 그림의 위치, 결정 요인 그리고 내용이라는 3가지 차원에서 한다.

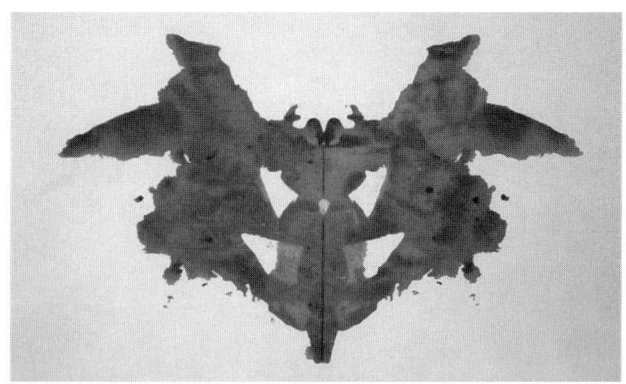

그림 3-5. 로르샤흐 잉크반점 검사의 첫 번째 그림

2) 주제통각 검사(Thematic Apperception Test: TAT)

1930년 하버드대학 심리진료소에서 Morgan과 Murray에 의해 개발된 것으로, 주제가 들어 있는 30장의 그림들과 한 장의 공백 카드로 구성되어 있다. 피험자는 한 번에 한 장씩의 카드를 보고 각 그림에 대하여 자유롭게 상상하여 그림 속에서 과거에 일어났던 일, 현재 일어나고 있는 일, 그리고 앞으로 일어날 사건과 등장인물이 느끼고 생각하는 것을 마음속에 떠오르는 대로 흥미롭게 이야기를 구성하도록 지시를 받는다.

그림 3-6. 주제통각 검사의 두 번째 그림

다. 면접법

질문지법이나 투사법과 달리 면접법은 면접자와 피면접자 간 대면을 통해 준비된 질문을 가지고 성격을 파악하는 방법이다. 그러나 때에 따라서는 준비된 질문에서 파생된 질문까지 면접의 범위를 넓혀 성격을 측정할 수 있기 때문에 심층적인 성격 측정이 될 수 있다. 그러나 면접법은 면접관 자체가 바로 측정도구이기 때문에 면접관의 편견이나 선입관 그리고 면접의 기술이 부족할 경우 면접 결과가 왜곡될 수 있다.

4. 성격과 경기력의 관계

엘리트 선수에게는 특별한 성격특성이 있는가?● 그리고 생활체육에 열심히 참여하는가? 이러한 의문들은 모두 성격이 스포츠 행동과 어떠한 관련을 가지느냐에 관한 것이다.

가. 성격과 스포츠수행

Hardman(1973)은 Cattell의 16PF를 사용하여 이루어진 27개의 연구들을 살펴보고 스포츠 참여는 낮은 불안 수준 그리고 독립심과 관련되어 있다고 주장했다. 그는 또한 외향성과 스포츠 참여의 관계는 종목에 따라 각각 다르고 사고력과 상관이 있다고 주장했다.

Morgan(1980)은 성격특성으로 스포츠 참여의 20%만 설명할 수 있다고 주장했다. 즉, 성격과 스포츠수행 간의 관계를 규명한 연구들이 많이 있었지만 그러한 연구결과들이 성격특성으로 스포츠수행을 정확하게 예측할 수 있다는 것을 나타내는 것은 아니라고 주장했다. 이는 어떤 개인이 운동을 잘하는지 못하는지 등을 예측하기 위해서는 성격 요인과 함께 생리적인 요인 그리고 환경 요인을 다각적으로 고려해야 한다는 뜻이다.

> **엘리트 선수의 운동 수행과 성격**
>
> 엘리트 운동선수의 운동수행과 성격에 대한 리뷰에서 Vanden Auweele, DeCuyper, Van Mele와 Rzewnicki(1993)는 초기 스포츠 성격연구를 통해 다음과 같은 제한된 결과를 제시하였다. 예를 들어, 운동선수의 내성적인 경향과 외향적인 경향을 조사한 25개의 연구에 대한 메타 분석 결과 효과 크기는 −0.100을 보였고, 이 결과는 운동선수와 성격과는 차이가 없다는 것을 나타낸다. Vanden Auweele와 동료들은 미래의 스포츠성격연구에 대한 연구결과를 올바르게 얻기 위한 3가지 구체적인 방향을 제시하였다.
> - 전통적인 성격 측정에서 행동 측정으로의 변화
> - 개인 간 연구에서 개인 내 연구로의 변화
> - 결정론적(deterministice) 모형에서 확률적 모형(probabilistic)으로의 변화[우리는 행동을 완벽하게 예측할 수 없다. 왜냐하면 모든 영향 요인(antecedent)을 밝힐 수 없기 때문이다]

나. 우수 선수의 성격

우수 선수들의 성격을 설명한 연구 중에 가장 대표적인 연구는 바로 Morgan의 빙산형 프로파일 연구이다. Morgan의 엘리트 선수 성격 프로파일 모델은 그 정확성이 여러 연구에서 실증되었다. 이들에 의하면 Morgan의 연구모형이 엘리트 운동선수들을 분류하는 데 80%의 정확성이 있다고 보고되었다(Cox, 1994). Morgan은 기분상태 프로파일(Profile of Mood States: POMS)을 활용해서 세계적 수준의 성공적인 운동선수는 활력을 제외한 다른 기분상태가 평균보다 낮다고 주장했다. 이로 인해 세계적 수준의 엘리트 운동선수들의 기분상태 윤곽은 빙산형 모형을 하고 있다고 주장했다. 세계적 수준의 운동선수는 불안수준, 신경증에 있어서 점수가 낮고 외향성에 있어서 높은 점수를 얻고 있다. 또 심리적 기분 상태에서 그들은 긴장, 우울, 분노, 피로, 혼란에 있어서 낮은 점수를 보이나 활력에 있어서는 높은 점수를 보이고 있다.

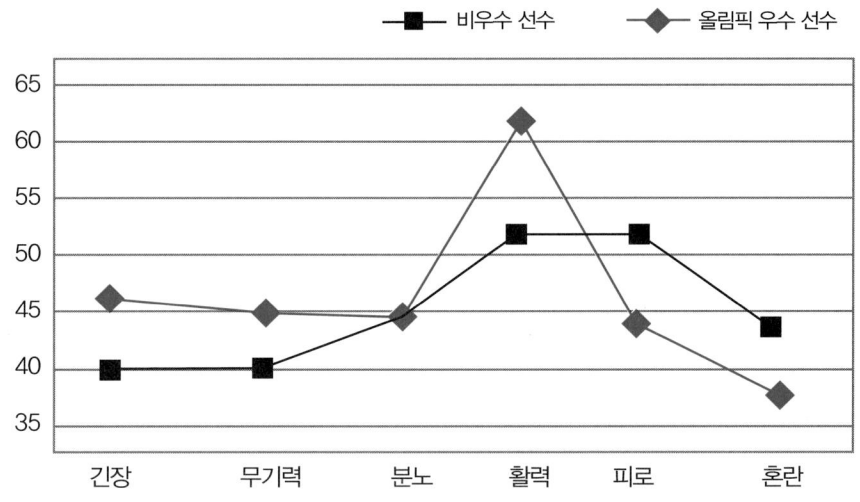

그림 3-7. 모건의 빙산형 프로파일

2장 정서와 시합불안

학습목표

- 스포츠와 운동 분야에서 제시되는 정서에 대한 다양한 모형을 이해한다.
- 경쟁불안과 관련된 이론을 이해하고 이를 현장에 응용할 수 있다.
- 불안이나 스트레스를 극복할 수 있는 관리기법에 숙달할 수 있다.

1. 재미와 몰입

재미와 몰입은 스포츠나 운동을 하면서 얻게 되는 가장 대표적인 긍정적 정서들이다. 다소 차이는 있지만 우리는 일상생활을 하면서 혹은 스포츠나 운동을 하면서 재미나 몰입 경험을 하게 되는데, 이러한 것들이 운동을 지속하는 가장 강력한 요인 중의 하나가 된다.

가. 재미

재미란 과제 활동 시 느끼는 긍정적인 정서 반응으로, 보상이나 목적을 기대하지 않고 활동 자체에만 몰두하여 얻는 적극적인 감정 상태이다. 즉, 재미는 어떤 과제가 즐겁고 흥미롭다고 주관적으로 느끼는 긍정적인 심리 상태라고 정의할 수 있다. 또한 Kelly(1987)는 재미를 무언가를 하면서 만들어지는 즉각적인 즐거운 경험으로 정의했다.

Deci의 인지평가 이론(Deci & Ryan, 1985)은 재미 경험의 조건을 설명하는 대표적인 이론이다. 이들은 동기화된 행동을 유능감(competency)과 자기결정감(self-determination)에 기초한 행동으로 간주한다. 이때 재미의 체험은 유능감과 관련되는데, 사람들은 자신이 선택한 상황에서 유능감을 지각할 때 재미를 경험하게 된다는 것이다.

내적 동기와 재미에 관한 인지적 접근과는 달리 Izard(1991)는 재미의 생물학적 기능을 강조하였다. 즉, 재미의 체험을 통해 우리의 몸과 마음은 스트레스와 긴장으로부터 회복된다는 것이다. 이는 실제로 환자들이 재미 같은 긍정적인 정서를 체험하였을 때 부상이나 질병에서 빨리 회복된다는 임상 결과로도 증명된 바 있다(Cousins, 1981; Dillon, Minchoff & Baker, 1985; Lefcourt, 2002). 즉, 사람들은 재미를 느낌으로써 한층 더 심리적·생리적 만족감을 경험한다(노미라, 2008).

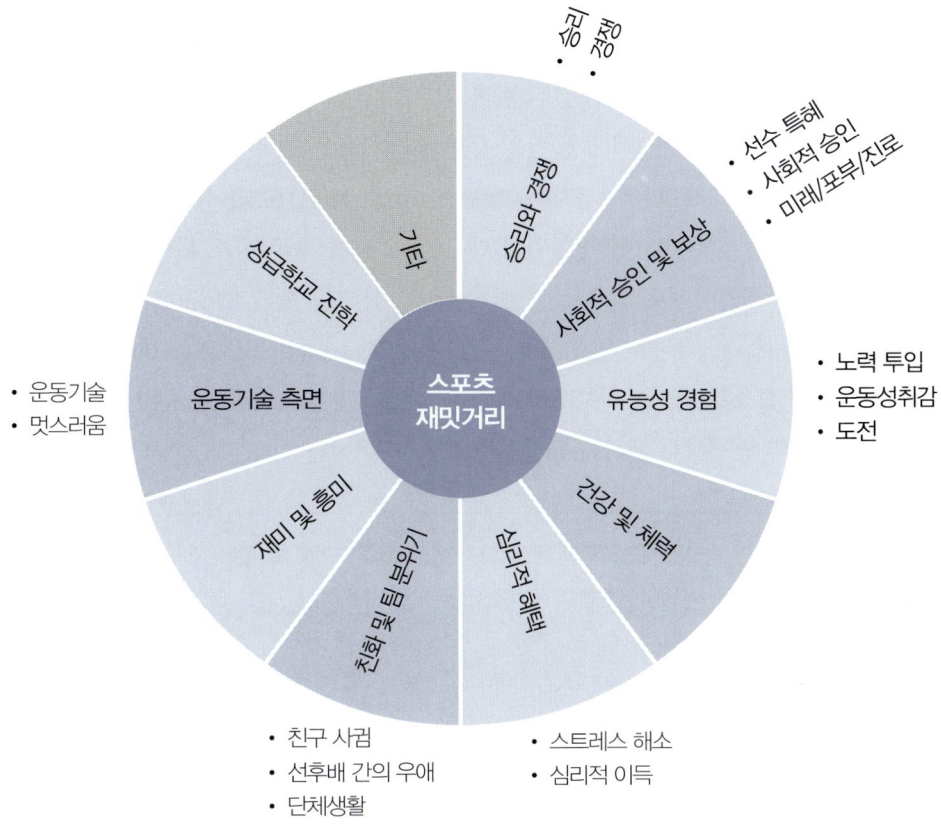

그림 3-8. 국내 스포츠 참가자들의 재밋거리(김병준·성창훈, 1997)

Scanlan 등(1993)은 재미나 즐거움은 자신의 운동능력에 대한 높은 지각, 숙련 경험, 높은 과제 성향, 움직임 감각, 정서적인 해소 등이 관련되어 있다고 했으며 재미가 포함된 스포츠 헌신 모형을 개발하여 정서 이론을 구축했다.

표 3-5. 스포츠 즐거움 요인(Scanlan 등, 2005)

개인 내 요인	지각된 능력, 숙련도, 목표성향, 움직임 경험, 대처와 정서적 해소
상황적 요인	경쟁 결과, 성취과정, 인정, 기회
주요 타자	동료 간의 긍정적 지각, 지도자, 부모, 동료로부터의 피드백

나. 몰입

신체활동에 참여하는 대부분의 참여자들은 활동의 종류와 수준에 관계없이 몰입을 경험할 수 있다. 운동선수들은 대부분 자신이 가졌던 과거 최고 경험을 회상할 수 있으며, 그러한 몰입이 부드럽게 진행되었다고 진술했다. 현재 몰입은 긍정심리학 혹은 행복심리학의 중요한 한 축을 담당하고 있다. 몰입에 대한 대표적인 연구자는 Csikszentmihalyi(1975)이다. 그는 최상의 수행을 할 때 경험하는 심리적 상태에 대하여 광범위한 연구를 하였다. 기존의 스포츠심리학 분야에서는 최상의 수행 상태에서 개인이 주관적으로 경험하는 심리 상태를 '몰입(flow experience)', '절정의 체험(peak experience)', '무아경(rapture)', '황홀경(ecstasy)' 등으로 표현하고 이러한 체험을 구성하는 공통적인 요소를 확인하려고 노력하였다. 다음은 Csikszentmihalyi의 연구와 운동선수가 대상인 Jakson의 연구에서 제시된 몰입의 9가지 차원이다.

- **도전-기술 균형:** 인간은 어려운 도전 과제와 높은 기술 수준 사이의 균형을 지각한다.
- **행동-인식 일치:** 너무 몰두해 있어서 행동이 동시에 자동적으로 일어난다.
- **명확한 목표:** 명확하게 정의 내려진 목표는 정확하게 무엇을 할지 알게 해준다.
- **구체적 피드백:** 인간은 수행 중의 활동에 대한 즉각적이고 명확한 피드백을 받는다.
- **과제 집중:** 과제에 대한 완전한 집중이 생긴다.
- **통제감:** 외부의 압력이나 강제에 의한 상황이 아닌 자발적인 상황이므로 인간은 통제하려는 노력 없이도 운동 통제감을 경험한다.
- **자의식 상실:** 자기 자신의 존재를 인식하지 못할 만큼 활동과 자신이 하나가 되는 것을 말한다.
- **변형된 시간 감각:** 시간이 평소보다 빠르게 혹은 느리게 지각된다.
- **자기목적적 경험:** 자기목적적 경험은 행동 그 자체가 보상이 되는 경험을 의미하는 것으로, 내적 동기의 특징을 갖는다.

2. 정서 모형과 측정

가. 정서의 개념

정서(emotion)라는 단어는 '움직이다(move)' 혹은 '휘젓다(stir up)'를 의미하는 라틴어에서 유래하였으며 정서를 나타내기 위해 기분(mood), 느낌(feeling), 감정(affect) 등 다양한 용어가 사용되었다. 느낌(feeling)은 정서보다 더 넓은 의미를 가지고 있음에도 불구하고 정서와 동의어로 사용되었다. 과거 문헌에서는 감정(affect)이라는 용어가 더 빈번히 사용되었고, 현재까지도 정서, 기분 등을 포괄하는 의미를 가진 용어로 사용되고 있다.

표 3-6. 정서의 개념

개념	정의
정서(emotion)	지속 시간이 짧고, 선행사건이 분명히 지각되며, 대상이 뚜렷하고, 독특한 표정과 생물학적 과정을 수반하며, 행동(준비성)의 변화
기분(mood)	뚜렷한 선행사건을 지각하지 못하는 경우가 많고, 몇 시간에서 며칠, 몇 주에 이르기까지 비교적 오랫동안 유지되고, 고유한 표현행동이나 생물학적 과정에 변화가 적으며, 행동보다는 사람의 사고와 인지과정에 변화 초래
느낌(feeling)	정서의 여러 성분 중 주관적으로 의식되는 느낌을 지칭하며, 느낌 중에서는 정서나 감정이 아닌 것들도 포함(예: 배고프거나 추운 것)
감정(affect)	감정세계를 총칭하는 데 주로 사용된다. 감정은 이성(reason)이나 인지(cognition)에 대응하는 개념

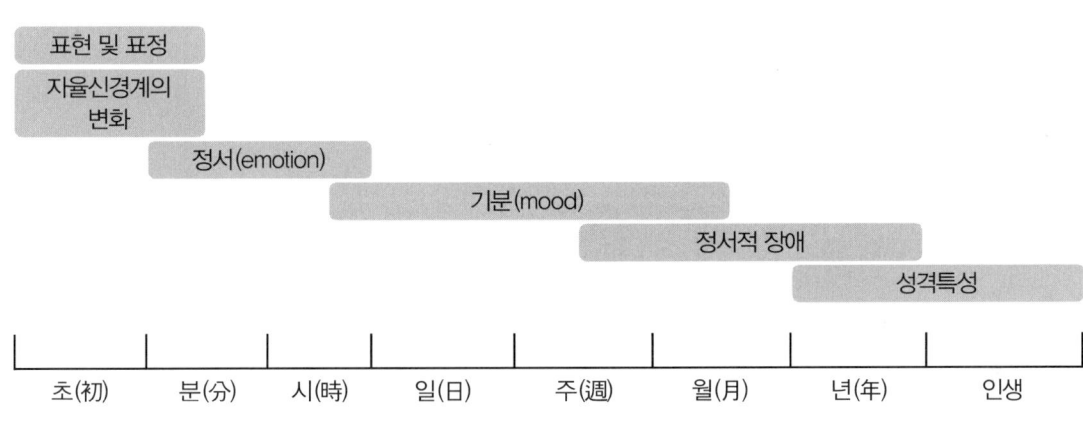

그림 3-9. 시간에 따른 정서 현상의 변화(Oatley & Jenkins, 1996)

나. 정서 모형

Plutchik(1980)는 정서란 혼합적인 심리적 상태로서 동물과 인간이 가지고 있는 여러 가지 적응적 행동을 동기화시키는 데 필요한 8가지 기본 정서를 제시했다. 여기에는 두려움, 놀람, 슬픔, 혐오, 분노, 예기, 기쁨 그리고 수용이 포함된다. 또한 정서의 구조 모형을 3가지로 구분하여 ① 강도 차원(슬픔의 강약), ② 유사성 차원(불안과 공포), ③ 양극성 차원(사랑-슬픔)으로 나누어 설명했다.

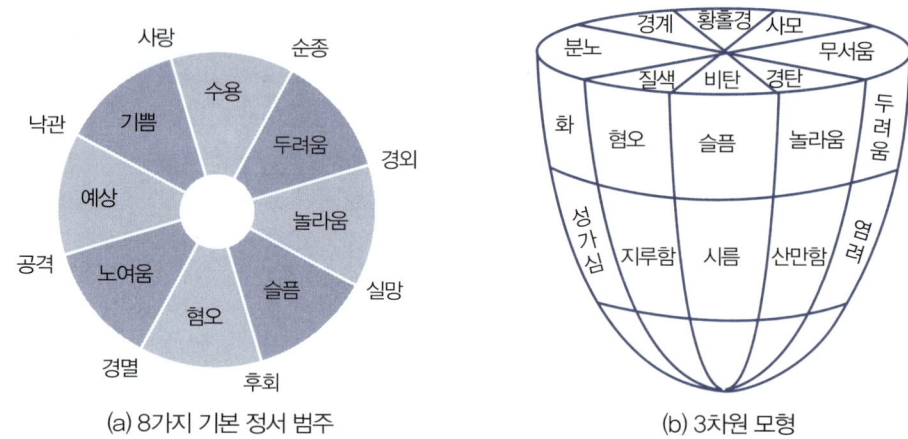

그림 3-10. Plutchik의 정서 모형

반면, Russell(1994)의 경우에는 정서가 혼합되거나 기본적인 정서로 구분되는 것이 아니라 비정서적인 몇 개의 차원으로 환원된다는 정서의 차원 이론을 제안했다. 그는 모든 정서가 쾌-불쾌와 각성-비각성의 두 차원으로 이루어진 평면상의 좌표로 표현된다고 주장했다.

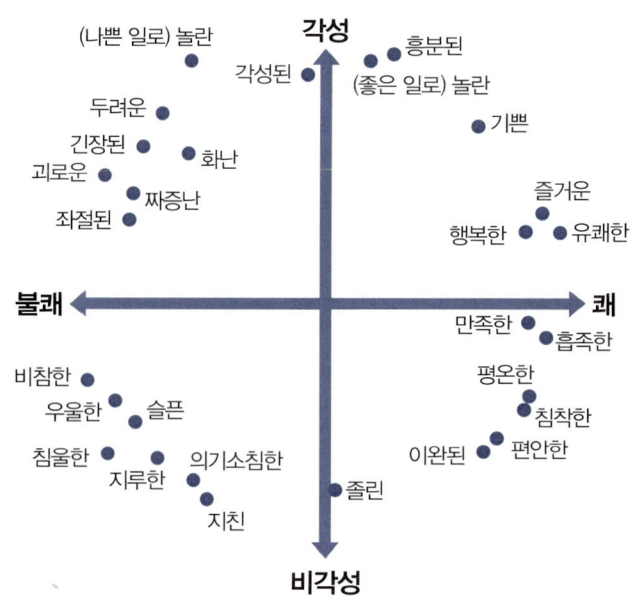

그림 3-11. Russell의 차원론에 입각한 정서구조

Ekkekakis와 Petruzzello(2002)의 원형 모형은 활성과 유인가의 2차원으로 구성되어 있으며 유쾌-활성(에너지, 흥분), 유쾌-비활성(이완, 침착), 불쾌-비활성(지루함, 피로), 불쾌-활성(불안, 긴장)으로 나누어진다. 예를 들어, 중강도 운동에서는 에너지, 활력 등의 긍정-유인가 상태가 증가하며, 고강도 운동에서는 부정적 정서가 증가하는 반면 긍정적 정서는 감소한다.

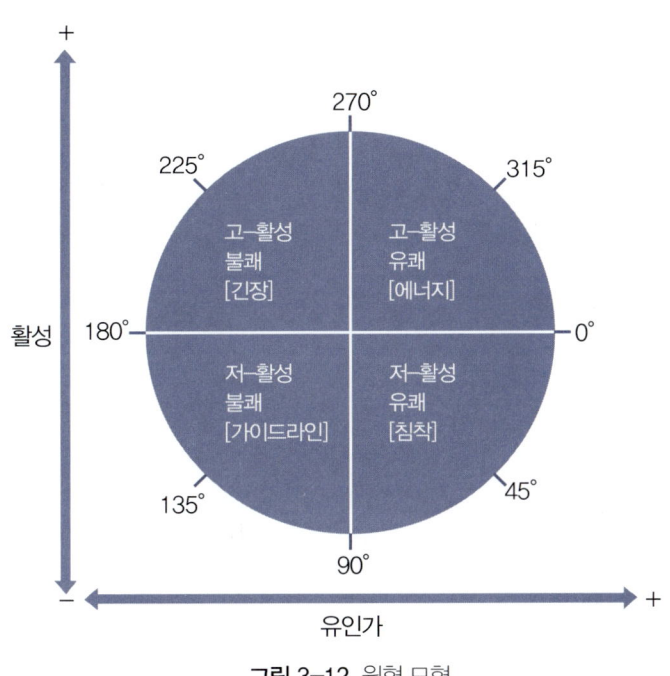

그림 3-12. 원형 모형

다. 정서의 측정

기존의 스포츠운동심리학자들은 대부분 자기보고식 측정, 생리적 측정, 표정 측정, 뇌기능 측정 등의 방법을 사용하여 정서를 측정했다. 그러나 각각의 측정도구에 대한 신뢰도 문제 혹은 측정의 복잡성, 자료해석의 난해함 때문에 많은 문제점이 제기됐다. 그동안 가장 많이 이용된 정서측정 방법은 자기보고식 방법에 의한 형용사 체크리스트를 이용하는 것이다. 방식은 슬픈, 화난, 기쁜, 지루한 등과 같은 현재의 감정을 묘사해줄 수 있는 형용사들을 구성하여 이러한 형용사에 체크하는 것이다.

> **형용사 체크리스트**
>
> - **McNair, Lorr, Droppleman의 POMS**
> 긴장-불안: 긴장한, 동요되는, 안절부절못하는, 허겁지겁한, 이완된, 불편한, 들떠 있는, 신경질적인, 불안한
> 우울-낙담: 불행한, 후회스런, 슬픈, 우울한, 희망이 없는, 무의미한, 의기소침한, 외로운, 비참한, 침울한, 절망적인, 곤경에 빠진, 가치없는, 두려운, 죄를 범한
> 분노-적의: 화가 난, 짜증나는, 시무룩한, 심술이 난, 귀찮은, 분개한, 씁쓸한, 싸우고 싶은, 반항적인, 기만당한, 격분한, 기분이 언짢은
> 활력-활동: 활기찬, 활동적인, 활기 넘치는, 즐거운, 민첩한, 원기 왕성한, 태평스러운, 힘 솟는
> 피로: 기진맥진한, 의욕이 없는, 피곤한, 탈진한, 나태한, 싫증난, 맥이 빠진
> 혼란-당황: 혼란스러운, 집중할 수 없는, 머리가 띵한, 당혹스러운, 망각하기 쉬운, 불확실한
>
> - **Watson과 Tellegen의 PANAS**
> 긍정적: 주의깊고 세심한, 흥미있는, 민첩한, 흥분되는, 열정적인, 힘이 솟는, 자랑스러운, 단호한, 힘찬, 활동적인
> 부정적: 고민스러운, 혼란스러운, 적의 있는, 짜증나는, 겁에 질린, 걱정스러운, 부끄러운, 죄책감 느끼는, 신경질적인, 신경과민의
>
> - **Gauvin과 Rejeski의 EIFI**
> 긍정적 참여: 열정적인, 흥분되는, 행복한
> 활력: 힘이 솟는, 활기찬, 활동적인
> 신체적 피로: 피곤한, 지친, 졸린
> 평온함: 조용한, 평화로운, 이완된

3. 불안의 측정

기존의 스포츠운동심리 연구에서 불안은 생리적·인지적·행동적 측면에서 측정되었다. 불안의 생리적 측면은 생리적 지표로 측정하고, 인지적 측면은 각종 심리 검사지를 사용하여 측정하며, 행동적 측면은 행동의 관찰을 통하여 측정한다. 이 절에서는 이와 관련된 대표적인 것들을 제시하고자 한다.

가. 불안의 개념

불안은 걱정이나 근심과 같이 심리적인 요소로 야기되는 인지적 불안과 호흡이나 심박수 변화와 같이 신체적인 활성화와 관계있는 신체적 불안 그리고 타고난 선천적 기질이나 경향으로부터 불안을 느끼는 개인적인 속성인 특성불안과 환경적인 요인에 불안의 원인을 두고 있는 상태불안으로 구분된다.

1) 특성불안

특성불안은 "객관적으로 비위협적인 상황을 위협적으로 지각하여 객관적 위협의 강도와 관계없이 상태불안 반응을 나타내는 개인의 동기나 후천적으로 습득된 행동 경향"이라고 정의한다. 즉, 특성불안은 선천적으로 타고난 잠재적인 특성 또는 성향이며, 개인으로 하여금 객관적으로 위험이 없는 상황을 위험한 것으로 받아들여 더 큰 상태불안의 반응을 보이게 하는 동기나 습득된 행동 성향이다. 따라서 특성불안의 정도가 높은 사람은 다양한 상황에서 낮은 특성불안을 지닌 사람보다 더 높은 상태불안을 경험하게 된다.

2) 상태불안

상태불안은 상황에 따라 변화하는 정서 상태로 "자율신경계의 활성화나 각성과 관련하여 주관적·의식적으로 느끼는 우려나 긴장감"이라고 정의한다. 즉, 상태불안은 특정한 상황에서 개인이 경험하는 기분이며, 자율신경계의 활성화 또는 각성을 동반하는 걱정과 긴장된 느낌으로 인지적 불안과 신체적 불안으로 구분된다. 인지적 불안과 신체적 불안이라는 개념은 Schwatz라는 학자가 상태불안의 다차원적 개념을 기초로 불안을 구분한 것인데, 최근 들어 스포츠심리학에서는 선수들이 지닌 상태불안을 인지적·신체적 불안으로 구분하고 있다.

인지적 불안은 경기력에 대한 부정적인 생각이나 주위가 산만한 상태, 즉 성공에 대한 부정적인 기대감 또는 부정적인 자기 평가에서 오는 불안의 정신적 요소이고 자기 자신 또는 외적 자극에 대한 불쾌한 느낌, 걱정 등의 감정을 의식적으로 지각한 것이다.

신체적 불안은 자율신경계의 자극에 대한 각성수준의 변화로 발생한 생리적 그리고 감정적 반응으로 심박수의 증가, 호흡수의 증가, 손 떨림, 위경련, 근육긴장 등으로 나타난다.

인지불안과 신체불안의 시합 전 변화 양상

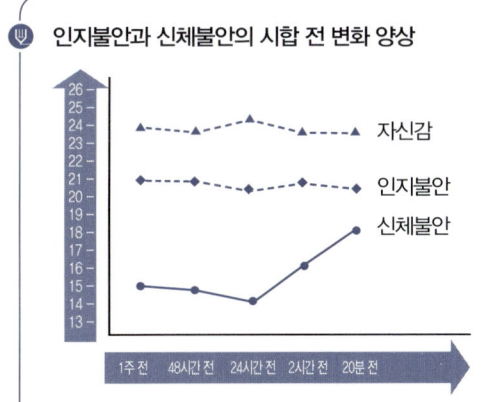

그림 3-13. 시합 전 불안의 변화 양상

불안이 다차원적으로 구성되어 있다는 또 다른 증거는 시합이 다가옴에 따라 나타나는 불안의 변화 양상에서 찾을 수 있다. 즉, 인지불안과 신체불안은 시합이 임박하면서 서로 다른 변화패턴을 보인다. 신체불안은 시합 직전에 급격하게 증가하는 반면, 인지불안은 시합 전에 거의 변화를 보이지 않는다(그림 3-13 참조). 이러한 결과는 시합 전 시점 패러다임(time-to-event paradigm)을 따른 연구에서 얻어진 것이다. 이러한 사실은 인지불안과 신체불안이 서로 독립적이며, 신체불안 수준이 높은 경우에는 점진적 이완기법을 사용하고, 인지불안이 높은 경우에는 이미지재구성 같은 인지적 방법으로 서로 다른 불안감소기법을 적용해야 함을 시사한다.

3) 경쟁불안

경쟁불안(competitive anxiety)은 한마디로 경쟁상황에서 느끼는 불안으로, 경쟁을 주요 요소로 포함하고 있고 스포츠 상황에서 가장 뚜렷하게 나타나는 불안이라 할 수 있다. 경쟁불안은 일반적인 불안의 구분에 따라 경쟁특성 불안과 경쟁상태 불안으로 구분되는데, 경쟁특성 불안은 경쟁적 상황을 위협적으로 지각하고 이러한 상황에 대한 우려와 긴장의 감정으로 반응하려는 경향이며, 경쟁상태 불안은 경쟁상황에서 수행자가 느끼는 상황에 대한 반응으로 의식적으로 지각되는 주관적인 우려나 긴장 같은 정서이며 자율신경계의 활성화 또는 각성을 수반한다.

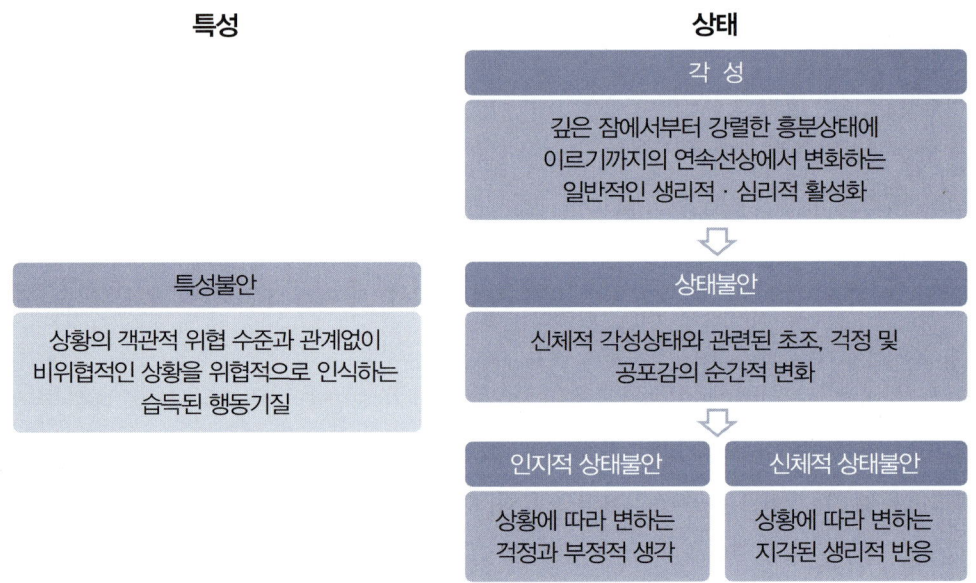

그림 3-14. 불안의 개념 구조

- 감정(affect: 심리학의 ABC 중 A)은 긍정적-부정적 내용을 포함하는 일반적인 용어이다. 정서(emotion)와 기분(mood)은 감정의 일부분이다.
- 기분(mood)은 기간, 영향 요인, 구체적 활동 등에 있어서 정서와 차이가 있다. 기분은 느낌 상태(feeling state) 또는 감정이라고도 할 수 있으나 정서와는 다르다. 기분은 유지 시간이 더 길고, 특별한 원인이나 사건 없이 유발될 수 있다.
- 각성(arousal)은 경쟁불안에서 두드러지게 나타난다. 각성은 깊은 수면에서 극도의 흥분 상태에 이르는 연속선상에서 변화하는 유기체의 일반적인 상태로 정의 내려지며 행동(behavior)의 강도 차원이다. 각성은 그 자체로 긍정적이거나 부정적인 것은 아니다. 위협을 걱정하는 상황뿐만 아니라 흥미로운 일을 기대할 때도 각성은 증가한다. 각성과 생리적 활성화는 정서에서 중요하다. 그러나 방향과 인지(cognition)가 없는 각성은 정서가 아니다. 예를 들어, 정서에서 가장 많이 연구된 불안(anxiety)은 일반적으로 부정적인 각성으로 정의 내려지고 있다. 즉 운동선수들은 실수에 대한 걱정을 하고 있으며, 그 부담은 심박수, 손의 발한 등으로 나타나고, 호흡도 거칠어지게 된다.
- 불안(anxiety)은 높은 각성과 인지 걱정(cognitive worry)에 의해 특징지어진 부정적인 느낌 상태이다.
- 스트레스(stress)는 환경적 요구와 자신의 능력 사이에 인지된 불균형으로 정의된다. 그러나 스트레스는 연구와 실천에 있어 정서 진행과정(emotional precess)과 같이 복잡한 진행과정이다.

> **스포츠 상황에서 발생하는 경쟁상태 불안의 원인**
> - **실패에 대한 공포:** 선수가 경기상황에서 자신의 능력부족에 대한 걱정을 하거나 실패에 대한 생각과 수행 결과에 대한 불확실함 등으로 인해 발생한다.
> - **불만족스런 신체적인 증상:** 경쟁상황에서 목이 경직된다거나, 식은땀이 흐르거나 잦은 소변, 잦은 하품, 위경련 등과 같은 신체적인 증상들이 불안의 원인이 된다.
> - **부적합한 느낌:** 경기기구나 장비, 경기장 등이 마음에 안 든다든지 컨디션이 안 좋은 느낌이나 뭔가 기분이 쾌적하지 않은 상태 등과 같은 느낌이 불안의 원인이 된다.
> - **통제력의 상실:** 경기 직전에 인터뷰를 한다든지, 경기 중 관중의 행동, 징크스, 심판의 불공정에 대한 걱정, 예상치 못한 기후 변화 등과 같은 것들이 경쟁상황에서 불안요인이 된다.
> - **죄의식:** 지도자의 지나친 간섭이나 선수 자신의 의도적인 파울이나 실수, 욕설, 야유, 조롱, 화내기 등과 같은 것은 선수에게 죄의식을 느끼게 하는 상황들이다.

나. 불안 측정

1) 생리적 불안 측정

생리적 불안 측정은 자율신경계의 활성화에 의해 나타나는 여러 가지 생리적 반응의 측정값으로 한다. 예를 들어 심장의 박동, 혈압, 근육의 긴장, 뇌파 그리고 피부의 전기저항 등이 그 예이다. 또 다른 생리적 지표는 손바닥에서 나는 땀의 양이다. 생리적 불안 수준이 오르면 이들 지표들 또한 오른다. 그러나 사람마다 불안에 대한 생리적 반응은 조금씩 다르며, 모든 사람에게 똑같이 일어나는 공통된 현상은 아니기 때문에 측정에 주의가 요구된다.

> **뇌전도 검사(electroencephalogram: EEG)**
>
> 뇌전도 검사는 뇌의 신경세포에서 계속적으로 발생하는 '뇌파'라고 알려진 전기적 활동을 특수한 전극과 증폭 장치를 사용하여 기록하는 방법이다. 이러한 전기적 활동은 두개골의 여러 부분에 전극을 부착하여 기록한다. 뇌파는 그 사람의 생리적 각성 상태를 반영하는 것으로 알려져 있다.
>
> | 뇌파의 종류 | 주파수 대역 | 뇌파의 형태 | 뇌의 상태 |
> |---|---|---|---|
> | Delta | 0.5~4 Hz | | 숙면상태 |
> | Theta | 4~7 Hz | | 졸린 상태, 산만함, 백일몽 상태 |
> | Alpha | 8~12 Hz | | 편안한 상태에서 외부 집중력이 느슨한 상태 |
> | SMR(Sensory Motor Rhythm) | 12~15 Hz | | 움직이지 않는 상태에서 집중력 유지 |
> | Beta | 15~18 Hz | | 사고를 하며, 활동적인 상태에서 집중력 유지 |
> | High Beta | 18 Hz 이상 | | 긴장, 불안 |

2) 행동적 불안의 측정

행동적 불안은 시합에 참가한다든지 혹은 중요한 시험을 보게 될 경우 어떤 사람의 외형적인 행동을 통해 가장 직관적이고 손쉽게 관찰할 수 있는 방법이다.

활용하기

다음은 불안의 행동적 증상 기록지이다. 스포츠 상황에서 불안이 높을 때 어떤 행동적 증상이 나타나는지 알아보자.

행동적 증상	시간			
	평소 연습 시	시합 30분 전	시합 5분 전	시합 10분 후
목이 뻣뻣하다				
배 속이 뒤틀리는 기분이다				
초조하다				
가슴이 두근거린다				
화장실에 가고 싶다				
하품이 자주 나온다				
몸이 떨린다				
토할 것 같은 기분이다				
땀을 많이 흘린다				
근육이 경직된다				
안절부절못한다				
목이 마르고 타는 듯하다				
얘기해준 것을 잘 잊어버린다				
집중이 안 된다				
혼동을 잘한다				

그림 3-15. 불안의 행동적 반응 목록(Harris & Harris, 1984)

3) 심리적 불안 측정

① Spielberger의 상태-특성불안 척도

스포츠 상황에서 인지적 불안을 측정하기 위해 각종 심리검사를 많이 활용한다. 스포츠 관련 분야에서 가장 많이 활용되고 있는 심리검사로는 Spielberger와 그의 동료들(1970)이 개발한 상태-특성불안 척도(State-Trait Anxiety Inventory: STAI)가 있다. 이 질문지는 불안을 상태불안과 특성불안으로 나누어 측정한다.

② Martens의 스포츠경쟁불안 척도

Martens와 그의 동료들(1990)이 개발한 경쟁상태 불안 검사지(Competitive State Anxiety Inventory 2: CSAI-2)는 Spielberger와 그의 동료들이 개발한 STAI를 스포츠 상황에 맞게 여러 번의 수정을 거쳐 개발한 것이다. CSAI-2는 불안을 인지적 불안, 신체적 불안 그리고 자신감의 3개 하위 영역으로 측정하는데, 각 영역은 최하 9점에서 최고 36점까지의 분포를 이룬다. 점수가 높을수록 불안수준 및 자신감이 높은 것이다. 질문지의 총점은 계산하지 않는다.

자기평가 설문지

이름:	성별: 남 여	날짜:			
지시문: 시합 전에 선수들이 가지는 느낌을 표현하는 문장들이 아래에 기술되어 있습니다. 각 문장을 읽고 지금 당신이 가지고 있는 느낌을 솔직하게 문장 옆에 있는 번호에 표시해주시기 바랍니다. 각 문항에는 정답이 없기 때문에 한 문항에 너무 오랜 시간을 소비하지 말고 지금 당신이 가지고 있는 느낌을 있는 그대로 선택하여주시기 바랍니다.					
		전혀 안 그렇다	조금 그렇다	그렇다	매우 그렇다
1. 나는 지금 이 순간 이 경기가 걱정스럽다.		1	2	3	4
2. 나는 지금 이 순간 이 경기에 신경이 쓰인다.		1	2	3	4
3. 나는 지금 이 순간 마음이 편안하다.		1	2	3	4
4. 나는 지금 이 순간 나 자신의 능력이 의심스럽다.		1	2	3	4
5. 나는 지금 이 순간 마음이 조마조마하다.		1	2	3	4
6. 나는 지금 이 순간 마음이 안락함을 느낀다.		1	2	3	4
인지적 상태 불안: 1, 4번 신체적 상태 불안: 2, 5번 자신감: 3, 6번					

그림 3-16. 경쟁상태 불안 검사(Competitive State Anxiety Inventory 2: CSAI-2)

표 3-7. 호흡수와 심박수의 변화

방법	도구	
생리적	뇌전도(EEG), 심전도(EKG), 근전도(EMG), 피부저항(GSR), 발한율(plam sweat index), 심박수, 혈압, 안면근육 패턴, 신체 내의 생화학적 변화, 뇌반구의 비대칭성(hemispheric asymmetry)	
행동적	불안의 행동적 증상 기록지(checklist)	
심리적	단일차원	상태특성 불안 검사지(STAI), 신체 지각 설문지(SPQ), 활성 비활성 척도(ADAC), 스포츠 경쟁불안 검사(SCAT PDCS)
	다차원	인지적·신체적 불안검사지(CSAQ), 경쟁상태 불안검사2(CSAI, CSAI-2), 스포츠 불안 척도(SAS)

4. 스트레스와 탈진

일반적으로 스트레스는 탈진의 원인으로 보는 것이 정설이다. 그러나 스트레스에는 부정적인 기능 이외에 긍정적인 기능도 있어서 단순한 인과관계로 해석하기에는 제한이 있다.

가. 스트레스

스트레스(stress)는 Hans Selye(1956)가 소개한 것이다. 그에 의하면 스트레스는 "내·외적 압력에 의하여 유기체 내에서 일어나는 모든 불특정적 반응의 총합"이나 "신체적 자원의 소모 정도"이다. 스트레스 반응이 불특정적이라는 것은 환경에서 오는 스트레스 요인에 따라 신체 내부에서 일어나는 변화가 각각 다른 형태로 일어나는 것이 아니라 매우 유사하게 나타난다는 의미이다. 즉, 스트레스 반응은 어떤 특징이 없지만 일반적이고 일관된 징후로 나타난다는 것이다.

Selye(1974)에 의하면 스트레스 상태나 스트레스로 인하여 신체의 평형이 위협받는 상황이 항상 해로운 것은 아니다. 그에 의하면 가볍고 조절이 가능한 스트레스는 오히려 상쾌한 자극이 되어 우리의 감정과 지적 발달에 긍정적으로 작용한다. 이러한 스트레스를 그는 '유쾌스트레스(eu-stress)'라고 하였다. 그러나 스트레스가 심하고 장기적이며 조절이 불가능한 경우에는 면역체계를 약화시켜 질병으로 발전한다. 이러한 스트레스를 '불쾌스트레스(distress)'라고 하였다. 예컨대 우리가 일상생활에서 행하는 업무활동, 사교활동 그리고 운동 등은 그것을 우리가 감당해낼 수 있으면 유쾌스트레스로 작용하나 너무 지나치면 불쾌스트레스로 작용한다. 일상에서 사용하는 스트레스라는 용어는 보통 감당할 수 있거나 기분을 상승시키는 유쾌스트레스보다는 감당해낼 수 없거나 기분을 상하게 하는 불쾌스트레스를 말한다.

스트레스를 감소시키고 부정적인 스트레스를 긍정적인 스트레스로 전환시키고자 하는 중재전

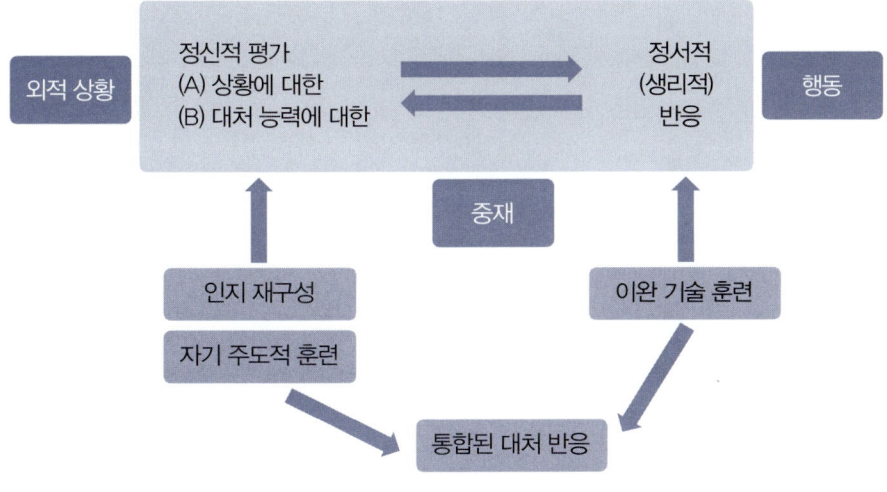

그림 3-17. 인지 스트레스 모형(Smith, 1980)

략은 다양하게 진행되어왔다. 그중 초기의 영향력 있는 모형 중 하나는 Ron Smith(1980)의 인지 스트레스 모형이다. 이 모형은 인지 평가를 강조하였고, 다양한 관계에 있는 변인들과 시간이 지남에 따라 변화하는 과정을 포함하고 있다. 어떤 상황에서는 외적인 상황의 요구가 스트레스를 유발할 수 있지만, 이 모델에서 평가의 핵심은 개인 스스로의 스트레스에 대한 반응이며 이러한 반응은 생리적, 심리적 그리고 행동적 스트레스와 연관성을 갖고 있다. Smith의 모형은 스포츠운동심리학에서 사용되는 많은 스트레스 관리기술의 기초를 제공하고 있다.

나. 탈진

탈진(burnout)은 부정적 스트레스의 일부분이다. 일반적으로 탈진은 과도한 신체 에너지 사용으로 인한 생리적 피로의 결과로 이해되고 있지만, 최근의 연구에서는 탈진에 대한 결정적인 원인으로 다양한 심리적 문제에 초점을 맞추고 있다. 스포츠 탈진은 1980년대 지도자에게 부정적인 영향을 미친다는 인식이 확산되면서 코치 탈진 연구를 통해 시작되었다. 1990년대 중반 운동선수로 연구대상이 확대되면서 정서적·신체적 탈진, 성취감 저하, 자신의 스포츠 참여에 대한 평가절하, 스포츠 활동으로부터 신체적, 정서적 그리고 사회적 퇴보 같은 심리적 증상을 탈진과 동일한 개념으로 보기 시작했다. 최근에 Maslach와 Jackson(1986)은 선수들의 탈진은 정서 고갈, 비인격화 및 타인과의 괴리감 그리고 성취감 저하로 요약된다고 보고했다. 현재까지 많은 연구들이 탈진의 원인을 분석하기 위하여 진행되고 있는데 여기에는 과훈련, 목표 성향과 동기, 코칭행동과 동기 분위기, 완벽주의와 열정 등이 거론되며 탈진을 예측하거나 중재하는 요인들에는 스트레스, 사회적 지지, 강인성, 성, 대처자원 등이 거론되고 있다(Kelly & Gill, 1993; Raedke & Smith, 2004).

> 질문 : 여러분은 얼마나 자주 이런 기분을 느끼십니까?

1. 나는 운동을 하면서 많은 가치 있는 일을 이루고 있다.

2. 나는 훈련으로 인해 너무 피곤하여 다른 일을 할 기운이 없다.

3. 운동에 기울이는 노력을 차라리 다른 것을 하는 데 투자하고 싶다.

4. 나는 운동으로 인해 과다한 피로를 느낀다.

5. 나는 운동을 하면서 많은 성과를 거둔 것이 없다.

6. 내가 하고 있는 운동에 대해 예전처럼 많이 신경 쓰지 않는다.

요인 1: 성취감 저하 요인(1-R, 5) 2: 정서적·신체적 소진(2, 4) 3: 평가절하 요인(3, 6)

그림 3-18. 탈진 척도(박중길·정구인, 2013)

5. 경쟁불안과 경기력 관계 이론

경쟁불안과 경기력을 나타내는 이론에는 다양한 이론들이 있다. 그동안 스포츠심리학 분야에서 정서 연구의 대부분은 이러한 불안모델을 검증하는 데 초점이 맞춰져 있었다.

가. 추동(욕구) 이론(drive theory)

추동 이론은 Hull에 의하여 제기되고 Spencer에 의하여 수정된 이론이다. 이 공식에 의하면 운동수행은 각성수준이 강할수록 향상된다. 즉, 각성수준과 운동수행은 비례한다. 그러나 각성수준이 오르면 곧 수행이 향상되는 것으로 해석되어서는 안 된다. 이 공식에서 각성과 수행의 관계는 기술이 습관화된 정도에 따라 달라진다. 따라서 각성이 증가하면 부정확한 반응이 나타날 가능성이 크기 때문에 운동 초기 학습단계에는 적합하지 않다. 반면 학습의 후기, 즉 기능이 숙달되었을 때는 습관적으로 정확한 반응이 나타날 가능성이 크기 때문에 각성이 증가하면 수행은 향상된다고 볼 수 있다. 또한 단기적이고 일시적으로 각성수준이 증가해야 유리한 단거리 달리기나 투척 같은 종목을 설명할 때 유리한 이론이다. 그러나 추동 이론이 입증된 것은 대부분 단순과제에서이고, 복잡한 과제에서는 지지되지 못하고 있다.

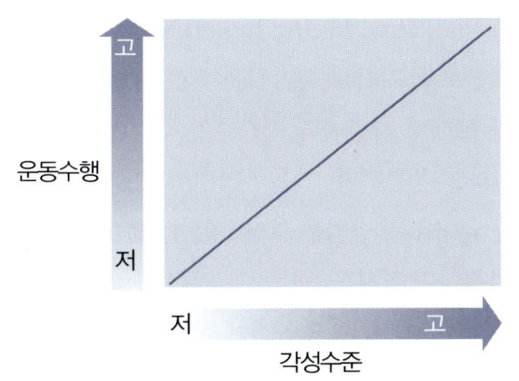

그림 3-19. 추동 이론(정청희 등, 1999)

표 3-8. 종목에 따른 불안 강도

각성수준	스포츠 기술
5(고강도 각성)	미식축구 태클, 200·400미터 달리기, 윗몸일으키기, 역도, 팔굽혀펴기, 투포환, 턱걸이
4	단거리 달리기, 멀리뛰기
3(중강도 각성)	농구, 복싱, 유도, 체조
2	야구 투구, 펜싱, 테니스, 다이빙
1(저강도 각성)	양궁, 골프 퍼팅, 농구 자유투, 축구의 킥

나. 역U 가설(inverted-U hypothesis)

역U 가설은 1908년 Yerkes와 Dodson에 의하여 각성과 수행의 관계를 설명하는 이론으로 제기되었다. 이들은 각성수준이 점차적으로 상승함에 따라 수행도 점차적으로 상승되다가 각성이 적정수준을 넘어서면 수행은 다시 점차적으로 하강할 것이라고 가정했다. 이 이론은 적정수준의 각성이 최고의 수행을 가져온다고 하여 '적정수준 이론(optimal level theory)'이라고도 한다. 운동 참여자는 너무 긴장하면 근육의 탄력성이 떨어져 수행이 와해되고, 너무 긴장이 낮으면 경계성이 떨어져 노력을 기울이지 않기 때문에 적절한 수준의 긴장이 최선의 수행을 가져온다.

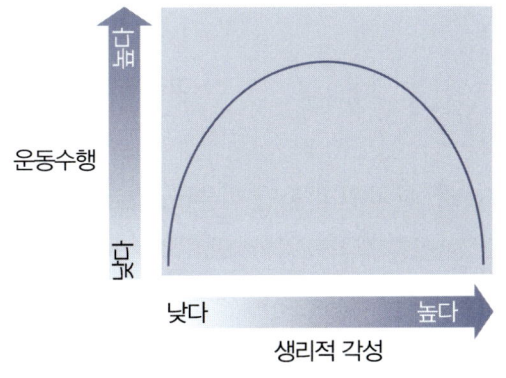

그림 3-20. 역U자 가설(정청희 등, 1999)

다. 최적 수행지역(zone of optimal functioning hypothesis)

Hanin(1980)은 역U 이론의 대안으로 최적 기능범위 이론을 제안하였다. 그는 여러 운동선수들을 대상으로 얻어진 현장 자료를 토대로 사람마다 적정수준의 각성이 다르기 때문에 최적의 수행에 이르는 일정한 각성수준은 없다고 주장한다. 그는 여러 번의 직접적인 관찰이나 회고적인 관찰을 통해 각성의 최적 기능범위를 알아내는 방법을 고안하였다. 그가 고안한 방법은 선수들이 최고 수행을 했을 때의 각성수준을 측정하여 평균을 산출하는 것이다. 이 검사를 체계적으로 여러 번 실시하여 최고 수행을 가져왔을 때 얻은 점수들의 평균값에서 ±4점의 범위가 최적 기능범위의 각성수준이다. 이 점수 범위는 1/2 표준편차 범위에 해당한다. 최적 기능범위 가설에 의하면 경쟁 전 각성수준이 최적 기능범위에 있는 사람은 그렇지 않은 사람보다 높은 수행이 예상된다. 최적 기능범위 이론은 어떤 수준의 각성이 최적의 수행을 가져오는지 정확하게 예언할 수 있다는 장점이 있다.

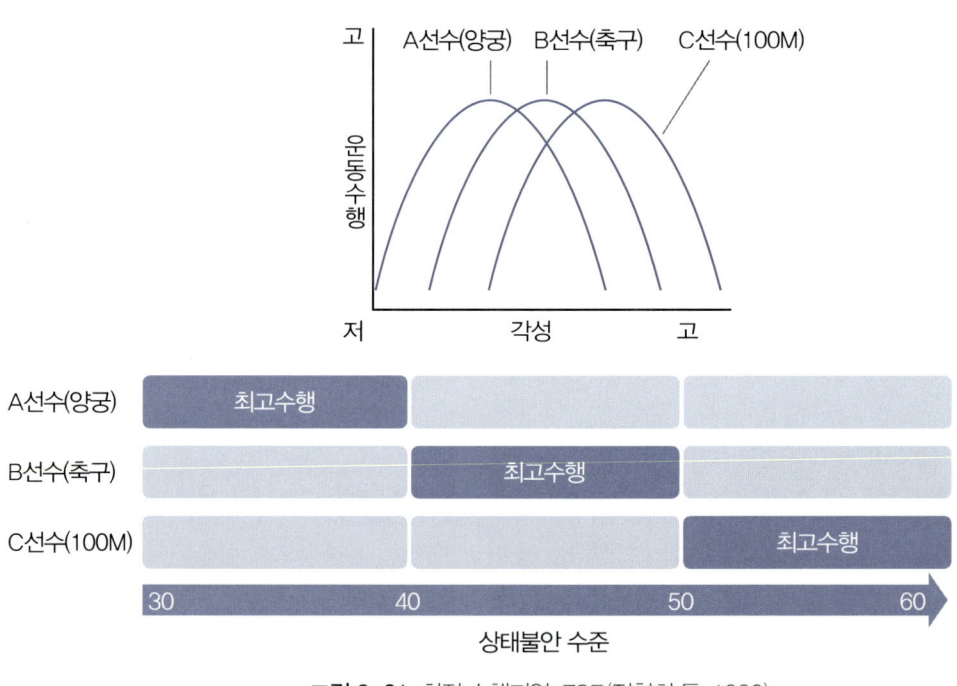

그림 3-21. 최적 수행지역-ZOF (정청희 등, 1999)

라. 다차원적 불안 이론(multidimensional anxiety theory)

불안은 생리적 불안, 인지적 불안 그리고 행동적 불안을 포함하는 다차원적인 개념을 가지고 있다. 그러나 실질적으로 행동적 불안은 생리적 불안과 인지적 불안의 결과이기 때문에 실제 연구에서는 대부분 불안을 인지적 불안인 '걱정'과 생리적 불안인 '정서'로 구분한다. 걱정은 결과에 대한 부정적 기대감으로 인지적 불안(cognitive anxiety)을 나타내고, 정서는 생리적 각성을 지각하

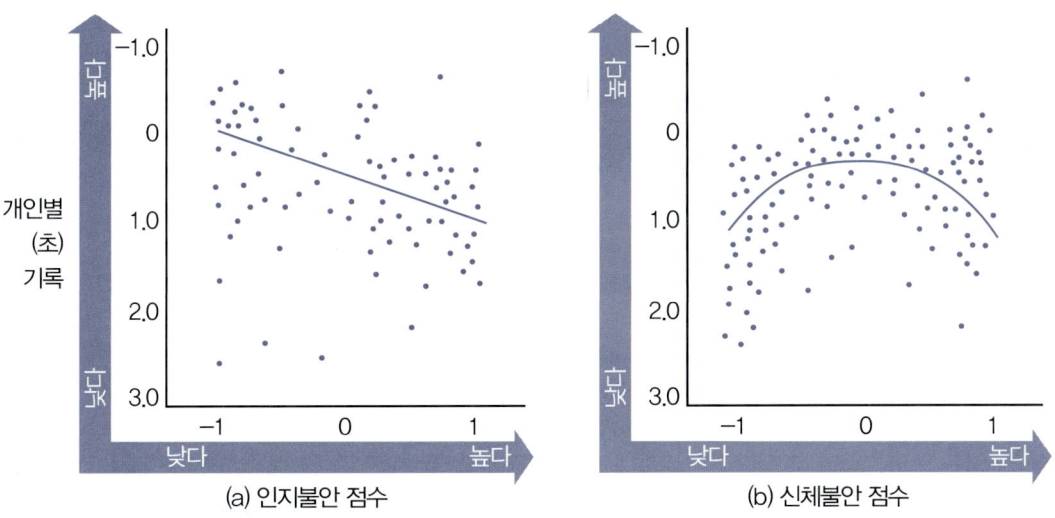

그림 3-22. 인지불안과 신체불안이 수행에 미치는 영향(정청희 등, 1999)

는 데서 오는 것으로 신체적 불안(somatic anxiety)을 나타낸다. 불안을 이처럼 두 가지 차원으로 나누는 것은 두 차원을 일으키는 요인이 서로 다르고 수행에 각기 다른 방식으로 영향을 미치기 때문이다(Cox, 1994). 신체적 불안은 경쟁상황에 조건화된 반응으로 경쟁상황에서 자연스럽게 발생하는 것이고, 인지적 불안은 환경의 욕구와 자신의 능력 간의 차이에 대한 인식에서 오는 것이다. 다차원적 불안 이론에 의하면 신체적 불안은 수행과 역U 관계에 있다. 그러나 인지적 불안은 주의를 분산시키고 부적절한 단서에 주의를 기울이게 하는 특성이 있기 때문에 수행에 부정적인 영향을 미친다(Burton, 1988).

마. 격변 이론(catastrophe theory)

격변 이론은 인지적 불안과 생리적 불안의 상호작용에 의하여 결정되는 수행의 변화가 언제나 정연한 연속적인 관계가 아니라는 것을 가정한다. 격변 이론의 틀은 기본적으로 역U 이론을 바탕으로 하고 있다. 최적 수준에 이르기까지 수행을 촉진시킨다는 점에서 역U 이론과 비슷하다. 그러나 역U 이론은 각성수준이 최적 수준을 넘어서더라도 수행이 최적 수준에 이를 때와 대칭적(종 모양)으로 일정하게 감소된다는 입장인 데 비하여 격변 이론은 각성수준이 최적의 수준을 넘어서 어느 수준에 이르면 수행이 급격하게 감소된다는 입장이다(Hardy & Fazey, 1987). 구체적으로, 운동수행은 분열 요인인 인지적 불안이 낮을 때 생리적 불안과 역U 관계를 가진다. 낮은 인지적 불안은 수행에 영향을 미치지 않기 때문이다. 그러나 생리적 불안이 적정수준을 넘고 인지적 불안이 가중되어 어느 수준을 넘어서면 수행은 급격히 떨어진다. 인지적 불안이 수행의 급격한 변화를 초

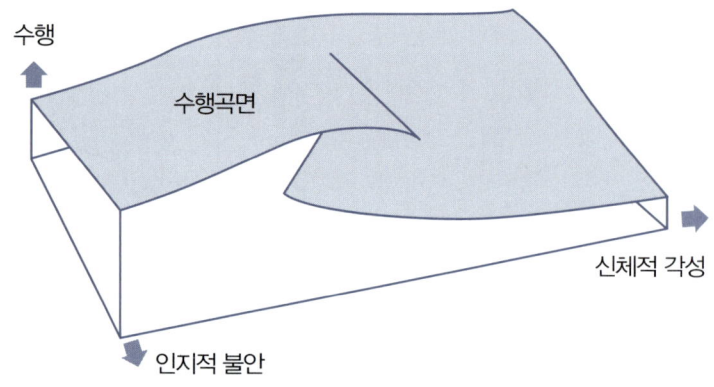

그림 3-23. 카타스트로피 모형

래하는 분열 요인으로 작용하는 것이다. 인지적 불안이 생리적 불안을 중재하여 수행에 극적인 변화를 초래한다는 것이 이 이론의 핵심이다. 회복단계에서도 인지적 불안의 감소로 생리적 불안이 적정수준에 이른다고 해서 수행이 급격히 회복되는 것은 아니다. 생리적 불안의 감소에 따라 수행의 회복은 서서히 진행되다가 어느 수준에 와서 급격히 이루어진다.

격변 이론의 장점은 운동경기 상황에서 수행을 생리적 각성과 인지적 각성의 상호작용의 결과로 보았다는 점과 실제적인 경기 상황에서 수행 수준은 항상 체계적이고 연속적으로 나타나는 것이 아니라는 것을 인식시켜주고 있다(Gould & Krane, 1992).

바. 반전 이론(reversal theory)

Smith와 Apter(1975)에 의하여 제안된 반전 이론은 불안과 수행과의 관계를 설명하는 또 하나의 이론으로서 Kerr(1985)에 의하여 널리 알려졌다. 그러나 반전 이론은 원래 각성과 수행의 관계를 설명하기보다는 각성과 정서의 관계를 통하여 성격과 동기와의 관계를 설명하는 이론으로 제안된 것이다(Apter, 1984). 반전 이론의 요지는 각성과 정서의 관계는 각성을 인지적으로 어떻게 해석하느냐에 달려 있다는 데 있다. 따라서 높은 각성은 어떻게 해석되느냐에 따라 흥분(유쾌감)이나 불안(불쾌감)으로 느껴질 수 있고, 낮은 각성은 지루함이나 편안함으로 느껴질 수 있다는 것이다.

이 이론에서 각성을 해석하는 데 중요한 역할을 하는 것은 개인의 동기이다. 이 이론에 의하면 과제에 참여하는 개인의 동기는 두 가지 양상을 가진다. 즉, 목표를 성취하려는 진지한 동기를 나타내는 목표지향 양식(telic mode)과 과제를 즐기려는 동기를 나타내는 쾌락지향 양식(paratelic mode)이 그것이다. 이러한 동기가 각성을 다르게 해석하도록 한다. 구체적으로 개인의 동기가 우승이나 입상 같은 목표지향 양식인 경우 목표를 성취하려는 진지함 때문에 높은 각성은 불안으로 해석된다. 반면에 암벽등반이나 익스트림 스포츠처럼 개인의 동기가 쾌락지향 양식인 경우 활동을

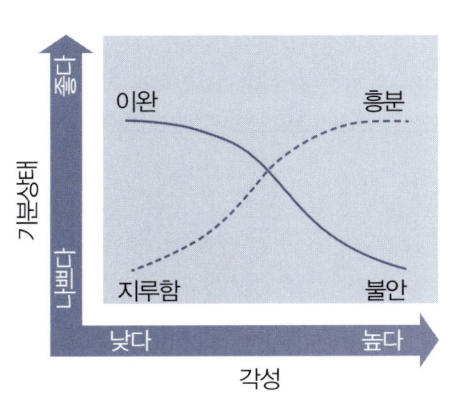

그림 3-24. 전환 이론의 각성과 정서관계

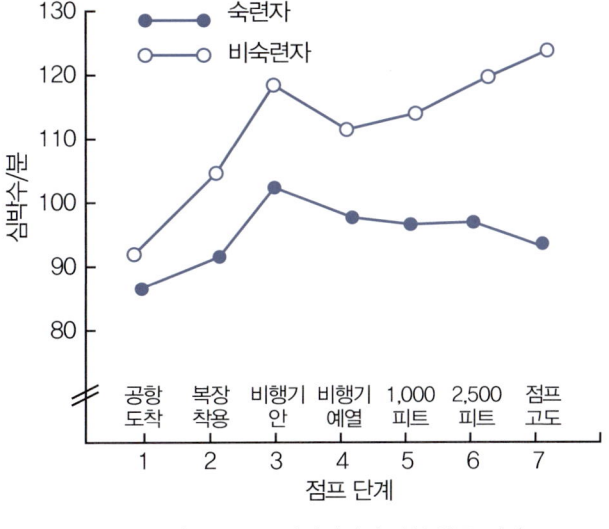

그림 3-25. 스카이다이버 각성 연구 결과

즐기려는 경향 때문에 높은 각성은 유쾌한 흥분으로 지각된다. 각성수준이 낮을 때에는 목표지향 양식의 경우 성취하려는 진지함 때문에 편안함이 지각되고, 쾌락지향 양식의 경우에는 활동을 즐기려는 경향 때문에 지루함이 지각된다.

사. 심리에너지 이론

Martens(1987)는 각성을 어떻게 해석하느냐에 따라 운동수행이 달라진다고 주장했다. 그는 각성을 긍정적으로 해석하면 긍정적 심리에너지가 발생하기 때문에 운동수행에 긍정적인 영향을 미친다고 했다. 반면, 각성을 부정적으로 해석하면 부정적 심리에너지 때문에 각성과 운동수행 사이에는 부정적인 관계가 성립된다. 따라서 선수는 긍정적인 심리에너지가 높고 부정적인 심리에너지가 낮을 때 최고의 경기력을 발휘한다.

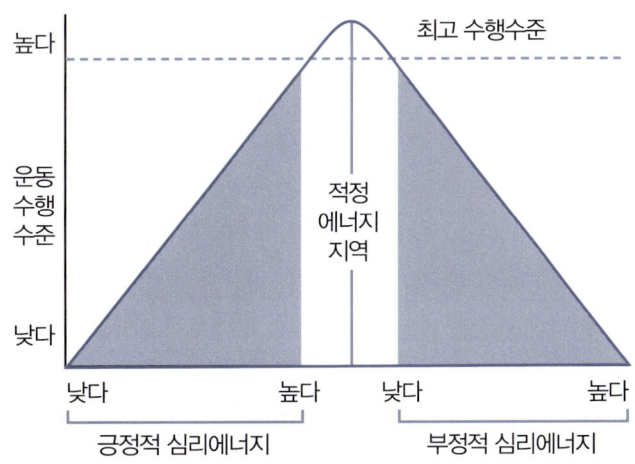

그림 3-26. 심리에너지 이론

6. 불안, 스트레스 관리 기법

불안은 결국 스스로 조절해야 한다. 시합 전이나 시합 중에 선수가 자신의 불안을 스스로 조절할 수 있는 방법은 여러 가지가 있다. 각자 자신에게 맞는 적절한 방법을 현장에 적용할 필요가 있다.

> **불안 및 스트레스 관리의 원칙**
> - 자신이 조절할 수 있는 것에만 주의를 집중한다.
> - 마음속으로 연습한다.
> - 최악의 시나리오를 생각해본다.
> - 신체활동이나 충분한 준비운동을 한다.
> - 인지적 전략을 활용한다.

가. 바이오피드백(bio-feedback)

바이오피드백은 마음속에 특정한 상황을 떠올리거나 생각을 조작함으로써 자율신경계의 반응을 일으키는 조건을 알아내어 그 조건으로 자율신경계의 기능을 의식적으로 통제하는 것이다. 이 방법은 조작된 조건에 따라 자신의 생리적 반응이 어떻게 변화하는가를 간단한 도구를 사용하여 빠른 시간 내에 시험해봄으로써 생리적 변화를 일으키는 조건을 쉽게 알아낼 수 있고, 이러한 조건이 확인되면 연습을 통하여 반응을 조절하는 요령을 터득할 수 있다는 장점이 있다. 바이오피드백 훈련에서는 조건과 자율신경계 반응의 관계를 알기 위하여 온도계, 혈압계, 근전도계, 뇌파 측정기 등을 모니터로 활용한다.

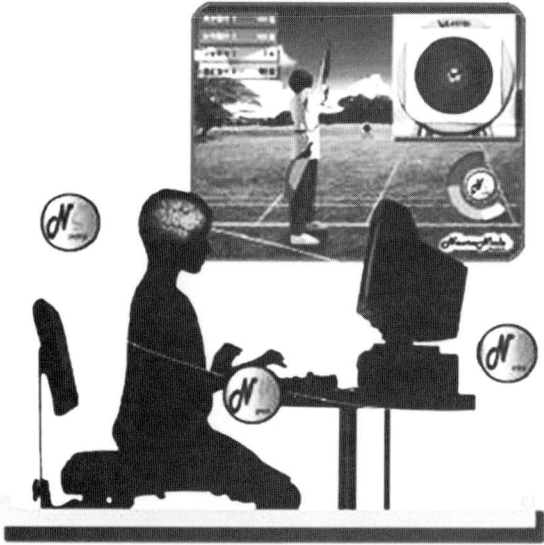

그림 3-27. 뇌파 바이오피드백 훈련의 예(정청희 · 황진 외, 2009, 스포츠심리학)

나. 점진적 이완기법(progressive relaxation)

점진적 이완기법은 1939년 미국의 Jacobson이 발간한 「점진적 이완기법」에 처음으로 소개되었다. 이 요법은 자기관리를 통해 자율신경계의 기능을 조절함으로써 스트레스를 완화시키는 것이다. Jacobson에 의하면 사람은 근육이 완전히 이완된 상태에서 불안해지거나 기관이 긴장될 수 없기 때문에 불안과 긴장을 그와 관련된 골격근을 이완시킴으로써 해소할 수 있다. 점진적 이완기법은 이러한 가정 하에 신체에 미치는 스트레스의 부정적 영향을 중화하고 스트레스를 통제하려는 기법이다. 이 방법은 신체 각 부위의 근육군을 차례로 긴장시키고 이완시키는 일련의 과정으로 구성된다. 점진적 이완기법에는 적극적인 점진적 이완기법(active progressive relaxation)과 소극적인 점진적 이완기법(passive progressive relaxation)이 있다. 적극적인 이완기법은 근육을 긴장시킨 다음 이완하는 기법이며, 소극적 이완기법은 근육을 긴장시키지 않고 한 단계씩 근육의 이완을 유도하는 방법이다.

> **적극적 이완기법의 예: 절차 및 방법**
> ① 편안하게 앉거나 누운 자세에서 시작한다.
> ② 눈을 살며시 감고 몇 번의 복식호흡을 한 후 이완하기 시작한다.
> ③ 숨을 충분하고 완전하게 내쉬어 조용하고 평화로운 순간을 유지하도록 한다.
> ④ 호흡은 느리고 깊고 자연스럽게 유지하면서 숨을 내쉴 때 충분하고 완전하게 긴장을 푼다.
> ⑤ 먼저 오른발의 발가락을 구부리고 몇 분간 힘을 가하여 발가락, 발, 발목의 긴장에 주목한다.
> ⑥ 긴장을 풀고 심호흡으로 긴장과 이완의 차이를 구분한다.
> ⑦ 깊고 충분하게 숨을 내쉬어 오른발에 남아 있는 긴장을 내보낸다. 이 과정을 3회 반복하고 왼발로 이동한다.
> ⑧ 왼발과 오른발의 긴장 정도의 차이를 느껴본다. 증가된 혈류가 발가락을 통하여 발과 다리로 흐르고 있음을 느껴본다.

다. 자율훈련(autogenic training)

자율훈련은 1930년 독일의 Schultz에 의하여 고안된 이완기법으로, 따뜻한 느낌과 무거운 느낌의 두 가지 신체적인 감각을 유도하기 위하여 고안된 몇 가지 활동으로 구성되어 있다. 이 기법

> **자율훈련의 예**
> ① 방해를 받지 않는 조용한 방에서 편안하게 앉거나 눕는다.
> ② 눈을 감고 잡념을 없앤다.
> ③ 심호흡을 하여 이완한다.
> ④ 천천히 들이마시고 내쉬고, 들이마시고 내쉬기를 반복한다.
> ⑤ 내쉴 때마다 몸속에 있는 긴장이 없어지는 것을 느낀다.
> ⑥ 느낌이 편안하고 호흡이 안정되면서 사지가 무겁게 느껴지기 시작한다.
> ⑦ "나의 오른팔이 무겁다", "나의 왼팔이 무겁다", "나의 두 팔이 무겁다", "나의 오른쪽 다리가 무겁다", "나의 왼쪽 다리가 무겁다", "나의 두 다리가 무겁다", "나의 팔과 다리가 무겁다"

의 요체는 자신이 느끼고자 하는 감각에 주의를 기울이고, 이러한 느낌이 명상에서와 같이 수동적인 상태에서 일어나도록 하는 것이다. 이것은 어떤 의미에서는 자기최면 기법이다. 훈련은 6단계로 구성되며 자율훈련의 제1단계는 무거움을 느끼는 단계에서 시작된다. 이후 따뜻함, 무거움, 심장박동 조절, 호흡, 명치 및 이마에 집중하는 방식으로 프로그램이 진행된다.

라. 심호흡(deep breathing)

우리나라를 비롯한 동양에서는 일찍부터 긴장과 각성을 완화하기 위한 방법으로 심호흡을 널리 사용하여왔다. 최근에는 서양에서도 몇 가지 호흡 기법이 개발되어 사용되고 있다. 스포츠 경쟁상황에서 심호흡이 긴장과 불안을 완화한다는 것에 대해서는 3가지 설명이 가능하다. 첫째는 생리적 설명으로, 심호흡은 체내의 산소와 이산화탄소의 양을 조절해주어 균형을 취하게 함으로써 이완을 느끼도록 한다는 것이다. 둘째는 인지적 설명으로, 심호흡은 주의 방향을 근심과 걱정 등의 부정적 사고에서 호흡으로 전환시킴으로써 불안과 긴장을 감소시킨다는 것이다. 셋째는 정서적 설명으로, 심호흡은 불안할 때 호흡이 불규칙하고 얕음으로 인하여 야기되는 신체의 긴장을 완화시켜준다는 것이다.

마. 자화(self-talk)

선수들은 경기 전이나 경기 중 보통 여러 가지 자화(自話)를 한다. 자화에는 긍정적이고 합리적인 것도 있고, 부정적이고 비합리적인 것도 있다. 긍정적이고 합리적인 자화는 자신감과 자긍심을 강화하여 수행에 긍정적인 영향을 미치지만, 부정적인 자화는 불안을 증가시키고 정서적인 안정을 깬다. 따라서 부정적인 자화를 하는 선수들은 수행이 손상되고, 자신감을 잃게 되며, 심하면 슬럼

> **긍정적 자화의 예**
> 자기효능감 향상을 위한 긍정적 자화
> - 나는 강하다.
> - 나는 자신 있다.
> - 방금 전까지 잘했어.
> - 영원한 승자와 패자는 없어.
> - 나는 저 상대를 쓰러뜨릴 수 있다.
> - 나는 열심히 노력했고, 이번 시합에서 잘할 수 있다.
> - 모두 다 나를 응원하러 나온 사람들이다.
> - 심판은 나에게 호의적이며, 나의 편이다.
> - 나는 할 수 있다.
> - 나는 우승할 자신이 있다.
> - 나는 잘할 수 있다.

표 3-9. 자화의 활용

자화의 활용	부정적 자화의 수정방안
• 나쁜 습관의 교정 • 주의집중 • 각성 조절 • 자신감 향상	• 사고 정지 • 부정적인 사고를 긍정적인 사고로 전환 • 반격 • 재구성

프에 빠지기도 한다. 예컨대 우리가 시합 전에 심장의 박동이 빨라지고, 근육이 떨리고, 숨이 가빠지며, 식은땀이 나고, 소변이 자주 마렵다고 하자. 이러한 신체적인 반응에 대하여 어떤 사람은 자신이 겁을 먹고 있는 것이라 생각하고, 이렇게 되면 수행이 잘되지 않는다고 부정적인 자화를 하는가 하면, 어떤 사람은 이것은 정신적·신체적으로 준비가 잘되어 있는 상태라는 긍정적 자화를 한다. 부정적 자화와 긍정적 자화는 서로 판이하게 다른 마음 상태를 나타낸다. 부정적 자화는 수행을 방해하는 반면에, 긍정적 자화는 수행을 돕는다.

3장 동기

 학습목표
- 동기의 개념과 정의를 알아본다.
- 효과적인 동기유발 기법을 숙달한다.
- 다양한 동기 이론을 이해하고 현장에 적용한다.

1. 동기의 이해

동기란 어떤 목표를 향해 행동을 시작하도록 하는 내적 과정으로, 인간의 행동을 일으키고 행동에 활력을 넣어주며, 어떤 행동을 계속하거나 그만두게 하는 심리적 원동력이다.

가. 동기의 개념

동기(motivation)라는 말은 원래 '움직이다(to move)'라는 뜻의 라틴어 'movere'에서 유래되었다. 동기는 매우 다양한 의미로 구분된다. 첫째, 개인의 성격적인 특성으로 표현되는 경우가 있다(예: 그는 전반적으로 매사에 동기가 매우 강하다). 둘째, 특정 행동의 이유나 이에 대한 외부의 영향을 의미할 수도 있다(예: 친구들이 운동을 시작해서 같이하고 있다). 마지막으로, 특정 행동에 대한 결과나 그 행동을 설명하는 의미(예: 1개월 지나면서 금연에 대한 동기가 점점 약해졌다)로 쓰일 수 있다.

> **동기의 기본적 속성**
> - 기본적으로 행동을 촉발시키거나 활성화시키는 원동력으로 작용
> - 정서와 밀접한 관련
> - 행동의 방향을 설정하거나 목표를 지향하면서 행동을 유지 및 지속시키는 속성이 내재되어 있음

나. 동기의 정의

Sage(1977)는 동기를 "노력의 방향과 강도"로 정의했다. 노력의 방향이란 어떤 사람이 특정 상황이나 행동을 추구하면서 그것을 달성하기 위해 다가가는지(접근) 혹은 어떤 행동이나 결과를

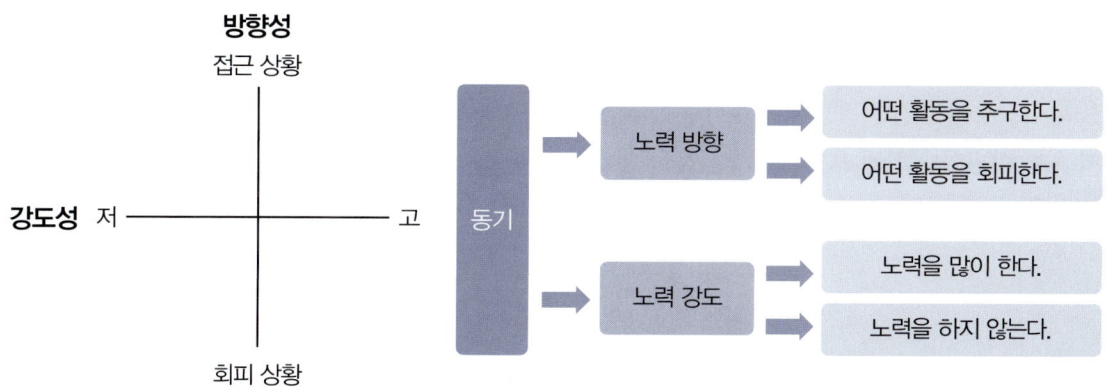

그림 3-28. 노력의 방향과 강도(Sage, 1977)

피하려는(회피) 의도를 뜻한다. 노력의 강도는 어떤 특정한 상황에서 노력을 많이 하는가 혹은 노력을 적게 하는가, 아니면 아예 노력을 하지 않는가를 의미한다. 비록 동기를 노력의 강도와 방향으로 구분했지만, 실제 일상생활이나 스포츠 및 운동 현장에서는 두 측면이 밀접한 관련을 맺고 있다. 즉, 노력의 방향이 바람직하지만 강도가 낮을 수도 있고 노력의 방향이 부정적이지만 강도가 높을 수도 있다.

다. 동기의 관점

동기를 보는 관점은 개인의 성격적인 특성이나 어떤 상황 등에 의해 달라질 수 있다. 일반적으로 동기를 보는 관점은 특성지향 관점, 상황지향 관점, 상호작용 관점으로 구분할 수 있다.

1) 특성지향 관점

어떤 사람의 성격, 태도, 목표 등이 동기를 결정한다. 이 관점에서 보면 운동을 해서 성공하려면 기본적으로 성공하고자 하는 높은 동기를 가지고 태어나야 하고, 남들에게 지기 싫어하는 스포츠적인 성격을 소유하고 있어야 한다. 동기를 성격적 특성으로만 해석하기 때문에 운동시설이 잘 갖춰져서 운동을 시작하는 행동처럼 특정한 행동과 관련이 있는 환경의 영향을 무시하게 된다.

2) 상황지향 관점

어떤 개인이 처한 상황과 환경에 의해 동기가 결정된다는 관점으로, 특성지향 관점과 대조되며 동기와 관련된 상황적인 해석에 관심이 집중되기 때문에 개인의 기질적인 성격이 고려되지 않는다.

3) 상호작용 관점

어떤 개인의 동기는 특성적 관점과 상황적 관점과의 상호작용 속에서 형성된다. 즉, 스포츠나 운동 참가자의 동기를 제대로 이해하려면 그 개인에 내재되어 있는 특성적인 개인 요인과 그 개인이 처한 상황이나 환경 요인의 상호작용을 제대로 이해했을 때 비로소 그 행동을 이해할 수 있다.

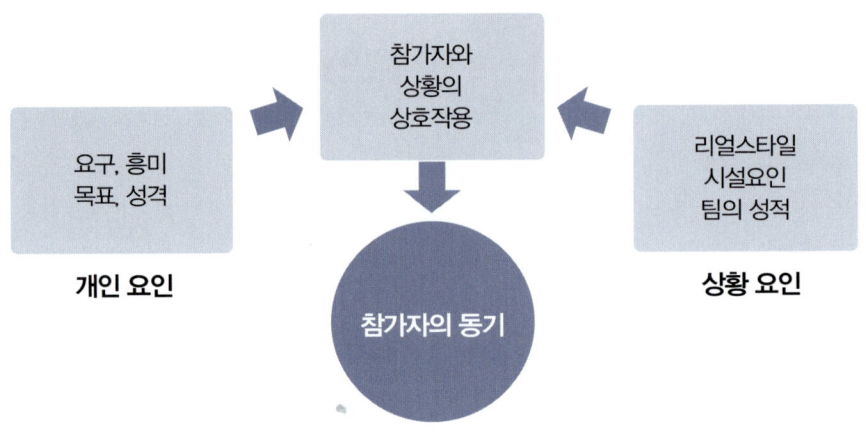

그림 3-29. 동기의 형성 요인

라. 스포츠 참가 동기

사람들이 스포츠에 참가하는 동기가 무엇이며, 중도에 포기하는 이유가 무엇인가를 밝히는 것은 스포츠심리학에서 1970년대와 1980년대의 관심거리였다. 1983년에 이루어진 Gill, Gross, Huddleston의 연구에서는 운동기술 향상, 재미, 새로운 기술 습득, 도전, 체력 등이 스포츠 참가의 중요한 이유인 것으로 나타났다. 이 연구는 질문지를 사용해서 자료를 수집하고 요인분석을 통해 주요 요인을 도출했다는 측면에서 후속 연구를 파생시키기도 했다. 이 연구에서 사용된 질문지(Participation Motivation Questionnaire)를 이용한 다른 연구에서 나온 결과도 Gill 등(1983)의 연구와 큰 차이는 없었다. 스포츠 참가동기에 관한 선행연구를 리뷰한 Weiss와 Chaumeton(1992)은 청소년의 스포츠 참가 동기에는 유능성, 체력증진, 소속감, 팀 요인, 경쟁, 재미가 공통적으로 포함된다고 결론을 내렸다. 또한 Weinberg와 Gould(1999)는 북미 청소년의 스포츠 참가 이유를 포괄적으로 다음과 같이 정리하였다.

〈북미 청소년의 스포츠 참가 동기〉
① 사회적 인정: 부모, 친구, 코치 인정
② 경쟁: 시간과의 경쟁, 팀 동료 경쟁
③ 자기숙달: 심신의 조화, 조절, 움직임, 기술 숙달

④ 라이프스타일: 다른 할 것이 없어서, 부모의 권유
⑤ 체력, 건강: 건강, 몸매, 체력 향상
⑥ 우정, 인간관계: 동료가 좋아서, 유명선수 때문에
⑦ 성공, 성취: 큰 시합에 참가하는 것, 연습의 보람, 개인목표의 달성
⑧ 특별한 혜택: 운동부 장학금, 전지훈련
⑨ 이성 매력: 이성에 대한 매력, 운동선수와의 데이트 인기
⑩ 시합상황, 관중: 관중 앞에서 시합, 인기인
⑪ 독립성: 스스로 훈련계획 작성, 혼자서도 연습 가능
⑫ 가족: 동료가 마치 가족 같아서, 코치 동료의 신뢰
⑬ 스트레스 해소: 기분이 좋아져서
⑭ 지위: 나를 존경해주니까, 스스로 중요하게 느껴져서
⑮ 자기발달: 자신감 증대, 자신이 더 훌륭히 여겨져서
⑯ 이해: 기술 변화의 이해, 규칙적 훈련의 이해

국내 청소년의 스포츠 참가 동기를 알아본 연구에서는 북미에서 보고된 결과와 일부는 유사하지만 독특한 결과도 발견되었다. 우리나라 중학교 운동선수의 스포츠 참가 동기는 스포츠 자체의 매력 요인보다는 외적 요인과 사회적 요인이 많은 것으로 나타났다(성창훈 · 김병준, 1996). 참가 동기의 빈도가 가장 높은 것은 재미와 유능성이지만, 주위의 권유, 장래 진로, 상급학교 진학, 학업 부진 등 스포츠 외적 요인과 학업 요인도 중요한 역할을 한다. 우리나라 청소년의 운동부 참가 이유를 정리하면 다음과 같다.

〈우리나라 청소년의 스포츠 참가 이유〉
재미있고, 내가 좋아하니까 / 운동을 잘하는 편이어서 / 건강해지고 체력을 기르려고
도전해보고 싶어서 / 운동이 멋있어 보여서 / 여가시간을 잘 보내려고
부모, 교사 등 주위에서 권해서 / 장래에 선수로 성공하기 위해
공부에 자신 없고 진학을 위해 / 부모님께 효도하려고 / 매스컴의 영향으로

〈우리나라 대학생의 스포츠 참가 이유〉
건강유지와 체력증진을 위해 / 생활의 단조로움을 해소하기 위해
무엇인가 도전해보고 싶어서 / 균형 잡힌 몸매를 가꾸기 위해
친구를 사귀고 어울리기 위해 / 활기찬 생활을 하기 위해

2. 동기유발의 기능과 종류 그리고 방법

생활체육지도자들이 일반인들을 대상으로 스포츠 및 생활체육 참가를 유도하기 위해서는 동기 개념에 대한 올바른 이해를 바탕으로 동기유발 기능 및 실천전략을 숙지하고 있어야 한다.

가. 동기유발의 기능

동기유발의 기능에는 크게 활성적 기능, 지향적 기능, 조절적 기능, 강화적 기능이 있다. 활성적 기능은 어떤 행동을 최초로 유발시켜 지속시키고 추진하는 기능이다. 지향적 기능은 행동의 방향성을 결정해주는 기능으로, 어떤 목표를 설정했을 때 그 목표에 맞게 행동을 유도해주는 기능이다. 조절적 기능은 다양한 행동을 선택하고 수행하면서 목표에 맞는 선택적인 행동을 유발하는 데 영향을 미치는 기능이며, 마지막으로 강화적 기능은 행동의 결과에 따른 정적 혹은 부적강화를 제공하여 후속되는 동기유발의 수준을 결정한다. 강화기능을 통해 우리는 그 행동의 재현 가능성을 예측할 수 있다.

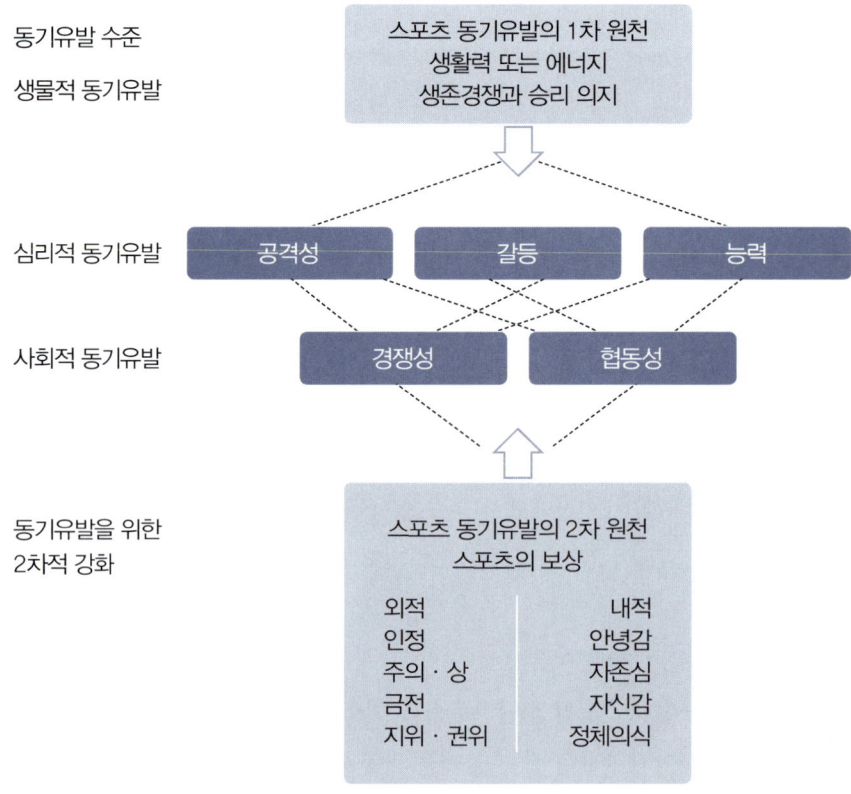

그림 3-30. 스포츠 동기유발 구성요소

나. 동기유발의 종류

1) 내적 동기유발

자기 자신의 내적 보상에 의하여 생겨나는 동기유발을 말한다. 여기에는 학습에 대한 보상으로 높은 점수, 칭찬, 학습목표를 분명히 제시한다. 또한 참가자가 가지고 있는 참가종목의 기본적인 호기심을 자극하고 성공감이나 성취감을 느끼도록 하며, 평가적인 측면에서 학습자로 하여금 학습 결과에 대해 스스로 평가하게 한다.

> **내적 동기를 높이는 방법**
> 1. 성공경험을 갖게 한다.
> 2. 언어적·비언어적 칭찬을 자주 한다.
> 3. 연습 내용과 순서를 바꾼다.
> 4. 목표 설정과 의사 결정에 참여한다.
> 5. 실현 가능한 목표를 설정한다.

2) 외적 동기유발

외적 보상에 의해 동기가 유발되는 것을 말한다. 학습 그 자체와는 아무런 관계가 없는 외적인 보상을 받음으로써 발생되는 동기유발이다. 참가자들의 행동에 대한 상과 벌, 정적강화와 부적강화를 적절하게 사용하며 타인과의 경쟁과 협동을 유발하기 위해 적절히 연습게임 및 시합 참가를 유도한다.

다. 동기유발 전략

지도자나 스포츠심리 전문가는 과제목표 성향을 강조하는 전략을 발굴해야 한다. 기술 향상, 노력 중시, 성공에 대한 개인적인 기준, 개인 목표 설정 같은 전략은 과제 목표 성향을 강화시키는데 도움이 된다. 엘리트 선수를 지도하는 상황에서도 숙달 중시의 동기 분위기를 조성하는 것이 바람직하다. 선수 개인의 노력과 향상도를 중시하고, 개인 목표 달성 여부에 따라 보상을 제공하는 것이 바람직한 코칭이 된다. 숙달 중시의 동기 분위기를 조성하기 위한 구체적인 전략으로 타깃

> **과제(Task):** 도전감을 불러일으키면서 다양하게 제시   T
> **권위(Authority):** 의사결정에 참여하고 리더십을 발휘하는 기회를 제공   A
> **인정(Recognition):** 개인의 향상도를 개인적으로 인정   R
> **집단편성(Grouping):** 모둠을 형성하고 협동 학습의 기회를 제공   G   전략
> **평가(Evaluation):** 과제의 숙달 정도와 학생의 향상도를 평가   E
> **시간(Time):** 학습에 필요한 충분한 시간 부여   T
>
> 타깃(Target) 전략(정청희·황진 외, 2009)

표 3-10. 동기유발 전략(김병준, 2006)

구분	동기유발 전략
이론에 근거한 동기유발 전략	• 운동실천으로 얻는 혜택을 인식시켜준다(건강신념 모형). • 운동 방해요인에 대한 대책을 마련한다(계획행동 이론). • 자기효능감을 높여준다(자기효능감 이론).
행동수정 전략	• 의사결정 단서를 제공한다. • 운동 출석 상황을 게시한다. • 출석에 따른 보상을 제공한다.
인지행동 전략	• 목표설정 원칙에 맞는 목표를 설정한다. • 운동 일지를 작성한다. • 운동 계약서를 작성한다. • 운동 강도 모니터링을 한다.
내용동기 전략	• 즐겁게 운동하도록 만든다. • 몰입(flow) 체험을 하도록 유도한다.

(target)의 구성요소를 적용한다. 동기유발을 극대화하기 위해 어떤 조치가 필요하다면 타깃이 주는 구체적인 행동지침을 코칭에 반영한다.

3. 동기 이론

스포츠 동기 이론으로 대표적인 것은 Weiner의 귀인론, Deci의 인지적 평가 이론, 성취목표 성향 이론 등이 있다. 스포츠 동기에 대한 개념을 바탕으로 스포츠 동기 이론을 숙지하여 현장에 적용하는 것이 중요하다.

가. 성취목표 성향 이론

성취목표 성향 이론은 기본적으로 어떤 개인의 성취목표를 이분화시켜서 설명하는 공통성을 지니고 있다. 여기에는 Dweck(1989)의 학습목표(learning goal) vs. 수행목표(performance goal), Ames(1992)의 경우 과제완수 목표(task mastery goal)로 학습자의 성취동기 성향을 구분하였다. 조금씩 용어의 차이가 있으나 기본적으로 동일한 내용을 지니고 있다. 즉, 과제목표 혹은 학습목표를 지향하는 학습자는 새로운 것을 배워 익히는 그 자체를 학습활동의 궁극적인 목표로 삼는다. 실패란 학습과정에서 일어날 수 있는 자연스러운 단계의 하나로 인식하며, 과제 완수를 통해 스스로의 능력이 향상된다고 믿는다. 따라서 자신의 능력에 비해 너무 어렵거나 쉬운 과제보다는 노력하면 성취할 수 있다고 판단되는 적절한 과제를 선호한다. 수행목표 혹은 자아목표를 추구하는 참가자는 배움 그 자체보다는 자신의 능력이 남들보다 우수하다는 것을 증명하는 데 치중한다. 또한 자신의 능력이 열등하다고 판단될 경우 이를 드러내지 않으려고 노력한다. 실수나 실패는 자신의 능력이 열등하다는 증거이기 때문에 이에 대한 핑계거리를 미리 만들어놓으며, 성공이 보장되는 쉬운 과제 혹은 아예 불가능한 과제를 선택하는 불합리성을 보이기도 한다(황진, 2011). 수행목표를 가지고 있는 참가자들은 기본적으로 능력은 변화하지 않고 고정되어 있다고 믿는 경향이 강하다. 현재 이 이론은 기본적으로 수행(접근 vs. 회피), 과제(접근 vs. 회피)의 2×2모델로 설명되고 있다.

> **2×2 성취목표 성향 이론의 하위 요인**
> **숙달 접근:** 스스로 가능한 한 많은 것을 배우고자 하는 성향
> **수행 접근:** 다른 사람보다 더 잘하려는 성향
> **숙달 회피:** 배워야 할 내용을 모두 배우지 못하는 것을 회피하려는 성향
> **수행 회피:** 다른 사람보다 능력이 부족한 것을 회피하려는 성향
>
> **엘리트 선수들은 과제목표 성향인가, 자기목표 성향인가?**
> 기본적으로 자기목표 성향을 가지고 있지만, 자신의 운동능력이 뛰어나다고 지각하는 선수들은 과제목표 성향을 가진 선수들과 비슷한 특성을 보인다. 이러한 설명은 특히 엘리트 선수들의 성취목표 성향을 이해하는 데 도움이 된다. 즉, 엘리트 선수들은 스포츠선수들이기 때문에 기본적으로 승리, 즉 이기는 것이 중요하다는 자기목표 성향을 가지고 있다. 자기목표 성향은 현재 주어진 시합의 승리처럼 단기적인 경기력과 관련이 있고 장기적으로도 동기유발 효과가 상당하다. 그러나 시합의 결과에 따라 자신의 기술이나 노력 및 능력을 점검할 필요가 있기 때문에 과제목표 성향이 일정 부분 수반되어야 한다. 따라서 엘리트 선수들에 대해 자기목표 성향이 동기에 긍정적인가 혹은 그렇지 않은가에 대한 논란은 지속적인 연구를 통해 검증될 필요가 있다.
>
> **성취목표 성향 측정 질문**
> ① 나는 나 혼자만이 할 수 있는 것을 다른 사람에게 보여줄 때 가장 잘했다는 느낌이 든다.
> ② 내 차례가 되었을 때 그것을 잘 못해서 다른 사람으로부터 창피를 당할 것 같아 걱정되고 난처하다.
> ③ 운동시간에 배운 것을 열심히 연습하고 익혀나갈 때 가장 잘했다는 느낌이 든다.
> ④ 오늘 코치 선생님이 가르친 내용을 다 배우지 못할까 봐 걱정이 들 때도 있다.

나. 인지평가 이론

어떤 생활체육 참가자가 매우 열심히 운동을 하고 있는데, 피트니스센터에서 그 참가자의 운동 참여 및 운동성과에 대해 외적 보상을 제공하게 되면 어떤 결과가 발생할까? 더 열심히 운동할까? 아니면 별 상관이 없을까? 혹은 오히려 운동을 안 하는 결과가 나타날까? 인지적 평가 이론은 기본적으로 이러한 의문에서 출발한다. E. L. Deci(1980)가 주장한 인지평가 이론은 원래 내재적으로 동기화된 행동에 외적 보상이 주어졌을 때 내재적 동기가 삭감되고 타인에 의해 통제된다는 느낌을 발생시켜 오히려 과업에 대한 흥미를 감소시키게 된다는 이론이다. 인지평가 이론에 따르면, 성취감이나 책임감 등에 의해 동기유발이 되어 있는 것에 외적인 보상(승진, 급여 인상, 성과급)을

도입하면 오히려 동기유발 정도가 감소된다고 주장한다. Deci는 그 이유로 인간에게 유능성과 자율성을 느끼고자 하는 심리적 욕구가 있기 때문에 이를 위반하게 되면 비록 보상이 주어져도 동기가 오히려 감소될 수 있다고 주장했다. 즉, 어떤 개인은 자신이 처한 상황에서 스스로 능력이 있다고 지각하면서 스스로 자유롭게 자신을 통제하면서 행동할 때 비로소 완전하다고 주장했다. 이 이론에 따르면 내적 동기는 사람들이 유능감을 느끼고 자신의 의지에 따라 도전할 수 있는 재미있는 과제에 참여할 때 나타난다고 한다.

또한 Deci와 Ryan(1985)은 인간은 자신을 둘러싼 외부사건에 대해 통제적인 측면과 정보적인 측면을 가지고 있다고 주장했다. 그래서 만약 스스로 조절할 수 있는 통제적인 측면이 강해지면 자율성 욕구가 강화되고 누군가에게 자신이 운동수행에 대해 칭찬과 같은 긍정적인 정보를 듣게 되면 유능감 욕구가 향상된다고 주장했다.

표 3-11. 보상에 대한 해석에 따른 자율성과 유능감 인식

보상에 대한 해석	연수 참여	통제성 높음	자격증을 받기 위해 연수 참가	자율성 낮아짐
		통제성 낮음	자발적인 신청으로 연수 참가	자율성 높아짐
	연수 성적	긍정적 정보	좋은 성적 취득	유능성 높아짐
		부정적 정보	좋지 않은 성적 취득	유능성 낮아짐

- 외적 보상은 내적 동기를 높일 수 있도록 주의해서 제공해야 한다. 특히 외적 보상이 통제적으로 작용하지 않도록 배려하는 것이 중요하다. 즉 "이렇게 하면 보상을 받는다"는 행동과 보상의 연관성이 생기지 않도록 해야 한다.
- 명확하게 설정된 목표를 달성한 것을 축하하기 위해 제공하는 외적 보상은 유능감을 높여 내적 동기를 강화시키는 효과를 기대할 수 있다. 결과보다는 과정을 강조하고, 행동을 통제하려는 목적보다는 성취의 상징으로 보상을 이용한다면 외적 보상이 긍정적인 효과를 가져올 수 있다. 특히 개인이 설정한 목표를 달성한 것에 대한 정보를 제공하기 위한 목적으로 외적 보상을 제공하는 것은 긍정적인 측면이 강하다.
- 선수가 자신의 훈련과 시합에 관한 의사결정에 참여하게 하면 자결성을 높이는 데 도움이 된다.
- 동료 간, 지도자와 선수 간에 좋은 관계를 유지할수록 내적 동기가 높아질 가능성이 커진다.

다. 자기결정성 이론

자결성 이론 혹은 자기결정 이론(self-determination theory)은 자기결정의 연속선상에서 외적 동기와 내적 동기를 설명하는 인지적인 동기 이론이다. 자기결정이라는 용어는 Deci(1980)가 자율적 의도를 통제된 의도와 구분하기 위해 사용하기 시작하였다. 자기결정성 이론은 최근에 진행된 동기 이론 중에서 가장 왕성한 연구물을 확보하고 있으며, 자기결정성 이론에는 인지평가 이론도 포함되어 있다. 자기결정성 이론은 기존의 인지평가 이론에서 주장한 유능성과 자율성 이외

에 관계성을 추가하여 인간의 기본적인 심리 욕구를 더 체계적으로 구축했다. 즉, 개인 스스로 유능감을 지각하고 스스로 운동과제를 결정하는 자율성 이외에도 타인과의 긍정적인 관계 속에서 개인이 제대로 동기화된다고 주장했다. 이때 동기화는 동기가 전혀 없는 무동기 상태에서부터 외적 동기화를 거쳐 내적 동기화에 이르기까지 연속적인 범위에 걸쳐 나타난다.

표 3-12. 자기결정성 이론의 기본적 심리 욕구

기본적 심리욕구	문항의 예
자율성	운동을 하고 안하고는 주로 내가 결정하는 편이다.
유능성	다른 사람들이 나에게 운동을 잘한다고 한다.
관계성	주변에 있는 사람들과 평소에 서로 도움을 주고받는다.

표 3-13. 자결성으로 구분한 내적 및 외적 동기

구분	규제 스타일	동기 유형	행동
무동기	무규제	내적 또는 외적 동기 존재하지 않음. 스포츠 참가에 대한 이유가 없음	자결성 낮음
외적 동기	외적 규제 (external regulation)	외적인 보상을 받으려는 욕구가 활동의 원동력	자결성 보통
	의무감 규제 (introgected regulation)	활동의 이유를 내면화시켜서 내면적 보상과 처벌과 연계	
	확인 규제 (identifed regulation)	활동은 자신이 결정한 것이지만 즐겁지는 않음	
내적 동기	내적 규제	활동은 자신이 결정한 것이며, 그 자체가 주는 내적인 즐거움이 활동의 원동력	자결성 높음

표 3-14. 자결성으로 구분한 내적 및 외적 동기의 예

동기유형		문항의 예
무동기		운동이나 체육처럼 신체활동에 관심이 없다.
외재적 동기	외적 규제	체육이 학교 필수과목이므로
	의무감 규제	남들 앞에서 운동을 하나도 못하는 몸치가 되면 창피하므로
	확인 규제	나중에 남들보다 건강한 삶을 살기 위해
내재적 동기(내적 조절)		새로운 운동기술을 배우는 것이 재미있다.

라. 동기 분위기 이론

개인이 갖고 있는 기본적인 성취목표 성향도 중요하지만, 개인이 스스로 자신이 처해 있는 환경을 어떻게 인식하는지도 동기에 매우 중요한 영향을 미친다. 개인 스스로 자신이 속해 있는 환경을 어떻게 인식하고 있는가를 '동기 분위기(motivational climate)'라고 한다. 동기 분위기는 집단의 목표, 리더의 행동, 동료의 상호작용, 개인의 인식 등에 의해 결정된다. 숙달적 동기 분위기(mastery climate)에서는 개인적인 기준이나 노력 향상도에 관심이 있고, 수행적 동기 분위기(performance climate)에서는 타인과의 비교를 강조하고 남들보다 잘하거나 못하는 것에 관심이 모아지게 된다. 지도자가 자신이 맡고 있는 단체의 동기 분위기를 어떻게 조성하느냐는 개인이 가지고 있는 성취목표 성향 못지않게 매우 중요하다.

표 3-15. 동기 분위기

동기 분위기 유형	문항의 예
숙달적 동기 분위기	우리 팀 선수들은 동료 선수들의 기술이 향상될 수 있도록 도와준다.
수행적 동기 분위기	우리 팀 선수들은 가장 잘하는 선수의 의견에 많은 관심과 주의를 기울인다.

표 3-16. 심리학적 사조와 관련된 동기의 근원 및 주요 구인

	행동주의	인본주의	인지주의	사회학습 이론
동기의 근원	외재적 강화	내재적 강화	내재적 강화	외재적 · 내재적 강화
중요한 영향들	강화물, 보상, 유인가, 처벌물	자존심, 자기충족감, 자기결단	신념, 성공과 실패에 대한 귀인, 기대	목표 도달에 대한 기대
주요 이론가들	Skinner	Maslow, Deci	Weinner, Covington	Bandura

4. 귀인과 귀인 훈련

대부분의 인간은 기본적으로 자신이나 환경에서 일어나는 사건을 이해하고 통제하려는 욕구를 가지고 있다. 어떤 사건의 원인을 안다는 것은 미래를 위한 효율적인 단서가 될 수 있다.

가. 귀인의 개념

귀인이 중요한 이유는 시합결과에 대해 어떻게 귀인하느냐에 따라 이후 시합을 어떻게 준비할 것인가가 결정되기 때문이다. 선수나 지도자는 원인의 규명을 통하여 이전의 시합결과를 이해하고

미래를 예측하여 후속 시합에 대한 대비책을 세울 수 있다.

나. Weiner(1972)의 3차원 귀인 모형

Weiner(1972)는 귀인의 중요한 4가지 소재인 능력, 노력, 과제의 난이도, 운을 바탕으로 원인 소재(locus of control), 안정성(stability), 통제성(controllability)을 적용하여 2×2×2 귀인 모형을 구축하였다.

능력은 안정된 내적 요소이고, 노력은 불안정한 내적 요소이다. 과제의 난이도는 안정된 외적 요소이고, 운은 불안정한 외적 요소이다. 또한 능력과 노력은 모두 행위자 자신과 관련된 내적 요인(인적 요인)이란 점에서, 과제의 난이도와 운은 모두 환경과 관련된 외적 요인이란 점에서 공통적인 속성을 지니고 있다. 그리고 능력과 과제의 난이도는 비교적 변함이 없는 안정적인 것이란 측면에서, 노력과 운은 변화가 심한 불안정한 것이라는 측면에서 공통적 속성을 지닌다.

표 3-17. 귀인의 4대 인과소재(Weiner, 1972)

귀인 요소	원인의 소재	안정성	통제 가능성
능력	내적	안정적	통제 불가능
노력	내적	불안정적	통제 가능
운	외적	불안정적	통제 불가능
과제의 난이도	외적	안정적	통제 불가능

표 3-18. 귀인의 3차원 분류(Weiner, 1972)

차원 분류			실패 이유
원인 소개(통제 소재)	안정성	통제 가능성	
내적	안정적	통제 불가능	낮은 적성
내적	안정적	통제 가능	절대 공부를 안한다.
내적	불안정	통제 불가능	시험 당일에 아팠다.
내적	불안정	통제 가능	그 시험을 위해 공부하지 않았다.
외적	안정적	통제 불가능	학교의 요구사항이 너무 높다.
외적	안정적	통제 가능	교사가 편파적이다.
외적	불안정	통제 불가능	운이 나빴다.
외적	불안정	통제 가능	친구들이 도와주지 않았다.

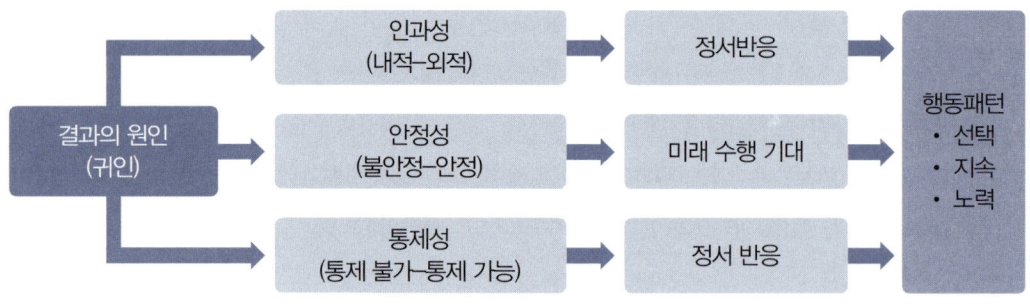

그림 3-31. 귀인의 과정

    그러나 실제로 하나의 원인을 귀인의 세 차원에서 어떻게 해석하느냐는 사람마다 다를 수 있다. 즉, 한 개인에게 운은 외적이고 불안정한 것으로 해석될 수 있으나, 다른 사람에게는 외적이지만 안정된 속성으로 해석될 수도 있다. 예컨대 어떤 사람은 승리를 운의 탓으로 돌리나 그 운은 우연하게 찾아오는 것이라고 해석하는 사람이 있는가 하면, 어떤 이는 자신은 항상 운이 따르는 사람이고 앞으로도 운이 따를 것이라고 생각할 수 있다. 이처럼 특정한 원인이 세 차원에서 어떻게 해석되느냐는 사람이나 상황에 따라 다를 수 있다.

    귀인에 대한 해석은 한 개인의 정서나 인지와 밀접히 관련된다. 귀인과정은 특정한 성취상황에서 성취 행동의 결과로 나타나는 성공과 실패에 대한 개인의 지각에서 시작한다. 행동 후 성공 또는 실패라는 결과가 나타나면 개인은 기쁨이나 실망 같은 정서를 경험하고, 성공 또는 실패에 관여한 여러 가지 정보를 활용하여 원인을 분석한다. 분석된 원인은 다시 귀인의 세 차원에서 해석되며, 이것은 개인의 감정과 기대감에 영향을 미쳐 과제에 대한 개인의 행동을 결정한다.

- 인과성은 승패의 이유를 내적 또는 외적인 것에서 찾는 것을 말하며, 정서 체험과 관련이 높다. 승리의 이유를 내적인 것에서 찾으면 자부심과 만족감을 느끼며, 패배의 원인을 내적인 것에서 찾으면 창피함, 죄책감을 강하게 느낀다.
- 안정성은 수행에 대한 미래 기대와 관련이 있다. 안정적인 이유가 원인이었다고 생각하면 미래에도 비슷한 결과가 나올 것이라고 기대하게 된다.
- 통제성은 타인에 대한 도덕 판단과 관련된다. 통제 가능한 노력을 많이 해서 잘했을 경우 칭찬하지만, 노력을 하지 않을 경우에는 비난한다.

다. 귀인의 재훈련(attribution retraining)

    귀인이 성공과 실패에 대한 개인의 반응, 특히 실패에서의 회복에 중요한 역할을 한다는 것이 밝혀진 이후 귀인 패턴을 수정해서 바람직한 결과를 얻고자 하는 노력들이 진행되었다. 귀인을 적절하게 수정한다거나 귀인 재훈련을 한다는 것은 인지적·정서적·행동적인 손해를 야기할 수 있는 실패에 대한 부적절한 귀인을 변화시켜 보다 긍정적이고 미래 지향적인 사고로 이끄는 적절한 귀인 패턴을 발전시키는 것이다. 귀인 훈련(attribution training)이란 성공의 원인은 자신의 능력에서 찾고, 실패의 원인은 노력의 부족이나 전략의 미흡 때문이라고 믿도록 귀인을 바꾸는 것을 말한다. 개인마다 독특하게 갖고 있는 성공과 실패의 원인에 대한 생각을 훈련으로 바꾸는 것이 가능하다는 연구가 있다(예: Orbach, Singer & Price, 1999). Orbach 등(1999)은 테니스 초보자를 대상으로 귀인 훈련 프로그램의 효과를 알아보았다. 연구진은 3가지 귀인 조건으로 구분했다. 첫 번째 조건은 잘못된 수행에 대해 바람직한 귀인을 하도록 지도받는 조건으로, 테니스를 잘하지 못하는 이유가 노력과 게임 전략이라는 통제 가능하며 불안정적인 것에 있다는 교육을 받았다. 나머지 두 집단의 경우 테니스를 못하는 이유는 통제 불가능하며 안정적인 이유(예: 타고난 능력) 때문이라고 지도를 받았다. 연구 결과 바람직한 귀인을 하도록 지도받은 집단은 그렇지 않은 집단에 비해 성공에 대한 기대가 더 높았고, 보다 긍정적인 정서를 체험하는 것으로 나타났다. 이들은 실험이 끝난 3주 후에도 여전히 바람직한 귀인을 계속하고 있는 것으로 밝혀졌다. 이 연구의 결과는 체육 상황에서 지도자가 바람직한 귀인을 하도록 지도하는 것이 가능하다는 점을 보여주었다.

귀인 훈련이 특별히 필요한 부분은 바로 학습된 무기력(learned helplessness)이다. 학습된 무기력이란 나쁜 결과가 나온 것에 대해 통제감을 상실한 것, 즉 실패할 수밖에 없다고 믿는 것을 말한다. 학습된 무기력을 갖고 있는 학생을 성취 지향적으로 바꾸기는 쉽지 않다. 체육수업에서 학습

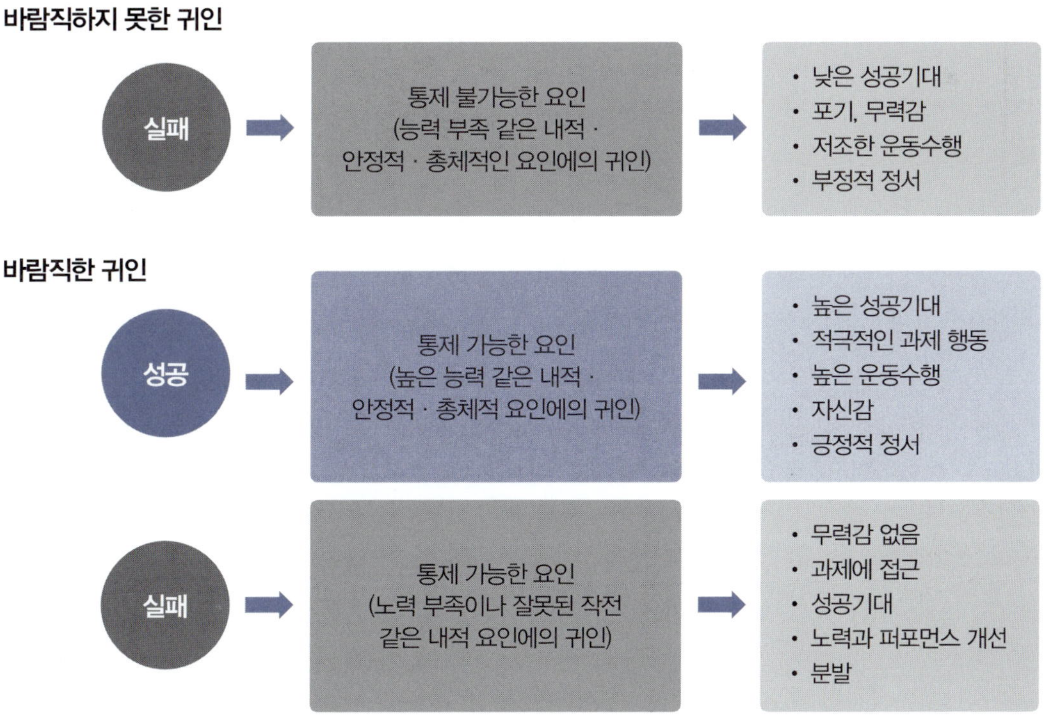

바람직하지 못한 귀인

실패 → 통제 불가능한 요인 (능력 부족 같은 내적·안정적·총체적인 요인에의 귀인) →
- 낮은 성공기대
- 포기, 무력감
- 저조한 운동수행
- 부정적 정서

바람직한 귀인

성공 → 통제 가능한 요인 (높은 능력 같은 내적·안정적·총체적 요인에의 귀인) →
- 높은 성공기대
- 적극적인 과제 행동
- 높은 운동수행
- 자신감
- 긍정적 정서

실패 → 통제 가능한 요인 (노력 부족이나 잘못된 작전 같은 내적 요인에의 귀인) →
- 무력감 없음
- 과제에 접근
- 성공기대
- 노력과 퍼포먼스 개선
- 분발

그림 3-32. 귀인 재훈련 모형

된 무기력에 처한 학생은 자신은 달리기가 느리고, 손발이 잘 맞지 않으며, 운동에 소질이 없다고 생각한다. 운동선수 중에서도 슬럼프를 겪을 때 학습된 무기력을 체험하기도 한다. 학습된 무기력에 빠진 사람을 도와주는 가장 좋은 방법은 실패의 이유를 불안정적이며 통제 가능한 것에서 찾도록 해야 한다. 불안정적이며 통제 가능한 이유에는 노력, 전략, 연습, 기술 등 노력하면 바꿀 수 있는 모든 것이 포함된다.

4장 목표 설정

 학습목표
- 목표 설정의 개념과 중요성에 대해 이해한다.
- 목표 설정의 원리를 이해한다.
- 목표 설정의 실제에 대해 이해한다.

1. 목표 설정의 개념과 중요성

목표 설정은 스포츠와 운동 상황에서 경기력 향상과 인간적 성장을 위한 스포츠심리학적 접근의 방법 중 하나로 활용되고 있다. 목표 설정은 경기력 향상뿐만 아니라 불안, 자신감, 동기 등의 심리적 요인에도 긍정적인 영향을 미치기 때문에 중요하고 효과적인 기법이다. 하지만 스포츠와 운동 현장에서 항상 목표 설정이 긍정적인 영향을 미치는 것은 아니다. 목표 설정이 효과적이기 위해서는 목표의 개념 및 유형과 원리에 대해 먼저 이해해야 한다.

가. 목표의 개념과 유형

1) 목표의 개념

목표는 "정해진 기간까지의 특정 과제의 향상 기준"을 의미한다. 예를 들어, 야구 선수가 타율을 2주 내로 10% 향상시키거나, 육상 선수가 단거리 기록을 언제까지 몇 초 단축하거나, 체중을 1개월 이내에 2kg 감량하는 것이 바로 목표이다.

2) 목표의 유형

목표는 주관적 목표와 객관적 목표, 결과목표와 수행목표(과정목표)로 구분된다.

 목표
정해진 기간까지의 특정 과제의 향상 기준을 의미한다.

① 주관적 목표와 객관적 목표

주관적 목표는 기준이 자기 자신에게 있으며, "재미있게 하자", "즐기자" 등과 같이 개인에 따라 해석에 차이가 있는 목표를 의미한다. 반면 객관적 목표는 구체적인 시간제한 내에서 구체적인 수행 기준에 도달하는 것을 말한다. 예를 들어 "다음 주까지 기록을 몇 점 향상시키겠다", "체중을 2개월 안에 몇 kg 줄이겠다" 등이다.

② 결과목표(성과목표)와 수행목표(과정목표)

먼저 결과목표는 조절할 수 없는 결과나 성과에 기반을 둔 기준을 말한다. 예를 들면, 경기에서의 메달 획득, 랭킹 5위 안에 드는 것, 국가대표선수로 선발되는 것, 라이벌을 이기는 것 등이다. 이러한 목표는 선수들이 가장 많이 활용하는 목표의 유형이며, 쉽게 설정하고 이해하는 목표 유형이다.

수행목표(과정목표)는 운동수행 성취에 기반을 둔 기준이며, 대부분 선수 자신의 이전(과거) 기

표 3-19. 목표 유형 구분(정청희 · 김병준, 2009)

수행목표와 결과목표의 구분연습	
목표	구분
1. 10km를 35분 이내에 달린다.	
2. 20km 단축마라톤에서 3위를 한다.	
3. 자유투의 70%를 성공시킨다.	
4. 서브에서 팔꿈치를 완전히 펴서 스윙한다.	
5. 중앙고등학교를 이긴다.	
6. 공을 기다릴 때 체중을 발 앞에 둔다.	
7. 삼진아웃을 6개 잡겠다.	
8. 한국시리즈에 진출한다.	
9. 1루수의 캐치 범위에 80% 이상 송구한다.	
10. 한일경기 전 한국대표팀에 선발된다.	

> **결과목표와 수행목표**
> 결과목표(성과목표)는 조절할 수 없는 결과나 성과에 기반을 둔 기준을 말한다. 수행목표(과정목표)는 운동수행 성취에 기반을 둔 기준을 의미한다.

술 수준에 기준하고 있다. 그 예로는 자유투 성공률(%), 그린 적중률(%), 수영이나 육상 기록 등이다. 뿐만 아니라 수행목표(과정목표)는 운동수행의 실행과 관련된 조절 가능한 생각이나 행동에 기반을 둔 기준을 설정하기도 한다. 그 예로는 백스윙을 천천히 하기, 블로킹할 때 적합한 발동작 하기, 스키 하강 동작에서 손을 몸 앞에 두기 등이다.

그렇다면 어떠한 유형의 목표를 설정하는 것이 적합할까? 스포츠에서 성공적인 수행을 하기 위해서는 다양한 유형의 목표를 활용하고 유형별로 적합한 시기에 활용하는 법을 이해해야 할 필요가 있다. 결과목표는 동기유발에 효과적이며, 중요한 경기를 앞두고 더욱 노력하게 하는 에너지를 줄 수 있다. 수행목표는 결과목표를 성취하기 위해 중요한 운동수행 성취를 위해 적합한 기준을 제공한다. 과정목표는 실제 경기 수행을 위해 필수적으로 설정해야 할 목표로서 운동수행에 중요한 단서에 집중하기 위해 활용되거나 이와 관련 있는 이미지나 생각을 하기 위해 활용되기도 한다.

나. 목표의 중요성

목표 설정은 어떻게 생각하고 느끼고 행동해야 하는지에 대한 계획이다. 동기가 행동의 근원이라면 목적이 있는 목표는 행동을 조절하는 요인이다.

1) 행동의 변화

'최선을 다하자'라는 목표를 세우고 이를 성취하기 위해 노력했던 적이 있을 것이다. 그런데 그 목표를 성취했는지 어떻게 알 수 있을까? 어떠한 명확한 기준 없이는 최선을 다했는지, 그 목표를 이루었는지 알기 힘들다. 여러 스포츠심리학 선행연구에서도 최선을 다한다는 목표보다는 도전적인 목표로 기준을 설정하는 것이 효과적이라는 결과를 보여주고 있다.

목표에 따라 우리는 어떻게 행동할지에 대한 계획을 세울 수 있다. 목표는 행동에 다음과 같은 효과가 있다(Locke & Latham, 1990).

- 운동수행에 중요한 주의집중을 하게 한다.
- 노력을 더 하게 한다.
- 어려움이 있어도 노력을 지속하게 한다.
- 구체적인 전략을 개발하도록 하고 동기를 유발한다.

2) 생각과 감정의 변화

길을 찾을 때 지도가 가야 할 방향을 알려주는 것처럼 목표는 생각하고 느껴야 하는 방향을 알려준다.

① 집중

경기에서 선수들은 우승, 높은 랭킹에 오르기, 메달 획득 등과 같은 목표에 초점을 두는 경우가 많다. 이러한 경우에는 선수들이 잘해야 한다는 압박감을 느껴 긴장하게 되고, 불안 수준의 증가, 자신감 감소 등의 증상이 일어난다. 반면에 자신의 최고 경기력을 발휘하기 위해서는 랭킹, 스코어, 메달 획득 등과 같은 미래의 목표가 아닌, '바로 지금', '여기'의 목표인 현재에 집중할 때 가능하다.

목표 설정은 선수들에게 행동을 적절하게 계획할 수 있게 하고, 경기 상황에서 선수가 수행에 중요한 단서에 집중하게 한다. 따라서 목표는 선수의 주의산만을 감소시키는 데 도움이 된다. 우수 선수들은 과정목표, 구체적인 목표, 기술 관련 전략을 세우는 반면 비우수 선수들은 일반적인 목표를 설정한다는 연구결과가 있다(Cleary & Zimmerman, 2001).

② 긍정적인 생각

때때로 선수들은 부정적인 목표를 설정하기도 한다. 그 예로는 '실수하지 말자', '긴장하지 말자' 등의 목표이다. 이러한 목표는 하지 말아야 하는, 즉 원하지 않는 방향으로 생각하고 이미지를 그리게 되어 수행에 부정적인 영향을 준다. 효과적인 목표 설정은 부정적인 생각을 바꾸고 과정지향적인 목표에 초점을 두게 하여 긍정적인 생각을 하게 한다. '실수하지 말자', '긴장하기 말자'라는 목표보다는 실수나 긴장하지 않기 위해 해야 할 긍정적인 기술 포인트나 생각으로 목표를 설정하는 것이 바람직하다. 부정적인 생각과 문제를 확인하고, 문제를 해결하기 위한 목표를 설정하자.

③ 감정조절

선수들은 훈련이나 경기 상황에서 분노, 불안, 슬픔, 좌절 등의 부정적인 감정을 경험한다. 적절한 목표의 설정은 이러한 감정을 조절하는 데 도움이 된다. 경기 중 선수가 실수 후 좌절을 느끼고 나서 '자신감을 향상시키는 긍정적인 혼잣말하기'를 목표로 설정하게 된다면 부정적인 감정으로 인해 실수 후 계속해서 경기력이 떨어지는 것을 방지할 수 있다. 즉, 부정적인 감정을 느끼더라도 목표 설정에 의해 주의의 전환과 긍정적인 생각을 통한 감정의 조절이 가능하다는 것이다.

이와 같이 적절한 목표 설정은 행동, 생각, 감정을 변화시킨다. 특히, 경기나 훈련에서 집중, 긍정적인 생각, 감정조절을 가능하게 하는 것이 바로 목표 설정이다.

2. 목표 설정의 원리

목표의 유형과 효과에 대한 이해에 기반을 두고 목표 설정의 원리에 대해 알아보기로 한다. 효율적인 목표의 설정을 위해서는 다음의 원리를 고려한 목표 설정이 이루어져야 한다.

가. 구체적인 목표를 설정한다.

명확하고 구체적인 목표는 '최선을 다하자', '더 열심히 노력하자'는 일반적인 목표보다 행동 변화에 효과적이다. 목표는 평가할 수 있도록 측정이 가능해야 한다. 시간, 속도, 정확도, 빈도 등의 숫자로 표현할 수 있다. 또한 얼마나 자주, 얼마나 오랜 시간 동안, 수비 성공률 등과 같이 양으로 측정할 수 있어야 한다. 체중감량을 원한다면 막연히 체중을 줄이기보다는 '1개월에 1kg 감량', '매일 30분씩 2km 걷기'라는 구체적이며 행동 지향적이며 시간제한이 있는 목표를 세운다면 체중감량에 효과적일 것이다. 또한 시간제한이 있는 목표는 목표를 상기시키기 때문에 동기유발에 도움이 된다. 따라서 구체적이며 시간제한이 있는 목표를 설정하자.

나. 긍정적인 목표를 설정한다.

목표를 부정적인 용어로 세우기보다는 긍정적인 용어를 활용하여 설정한다. 때로 어떠한 선수들은 '실수하지 말자'라는 목표를 설정하는데, 이러한 목표는 머릿속에 실수하는 이미지를 그리게 되고, 실수에 대한 두려움으로 불안감을 상승시킬 수 있다. 긍정적인 목표는 선수들이 실패나 실수가 아닌 성공을 생각하게 한다. '실수하지 말자'라는 목표보다는 실수하지 않기 위해 내가 해야 할 수행에 초점을 두는 '오른팔(활을 당기는)을 쭈욱 늘려서 쏘자'(양궁) 같은 목표를 세우는 것이 바람직하다. 따라서 원하지 않는 행동보다는 원하는 행동을 목표로 설정한다.

다. 도전적이지만 실현 가능한 목표를 설정한다.

목표는 도전할만하게 어려워야 함과 동시에 실현이 가능해야 한다. 너무 어려운 목표는 실패로 인한 자신감 저하를 야기할 수 있으며, 반대로 너무 쉬운 목표는 별로 노력하지 않게 하고 목표에 대한 관심도 저하된다. 따라서 어렵지만 최선을 다해 노력하면 성취가 가능한 목표를 설정한다.

도전적이지만 실현 가능한 목표를 설정하는 것은 쉬운 일이 아니므로 지도자는 선수의 동기와 잠재능력을 고려하여 도전해볼만한 목표를 찾아줄 필요가 있다(정청희·김병준, 2009). 나이가 어린 선수들은 자신감을 향상시키기 위하여 너무 어려운 목표를 처음부터 선정하기보다는 쉬운 목표를 설정하여 성취감을 느끼게 해준 다음에 점차적으로 어려운 목표를 세우는 것이 필요하다.

라. 결과목표와 과정목표를 함께 설정한다.

대부분의 선수들이 경기에 대한 승패나 기록, 점수에 주목한다. 시합에서 우승하거나 기록을 향상시키기 위해서는 과정목표에 집중하는 것이 중요하다. 우승이나 기록 향상 같은 결과목표의 설정과 동시에 이에 대한 구체적인 행동과정을 제시하는 과정목표를 함께 설정할 필요가 있다. 올림픽 같은 중요한 대회를 앞두고 결과목표를 설정한 후, 경기가 시작되었을 때에는 결과목표보다는 이를 성취하기 위한 과정목표를 설정하고 이에 집중하는 것이 경기에서의 불안이나 자신감 같은 심리적 요인을 조절하는 데 도움이 된다. 이렇게 경기에서 과정목표를 성취하게 되면 결과 목표는 저절로 성취하게 된다.

마. 장기목표를 세운 후 단기목표를 세운다.

많은 운동선수들과 지도자들은 대부분 결과목표인 장기목표를 설정하지만, 장기목표를 성취하기 위한 계단이나 사다리 같은 역할을 하는 단기목표를 세우지 않는 경우가 있다. 대부분의 단기목표는 수행목표나 과정목표 유형으로 이루어진다. 목표 설정에 있어서 장기목표를 세운 후 단기목표를 세우는 것이 효과적이다. 장기목표는 최종목표가 어딘지에 대한 방향을 설정하고, 단기목표는 성취가 불가능할 것 같은 장기목표를 실현 가능하게 만들어주는 역할을 하며 동기 향상에도 중요하다.

장기목표는 계단의 맨 꼭대기이고, 단기목표는 장기목표에 이르기 위한 한 계단 한 계단이라고 생각하면 된다. 어떤 사람도 한꺼번에 계단의 맨 꼭대기에 오를 수 없다. 단기목표를 성취하면 계단의 꼭대기, 즉 장기목표를 성취하게 된다.

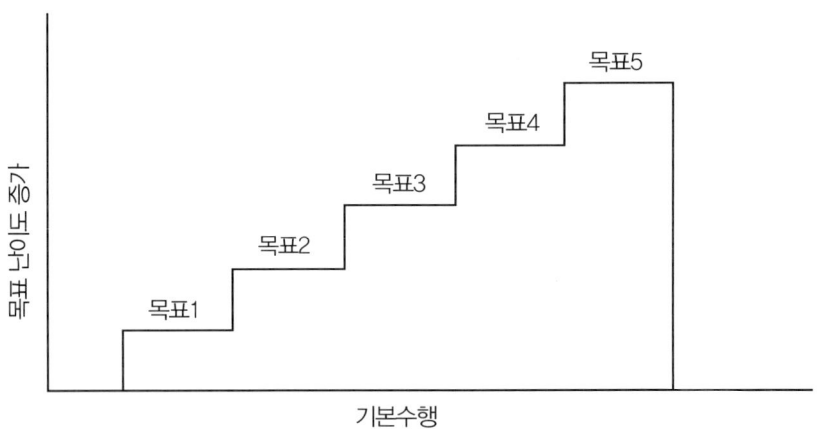

그림 3-33. 목표 설정을 위한 계단식 접근(이강헌·구우영·정구인·정용각, 2005)

바. 목표를 기록하고 보이는 곳에 붙인다.

목표를 세우고 이것을 항상 기록해야 한다. 기록된 목표는 목표의 성취도를 평가할 수 있으며, 목표 성취를 확인하고 이에 대한 보상을 할 수 있다. 또한 목표를 기록함으로써 자신과의 약속을 만들고, 이 약속을 지키기 위해 노력하게 된다.

목표를 기록하여 자신의 책상이나 사물함 등 눈에 쉽게 띄는 곳에 붙이는 것도 효과가 있다. 목표를 설정하고 이것을 수첩에 기록하고 그 수첩을 서랍 깊숙이 넣어두게 되면 그 목표는 잊히고 결과적으로 성취하기 힘들다. 따라서 목표는 매일 혹은 자주 보고 상기할 수 있는 곳에 기록하고 붙인다. 예를 들어, 양궁선수라면 훈련 시 슈팅 발수 목표를 벽에 붙여놓고 실제로 목표 성취도를 그래프로 붙인다거나, 훈련일지에 적어서 매일 그날의 목표를 확인하고 이를 성취하도록 노력해야 한다.

그림 3-34. 코리아넷 2014.2.20(사진제공: 대한체육회)

3. 목표 설정의 실제

목표 설정의 원리에 기초한 목표 설정의 실제에 대해 알아보자.

가. 결과목표와 과정목표 세우기

모든 운동선수들이 결과목표를 설정하는 방법을 잘 알고 있다. 우승, 메달 획득 등과 같은 결과목표는 우리 자신이 조절할 수 없기 때문에 우리의 행동이나 생각을 바꿀 수 없다. 하지만 과정목표는 우리 자신이 조절할 수 있거나 영향을 주는 것에 집중하는 데 도움이 된다.

1) 결과목표를 세워보자

가장 가까운 미래에 있을 경기를 선정하고, 도전적이지만 현실 가능한 결과목표(우승, 랭킹, 점수 등)를 써본다.

_____
_____
_____
_____

2) 결과목표를 성취하기 위한 과정목표를 세워보자.

1)에서 세운 결과목표를 성취할 가능성을 높일 수 있는 방법은 무엇일까? 경기에서 바로 위에 설정한 목표를 성취하기 위해 내가 할 수 있는 3가지 행동을 적어본다.

예: 나는 경기 스타트 지점에서 긴장을 풀겠다.
① 나는 _____ 하겠다.
② 나는 _____ 하겠다.
③ 나는 _____ 하겠다.

3) 훈련에서 과정목표를 연습해보자.

지금부터 경기가 시작되기 전까지 2)에서 세운 과정목표를 성취하기 위해 훈련에서 무엇을 할 수 있을까? 경기에서 내가 행동하고자 하는 과정목표를 달성하기 위해 내가 초점을 두어야 할 두 가지 전략을 개발하고 써보자.

예: 나는 훈련에서 스타트할 때 심호흡 2회 하겠다.
① 훈련에서 나는 _____ 하겠다.
② 훈련에서 나는 _____ 하겠다.

4) 나를 위한 보상과 처벌을 만들어보자.

실행하지 않으면 목표는 절대로 성취될 수 없다. 더욱 확실하게 결과목표를 성취하기 위한 과정목표를 실행하게 하기 위해 훈련에서 과정목표를 성취했을 때 나에게 주는 보상과 그렇지 못했을 때 나에게 주는 처벌을 만들어보자.

예: 보상은 나 자신을 위한 선물(신상 운동화), 처벌은 아침에 30분 더 일찍 일어나 새벽운동 하기
① 만일 내가 훈련에서 과정목표를 실행하면, 나에게 _____ 을 선물하겠다.
② 만일 내가 훈련에서 과정목표를 실행하지 못하면, 나는 _____ 해야 한다.

나. 장기목표를 세운 후 단기목표를 세운다.

장기목표는 행동에 영향을 주는 단기목표가 설정되지 않으면 성취되기 어렵다. 다음은 장기목표를 성취하기 위한 단기목표 설정 방법이다.

1) 이번 시즌(혹은 올해) 자신의 목표를 세워본다.
_____
_____
_____

2) 1)의 목표를 성취하기 위해 갖추어야 할 능력을 적어본다(예: 완벽한 기술, 강인한 체력, 높은 자신감 등).
_____
_____

3) 자신에게 이러한 능력이 있나요? □ 예   □ 아니오

4) 만일 그렇지 않다면, 어떠한 능력을 더욱 연습해야 하는지 적어본다.
_____
_____

5) 4)에 적은 능력을 향상시키기 위한 구체적인 방법을 적어본다.
_____
_____

6) 이러한 능력의 향상을 위해 이번 주에 내가 해야 할 목표를 설정해본다.
_____
_____

7) 이러한 능력의 향상을 위해 내일 내가 해야 할 목표를 설정해본다.
_____
_____

5장 자신감

> **학습목표**
> - 자신감의 개념에 대해 이해한다.
> - 자신감과 관련된 이론을 이해한다.
> - 자신감 향상 방법에 대해 이해한다.

1. 자신감의 개념

경기력이 좋은 선수들은 자신감이 있다. 자신감이 높아서 연습경기에서도 잘하고 실제 중요한 경기에서도 잘하지만, 자신감이 떨어져 자신의 능력과 경기력을 의심하는 경우도 있다. 항상 자신감이 높은 선수는 없다. 자신감이 항상 높을 수 없기 때문에 중요한 점은 자신감을 조절할 수 있는 방법을 이해하고 경기에서 이를 조절할 수 있는 능력을 갖는 것이다. 먼저 자신감의 개념에 대해 알아보기로 한다.

가. 자신감의 개념

1) 자신감의 개념

자신감이란 "주어진 과제를 성공하거나 목표를 성취할 수 있다는 나 자신의 능력에 대한 믿음" 이다. 즉, '능력에 대한 믿음'과 '확신의 상태'를 포함하는 개념이다(정청희·김병준, 2009).

2) 자신감의 유사 개념

자신감과 유사한 개념으로는 자기효능감, 낙관주의, 유능성 등 여러 용어가 있으나, 이 장에서

> **자신감**
> 주어진 과제에 성공하거나 목표를 성취할 수 있다는 자신의 능력에 대한 믿음이다.
>
> **자기효능감**
> 특정 과제를 해결하기 위해 다양한 지식과 기술을 상황에 맞게 조직하고 행동으로 옮기는 능력에 대한 믿음이다.

는 자기효능감과 낙관주의에 대해 설명한다.

① 자기효능감(self-efficacy)

자기효능감은 특수한 상황에서의 성공에 대한 기대감으로, 당면한 과제를 해결하기 위해 다양한 지식과 기술을 상황에 맞게 조직하고 행동으로 옮기는 능력에 대한 믿음이다(Bandura, 1977). 과제에 필요한 지식과 기술을 가지고 과제상황에서 그것을 회상할 수도 있고 새롭게 조직할 수 있어야 한다(Bandura, 1986). 자기효능감은 이러한 능력에 대한 자기 믿음으로서, 자기효능감에 의하여 일을 평가하고 미래의 일을 계획할 수 있다(Bandura, 1986). 자기효능감은 총체적인 성격특성이 아니라 특정 과제와 관련된 믿음이며, 상황이나 맥락에 따라 달라진다.

자기효능감이 강한 사람은 성취를 위해 적극적이어서 어려운 과제를 도전으로 생각하고 활동 자체에 관심과 흥미를 가져 스스로 목표를 세워 달성하려고 노력하지만, 자기효능감이 약한 사람은 성취 활동에 소극적이고 부정적이어서 과제를 회피하려는 경향이 있다(이강헌 외, 2005).

② 낙관주의(optimism)

낙관주의는 '미래에 대한 긍정적인 기대'라고 할 수 있다. 낙관주의자들은 일반적으로 자신에게 좋은 일이 생길 것이라고 믿는 경향이 있다.

나. 자신감 있는 선수들의 특징

1) 자신감 있는 선수는 차분하게 경기에 임한다.

운동선수가 자신감을 느낄 때 그들은 압박감이 있는 상황에서도 차분하고 이완된 상태를 유지할 가능성이 높다. 이는 선수들이 경쟁에서 더욱 열정적이고 확신을 느끼게 하는 데 도움이 된다.

2) 자신감 있는 선수는 주의집중을 잘한다.

자신감 있는 선수들은 자신이 조절할 수 없는 일에 대해 걱정하거나 자신을 의심하는 데 시간을 보내지 않고, 지금 자신이 하고 있는 과제에 주의를 기울인다.

3) 자신감 있는 선수들은 훈련이나 경기에서 더 노력한다.

자신감 있는 선수들은 자신의 능력에 대한 기본적인 믿음을 기반으로 훈련과 경기에서 자신의 능력을 향상시키고 자신의 능력을 최대한 발휘하는 데 도움이 되는 조절할 수 있는 요인에 주의를 기울이고, 이를 발전시키기 위해 노력한다. 실패를 두려워하거나 자신의 능력을 의심하는 사람들에 비해 자신감 있는 선수들은 새로운 기술을 배우거나 책임감이 필요한 과제를 두려워하지 않는다.

4) 자신감 있는 선수들은 목표를 성취하지 못하게 되면 더욱 노력한다.

자신감 있는 선수와 자신감이 부족한 선수들은 실패를 해석하는 방식이 다르다. 자신감 있는 선수들은 실패의 원인을 노력 부족과 같이 자신이 바꿀 수 있는 것으로 생각하는 반면, 자신감이 부족한 선수들은 실패의 원인으로 자신의 운동 능력이 부족해서라고 생각한다. 즉, 자신감이 부족하거나 낮은 선수들은 실패를 자신이 바꿀 수 없는 능력 부족 같은 것으로 해석한다.

5) 자신감 있는 선수들은 더욱 적절한 경기 전략을 활용한다.

어떤 선수들은 "우승하기 위해 경기 한다"고 하는 반면에 어떤 선수들은 "지지 않기 위해 경기 한다"고 말한다. 이 두 표현은 유사해 보이지만, 매우 다른 의미를 갖고 있다. 자신감 있는 선수들은 이기기 위해 경기에 임한다. 즉, 그들은 기회가 오면 두려워하지 않고 그 기회를 자신의 것으로 만들며 경기의 통제권을 가져온다. 하지만 운동선수들은 자신감이 떨어지면 '지지 않기 위해' 경기 한다. 즉, 그들은 경기가 잘 풀리지 않을 것을 걱정하고, 기회가 왔을 때 그 기회를 자신에게 유리하게 만들지 못한다.

6) 자신감 있는 선수들은 회복 탄력성이 높다.

자신감 있는 선수들은 자신감이 떨어지는 선수들보다 역경을 잘 대처하고 역경이나 실수 후에 빨리 자신감을 회복한다. 자신감 있는 선수들은 자신과 자신의 능력을 믿기 때문에 절대로 포기하지 않으며 역경 상황을 도전과 결단력 있게 대처한다.

김연아(스포츠동아 DB)

피겨 승부 키는 자신감

자신감 있는 선수는 자신 있게 행동하고, 생각하고, 말하고 느낀다. 자신감 있는 선수는 자신을 의심하거나 실수에 대한 걱정을 하기보다는 자신이 수행할 과제에 집중하고 경기 전략을 생각한다. ……자신감은 성공 경험이 많을수록, 긍정적 피드백을 많이 받을수록, 신체 컨디션이 좋을수록 높아진다. 몸과 마음은 항상 연결돼 있어서 몸이 좋지 않으면 마음이 약해지고, 마음이 약해지면 몸도 처진다.

그림 3-35. 승패의 키는 자신감(출처: 스포츠동아, 2014.02.12)

다. 자신감에 관한 오해

1) 자신감은 선천적으로 타고나는 것이다.

어떤 사람들은 자신감이 타고나는 것이며, 연습이나 훈련으로 변화하지 않는 특성이라고 생각한다. 김연아 선수 같이 자신감이 뛰어난 선수는 태어날 때부터 높은 수준의 자신감을 갖고 태어났다고 생각한다. 자신감은 타고나는 선천적인 것이 아니다. 긴 시간 동안의 훈련과 연습을 통해 후천적으로 발달될 수 있는 특징이 있다. 적절한 훈련과 긍정적으로 생각하는 습관을 통해 자신감을 향상시킬 수 있다.

2) 긍정적인 피드백만이 자신감을 높인다.

동료 선수나 코치, 감독 혹은 부모님이 해주는 칭찬 같은 긍정적인 피드백은 자신감을 향상시키는 데 도움이 된다. 또한 부정적인 피드백을 재해석하여 자신의 기술과 자세적인 부분을 수정하고 행동적 전략으로 활용하게 되면 자신감을 향상시킬 수 있다. 따라서 긍정적인 피드백뿐만 아니라 부정적인 피드백도 자신감 향상에 도움이 된다.

3) 성공은 항상 자신감을 향상시킨다.

물론 성공 경험은 자신감을 향상시킨다. 하지만 우승이나 메달을 획득한 선수들이 성공 후의 경기에서 우승해야 한다는 부담감이나 중압감에 시달려 자신감이 감소되는 경우도 있다. 성공한 후에 타인의 시선을 의식하거나 자신이 조절할 수 없는 우승에 집착하기보다는 자신을 점검하고 자신이 조절할 수 있는 것에 대하여 과정목표를 세우고 이에 집중하는 것이 도움이 된다.

4) 실수는 자신감을 저하시킨다.

실수는 운동수행의 과정이자 학습의 일부이다. 항상 완벽하게 운동수행을 하는 선수는 없다. 중요한 경기에서 집중하지 못하거나 실수한 후에 이를 인정하고 빨리 극복하여 자신감을 회복하는 것이 중요하다. 실수 후에 이에 대처하는 방법을 미리 훈련에서 연습하면 자신감을 향상시키는 데 도움이 된다.

그림 3-36. 실수 후 고민하는 선수 모습

라. 자신감을 갖기 위한 필요조건

대부분의 선수나 지도자들이 자신감은 운동기술을 수행하기 위해 필요한 자신에 대한 믿음이라고 생각한다. 자신감은 운동기술을 수행하기 위해 필요한 자신의 믿음뿐만 아니라, 실수한 후에도 집중하고 자신감을 유지하는 능력이다. 스포츠는 경쟁이 있는 상황이기 때문에 이러한 상황에서 선수들은 다음의 3가지 영역에서 자신의 능력에 대한 믿음이 필요하다(Vealey, 2005).

- 신체적으로 기술을 수행할 수 있는 자신감
- 집중을 유지할 수 있는 심리기술과 효과적으로 의사결정 할 수 있는 자신감
- 회복탄력성: 실수 혹은 역경을 극복하고 회복할 수 있는 자신감

2. 자신감의 이론 및 구성요소

자신감과 관련된 이론으로는 자기효능감 이론이 있으며, 자기효능감 이론을 바탕으로 현장에서 선수들의 자신감을 향상시킬 수 있는 전략을 고려할 수 있다.

가. 자기효능감 이론

자기효능감 이론(Bandura, 1986)에서는 자기효능감이 성공 경험, 대리 경험, 사회적 설득, 신체적·정서적 상태의 4가지 정보원으로부터 영향을 받는다고 한다. 자기효능감의 정보원에 대한 설명은 다음과 같다.

1) 성공 경험

경기에서의 승리 같은 성공 경험이 많을수록 자신감은 향상된다. 반면에 운동을 배우는 초기에 실패를 경험한 경우나 노력을 많이 했음에도 불구하고 실패했을 경우에는 자신감에 부정적인 영향을 미친다. 또한 승리 같은 객관적인 판단뿐만 아니라 개인의 주관적인 판단도 포함된다. 따라서 자신이 판단하기에 기술적으로 과거보다 향상되었음을 느끼는 주관적인 판단으로 성공을 경험하는 것도 자신감 향상에 도움이 된다. 성공 경험이 반복되어 자신감이 강화되면 그 후 종종 실패를 경험하더라도 자신감이 크게 떨어지지는 않는다. 자신감이 높은 사람들은 성공했을 때 그 원인을 자신의 노력이나 기술 향상이라고 생각하여 성공 후에도 기술 향상을 위해 더욱 노력하게 된다.

2) 대리 경험

자기효능감의 두 번째 정보원은 대리 경험으로, 자신과 실력이나 체격이 비슷한 사람이 운동수행을 성공하는 모습을 관찰하거나 마음속에 떠올리면 자기효능감이 향상된다. 그 예로, 골프에서

1998년 박세리 선수가 미국 LPGA에서 최초로 우승한 후, 많은 우리나라 여자 골프선수들이 미국 LPGA에 진출하고 지금까지도 좋은 성적을 거두고 있는 이유 중 하나가 대리 경험으로 인한 우리나라 선수들의 자기효능감 상승에 기인한 것으로 볼 수 있다.

3) 사회적 설득
코치, 감독, 부모, 동료 선수, 친구 등 우리의 삶에서 의미가 있고 영향을 미치는 주요 타자가 하는 격려나 칭찬이 자기효능감의 중요한 정보원이 된다.

4) 신체적·정서적 상태
최상의 수행을 위해서는 신체와 정서 상태가 최적의 컨디션이어야 한다. 선수의 신체적·정서적 상태는 자기효능감에 영향을 미치고, 결과적으로 경기력에 영향을 미친다. 따라서 선수들의 신체 상태 조절을 위한 자기조절이 훈련부터 이루어져야 하고, 경기에서는 최고의 신체 상태로 임할 수 있도록 조절해야 한다. 신체 상태뿐만 아니라 감정, 기분 상태도 긍정적이 될 수 있도록 자신만의 심리조절 방법을 평소에 익혀두는 것이 좋다.

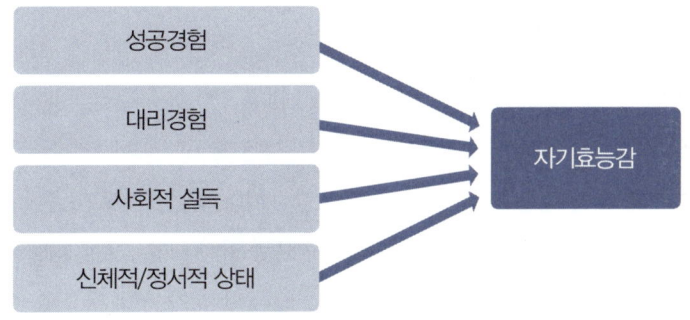

그림 3-37. 자기효능감 모형(Bandura, 1986)

나. 스포츠 자신감의 구성요소
선수들이 자신감을 얻는 요인은 선수의 나이, 성별, 개인의 선호도에 따라 차이가 난다. 자신감을 향상시키기 위해 선수들이 활용할 수 있는 요인은 성취, 준비, 자기 조절, 모델링, 피드백 등이 있다.

1) 성취(성공 경험)
자신감을 향상시키는 가장 중요한 요인은 이전의 성공 경험 혹은 성취 경험이다. 다른 사람과의 경쟁 혹은 비교에서 자신의 능력을 입증함으로써 자신감을 높이는 선수도 있다. 특히 여자 선수보다는 남자 선수들이 이러한 능력을 증명하는 것을 자신감의 요인으로 생각한다. 성취에 대한 의미를 승리 같은 결과지향적인 것보다는 자신에게 의미 있는 주관적인 것에 의미를 두는 것, 즉 목표설정에서의 과정목표처럼 과정에 주의를 기울일 수 있는 것에 성취의 의미를 두는 것이 자신감 향상에 도움이 된다.

2) 준비(신체적 · 심리적 준비)

자신감을 향상시키기 위해서는 몸과 마음이 준비되어야 한다. 경기에 대비하여 신체적 · 심리적으로 준비되어야 한다. 이렇게 준비되기 위해서는 훈련과 경기의 전략을 개발하고 이를 꾸준히 연습하여 준비 수준을 높이고, 이를 통해 자신감을 높일 수 있다.

3) 자기조절

자기조절은 최상의 경기력을 발휘하기 위하여 집중력을 유지하고, 생각과 감정 및 행동을 조절하기 위해 효과적인 기술과 전략을 활용하는 것을 의미한다. 경쟁 상황에서 역경을 극복하기 위해서는 자신만의 심리적인 조절 전략을 연습하고 준비해야 한다. 자기조절을 위한 기법 중 하나로 루틴이 활용되고 있다. 특히 자신감이 감소되고 불안이 증가되는 상황별, 즉 경기 전 루틴이나 실수 극복 루틴은 선수가 이러한 상황을 자신을 조절할 수 있게 한다(8장 루틴 참고).

4) 모델링

운동을 학습할 때 가장 많이 활용되는 방법이 모델링이다. 타인(지도자, 동료, 다른 선수)의 성공적인 수행을 관찰하게 되면 기술 습득뿐만 아니라 행동, 의사결정, 전략 개발에 있어서 자신감이 향상된다. 또한 자신과 유사한 체력이나 체격을 갖고 있는 동료가 성공적으로 수행하는 것을 관찰하는 것도 자신감 향상에 도움이 된다. 뿐만 아니라 슬럼프 등 운동수행이 원하는 대로 되지 않을 때 자신이 잘했을 때의 동영상을 보며 동작과 태도를 분석하는 것도 자신감 향상에 도움이 된다. 과거의 최상수행을 녹화한 동영상을 언제든 볼 수 있게 스마트폰 등에 저장해두었다가 수시로 관찰하여 과거 최상수행 시의 감각, 생각, 감정, 행동 등을 생각하는 것만으로도 자신에 대한 믿음이 높아진다.

5) 피드백

자신에게 의미 있는 사람들의 긍정적인 피드백과 격려는 자신감의 중요한 근원이다. 즉, 부모나 코치, 감독에게 칭찬이나 격려의 피드백을 받게 되면 자신에 대한 믿음이 커지고, 자기존중감도 높아지게 된다. 특히 연령에 따라 자신감의 요소가 다르게 나타난다(Horn, Glenn & Wentzell,

1993; Horn & Weiss, 1991).

- 9세 이하: 부모와 코치에 의한 피드백으로부터 자신감을 얻음
- 10~13세: 또래와의 비교에 의하여 자신감을 얻음
- 14~17세: 자기 준거 기준을 활용하므로 기술 향상, 숙달, 개인 목표의 성취에서 자신감을 얻음

6) 기타

그 외에 자신감 구성 요인은 지도자의 리더십, 환경적 요인 등이 있다. 지도자의 의사결정에 대한 믿음이나 팀 리더십에 따라 자신감이 향상되거나 저하될 수 있다. 또한 환경적인 요인은 경기의 환경을 얼마나 편안하게 생각하는지, 그 환경에 대한 이전 경험 여부 등의 요인, 예를 들면 홈경기에서 선수들은 더욱 편안하고 자신 있게 수행하는 것을 흔히 볼 수 있다.

3. 자신감 향상 방법

자신감을 향상시키는 방법으로 혼잣말이 활용된다. 혼잣말은 부정적일 수도 있고 긍정적일 수도 있는데, 혼잣말에 따라 선수의 생각과 감정 및 행동이 달라진다. 즉, 긍정적인 혼잣말은 긍정적인 생각과 감정을 갖게 하고 결과적으로 긍정적인 행동을 하게 하므로 자신감을 향상시키는 데 효과적이다. 혼잣말의 개념과 선수들이 흔히 하는 부적절한 혼잣말을 알아보고, 마지막으로 이를 바람직하게 바꾸는 방법에 대해 이해해보자.

가. 혼잣말

1) 혼잣말의 개념

혼잣말(self-talk)은 마음속으로 의식적·임의적으로 하는 생각 혹은 작게 속삭이거나 크게 자신에게 말하는 내용을 의미한다. 혼잣말은 자신이 해야 할 일이나 주의를 기울여야 하는 단서를 말할 때 긍정적인 효과가 있다. 이러한 혼잣말은 동기를 유발시키는 외에도 다양한 효과가 있다. 하지만 적절하게 훈련하지 않으면 선수들의 혼잣말은 자주 부정적이거나 비관적이거나 비판적이기 때문에 이러한 내면의 소리는 절대로 경기력에 도움이 되지 않고 오히려 경기력을 저하시킨다.

> **혼잣말**
> 마음속으로 의식적·임의적으로 하는 생각 혹은 작게 속삭이거나 크게 자신에게 말하는 내용을 의미한다.

2) 부적절한 혼잣말

다음은 선수들이 자주 하는 적합하지 않은 혼잣말이다. 이러한 혼잣말은 경기력에 부정적인 영향을 미친다.

① 과거나 미래에 초점을 둔 혼잣말

"이번에만 점수를 내면 이긴다", "지난 홀에서 실수하다니 믿을 수 없어" 등 실수나 잘못된 수행을 잊지 못하고 현재에도 생각하거나 미리 일어날 일에 대해 생각하는 경우가 빈번하다. 자신이 조절할 수 있는 것은 바로 지금이므로 생각과 혼잣말도 '바로 지금'에 초점을 두어야 한다.

② 경기 중 자신의 약점에 초점을 둔 혼잣말

자신의 약점은 훈련에서 분석하고 이를 보완하기 위해 연습해야 한다. "난 스타트가 안 좋은데……", "상대 선수가 내 오른쪽을 찌르면 어쩌지? 난 오른쪽이 약한데" 등 경기 중에 자신의 약점을 생각하는 것은 자신감을 저하시키는 치명적인 요인이다. 경기 중에는 선수로서 자신의 장점만 생각하는 긍정적이고 정보적인 생각에 초점을 둔 혼잣말을 하는 것이 자신감에 도움이 된다.

③ 결과에만 초점을 둔 혼잣말

"나는 우승해야 해." 혹은 "상대 선수를 반드시 이겨야 해."라고 자신에게 말하면, 이런 생각은 자신이 조절하기 힘든 결과에만 초점을 두게 된다. 자신이 조절할 수 있는 것은 경기력이다. 따라서 자신의 내면의 생각과 말을 성공적인 수행을 위해 자신이 해야 할 것에 주의를 기울이면, 결과는 저절로 내가 원하는 방향으로 따라올 것이다. 경기 중에는 경기의 결과보다는 경기력을 위해 자신이 해야 하는 것에 초점을 둔 혼잣말, 즉 과정과 관련된 혼잣말을 하는 것이 적합하다.

④ 자신이 조절할 수 없는 요인에 초점을 둔 혼잣말

"바람 많이 부는 날은 경기가 잘 안 풀리는데", "경기가 지연되어 내가 준비한 게 다 흐트러졌어", "저 심판은 우리 팀을 싫어하는데" 등의 혼잣말은 모두 자신이 조절할 수 없는 외적인 요인에 초점을 두기 때문에 심리적 에너지를 소비하게 한다. 또한, 이러한 혼잣말은 주의를 산만하게 하여 정작 경기력에 도움이 되는 단서에 집중하지 못하게 한다. 자신이 조절할 수 있는 것에 초점을 둔 혼잣말을 하는 것이 자신감 향상에 도움이 된다.

⑤ 자신에게 완벽함을 요구하는 혼잣말

운동선수들은 자신의 종목 기술을 오랜 기간 동안 훈련하였고, 완벽한 운동수행을 하기 위해 연습하고 노력한다. "10점 쏴야 해", "내 기술을 완벽하게 보여줘야 해" 등 완벽에 가깝게 하기 위해 노력하는 것은 적합하나, 모든 경기에서 완벽한 수행을 하려는 것은 비현실적이다. 경기에서 완벽한 수행을 하지 못했을 때 화가 나거나 짜증이 나는 부정적인 정서를 경험하게 되고, 이런 부정적인 생각은 자신을 의심하게 한다. 완벽해지기 위해 노력하는 것은 좋지만, 항상 완벽하려고 하는 것은 바람직하지 않다.

나. 부정적인 혼잣말을 긍정적인 혼잣말로 바꾸기

자신감을 향상시키기 위한 방법으로 부정적인 혼잣말을 긍정적인 혼잣말로 바꾸는 방법이 있다. 이를 위해서는 먼저 자신이 어떤 상황에서 부정적인 혼잣말을 하는지 알고, 자신이 주로 하는 부정적인 혼잣말을 지각한다. 그런 다음 이를 멈출 수 있는 이미지나 행동을 활용해본다.

부정적인 생각이나 혼잣말을 하게 되는 상황에서 이러한 생각이나 혼잣말을 멈추고, 이를 대신할 수 있는 자신만의 긍정적인 혼잣말을 개발하고 훈련에서 연습해보자.

부정적인 혼잣말을 긍정적인 혼잣말로 바꾸기

부정적인 생각이 드는 가장 흔한 경기 상황을 생각해보자. 다음의 기록지를 채워가며 자신의 부정적인 생각의 근원이 무엇인지 파악하고 이를 긍정적인 생각으로 바꾸도록 한다.

1. 상황을 최대한 구체적으로 쓴다.
_____
_____
_____
_____

2. 이러한 특정 상황에서 자기도 모르게 하는 부정적인 혼잣말을 적는다.
_____
_____
_____

3. 자신의 부정적인 생각을 멈출 때 사용할 단어나 단서(이미지-정지신호)를 구체화한다(예: 빨간불).
_____
_____

4. 부정적인 생각을 대체할 수 있는 현실적이고 긍정적이고 건설적인 혼잣말을 만들어보고 여기에 써본다.
_____
_____
_____

6장 심상

학습목표
- 심상의 개념과 유형에 대해 이해한다.
- 심상의 효과를 설명하는 이론을 이해한다.
- 심상의 측정과 활용 방법에 대해 이해한다.

1. 심상의 개념과 유형

대부분의 선수들은 자연스럽게 심상(心象)을 활용하지만, 체계적이거나 적절한 방식으로 하고 있지는 않다. 이러한 기술들은 쉽게 숙련되지 않고, 또한 그 효과를 의심하기 때문에 어떤 선수들은 적극적으로 심상을 연습하지 않는다. 하지만 선수들이 활용하는 다른 기술처럼 심상 같은 심리 기술도 연습되어야 하고, 다양한 상황에서 활용되어야 경기의 압박 상황에서 활용될 수 있다. 심상의 적합한 활용을 위해 먼저 심상의 개념과 유형에 대해 이해하자.

가. 심상의 개념과 유형

1) 심상의 개념

심상이란 모든 감각을 활용하여 마음속으로 어떠한 경험을 재현하거나 창조하는 것을 의미한다. 심상, 시각화 등의 용어로 활용되는 기법은 자신의 상상을 활용하여 목표를 달성하는 데 도움이 되고자 한다. 스포츠에서 심상은 마음속에서 운동수행을 선명하게 이미지를 만들거나 다시 만드는 것을 의미하는데, 자신이 특정 기술을 완벽하게 수행하는 이미지를 그림으로써(정신적으로 시연하는 것) 성공적인 수행을 준비하는 데 도움이 된다. 적절한 심상 기법의 활용은 시합 이전이나 시합의 분위기와 에너지 수준에 적응하도록 한다. 심상은 새로운 기술을 배우거나 특정 기술을 머릿속으로 연습할 때 효과적일 수 있다.

 심상
모든 감각을 활용하여 마음속으로 어떠한 경험을 재현하거나 창조하는 것을 의미한다.

① 재현과 창조

심상을 통해 이미지를 마음속으로 재현하고 새로 만들 수 있다. 기억에 기초하여 외부의 사건을 마음속에서 내적으로 재구성할 수 있다. 예를 들면, 프로 농구선수의 자유투 동작을 머릿속에 기억하고 있다가 실제로 연습해보는 것이다. 경기 후에 자신이 수행했던 동작의 장점과 약점을 평가하기 위해 동작을 회상해볼 수 있다. 특히, 과거에 최고로 잘했던 최상 수행 장면을 회상하고 이를 마음속으로 재창조하여 앞으로 다가올 경기를 위해 자신감을 향상시킬 수 있다. 이와 같이 심상은 타인의 동작 또는 자신의 동작(운동수행)을 회상하거나 외부의 사건을 내적으로 재구성하는 것을 의미한다.

또한 심상을 통해 마음속에서 새로운 경험을 만들 수도 있다. 뇌에 있는 기억의 조각을 모으고 원하는 장면을 선택하여 새로운 이미지를 만들 수 있다. 올림픽대회에 나가기 전에 올림픽경기장의 사진을 보면서 자신이 경기장에서 경기하는 모습을 상상해볼 수 있다. 그러면 경기장에 가보지 않더라도 실제 경기장에 갔을 때 다른 선수들보다 경기장에 적응하기가 쉽다.

② 다양한 감각 동원

심상은 마음속으로 이미지를 그리는 것이라고 생각하여 시각만 활용한다고 생각할 수 있다. 하지만 심상은 시각뿐만 아니라 청각, 후각, 미각, 촉각, 운동감각 등 가능한 모든 감각을 동원해야 한다. 여러 감각을 동원하면 더욱 선명한 이미지를 그리는 데 효과적이다. 양궁선수가 양궁경기장에서 슈팅하는 자신의 모습을 상상(시각)하면서 경기장에서 들리는 관중의 소리(청각), 활을 잡는 손가락의 느낌(촉각)을 생각한다. 운동감각은 몸을 움직일 때 생기는 방향이나 위치에 관한 느낌을 의미한다. 운동할 때 나는 땀의 맛(미각), 경기장에서 나는 특유의 냄새(후각) 등도 동원할 수 있다.

감각뿐만 아니라 정서 상태도 심상을 할 때 고려되어야 한다. 불안 같은 감정을 조절하기 위해 심상을 활용할 경우에는 이러한 감정을 떠올릴 수 있어야 한다. 또한, 과거의 최상 수행을 떠올릴 때는 그때의 만족감, 자신감 등의 감정이나 기분도 함께 느껴야 한다.

2) 심상의 유형

심상은 내적 심상과 외적 심상으로 구분된다.

① 내적 심상

내적 심상은 자신의 눈으로 보는 관점으로 수행 장면을 상상하는 것이다. 내적 심상은 마치 자신의 이마에 달린 카메라로 운동수행 하는 자신을 찍은 모습을 보는 것이다. 내적 심상은 수행자 자신의 관점에서 이루어지므로 동작을 수행할 때의 느낌인 운동감각이 생생하게 전달된다(정청희·김병준, 2009). 우수 선수들은 비우수 선수에 비해 내적 심상을 자주 이용한다(Mahoney & Avener, 1977; Orlick & Partington, 1986). 또한 외적 심상보다 내적 심상을 할 때 근육과 신경이 더 활발하게 활동한다(Harris & Robinson, 1986).

② 외적 심상

외적 심상은 비디오카메라로 자신을 찍은 모습처럼 외부에서 관찰자의 시점으로 수행 장면을 상상하는 것이다.

심상의 관점에 따라 운동수행에 도움이 되는 부분에 차이가 있다. 골프선수가 자신이 스윙하는 동안 자신의 몸의 감각을 알기 위해서는 내적 심상을 활용하는 것이 더 효과적일 것이다. 반면, 올바른 샷을 위한 스윙 기술을 확인하기 위해서는 외적 심상이 적합하다. 따라서 심상을 활용할 때 두 가지 유형을 모두 연습하고 필요에 따라 두 관점을 바꾸어 활용할 수 있어야 한다. 하지만 어떤 심상을 활용하든 모든 감각을 동원하여 선명한 이미지를 그리고, 이를 조절할 수 있는 능력을 갖는 것이 중요하다.

나. 심상의 효과

심상은 성공적인 과거의 운동수행을 회상하거나 미래에 있을 성공적인 운동수행을 마음속으로 상상함으로써 자신감을 향상시키고 더욱 집중하게 한다. 그 외에도 동기나 경기 시작 이전에 선수들로 하여금 경기에 준비하도록 한다. 다음은 심상의 다양한 효과이다.

1) 자신감 향상

심상을 통해 목표를 성취하는 자기 자신을 느끼거나 볼 수 있다. 이는 목표가 성취될 수 있고 자신의 능력의 한계를 확대시킴으로써 자신감을 향상시킨다.

2) 동기유발

때때로 선수들은 긴 훈련 기간 중에 적합한 훈련 강도를 유지하기가 힘들어진다. 즉, 훈련의 시간이 길고 오랜 기간 동안 훈련하기 때문에 동기가 저하되는 경우가 있다. 과거 경기 회상이나 앞으로 있을 미래의 경기를 상상하는 것은 훈련이나 경기 기간 동안 인내심과 노력의 강도를 유지하는 데 도움이 된다.

3) 에너지 수준 관리

심상을 통하여 자신의 에너지 수준을 관리할 수 있다. 긴장과 불안을 해소하기 위하여 이완되는 이미지를 통해 차분해질 수 있으며, 반대로 에너지 수준이 너무 낮을 때는 힘을 내게 하는 이미지를 상상하여 에너지 수준을 향상시킬 수 있다.

4) 기술의 학습과 완성

특정 기술의 완벽한 수행이나 기술 수행의 실수를 수정하기 위하여 훈련의 일부로 활용될 수 있다. 동작을 천천히 상상함으로써 복잡한 동작을 단순한 기술로 감소하거나 기술적인 실수를 더욱 효과적으로 분석할 수 있다.

5) 재집중

훈련과 시합 중에는 최적의 집중을 유지하는 데 방해가 되는 다양한 주의산만 요인이 발행한다. 시합에서 중요한 요인을 심상을 통해 재확인함으로써 재집중할 수 있는 요인을 생각하게 하는 데 도움이 된다.

6) 시합 준비

신체적으로 시합을 준비하기 위해 스트레칭을 하고 준비운동을 한다. 시합에 들어가기 전에 선수들은 신체뿐만 아니라 마음도 준비되어야 한다. 자신을 시합 환경에 있다고 상상하고, 운동수행의 중요한 요인을 마음속으로 시연할 수 있다. 또한 어려운 상황에 있는 자신을 생각하고 이를 성공적으로 극복하는 자신을 상상함으로써 시합에서 예상치 못한 일에 대해 대비할 수 있다.

2. 심상의 효과와 관련된 이론

심상의 정의와 유형 및 심상의 효과에 대한 이해를 기반으로 심상의 효과와 관련된 이론에 대해 알아보기로 한다. 심상의 효과를 설명하는 이론은 심리신경근 이론, 상징학습 이론, 생체정보 이론이 있다.

그림 3-38. 명상하는 선수

가. 심리신경근 이론: 근육 기억

운동선수들은 다양하게 움직여야 한다. 특정한 움직임이 실행되기 위해 뇌에서는 근육으로 끊임없이 자극을 보낸다. 심리신경근 이론은 운동선수가 특정 움직임을 상상할 때 실제 근육의 움직임이 일어나지는 않지만, 뇌와 근육에는 실제 움직임이 일어날 때와 유사한 자극이 일어난다. 그러므로 생생하게 어떤 사건을 상상하게 되면 실제 동작과 유사한 아주 미세한 근육의 움직임이 일어난다는 것이다. 즉, 심상은 신체적으로 움직임을 실행하지는 않지만 관련 근육을 실제 근육이 움직이는 것과 동일한 순서로 근육을 자극하여 근육의 기억을 강화시킨다. 심리신경근 이론에 대한 과학적인 근거는 Jacobson을 비롯한 여러 연구자의 연구결과로 증명된 바 있다.

따라서 선수들이 운동수행의 동작을 상상하면 실제 동작이 일어날 때와 유사한 신경 경로가 근육으로 연결되고, 실제 수행에 비해서는 아주 미세하지만 근육의 움직임이 일어난다. 심상을 통하여 신경과 근육의 기억에 대해 훈련 가능하다는 의미이다. 특히, 부상으로 인해 재활훈련을 하는 선수의 경우 실제 훈련이 어려운 경우가 많다. 이러한 상황에서 심상을 통하여 운동수행을 훈련한다면 실제 근육의 움직임은 훈련할 수 없지만, 신경과 근육의 기억을 훈련시킬 수 있다.

나. 상징학습 이론

상징학습 이론은 심상이 움직임의 패턴을 이해하는 데 도움이 되는 기호체계의 역할을 한다고 제안한다. 인간의 움직임은 모두 중추신경계에 기호로 저장되어야 한다. 즉, 움직임의 계획이나 청사진처럼 저장되어야 한다는 의미이다. 상징학습 이론에 의하면 심상은 동작에 대한 청사진을 그리거나 동작을 상징적인 요인으로 기호화하여 운동수행을 더욱 원활하게 하고, 이를 통해 동작을 잘 이해하게 만들거나 자동화시키게 한다. 예를 들어, 기계체조선수는 평균대 수행 루틴과 관련된 공간적 요인을 심상을 통하여 훈련할 수 있다. 즉, 심상을 통하여 선수들의 마음속 청사진(기술 수행을 위해 활용되는 머릿속의 기호)을 강화하게 하여 기술을 더욱 자동적으로 수행하게 할 수 있다는 의미이다.

다. 생체정보 이론

마지막으로 심상의 효과를 설명하는 이론인 생체정보 이론은 '심리생리적 정보처리 이론'이라고도 불린다. 생체정보 이론에서 심상은 뇌의 장기 기억 속에 저장되어 있는 전제(proposition) 혹은 특징이라고 가정한다(Lang, 1977, 1979). 심상을 하게 되면 이미지의 내용을 묘사하는 자극전제와 그 상황에서 자극에 대한 반응을 묘사하는 반응전제가 활성화된다. 예를 들어, 농구경기에서 종료시간이 몇 초 남지 않은 상황에서 자유투 슈팅을 한다고 심상하면, 손에서 느껴지는 공의 감각, 골대 그리고 관중의 소음은 자극전제에 해당한다. 또한 슈팅하는 팔에서 느껴지는 근 긴장도와 거친 호흡, 불안정서, 골대로 들어가는 공의 모습은 반응전제에 해당한다.

생체정보 이론에 의하면 심상이 운동수행에 도움이 되기 위해서는 심상을 할 때 반응전제를 일으켜 이를 수정하고 향상시키고 강화하는 것이 중요하다. 심상을 통해 특정 자극 상황으로 인한 반응의 특징을 반복적으로 측정하고, 이러한 반응을 수정하여 기술을 실행하는 데 완전하게 조절할 수 있으면 운동수행을 향상시킬 수 있다.

3. 심상의 측정과 활용

심상을 활용하기 전에 자신의 심상 능력이 어느 정도인지 알기 위해 질문지를 활용해 측정해보고, 심상을 어떻게 활용해야 하는지 알아보자.

가. 심상의 측정

심상을 측정할 수 있는 도구로 스포츠 심상 질문지(Martens, 1987)가 있다(정청희·김병준, 재인용, 2009). 스포츠 심상 질문지는 스포츠 상황을 상상하는 능력을 시각, 청각, 운동감각, 기분 상태, 조절력으로 세분화하여 측정한다. 이 질문지를 통해 개인마다 다른 심상 기술의 장단점을 측정하여 심상훈련 시 어떤 요인에 집중해야 할지 알 수 있다.

심상 능력의 평가

다음 상황을 읽은 후 그 상황에 대해 가능한 한 구체적으로 상상해본다. 그런 다음 눈을 감고 심신이 이완되도록 심호흡을 한다. 이 순간에 머릿속의 잡념은 모두 잊는다. 약 1분간 눈을 감고 제시된 상황을 상상한다. 상상이 끝나면 자신의 머릿속에 떠오른 이미지와 가장 가깝다고 생각되는 번호에 표시한다.

1. 혼자서 연습하는 상황

자신의 종목에서 기술 한 가지를 선택한다. 평소에 연습하는 장소에서 주변에 아무도 없이 혼자서 그 동작을 수행하는 장면을 생각한다. 약 1분간 눈을 감고 그 장소에서 연습하는 자신의 모습을 보고, 소리를 듣고, 몸의 움직임과 기분 상태를 느껴보자.

	매우 나빴다			매우 좋았다	
1) 동작을 수행하는 자신의 모습이 얼마나 잘 보였는가?	1	2	3	4	5
2) 동작을 수행하는 소리는 얼마나 잘 들렸는가?	1	2	3	4	5
3) 동작을 수행하는 느낌이 얼마나 잘 느껴졌는가?	1	2	3	4	5
4) 기분 상태가 얼마나 잘 느껴졌는가?	1	2	3	4	5
5) 이미지를 얼마나 잘 조절할 수 있었는가?	1	2	3	4	5

(계속)

2. 타인이 보고 있는 상황

코치나 동료 선수가 주변에 있는 상황에서 그 동작을 연습한다. 이번에는 여러분이 실수를 하고 모든 사람이 이를 눈치챈다. 약 1분간 눈을 감고 자신이 어떤 실수를 하는 장면과 실수를 한 직후의 상황을 가능한 한 명확하게 상상해보자.

	매우 나빴다				매우 좋았다
1) 이 상황에 처한 자신의 모습이 얼마나 잘 보였는가?	1	2	3	4	5
2) 이 상황에서 소리는 얼마나 잘 들렸는가?	1	2	3	4	5
3) 동작을 수행하는 느낌이 얼마나 잘 느껴졌는가?	1	2	3	4	5
4) 이 상황에서 기분 상태가 얼마나 잘 느껴졌는가?	1	2	3	4	5
5) 이미지를 얼마나 잘 조절할 수 있었는가?	1	2	3	4	5

3. 동료 선수를 관찰하는 상황

동료 선수가 시합에서 실수하는 상황을 생각해보자. 예를 들면 페널티킥의 실축, 평균대에서 떨어지는 것, 패스 미스 등을 하는 상황을 가정하자. 약 1분간 눈을 감고 동료 선수가 시합의 중요한 시점에서 실수하는 장면을 가능한 한 선명하게 상상해보자.

	매우 나빴다				매우 좋았다
1) 이 상황에 처한 동료의 모습이 얼마나 잘 보였는가?	1	2	3	4	5
2) 이 상황에서 소리는 얼마나 잘 들렸는가?	1	2	3	4	5
3) 자신의 존재나 동작이 얼마나 잘 느껴졌는가?	1	2	3	4	5
4) 이 상황에서 자신의 기분 상태가 얼마나 잘 느껴졌는가?	1	2	3	4	5
5) 이미지를 얼마나 잘 조절할 수 있었는가?	1	2	3	4	5

4. 시합 출전 상황

자신이 시합에서 그 동작을 수행한다고 상상해보자. 이번에는 그 동작을 매우 능숙하게 해낸다. 관중과 동료가 잘했다고 환호를 한다. 약 1분간 눈을 감고 이 상황을 가능한 한 선명하게 상상해보자.

	매우 나빴다				매우 좋았다
1) 이 상황에 처한 자신의 모습이 얼마나 잘 보였는가?	1	2	3	4	5
2) 이 상황에서 소리는 얼마나 잘 들렸는가?	1	2	3	4	5
3) 동작을 수행하는 느낌이 얼마나 잘 느껴졌는가?	1	2	3	4	5
4) 이 상황에서 기분 상태가 얼마나 잘 느껴졌는가?	1	2	3	4	5
5) 이미지를 얼마나 잘 조절할 수 있었는가?	1	2	3	4	5

채점방법: 각 상황에서 첫 번째 질문에 대한 답을 모두 합하면 시각 점수가 된다. 두 번째 질문에 대한 답은 청각 점수가 된다. 같은 방식으로 나머지 영역에 대한 점수도 다음과 같이 계산하여 아래에 적어보자.

시각: (　) + (　) + (　) + (　) = (　)
청각: (　) + (　) + (　) + (　) = (　)
운동감각: (　) + (　) + (　) + (　) = (　)
기분상태: (　) + (　) + (　) + (　) = (　)
조절력: (　) + (　) + (　) + (　) = (　)

(계속)

평가: 각 영역별 최저점은 4점이며, 최고점은 20점이다. 20점에 가까울수록 해당 영역의 기술이 좋은 것을 의미한다. 영역별 총점을 계산하여 다음과 같은 기준으로 각 영역별 수준을 평가한다.

18~20점: 기술수준이 높음. 주기적으로 연습하여 높은 수준을 유지해야 함
13~17점: 기술수준이 보통. 매주 시간을 할애하여 심상기술을 발달시켜야 함
12점 이하: 매일 연습을 통해 심상기술을 발달시켜야 함

출처: 정청희·김병준, 2009, 재인용

나. 심상의 활용

1) 차분하고 이완되어야 한다.

심상은 마음이 차분하고 신체가 이완된 상태에서 할 때 가장 효과적이다. 몸이 긴장되어 있다면, 이완하기 위해 시간을 좀 갖고 집중한다. 만일 심상을 훈련하는 데 집중이 되지 않으면, 주의를 산만하게 하는 생각과 이미지를 잊고 다시 시작한다.

2) 모든 감각을 동원한다(선명성).

운동선수들은 심상을 할 때 자신들이 운동수행 하는 모습을 그리는 시각만 활용하는 경우가 많다. 시각뿐만 아니라 자신이 느끼는 것, 듣는 것, 생각하는 것, 신체의 자세, 냄새 맡는 것, 맛으로 느끼는 것까지 운동수행과 관련된 모든 감각이 중요하다. 마음속으로 배트의 그립감, 옷이 피부에 닿는 느낌, 관중의 소리, 경기장의 규모와 형태 등에도 주의를 기울이면 심상을 더욱 선명하게 하는 데 도움이 된다.

3) 이미지를 조절한다(조절성).

심상의 선명성과 더불어 이미지 조절 능력, 즉 자신이 원하는 운동수행을 하는 모습을 그리고 느낄 수 있는 것은 성공적인 심상을 위해 필수적인 요인이다. 먼저, 외부에서 자신을 보는 외적 심상보다는 내적 심상으로 자신을 느끼고 이미지를 그리는 것이 더 쉽게 심상 훈련을 시작할 수 있는 방법이다.

4) 처음에는 심상 훈련을 쉽게 시작한다.

일반적으로 심상을 처음 배우거나 훈련할 때는 주의산만 요인이 거의 없는 조용한 환경에서 하는 것이 가장 좋다. 처음에는 위협적이지 않고 스트레스가 거의 없는 이미지로 훈련을 시작하여 심상 기술이 낮은 스트레스 환경에서 충분히 향상되어야 한다. 이러한 방식으로 훈련을 하다 보면 경기 상황에서 자신의 종목 기술에 대한 심상을 하는 것에 더욱 자신감이 향상될 수 있다.

5) 운동감각을 느낀다.

심상을 훈련할 때 자신이 하고 있는 운동 종목의 동작을 포함시키면 더욱 생생한 이미지를 그리는 데 도움이 된다. 이를 통해 마음속에서 그리는 이미지와 운동감각을 함께 느끼면 이미지를 더욱 뚜렷하게 만들어준다. 스포츠는 신체로 하는 것이므로 동작을 심상에 포함시키면 심상의 효과를 향상시키는 데 도움이 된다.

6) 연습하고 또 연습한다.

신체기술과 똑같이 심상 같은 심리기술도 연습을 통해 향상된다. 하루에 최소한 10~15분은 심상기술을 훈련하는 데 활용하도록 한다. 심상 훈련을 위한 특별한 시간을 다음과 같이 만들면 훈련이 쉬워진다.

- 아침에 일어날 때
- 훈련을 시작하기 직전에
- 경기계획에 관한 회의 후 혹은 동영상을 보고 나서
- 경기에 들어가기 전 대기시간
- 경기, 훈련, 학교에 가는 시간

7장 주의집중

학습목표

- 주의집중의 개념과 유형에 대해 이해한다.
- 주의집중의 측정에 대해 이해한다.
- 주의집중 향상 기법에 대해 이해한다.

1. 주의집중의 개념

"집중해!", "경기에 집중해야 해!", "집중을 유지해." 운동선수라면 지도자나 팀 동료뿐만 아니라 자기 자신에게서 이러한 말을 들어본 경험이 많이 있을 것이다. 경기에 대한 압박감을 느낄 때 집중을 유지하는 것은 최상수행을 위한 필수조건이다. 관중의 함성이나 심판의 오심, 자신에 대한 의심 같은 요인으로 집중력이 떨어지는 순간부터는 상대 선수와의 경쟁이 아닌 나 자신과의 싸움이 시작되는 것이나 마찬가지이다. 주의산만 요인을 언제나 제거하는 것은 불가능하지만, 성공적인 선수들은 중요한 단서에 반응하면서 불필요한 주의산만 요인들을 차단함으로써 운동수행을 조절한다. 그렇다면 주의집중이란 무엇인지 그 개념에 대해 먼저 이해하자.

가. 주의집중의 개념

1) 주의와 집중

주의는 개인이 관심을 기울일 대상을 선정하는 능력으로, 자신이 처한 상황에서 지속적으로 정보를 수용하고 인지하는 것을 의미하고, 집중은 주위로부터 받아들인 정보를 개인이 처한 상황에 맞게 가장 적합한 주의를 유지하는 것이다(정청희 · 이용현 · 이홍식 · 정용철, 2009 재인용).

> **주의**
> 개인이 관심을 기울일 대상을 선정하는 능력을 의미한다.
>
> **집중**
> 주위로부터 받아들인 정보를 개인이 처한 상황에 맞게 가장 적합한 주의를 유지하는 것이다.

2) 주의의 특징

경기력과 관련 있는 단서에 주의를 유지하고, 경기의 상황에 따라 주의를 적절히 전환하기 위해서는 주의의 특징을 이해할 필요가 있다. 주의는 제한적이고, 각성 수준과 관련이 있으며, 선택적이다.

① 주의의 용량

한 번에 하나 이상의 단서에 주의를 기울이기는 매우 어렵고 불가능할 수도 있다. 사실, 운동선수가 경기에서 하나의 단서에 주의를 기울이지 못하면 경기력이 저하된다. 주의의 중요한 첫 번째 특징은 한 번에 처리할 수 있는 정보의 양이 제한되어 있다는 것이다. 즉, 경기 중에는 주의의 용량이 제한적이다.

그렇다면 운동선수들은 경기하면서 어떻게 필요한 많은 단서들에 주의를 기울일 수 있는 것일까? 선수들은 의식적인 노력 없이 자동적으로 기술을 구상하도록 학습되었기 때문이다. 주의를 기울이는 것은 제한된 주의의 용량 일부분을 활용하는 것을 의미한다. 훈련을 통해 선수들은 기술을 자동화시킨다. 즉, 자신이 어떻게 운동수행을 해야 할지 의식적으로 주의를 기울이지 않고도 기술이 자동적으로 수행되는 것이다. 숙련된 배구선수는 서브하는 방법에 주의를 기울이지 않고도 쉽게 서브를 넣는 것이 바로 그 예이다.

주의를 기울이는 것은 '조절적 과정'이라고 하고, 주의를 기울임 없이 과제를 수행하는 것을 '자동적 과정'이라고 한다. 선수들은 자신이 배우고 훈련한 기술을 자동적으로 실행하는 것을 목표로 한다. 즉, 운동선수들이 최상수행을 할 때에는 의식적으로 자신이 무엇을 하는지에 대해 주의를 기울이지 않는다. 어린 선수들이 초기에 기술을 학습할 때에는 조절적 과정의 기간을 거쳐야 하지만, 시간이 지남에 따라 훈련에 의하여 다양한 스트레스 상황에서도 자동적으로 운동을 수행할 수 있는 능력을 키워야 한다.

② 주의의 준비

주의의 두 번째 특징은 선수들의 정서 상태(특히, 불안 혹은 각성)에 따라 주의가 달라진다. 경기에 대한 압박감이 선수들의 주의 초점 능력에 영향을 미치는 것을 쉽게 볼 수 있다. 스트레스와 불안은 선수들의 주의 영역을 지나치게 좁게 하여 중요한 외부 단서보다는 자신의 내적인 감각에만 주의를 기울이게 되어 운동수행에 중요한 단서를 놓치게 된다. Easterbrook(1959)은 각성수준에 따라 운동수행력이 달라진다고 설명하고 있다. 만약 각성수준이 너무 낮은 경우에는 지각할 수 있는 주의의 범위가 상대적으로 넓어져 많은 단서를 받아들이게 된다. 그러나 이러한 단서들이 모두 실제 운동수행에 필요한 중요한 단서는 아니다. 오히려 필요하지 않은 단서까지 받아들이기 때문에 정작 필요한 단서에 주의를 기울이지 못하여 경기력이 저하된다. 반면 각성수준이 높아지면 주의를 기울일 수 있는 폭이 점점 좁아져 부적절한 단서는 배제하고 적절한 단서만 받아들일 수 있게 하여 경기력에 도움이 된다. 각성수준이 지나치게 높아지면 활용할 수 있는 단서에 대한 주의가 좁아져 운동수행에 반드시 필요한 단서들을 놓칠 가능성이 높아져 경기력이 저하된다. 따라서 운동선수는 자신의 최적의 각성수준을 알고 이를 유지하여 경기력에 도움이 되는 필요한 단서에만 주의를 기울일 수 있게 훈련하는 것이 중요하다.

③ 주의의 선택

주의의 세 번째 특징은 선수들이 자신이 주의 초점을 선택할 수 있다는 것이다. 경기 중에 외적 주의분산 요인(관중의 소리, 심판, 날씨, 상대 선수)과 내적 주의분산 요인(걱정, 피로)으로부터 방대한 양의 자극을 받을 때 주의를 선택하는 선수들의 능력은 경기력에 매우 중요한 요인이다. 주의의 선택은 의도적으로 이루어지며, 의도적인 선택이란 자신이 필요하지 않다고 생각하는 정보를 배제하고 수행을 위한 적절한 정보만 선택하는 것을 의미한다(김선진, 2010). 축구에서 페널티킥의 성공, 야구에서 커브볼의 타격, 양궁에서 과녁의 중앙에 명중하는 것 등 성공적인 운동수행을 위해서는 경기와 관련 있는 정보에 주의를 기울이고 이를 유지해야 가능하므로 주의의 선택성은 선수들이 훈련을 통해 향상시켜야 할 능력이다.

나. 주의의 유형

운동 종목에 따라 중요한 주의의 유형에 차이가 있으며 선수마다 주의의 유형이 다르다. Nideffer(1976)에 의하면 주의에는 4가지 유형이 있으며, 집중 기술을 향상시키기 위해서는 먼저 유형에 대해 이해하고 어떤 유형의 주의를 향상시켜야 하는지 고려해야 한다.

주의는 폭(좁은, 넓은)과 방향(내적, 외적)의 두 가지 차원으로 구성된다.

1) 주의의 폭

주의의 폭은 한 번에 얼마나 많은 것에 주의를 기울일 수 있는지를 의미한다. 주의의 폭이 넓을 때에는 많은 것에 주의를 기울일 수 있다. 반면에 주의 초점의 폭이 좁을 때에는 하나 혹은 몇 개의 것에만 좀 더 구체적으로 주의를 기울이게 된다. 예를 들어 축구선수는 패스를 하기 위하여 넓은 주의의 폭을 갖고 필드의 여러 선수들을 보게 되고, 골프선수가 퍼팅을 할 때에는 좁은 주의의 폭을 갖게 된다.

2) 주의의 방향

주의의 방향은 내적이거나 외적으로 구분된다. 내적 주의는 주의의 초점이 자신의 생각이나 느

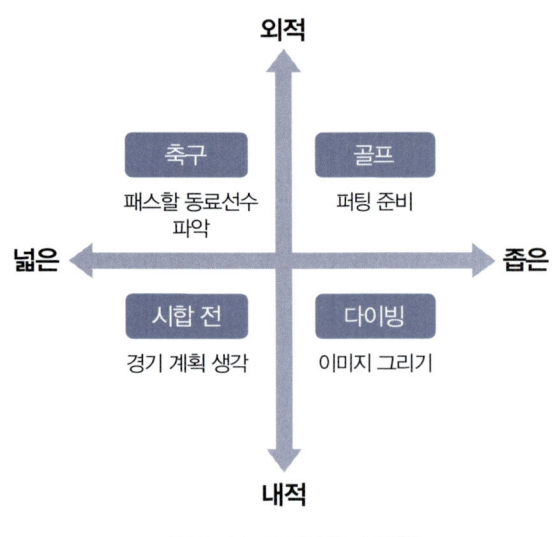

그림 3-39. 주의의 폭과 방향

낌에 초점을 두는 것을 의미하고, 외적 주의는 환경 같은 외부에 주의 초점을 두는 것을 말한다. 다이빙 선수가 자신이 수행해야 할 다이빙 자세를 심상하는 것은 내적 주의 초점이며, 투수가 마운드로 들어오는 것을 보는 타자는 외적인 것에 주의를 기울이는 것이다.

주의 초점의 두 차원에는 차이점이 있다. 주의의 폭은 좁은 주의에서 넓은 주의로 연속선상에 있는 반면, 주의의 방향은 외적이거나 내적 둘 중의 하나이다. 주의의 절반은 외적(내적)이고, 나머지 절반은 내적(외적)일 수는 없다는 의미이다.

Nideffer의 주의 초점 모형은 폭과 방향이라는 두 차원이 어떻게 상호작용하는지에 대한 구체적인 내용을 설명하며, 각 유형의 장점과 단점을 제안한다.

	넓은	좁은
내적	**넓은-내적** "내면의 큰 그림을 분석한다." **장점** • 한 번에 많은 정보 분석 가능 • 경기 계획이나 전략 개발에 필수적임 **단점** • 과도한 분석을 하게 될 수 있음 • 운동선수가 과제와 관련 없는 것까지 생각하면 생각이 너무 많아질 수 있음	**좁은-내적** "내면의 생각에 초점을 둔다." **장점** • 하나의 생각이나 단서에만 초점을 둠 • 자신의 신체 지각, 에너지 관리, 심상에 필수적임 **단점** • 압박감을 느낄 수 있음 • 운동선수들이 내면의 상태로 인해 주의가 분산될 수 있고, 자신의 생각에 갇혀버릴 수 있음
외적	**넓은-외적** "외부 환경을 평가한다." **장점** • 상황을 빠르게 판단할 수 있음 • 환경 관련 모든 단서를 지각하는 데 필수적임 **단점** • 관련이 없거나 주의를 분산시키는 단서에 초점을 둘 수 있음 • 쉽게 속임수에 넘어갈 수 있음	**좁은-외적** "하나의 대상에 초점을 둔다." **장점** • 하나 또는 두 개의 주요 목표물에만 집중할 수 있음 • 주의분산 요인 차단에 필수적임 **단점** • 주의의 폭이 너무 좁아서 중요한 단서를 놓칠 수 있음

그림 3-40. 주의의 폭과 방향에 따른 장점과 단점

자신이 활용하고 있는 주의의 유형을 알아보고, 경기력 향상을 위해 익숙해져야 하는 주의의 유형을 고려해본다. 종목이나 경기의 상황에 따라 내적에서 외적으로, 외적에서 내적으로, 넓은 주의에서 좁은 주의로, 좁은 주의에서 넓은 주의로 적합하게 주의를 전환할 수 있어야 한다.

2. 주의집중의 측정

시합에서 자신의 최상의 경기력을 발현하기 위해서는 경기와 관련된 적절한 단서에 주의를 기울이고 이를 유지해야 한다. 현재 자신의 주의 유형과 집중력 수준은 어느 정도인지 측정하고 자신의 상태를 파악해야 한다. 주의집중을 측정하는 방법에는 검사지 기법, 생각추출 기법, 관찰분석법, 심리생리적 기법, 격자판 검사, 인터뷰, 실제 경기력 측정 등이 있다(정청희·김병준, 2009 재인용)

가. 주의 유형 검사지

주의 유형을 측정하는 검사지로는 Nideffer(1976)에 의해 개발된 주의대인관계 유형 검사지(TAIS: Test of Attentional Interpersonal Style)로서 6개의 하위요인과 12문항으로 구성되어 있다.

본 설문은 주의 유형을 측정하는 문항입니다. 다음 각 문항을 읽고 자신의 상태와 가장 가까운 것에 솔직하게 표시하시기 바랍니다.					
문항	전혀 아니다	거의 아니다	가끔 그렇다	자주 그렇다	항상 그렇다
1. 나는 축구경기처럼 여러 선수가 동시에 움직이는 복잡한 상황에서도 게임의 진행을 빠르고 정확하게 파악할 수 있다.	1	2	3	4	5
2. 나는 학생들이 꽉 찬 교실이나 체육관에서 사람들 각자가 무엇을 하고 있는지를 쉽게 파악할 수 있다.	1	2	3	4	5
3. 다른 사람이 나에게 이야기할 때, 내 주위에서 들리는 소리나 물건 때문에 주의가 산만해진다.	1	2	3	4	5
4. 나는 축구경기와 같이 여러 상황이 동시에 일어나는 동작을 보려고 노력하면 혼란스러워진다.	1	2	3	4	5
5. 나는 적은 정보를 가지고 필요로 하는 많은 생각을 할 수 있다.	1	2	3	4	5
6. 나는 여러 분야에서 얻은 생각을 쉽게 종합할 수 있다.	1	2	3	4	5

7. 나는 다른 사람과 대화할 때, 내 생각 때문에 대화에 방해를 받는다.	1	2	3	4	5
8. 나는 많은 일을 마음속에 두고 있기 때문에 하려는 일에 혼동이 생기거나 그 일을 쉽게 잊어버린다.	1	2	3	4	5
9. 나는 보고 듣고 있는 것과 상관없이 내가 생각하고 있는 것을 계속할 수 있다.	1	2	3	4	5
10. 나는 현재 생각하는 것과 상관없이 내가 보려고 하는 광경을 볼 수 있고 듣고자 하는 소리를 들을 수 있다.	1	2	3	4	5
11. 나는 마음속에 가지고 있는 하나의 생각을 지워버리기가 어렵다.	1	2	3	4	5
12. 나는 경기 중에 한 사람의 움직임은 볼 수 있으나, 여러 선수들의 움직임을 놓치기 때문에 실수를 한다.	1	2	3	4	5

평가 방법은 문항에 따라 다음의 하위 주의 유형의 점수를 산출하면 된다. 자신이 어떤 주의 유형에서 높은 점수를 보이고, 어떤 주의 유형에서 낮은 점수를 보이는지 확인한다.

표 3-20. 하위 주의 유형

하위 요인	측정내용	문항	비고
1. 포괄적-외적 (BET: broad-external)	대단히 활동적이고, 신속하게 전개되는 상황에서 환경을 종합적으로 판단할 수 있는 능력	1~2	
2. 외적-과부하 (OET: external-overload)	주의집중이 필요한 상황에서 과다하고 과중한 외적 정보에 의하여 주의가 산만해져서 실수를 유발하는 것	3~4	부정 문항
3. 포괄적-내적 (BIT: broad-internal)	상황을 분석하여 전략을 수립하고 분석할 수 있는 능력	5~6	
4. 내적-과부하 (OIT: internal-overload)	자신이 가지고 있는 생각이나 주의가 산만해져서 실수를 유발하는 것	7~8	부정 문항
5. 한정적-효과적 (NAR: narrow-effective)	한 가지 일에 효과적으로 주의를 집중할 수 있는 능력	9~10	
6. 한정적-비효과적 (RED : errorsof-underinclusion)	너무 한정된 좁은 영역 주의를 집중하여 실수를 유발하는 것	11~12	부정 문항

나. 주의집중

운동선수 심리적 기술 검사지(유진, 1996)는 심리기술 6개 요인과 43개 문항으로 구성되어 있다. 운동선수 심리적 기술 검사지의 하위요인인 주의집중을 측정하는 7문항은 다음과 같다.

운동경험 조사				
문항	전혀 아니다	거의 아니다	가끔 그렇다	자주 그렇다
1. 나는 시합 중 순간순간의 행위에만 신경을 쓴다.	0	1	2	3
2. 나는 시합이 시작되면 완전히 시합에 빠진다.	0	1	2	3
3. 나는 마음을 비우며 시합에 참여한다.	0	1	2	3
4. 나는 대부분의 시합에서 주의집중을 한 곳에 뚜렷이 모을 수 있다.	0	1	2	3
5. 나는 시합 중 관중이나 주위를 의식하지 않는다.	0	1	2	3
6. 나는 경기력이 저조할 때 주의집중력을 상실하는 경향이 있다(R).	0	1	2	3
7. 나는 시합 중 모든 것이 자동적으로 이루어지는 느낌을 자주 경험한다.	0	1	2	3

문항 번호는 질문지 원본 출처를 토대로 재구성하였다. (R) 표시 문항은 역으로 채점한다.

3. 주의집중의 향상 방법

훈련과 경기에서 주의를 집중하기 위한 방법으로는 외적 주의분산 요인과 내적 주의분산 요인으로부터 주의를 빼앗기지 않고, 경기력과 운동수행에 도움이 되는 단서에 주의 초점을 유지하고, 필요한 단서로 주의 초점을 전환할 수 있어야 한다. 주의집중을 향상시킬 수 있는 방법은 다음과 같다. 이를 이해하고 매일 기술 훈련과 함께 훈련한다면 경기 상황에서의 주의집중 능력을 향상시킬 수 있을 것이다.

가. 주의산만 요인에 노출시킨다.

운동선수들의 근력 향상을 위해 과부하 원리에 의해 웨이트트레이닝을 하는 것처럼 선수들의 경기력 향상을 위해 선수들의 주의집중 능력을 최적화하기 위하여 주의의 용량을 과부하시킨다. 최대한 많은 주의산만 요인에 선수들을 노출시키고, 이때 운동수행과 관련된 단서에 집중하도록 훈련시킨다. 국가대표 양궁팀의 야구장 훈련이 바로 이를 활용한 주의집중 훈련이라 볼 수 있다. 국가대표 양궁팀의 야구장 훈련을 보면 프로야구 시합이 시작되기 전 실제 경기와 같이 선수들을 많은 주의산만 요인에 노출시킨다. 관중의 함성, 심판들, 경기를 지켜보는 야구선수들, 전광판에 비친 선수 자신의 모습 등 환경적인 주의산만 요인과 이를 통하여 선수의 내면에서 일어나는 생각들이 바로 내적 주의산만 요인에 노출시켜 이를 극복하는 훈련을 하는 것이다. 또한 비가 오고 바람이 많이 부는 환경 상황에서 훈련하여 환경적인 요인에도 주의가 분산되지 않고 경기에 중요한 단서에만 주의를 기울이고 집중하는 훈련을 하는 것도 좋다. 단체전을 하기 전에 선수들의 경기 순서에 변화를 주거나 후보선수를 투입하는 것도 경기에서 미리 예상하지 못한 주의산만 요인에 노출시킬 수 있는 방법에 속한다.

나. 주의 초점의 전환을 훈련한다.

선수들은 중요한 시합일수록 당황하여 어디에 언제 주의집중을 해야 할지 모르고 우왕좌왕하는 경우가 있다. 이를 위해 주의 초점을 어디에 둘 것인지 경기의 상황에 따라 미리 예상하고 이를 훈련한다. 광의-외적, 광의-내적, 협의-내적, 협의-외적 주의 초점을 자신의 종목과 상황에 적합하도록 주의 초점을 유지하거나 초점의 전환을 훈련할 수 있어야 한다. 골프의 예를 들어보면, 퍼팅에서 그린의 경사도, 그린의 속도와 결, 타깃까지의 거리 등을 우선적으로 판단한 후 올바른 라인과 스피드를 결정한다. 퍼팅의 수행을 준비하기 위하여 공이 자신의 의도대로 굴러가는 것을 상상하고, 훈련 때와 같은 스트로크의 거리를 느끼면서 셋업과 타깃에 라인을 맞추고, 타깃을 두 번 정도 응시한다. 마지막으로 주의를 퍼팅 수행과 공이 의도한 라인으로 굴러가는 것에 집중한다. 이와 같은 주의집중 과정을 차례로 거치면서 공이 라인을 따라 홀컵에 들어가는 퍼팅에 몰입된다(김병현, 2010). 경기 상황에서 무엇에 집중해야 할지 미리 숙지한다면 주의집중에 도움이 된다.

다. 지금 현재 하는 수행에 집중한다.

경기 중에 선수들은 현재에 집중하기가 쉽지 않다. 많은 선수들이 경기 중 과거나 미래에 관한 생각을 하고 이러한 생각들은 자신이 하고 있는 운동수행에 방해가 된다. 다시 말해, 이전의 실수를 생각하고 '또 실수하면 어쩌지? 좀 전에 실수하지 않았더라면 지금 하고 있는 수행이 더 쉽게 될 텐데' 등의 지나간 과거를 생각하고 있는 경우가 있다. 또한 '이것만 하면 금메달을 딸 수 있다', '이번 판만 잘하면 랭킹(점수)이 올라가겠지' 등과 같이 현재 하고 있는 수행에 집중하지 못하고 미리 미래에 대한 생각을 하는 선수들을 많이 볼 수 있다. 최상수행을 하기 위해서는 자신이 현재 하고 있는 운동수행이나 과제에만 집중해야 한다. 또한 경기력에 도움이 되는 단서에만 주의 초점을 기울이고 이에 몰입하도록 한다.

라. 적정 각성수준을 찾는다.

주의의 폭은 각성수준과 관련이 있음을 주의의 특징에서 설명한 바 있다. 너무 높거나 너무 낮은 각성수준은 주의의 폭을 너무 좁거나 너무 넓게 만들어 경기에 도움이 되는 단서를 놓치거나 경기에 도움이 되지 않는 단서까지도 주의를 기울여서 경기력을 저하시킨다. 개인마다 다르게 나타나는 적정 각성수준을 찾으면 경기에 필요한 단서에만 집중이 가능하다. 따라서 선수는 본인에게 적절한 각성수준을 찾고 이를 조절할 수 있도록 훈련한다. 예를 들어, 평소 훈련 상황에서 심박수를 측정하여 안정 시 심박수를 기록하고, 중요한 경기에서의 심박수를 측정하여 긴장 시의 심박수를 기록한다. 최상수행 시의 심박수를 찾는 것이 중요한데, 어떤 선수들은 약간 높은 각성수준에서 다른 선수들은 약간 낮은 각성수준에서 최상수행을 하며, 이는 종목에 따라서도 차이가 있다. 자신의 적정 각성수준(예: 심박수)을 찾고 나면, 심박수가 적정 각성수준보다 높으면 심호흡이나 명상 등을 통해 심박수를 낮추도록 훈련한다. 반대로 경기에서 심박수가 적정 각성수준보다 낮으면 활력을 주는 장면을 상상하거나 비트가 빠른 음악을 듣는 등의 방법으로 자신의 심박수를 올려줄 수 있어야 한다.

마. 재집중하도록 훈련한다.

선수들마다 집중이 분산되는 상황이 다르다. 일반적으로 경기 중 선수들이 예상치 못한 역경에 직면하게 되면 주의가 산만해진다. 예를 들면 연이은 실수 후에 짜증이 나거나 화가 나는 감정이 다음 경기까지 이어지는 경우도 있다. 선수들은 자신의 집중이 분산되는 경기 중 상황이 언제이고, 어떤 요인(외적 요인 혹은 내적 요인)에 의해 자신의 주의가 산만해지는지 먼저 알아야 한다. 화가 많이 나거나 관중이 하는 얘기가 들릴 때 자신의 주의가 산만하다는 것을 느낄 수 있으므로 이러한 경우에는 자신에게 효과가 있는 단서(이미지, 혼잣말 등)를 이용하여 재집중하도록 훈련해야 한다.

주의산만 요인은 의식적으로 차단하려고 하면 할수록 그 방해 효과는 더 커진다. 주의산만 요인을 차단하는 것에 초점을 두지 말고, 운동수행을 위해 내가 해야 할 것에 주의 초점을 두고 집중한다. 슈팅 전에 자신이 해야 할 것을 미리 만들어놓은 루틴에 집중한다면, 주의산만 요인은 생각하지 않게 된다.

바. 조절할 수 있는 것에 집중한다.

많은 선수들이 경기에서 자신이 조절할 수 없는 요인에 주의를 기울인다. 날씨, 심판, 상대 선수, 승패 등과 같은 요인은 자신이 조절할 수 없는 요인이며, 경기 중의 자신의 생각, 감정, 몸의 감각, 루틴, 의사결정, 혼잣말 등과 같은 요인은 조절 가능한 요인이다. 경기 중 선수들은 갑자기 불어오는 강한 바람 또는 심판의 오심에 따라 감정적으로 짜증을 내거나 화를 내며 평정심을 잃기 쉽다. 이러한 조절 불가능한 요인들은 경기력에 전혀 도움이 되지 않으며, 오히려 경기력을 저하시킨다. 따라서 선수들은 조절할 수 없는 요인에 주의를 뺏기지 말고, 그런 상황에서는 자신이 조절 가능한 요인에 주의를 집중한다. 조절 가능한 요인에 집중하기 위한 방법 중 하나가 경기와 관련된 과정목표를 세우고 이에 주의를 기울이는 것이다. 목표 설정에서도 설명하였듯이 경기 중에는 결과목표보다는 과정목표 설정이 도움이 된다.

사. 수행 전 루틴을 개발하고 연습한다.

주의집중 향상을 위해 효과적으로 활용되는 방법 중의 하나가 루틴이다. 많은 선수들이 주의집중을 위하여 수행 전 루틴을 활용하고 있는데, 루틴에 관한 자세한 설명은 다음 장을 참고하기 바란다.

8장 루틴

학습목표
- 루틴의 개념과 효과에 대해 이해한다.
- 루틴의 유형 및 측정에 대해 이해한다.
- 루틴의 활용 방법에 대해 이해한다.

1. 루틴의 개념과 효과

 대부분의 선수들이 심리적인 준비의 중요성에 대해 이해하고 있으며, 더 나아가 경기 전과 경기 중의 일관적인 행동이 경기에서의 최상수행을 위한 준비를 할 수 있는 최상의 방법임을 알고 있다. 루틴은 경기력을 향상시키기 위해 계획한 순차적인 수행 전 행동이라고 할 수 있는데, 루틴은 성공을 위해 체계적으로 계획을 세울 수 있는 가장 효과적인 방법이다. 또한 루틴은 선수들이 설정한 경기의 목표를 성취하는 데 필수적인 비법이라 할 수 있다. 먼저 루틴의 개념과 효과에 대해 이해하자.

가. 루틴(routine)의 개념

 루틴이란 선수들이 최상의 운동수행을 발휘하는 데 필요한 이상적인 상태를 갖추기 위한 자신만의 고유한 동작이나 절차를 말한다(정청희·김병준, 2009 재인용). 즉, 선수들이 일정하게 수행하는 습관화된 절차를 의미한다. 최상수행을 위하여 훈련과 경기에서 일관성을 유지하는 것은 매우 중요하다. 하지만 높은 수준의 경기력을 방해하는 요인은 신체적 요인, 심리적 요인, 정서적 요인, 경기의 규모(중요성), 환경적 요인, 사회적 요인 등 매우 다양한 요인이 있다. 루틴은 경기력에 영향을 미치는 이러한 요인들을 조절하고 영향력을 최소화하여 경기력 향상에 도움을 준다.

 루틴은 연습시간에 개발되고 훈련되며, 경기에서 활용될 수 있는 기술, 신체적 컨디션 조절, 심

 루틴
선수들이 최상의 운동수행을 발휘하는 데 필요한 이상적인 상태를 갖추기 위한 자신만의 고유한 동작이나 절차를 의미한다.

리기술로 이루어진 신체적·심리적·환경적 기반이 된다. 골프, 야구, 테니스 등과 같은 종목에서는 수행 간 루틴(between-performance routine)이 높은 수준의 경기력 항상성을 유지할 수 있게 한다. 경기 후 루틴(post competition routine)을 통해 선수들은 자신의 운동수행을 평가하고 경기를 통해 반성해야 할 사항과 이후 훈련과 경기에서 준비해야 할 정보를 획득할 수 있다.

루틴은 경기력 향상을 위한 신체적·기술적·전술적·심리적 전략과 관련이 있다. 신체적·기술적 준비운동, 강도 조절, 혼잣말, 심상, 주의 초점 등이 루틴으로 구성될 수 있다. 루틴은 적합한 장비, 좋은 기술, 효과적인 전술과 같이 경기력을 위한 필수적인 요인이다. 루틴은 훈련과 경기의 운동수행에 영향을 미치는 모든 부분을 준비하고 조절하는 데 도움이 된다. 운동선수들은 루틴이 자신을 얼마나 경기에 준비시키고, 얼마나 경기력에 도움을 주는지 이해해야 한다. 그런 다음 훈련과 경기 시간에 활용할 수 있도록 매번 운동수행 전에 루틴을 지켜야 한다.

나. 루틴의 효과

1) 경기의 준비

루틴의 중요한 기능 중 하나는 선수들이 훈련과 경기의 운동수행을 충분히 준비하는 데 도움이 된다는 것이다. 루틴은 선수들이 운동수행 상황을 자신이 조절할 수 있는 위협적이지 않은 환경으로 생각하고 적응하도록 한다. 루틴은 선수들이 훈련에서 연습했던 기술들을 경기에서 최상으로 활용할 수 있게 한다. 훈련에서 했던 기술들을 경기에서도 유사하게 활용하는 것은 매우 어려운 일이다. 그 이유로는 실제 경기에서는 훈련에서 느낄 수 없는 압박감, 역경 등을 느끼기 때문이다. 루틴은 선수에게 친숙한 느낌, 예측성, 경기 환경을 조절할 수 있게 하는 데 도움을 준다. 루틴이 주는 편안함은 선수가 훈련에서 습득한 기술들을 경기에서 충분히 활용할 수 있는 기회를 높여준다.

루틴은 다양한 방식으로 준비하는 데 도움이 된다. 먼저, 루틴의 신체적 측면에서는 선수들에게 준비운동, 이완, 에너지 관리 전략을 통해 신체적 컨디션을 관리할 수 있게 하여 경기에서의 운동수행을 시작하고 경기에서 자신의 첫 번째 동작을 수행하는 데 신체적으로 준비되게 한다.

두 번째로 루틴의 심리적인 부분은 최상의 경기력을 발휘할 수 있도록 심리적으로 준비되게 한다. 목표설정, 혼잣말, 단서어, 심상 등으로 구성된 루틴을 활용하여 동기, 자신감, 주의집중에 긍정적인 영향을 준다. 이외에 심리기법을 루틴으로 구성하여 최상수행을 위한 마음의 틀 안에서 자신의 수행을 시작하게 된다.

세 번째로, 루틴은 선수들에게 기술적·전술적으로 자신의 운동수행을 준비하는 데 도움을 준다. 루틴의 필수적인 부분은 올바르게 실행해야 하는 관련 기술과 전술을 경기 전에 점검하는 부분이다. 심상을 활용하거나 코치 또는 팀 동료와의 협의, 필요한 기술이나 전술 연습 등의 순차적인 점검을 통하여 선수들은 자신의 운동수행을 적합하게 실행한다.

네 번째로, 루틴을 통하여 선수는 운동수행에 적합하게 장비를 점검할 수 있다. 스키, 테니스, 철인3종 등과 같이 장비가 필요한 종목의 선수들은 종종 자신의 장비를 적절하게 준비하지 못하는 경우가 있는데, 이는 선수들이 장비를 준비해야 하는 것을 잊었을 때 생기게 된다. 루틴을 통하여 이러한 실수를 방지할 수 있다.

2) 조절 가능한 요인에 집중

운동수행과 관련된 많은 요인들은 선수들이 조절 불가능하다. 선수가 성공적으로 수행하기 위해서는 운동수행에 중요한 요인들을 조절할 수 있어야 하는데, 루틴은 이러한 요인들을 조절하는 데 도움이 된다. 다시 말해, 경기 전이나 경기 중에 경기력에 영향을 미치는 상황이나 컨디션을 조절해야 한다.

루틴의 조절 역할을 이해하기 위해 먼저 선수들은 날씨, 경기장 환경, 상대 선수, 심판 등 자신이 조절할 수 없는 요인을 지각해야 한다. 조절 불가능한 요인들을 지각한 후 호흡, 근 긴장도, 심박수 등과 같은 신체적인 요인, 태도, 감정, 의사결정 등의 심리적인 요인 등 자신이 조절할 수 있는 요인을 파악하고 여기에 주의와 노력을 기울이면 된다. 조절할 수 있는 부분을 확인하면 경기력을 극대화하기 위한 전략도 루틴에 포함시킬 수 있다. 루틴으로 인해 선수는 자신이 조절할 수 없는 환경에서 경기를 하더라도 조절력을 갖게 되고, 차분하고 편안하게 경기에 임할 수 있다.

1점 차 금의 비밀 '루틴카드'

루틴카드란 평소 훈련 때 몸에 밴 것들을 압축적으로 정리한 것을 말한다. 실전에서는 긴장감 때문에 자세가 흐트러질 수 있기 때문에 자신에게 꼭 필요한 것만 다시 상기하며 심리적인 안정감을 찾을 수 있다. 여자대표팀 백웅기 감독은 루틴카드가 올림픽 같은 큰 무대에서 선수들의 흐트러진 생각을 집중시키는 데 큰 도움이 되었다고 설명했다.

기보배의 '루틴카드'

그림 3-41. 루틴카드의 예(스포츠동아, 2012.7.31., 1점 차 금의 비밀 '루틴카드' 기사)

3) 예상치 못한 경기 상황 변화에 적응

경기장은 일반적으로 예상이나 조절이 불가능하다. 아무리 선수가 최선의 노력을 다한다 하더라도 경기장에서 일어나는 모든 사건을 완벽하게 대비하기는 힘들다. 루틴은 운동수행을 준비하게 하며, 경기의 불확실성에 적응할 수 있는 유연성을 기르게 한다. 루틴은 독특하거나 예상치 못한 경기 환경에 알맞게 수정이 가능하다. 수시로 변화하는 날씨, 예상치 못한 상대 선수, 경기장에 늦게 도착하거나 비좁은 준비운동 장소, 장비가 없어지거나 부러지는 등 경기장에서의 예상치 못한 변화로 인해 당황하거나 불안정한 마음으로 경기를 시작하게 된다. 다시 말해, 선수의 동기나 자신감이 저하되거나 집중이 분산되거나 불안한 심리상태가 되어 평소의 경기력을 발휘하기 힘들어진다. 하지만 유연성 있는 루틴을 갖고 있는 선수들은 이러한 변화에도 긍정적으로 반응하고 평정심을 유지하여 높은 경기력 수준을 유지할 수 있다.

4) 자기 자각

훈련과 경기 상황에서 내적 요인과 외적 요인이 운동수행에 영향을 미친다. 특히 경기 일정의 지연이나 연기, 상대 선수를 응원하는 적대적인 관중, 악천후 등은 외적 요인이라 할 수 있다. 이러한 경기 외적 요인에 반응하는 방식에 따라 선수들의 성공 여부가 달려 있다. 어려운 경기 요건에도 불구하고 긍정적으로 대처하는 선수들은 자신의 목표를 성취할 가능성이 커진다.

루틴은 선수들의 자기 자각을 가능하게 하여 이러한 외적 요인에 적절하게 대처하게 한다. 루틴을 개발하면서 선수들은 운동수행에 영향을 미치는 요인을 이해하고, 특히 경기 중 발생할 수 있는 역경 요인을 미리 생각하게 한다. 이러한 자기 자각 없이는 경기 전이나 경기 중의 역경 요인에 긍정적 또는 신속하게 반응하지 못한다. 루틴은 역경에 대처할 수 있는 도구로서 활용되어 빠르고 긍정적으로 역경에 대처하게 하여 경기력 수준을 유지하게 한다.

5) 통합

루틴은 운동행동과 관련된 신체적·심리적·행동적 요인을 통합하게 한다. 다시 말해, 루틴은 신체적 요인과 심리적 요인 및 행동적인 요인에 긍정적이고 지원적인 방식으로 서로 영향을 준다. 예를 들어, 심호흡은 몸을 이완시키는 중요한 신체적인 전략이다. 뿐만 아니라 호흡은 주의집중을 위한 효과적인 심리적 기법이기도 하다. 루틴에 심호흡을 포함하여 선수의 신체적 자각도를 높임으로써 불안을 감소시키고 집중력을 향상시킬 수 있다.

2. 루틴의 유형과 측정

선수들은 훈련과 경기에서 자신의 잠재력을 최대한 발휘하기 위하여 신체적·심리적으로 준비되어야 한다. 경기뿐만 아니라 훈련도 준비를 통하여 더욱 양질의 훈련에 노력을 기울이고 성공적인 운동수행을 위한 신체, 기술, 전략, 심리기술을 향상시킬 수 있다. 루틴은 경기력에 영향을 미치는 모든 요인을 충분히 준비하게 하여 훈련 시간뿐만 아니라 경기에도 최고의 운동수행을 실행할 수 있도록 한다.

많은 스포츠심리학자들이나 지도자 및 선수들은 의식 절차(ritual) 혹은 징크스를 루틴과 혼용하여 사용한다. 의식 절차는 일반적으로 고정되어 있고 형식적이며, 실제로 운동수행에 영향을 미치지 않는 미신적인 특징이 있다. 운동선수는 만일 그 의식 절차를 실행하지 않으면 경기력이 저하될 것이라는 믿음이 생긴다. 하지만 루틴은 유연성이 있으며 명확하게 운동수행에 영향을 미치는 요인들로 구성된다. 선수들은 루틴이 경기를 준비하는 데 도움이 될 것이라고 생각하지만, 경기 전 행동이 때로는 루틴을 방해할 수도 있다는 것을 이해한다. 의식 절차는 자주 선수들을 조절하지만, 선수들은 항상 자신의 루틴을 조절할 수 있다. 예를 들어, 어떤 (축구) 공격수가 세탁하지 않은 유니폼을 입었더니 지난 경기를 매우 잘 뛰었다고 믿었다. 그런데 만일 그 공격수도 모르게 유니폼이 깨끗이 세탁되었다면 행운은 씻겨 없어져 경기를 잘하지 못할 것이라고 믿을 것이다. 하지만 유니폼이 깨끗하건 지저분하건 경기력과는 아무런 관련이 없다. 반면에 이 선수가 그러한 의식 절차를 믿지 않고 평소처럼 준비운동을 하고, 동료와 연습하고, 성공적으로 수행하는 심상으로 구성된 루틴을 수행한다면 이는 최상수행을 하는 데 도움이 될 것이다. 루틴을 효과적으로 개발하고 훈련하여 경기에서 활용하기 위해 루틴의 유형을 이해해보자.

가. 루틴의 유형

루틴의 유형으로는 경기 전 루틴, 수행 간 루틴, 경기 후 루틴, 미니 루틴(수행루틴)으로 구분된다.

1) 경기 전 루틴

경기 전에 선수들이 하는 모든 것은 성공적인 경기를 위한 준비와 관련되어야 한다. 경기 전 루틴은 선수들이 경기에서 최상수행을 할 수 있게 충분한 준비를 하는 데 도움이 되도록 만들어져야 한다. 이러한 루틴은 경기를 위한 적합한 마음가짐을 갖게 하고, 마음과 몸을 서로 돕게 한다. 이는 훈련에서 습득한 신체적·기술적·전술적·심리적 기술을 경기에서도 충분히 활용할 수 있게 한다.

경기 전 루틴은 신체적·기술적·전술적·심리적 요인, 장비, 팀 등 운동수행과 관련된 모든 요인을 포함하며, 경기 전 루틴은 이 각각의 요인을 준비하는 특정 전략이 된다. 경기 전 루틴은 광범위하게 신체적이고 기술적인 준비운동, 필수적인 전술에 대한 재검토, 장비의 준비, 팀 동료와의 대화, 심리적 준비 등을 포함한다. 여기에서 심리적 준비는 목표 설정, 긍정적인 혼잣말, 불안(각성) 조절, 집중, 심상 등을 포함한다.

올림픽 같은 중요한 경기를 준비할 때 루틴을 활용한다. 경기에 대한 준비를 강화하는 것뿐만 아니라 경기 전 루틴은 안정성, 편안함, 조절감을 느끼게 하여 경기의 스트레스에 긍정적으로 반응하게 한다. 이상적인 경기 전 루틴은 선수 개개인마다 차이가 있지만, 공통적인 요인은 있다. 각각의 선수들은 자신의 루틴을 어떠한 요인들로 어떻게 구성할지 결정해야 한다. 선수 개개인에게 적합하고 효과적인 루틴을 개발하기 위해서는 장시간이 소요된다.

먼저 경기 전 루틴을 개발하기 위한 첫 번째 단계로 경기 전에 완전하게 준비해야 할 모든 것들의 목록을 만들어본다. 공통적인 요인은 식사, 경기 전술 재점검, 준비운동, 장비 점검, 동료와의 대화(팀 스포츠의 경우) 등이다. 그 외에는 선수 개인별로 다른 요인들인데 화장실 가기, 경기 유니폼으로 갈아입기, 경기 심상하기 등이다.

경기 전 해야 할 것들에 대한 목록이 만들어지면, 그 후 어떤 순서대로 목록에 있는 것들을 해야 할지 결정한다. 또한 루틴의 각 단계를 수행할 수 있는 장소를 생각해야 한다. 만일, 경기 전에 혼자 있는 것을 좋아하는 선수는 경기 전에 혼자 시간을 보낼 수 있는 조용한 공간이 있는지 알아봐야 한다.

마지막으로 경기 전 루틴을 수행하기 위한 시간을 정한다. 다시 말해, 경기 전 준비가 충분히 되기 위해 경기 전 루틴에 소요되는 시간을 알아야 한다. 경기 전 루틴을 수행하기 위해 경기장에 경기 시작 얼마 전에 도착해야 충분히 경기 전 루틴을 할 수 있는지 고려해야 한다.

경기 전 루틴을 개발하고 난 후에는 실제 경기에서 시도해본다. 아주 중요한 경기가 아닌 국내 경기나 시범 경기에서 먼저 활용해본다. 루틴의 구성 요인 중 효과가 있는 것도 있고, 없는 것도 있다. 이러한 시도를 통하여 자신을 편안하게 하고, 경기를 가장 효과적으로 준비하게 하는 루틴의 구성요소를 찾는 과정을 거치는 것이 필수적이다. 이러한 수정·보완을 거쳐 만들어진 루틴을 항상 활용해야 그 효과를 발휘하게 된다는 것을 기억해야 한다.

2) 수행 간 루틴

골프, 다이빙, 레슬링 등과 같은 종목은 경기 시간이 연속적으로 이어지지 않는다. 이런 종목에서는 운동수행 간의 시간이 경기력의 유지 여부를 결정한다. 처음 시작되는 동작(운동수행)만 준비하는 것으로는 충분하지 않다. 운동수행 간 선수가 생각하고 느끼는 것이 경기력에 영향을 미치는데, 수행 중간중간에 경기에서의 모든 수행에 대해 조절할 수 있어야 한다.

우수 선수들은 경기 중에 하는 모든 운동수행에 대해 미리 준비하고, 경기 시간 전반에 걸쳐 일관적인 경기력을 보인다. 경기 중 운동수행에 준비가 덜 되어 우왕좌왕하다가 상대 선수에게 점수를 내주는 일이 없다는 의미이기도 하다. 수행 간 루틴에 고려되어야 사항은 다음과 같다(Taylor, 2001).

첫째, 휴식(rest)이다. 운동수행을 마치고 난 직후에는 천천히 심호흡하면서 근육을 풀어주어야 한다. 장시간 운동수행을 하다 보면 호흡이 딸리거나 피로를 느낄 수 있기 때문에 이를 풀어주는 것이 매우 중요하다. 이전 운동수행으로부터의 회복은 장기간 지속되는 경기에서 다음 운동수행을 준비할 수 있게 한다. 심호흡과 이완은 선수가 자신에게 집중하는 데 도움이 되고, 다음 라운드를 준비할 수 있게 한다.

둘째, 재정비(regroup)이다. 수행 간 루틴을 하면서 운동수행 간의 감정을 확인한다. 특히, 경기력이 좋지 않거나 경기의 아주 중요한 국면에 접어들 때, 운동선수들은 흥분, 혼란, 분노, 우울 등의 다양한 감정을 느끼게 된다. 재편성은 선수들이 자신의 감정에 대한 영향력을 자각하고 감정이 부정적인 영향을 미치려고 하면 감정을 조절하여 다음 운동수행을 저하시키기보다는 향상시키는 데 도움이 되게 한다. 만일 실수를 하거나 경기력이 좋지 않아서 혼란, 분노, 실망 등 부정적인 감정을 느끼면, 그 후의 운동수행에 부정적인 영향을 미친다. 이를 방지하기 위해 선수들은 재정비할 시간을 갖고 부정적인 감정들을 날려버려야 한다. 감정이 경기력에 미치는 영향을 이해하고 경기 중 부정적인 감정을 날려버리고 긍정적인 감정으로 전환할 수 있도록 훈련해야 한다.

셋째, 재집중(refocus)이다. 경기 중 특히 압박감이 높은 상황에서 선수들은 지난 운동수행이나 경기 결과에 주의를 기울인다. 이는 경기력에 전혀 도움이 되지 않는다. 이런 경우 선수는 앞으로 해야 할 운동수행에 주의를 전환할 수 있어야 한다. 수행 간 루틴을 통해 재집중할 때 선수는 먼저 자신의 현재 상황을 평가해야 한다. 그 예로 내가 지금 어떻게 수행하고 있는지, 나의 전술은 어떠한지에 대해 평가한다. 기술과 전술 그리고 자신의 마음에 주의를 기울여야 한다. 이제 곧 시작해야 할 운동수행을 잘하기 위해 자신이 하고자 하는 것에 집중하자.

3) 경기 후 루틴

경기가 끝난 후에는 성공적인 수행 후에 안도감을 느끼거나 아쉬운 결과로 인해 실망하기도 한다. 경기에서 성공적이었던 선수들은 대부분 그 경험을 즐기려 하지만, 실패한 선수들은 최대한 빨리 그 경기를 마음속에서 지우려 한다. 하지만 경기 후의 시간은 선수들이 자신의 시즌 장기목표를 성취하고 다음 경기를 준비하는 데 필수적이다.

경기 후 루틴은 경기의 성공 여부에 관계없이 경기 경험으로부터 성장할 기회를 준다. 경기 후 루틴은 신체적인 부분, 심리적인 부분, 장비 부분으로 구성된다. 먼저 경기 후 루틴에서는 선수가 자신의 신체 상태를 점검하고, 마사지를 받거나 수분이나 영양을 보충하는 신체적인 부분이 있다. 그런 다음 선수들은 자신의 장비를 정리하거나 정비한다. 마지막으로는 심리적·감정적인 부분으로 선수가 자신의 감정을 자각하고, 표현하고, 감정을 털어버리는 것이다(실수, 실패, 좋지 않은 경기력을 보인 후의 좌절, 분노, 슬픔 등). 감정을 정리하고 난 후에는 이번 경기에서의 운동수행을 되돌아보고 철저하게 분석하여 강점과 약점을 확인하고 다음 경기를 준비하기 위해 자신이 노력해야 할 부분의 계획이 필요하다.

4) 미니 루틴(수행루틴: 인지전략, 인지행동 전략)

운동수행에서 특정한 동작을 하기 직전의 루틴을 '미니 루틴(혹은 수행루틴)'이라고 한다. 학자마다 다른 용어를 활용하지만, 우리가 흔히 아는 루틴은 미니 루틴이라 할 수 있다. 예를 들면, 양궁에서 슈팅하기 바로 전의 루틴을 '프리슈팅 루틴'이라고 하고, 골프에서 샷을 하기 바로 전의 루틴을 '프리샷 루틴'이라고 하는데, 이러한 것들을 미니 루틴이라 할 수 있다. 농구의 자유투, 축구의 프리킥, 테니스의 서브나 리시브, 골프의 퍼팅, 야구의 배팅, 다이빙이나 단거리달리기의 출발, 체조의 동작 준비 등 특정한 기술을 수행하기 전의 준비할 시간이 있는 종목에 활용되면 효과적이다. 미니 루틴은 시합의 규칙에서 벗어나지 않는 범위 내에서 짧으면서 간결하게 만드는 것이 좋다(김병준, 2012) 수행루틴에는 인지적 요인과 행동적 요인이 포함된다(정청희 외, 재인용). 인지적 요인에는 정신적 이완, 기술적 단서, 심상, 인지 재구성, 긍정적 생각, 자신감 유지, 주의집중, 혼잣말, 의사 결정 등이 속하며, 행동적 요인은 신체적 이완이나 기술수행에 필요한 동작 등과 같이 행동이 요구되는 요인들로 구성되며 행동체계의 일관성을 유지하는 것이 수행루틴의 핵심이라 할 수 있다(Cohn, Rotella & Lioyd, 1990).

3. 루틴의 실제

루틴은 시합 전날부터 시합 당일 경기장으로 이동 중, 경기 시작 전, 경기 중(경기 중 역경 상황: 실수 후 재집중 등), 경기 후 등 다양한 상황에 대비하여 개발되고 훈련될 수 있다. 다음은 한 예로 경기 중 집중이 흩어진 경우 재집중하기 위한 루틴을 개발하는 방법이다.

가. 재집중 루틴 만들기

1) 주의분산 요인(혹은 주의분산 상황)을 인지한다.

자신이 하고 있는 종목에서 운동수행과 관련된 중요한 것에 집중을 방해하는 요인을 생각해본다. 혹은 주의가 분산되는 상황을 생각해본다. 경기 중 실수를 한 이후 또는 수행 간 등 선수마다 상황이 다르기 때문에 이러한 상황을 먼저 고려해야 한다.

2) 어디에 주의 초점을 둘지 결정한다.

운동수행을 하면서 주의집중이 요구되는 요인을 생각해보자. 어디에 주의를 기울여야 하는가? 이 장에서 설명한 주의의 폭과 방향을 고려하여 생각해보고 결정한다.

3) 주의집중하기 위해 준비한다.

주의집중은 긴장을 풀고 가벼운 마음가짐으로 해야 한다. 자신이 느끼는 스트레스나 불안을 인지하고, 이를 줄이거나 감소시킨다. 스트레스가 심하면 집중하기 어렵다. 경기 상황은 스트레스가 많은 환경이기 때문에 자신이 조절할 수 없는 스트레스에 주의를 기울여봐야 아무런 이득이 없으므로 자신이 조절할 수 있는 스트레스를 조절하는 데 주의를 기울인다.

4) 주의집중 단서를 만든다.

주의집중 용어, 이미지, 행동, 신호를 활용한다. 주의집중 단서로 활용되는 용어, 이미지, 행동 등은 단순하고 긍정적이며 개인적으로 의미가 있어야 한다.

5) 자신만의 재집중 루틴을 만든다.

가능한 주의분산 요인을 예상하고 이에 어떻게 반응할지 결정한다. 이러한 반응이 바로 자신의 재집중 루틴이다. 자신의 루틴이 효과적이고 무의식적으로 수행될 때까지 연습한다. 만일 포인트 간, 샷 간, 플레이 간, 라운드 간에 무엇을 할지 계획을 세웠다면, 이것이 재집중하는 데 도움이 된다. 재집중 루틴을 활용하면 불확실성을 감소시킬 수 있으며, 주의산만 요인으로부터의 민감성을 감소시킬 수 있다.

나. 재집중 루틴 만들기 실제

주의분산 요인	주의분산 요인의 부정적인 영향을 최소화하기 위한 대처 반응	주의집중 단서
관중의 함성 (부정적인 표현 등)	• 긍정적 자기암시하기 • 심호흡하기	"나의 경기를 하자!"
상대팀의 점수 (팀 스포츠)	• 팀 동료 격려하기 • 준비자세 취하기	"분위기를 우리 팀이 가져오자!" "분위기를 살리자."
부정적인 생각과 자신에 대한 의심	• 사고정지 기법 활용하기 • 긍정적이고 생산적인 혼잣말하기	멈춤(스톱) 사인 이미지 그리기
■ 위의 예시와 같이 주의분산 요인이나 상황을 적어본다.	■ 위의 예시와 같이 주의분산 요인이나 상황에 대한 대처 반응을 만들어본다.	■ 주의집중 단서로 자신만의 용어, 이미지, 행동 등을 만들어본다.

IV부
스포츠수행의 사회심리적 요인

그룹은 여러 사람이 공통의 목적을 달성하기 위해 형성된 모임이다. 집단의 성공은 개개인이 잘하느냐보다 개개인이 얼마나 서로 협력하는가에 달려 있다. 집단의 성공은 훌륭한 리더가 발휘하는 리더십 그리고 집단 성원들이 서로 협력하는 응집력에 의해 기본적으로 성과가 달라진다. 이 단원에서는 우수한 리더십 그리고 구성원의 응집력 및 운동수행을 향상시키는 사회적 촉진 그리고 신체활동을 통한 공격성 및 인성 발달까지 집단역학 및 대인역학을 포괄적으로 살펴보게 된다.

1장 집단응집력

 학습목표
- 집단응집력과 사회적 태만의 개념을 파악한다.
- 집단응집력과 운동수행의 관계를 이해한다.
- 팀빌딩 및 집단응집력의 구축 방안을 이해한다.

1. 응집력의 개념 및 정의

'응집력'이란 용어는 '굳게 결합하다'라는 뜻을 가진 라틴어의 'cohaesus'라는 단어에서 유래되었다. 응집력은 "구성원으로 하여금 집단에 남아 있도록 하는 전체적인 힘의 장" 혹은 "성원으로 하여금 집단에 남아 있도록 하는 모든 힘의 작용에 의하여 나타난 결과"로 정의되기도 하고, "집단이 분열하려는 힘에 대한 저항"이라고 정의되기도 한다. 최근 사회심리학자들은 이 두 입장을 수용하여 응집력을 성원들을 집단에 끌어들이는 힘과 집단의 분열에 저항하는 힘이라는 관점에서 이해하고 있다.

Carron(1982)은 이러한 스포츠 팀의 속성을 고려하여 응집력을 "집단의 목적과 목표를 추구하기 위해 집단에 단결하여 남으려고 하는 경향성에 나타난 역동적 과정"이라고 정의하고 있다. 그는 스포츠 팀의 응집력을 집단 내에서 서로 밀착되고 집단 목표 달성에 동참하는 경향을 나타내는

응집력의 특징
- 여러 요인으로 구성된 다차원적 개념
- 역동적인 집단과정에 의해 지속적으로 변화하는 역동적 개념
- 그 자체가 하나의 운동수행을 위한 수단
- 정의적 영역이 포함됨
- 집단구성원에 따라 달라짐

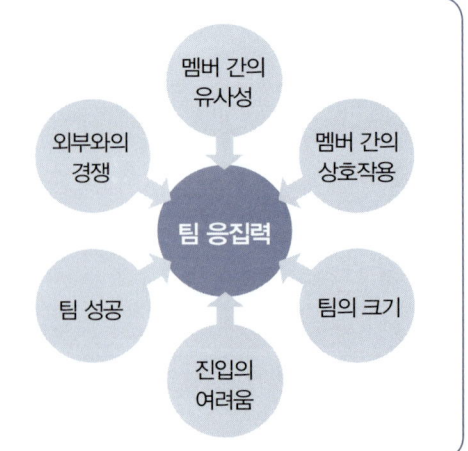

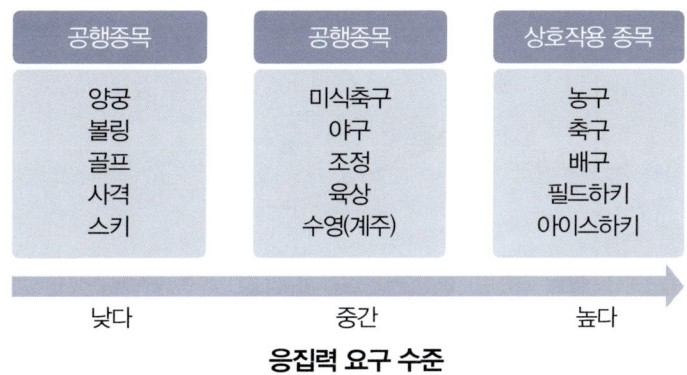

그림 4-1. 스포츠 종목 유형에 따른 과제 응집력 요구 수준

역동적인 과제라고 정의하면서 개인적인 사회관계와 집단의 과제관계를 들고 있다. 따라서 스포츠 응집력은 단순 차원보다 사회응집력 차원과 과제응집력 차원으로 구성된 양면 구조를 지니고 있으며 응집력을 집단구성원의 애착도와 집단에 계속 소속하는 힘, 집단 유지의 총체적인 힘으로 볼 수 있다.

2. 집단에서의 사회적 태만

가. 사회적 태만의 대표적인 연구

1) 링글만 효과(Ringelmann effect)

집단에서 사회적 태만을 다룰 때 가장 고전적으로 인용되는 연구는 약 100여 년 전 독일의 사회심리학자 Ringelmann이 실시한 연구이다. 그는 여러 사람이 한 집단을 이루어 일하게 될 때, 개인의 평균은 집단 성원의 한 개인으로부터 기대할 수 있는 결과와 일치하지 않고 오히려 더 저하되었다는 것을 알아냈다. 그는 이를 증명하기 위하여 집단의 크기를 다르게 해서 밧줄을 당기는 실험을 진행했다. 집단을 구성하면 1인이 당길 때에 비해 당긴 힘은 커졌다. 하지만 개인별 점수를 합칠 때 예상되는 힘에는 미치지 못했다. 8명 집단은 1인 힘의 4배밖에 발휘하지 못했다. 2인 집단에 속한 개인의 평균 힘은 개인 단독 상황의 평균에 비해 93%의 힘만 발휘했다. 3인 집단에서는 85%, 8인 집단은 49%로 나타났다. 이후 집단의 크기가 커질수록 개인 수행의 평균이 감소하는 현상을 '링글만 효과'라 불렀다.

2) 사회적 태만(social loafing)

Latane 등(1979)은 집단 수행에 관한 연구를 다양하게 진행하면서 그들의 연구결과에서도 링

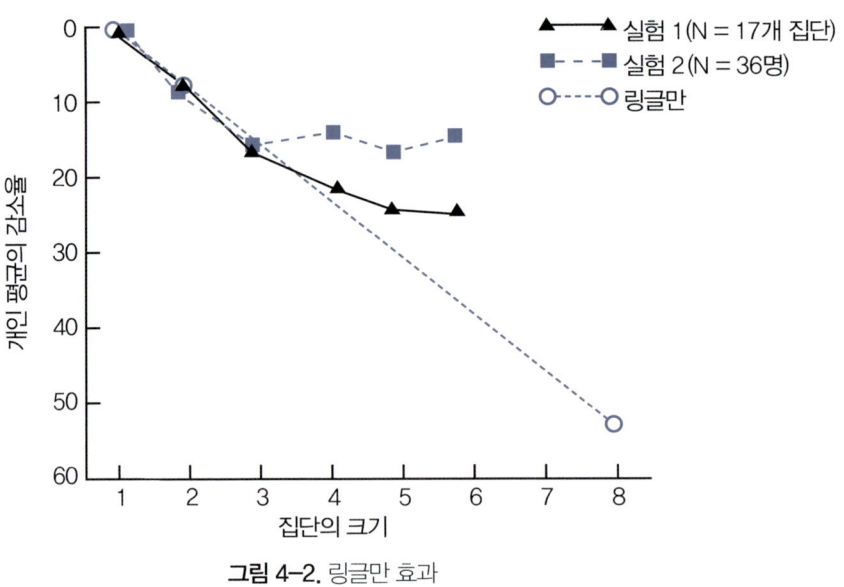

그림 4-2. 링글만 효과

표 4-1. 링글만 효과

연구	집단 크기							
	1인	2인	3인	4인	5인	6인	7인	8인
Ringelmann 연구	100	90	85	–	–	–	–	49
Ingham 연구 1	100	91	82	78	78	78	–	–
Ingham 연구 2	100	90	85	86	84	85	–	–

글만 효과가 발견되자 집단에서 발생하는 동기 손실을 '사회적 태만'이라고 불렀다. 이들의 연구에서 연구과제에 대한 개인의 점수는 2인 집단에서 71%로 감소했고, 4인 집단에서는 51%, 6인 집단에서는 40%로 줄어들었다. Williams와 동료 연구진(1981) 역시 실험을 통해 입증한 동기 손실에 대해 개인 수행을 확인하는 것이 가장 중요하다고 주장했다. 이는 집단 속에서 개인의 노력이 파악되지 않으면 수행이 줄어든다는 것을 의미하며, 반대로 구성원들의 개인성과에 대한 확인이 가능하게 되면(예: 다른 사람에게 개인성과가 알려짐) 사회적 태만이 나타나지 않는다는 것을 밝혀냈다.

나. 사회적 태만의 이론

1) 슈타이너(Steiner) 모형

Steiner(1972)는 개인과 집단 수행의 관계에 대해 집단의 실제 생산성은 잠재적 생산성과 집단

과정의 관계에 따라 결정된다고 주장했다. 그는 집단구성원의 지식과 기술로 구성되어 있는 집단 자원이 좋을 때 그리고 그러한 집단자원이 과제와 관련이 있을 때 잠재적 생산성이 높아진다고 주장했다.

또한 집단의 실제 생산성은 구성원들의 개별적이면서도 상호작용하는 집단과정들이 바람직하게 나타나야 잠재적 생산성이 높아질 수 있으며, 그 반대로 집단과정이 바람직하지 않은 방향으로 나타나게 되면 잠재적 생산성이 낮아질 수 있다고 주장했다. 그는 집단과정이 바람직하지 않은 방향으로 나타나는 것을 제시하기 위해 조정손실(coordination loss)과 동기손실(motivation loss)을 제시했다.

> 집단의 실제 생산성 = 집단의 잠재적 생산성 − 잘못된 과정으로 인한 손실

표 4-2. 잘못된 과정으로 인한 손실

조정손실	타이밍이 맞지 않거나 잘못된 전략을 구사해서 팀의 잠재력을 떨어뜨리는 경우로, 농구팀이 최다 득점 선수에게 공을 모아주지 못하는 경우이다.
동기손실	집단구성원이 게으름을 피우거나 최대의 노력을 발휘하지 않는 경우이다.

2) 사회적 태만의 통합 모형

Karau와 Williams(1995)는 사회적 태만에 관한 80편 이상의 연구를 메타 분석기법으로 검토한 결과 역시 다양한 과제와 다양한 구성원들 사이에서 사회적 태만 현상이 일관성 있게 나타난다고 주장했다. 그들은 이러한 연구결과를 종합한 통합 모형을 제안했으며, 이에 대한 구체적인 틀은 다음과 같다.

- 사회적 영향력 이론: 개인이 집단 속에서 일하면 사회적 영향은 여러 집단구성원에게 확산되며, 집단 크기가 증가하면 늘어난 집단구성원의 사회적 영향을 덜 받게 된다는 이론이다.
- 각성 감소: 욕구 이론과 맥락을 같이하는데, 집단에서 일하면 각성이 낮아지므로 단순 과제에 대한 수행을 감소시키지만 복잡한 과제에 대한 수행은 증가시킨다는 이론이다.
- 평가 접근: 집단에서 개인의 노력을 확인하고, 그 노력을 비교할 수 있는 기준이 있다면 평가를 통해 사회적 태만을 예방할 수 있다는 이론이다.
- 노력 불필요: 집단적으로 일하면 자신의 노력이 집단성과를 높이는 데 꼭 필요한 것은 아니라고 생각하기 때문에 노력이 줄어든다는 이론이다.

다. 사회적 태만의 감소 방안

Karau와 Williams(1993)는 구성원이 집단에서 노력을 많이 발휘하도록 하기 위해서는 구성원 개개인의 노력이 집단 수행뿐만 아니라 개인 수행과도 연관되어야 하며 집단 수행은 바람직한 집단성과를 이끌어내야 한다고 주장했다. 또한 그러한 집단성과 역시 개인성과와 연관이 있어야 하고 여기에 반드시 구성원이 개인적인 가치나 의미를 두어야 제대로 집단 속에서 구성원이 노력할 수 있다고 주장했다. 이들이 제시한 사회적 태만 감소방안은 다음과 같다.

- 다른 사람들이 자신의 집단 수행을 평가할 수 있다고 믿는 상황 조성
- 소집단에서 일하는 상황
- 자신의 노력이 집단성과에 반드시 공헌한다고 믿는 상황
- 집단의 수행을 비교할 수 있는 기준이 있는 상황
- 내적으로 흥미 있는 일, 의미 있는 일, 타인에게 중요한 일, 개인이 많이 개입하는 일을 하는 상황
- 존경하는 사람과 함께 일하는 상황이나 집단의 정체성을 드러내는 상황
- 동료의 수행이 나쁠 것으로 예상되는 상황
- 집단이 좋은 성과를 내는 것에 대해 가치와 중요성을 부여하는 성격을 갖고 있을 때

3. 집단응집력 이론

가. 스포츠 팀 응집력 이론 모형

스포츠심리학 분야에서 응집력을 가장 체계적으로 연구한 학자들은 캐런(Carron), 위드마이어(Widmeyer) 그리고 브롤리(Brawley)이다. 이들은 응집력에 관한 개념적 틀을 개발하고, 스포츠 분야에 적합한 고유의 팀 응집력 모형을 제시했다. 특히 Carron(1982)은 스포츠 팀 응집력의 결정 요소와 그 결과를 연구하기 위한 스포츠 팀 응집력 모형을 제안했는데, 응집력을 결정하는 요인은 크게 ① 환경 요인, ② 개인적 요인, ③ 리더십 요인, ④ 팀 요인으로 구분되고, 응집력의 결과는 집단적 성과와 개인적 성과의 두 가지 일반적인 결과로 구분된다고 주장했다.

1) 환경 요인

환경은 스포츠 집단의 응집력에 영향을 미치는 가장 일반적인 요인이다. 스포츠 집단의 환경 요인은 계약상의 의무, 규범적 압력, 조직의 지향성, 지리적 요인, 집단의 크기 등이 있다.

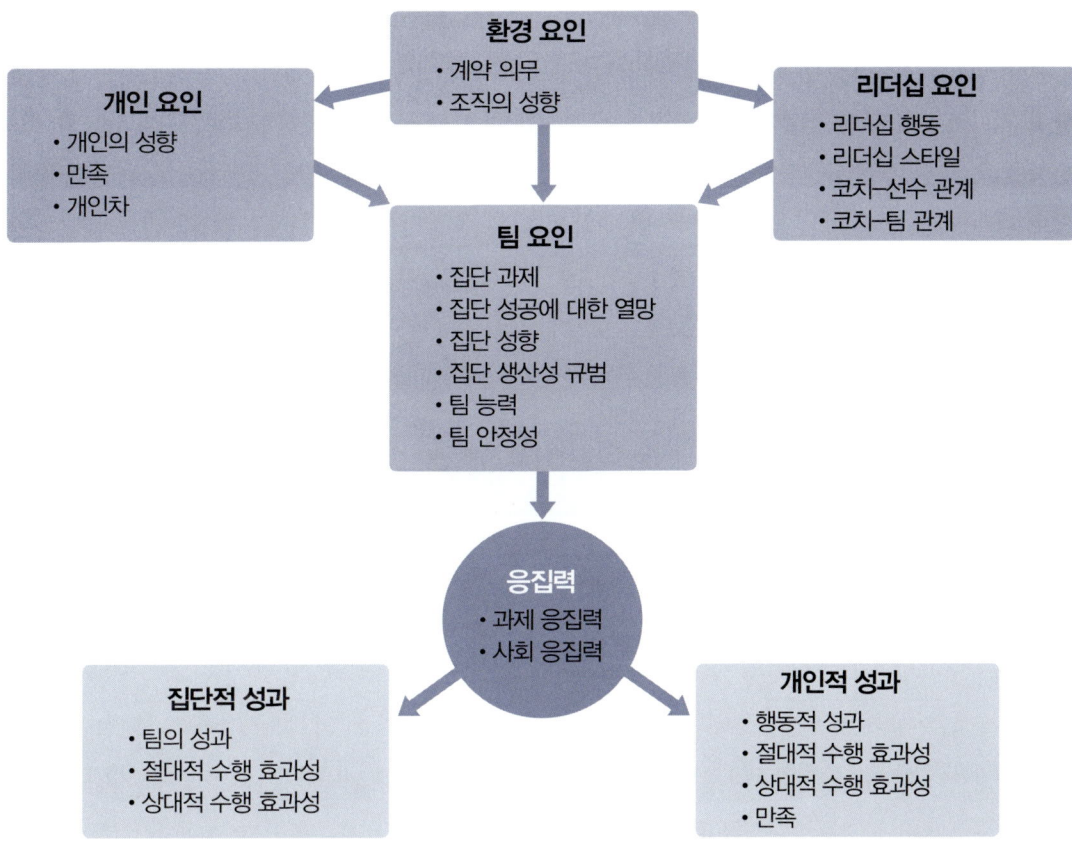

그림 4-3. 스포츠 팀에서 응집력 관련 요인을 연구하는 이론적 틀

2) 개인적 요인

개인적 특성이 같은 사람들은 서로 모이기 쉽고 더 강한 응집력을 가진다. 즉, 구성원들의 인적 특성이 유사하면 응집력이 발달할 가능성이 크다. 또한 집단의 응집력이 향상되는 것은 집단 활동을 통하여 개개 성원의 인적 특성이 유사해지기 때문이기도 하다. 응집력에 영향을 미치는 가장 일반적인 인적 요인은 개인의 사회적 배경, 개인차, 성별 그리고 개인의 만족도이다(Carron, 1988).

3) 리더십 요인

스포츠 팀에서의 리더십은 리더의 행동, 커뮤니케이션 그리고 리더십 스타일을 포함한다.

4) 팀 요인

응집력 발달과 관계된 팀 요인으로는 팀의 생산성, 과제의 구조, 팀의 안정성, 의사소통, 집단의 투과성 그리고 팀의 구조 등이 있다.

나. 집단응집력 측정 모형

Widmeyer 등(1985)은 Carron(1982)의 팀 스포츠 응집력 모델을 바탕으로 응집력은 집단생활이라는 측면에서 집단에 대한 개인적 매력과 집단통합의 두 가지 중요한 범주로 나누어진다고 주장했다. 그리고 이 두 가지 범주는 다시 집단의 목표에 따라 각각 과제 응집력과 사회적 응집력으로 나누어진다. 이 개념 모형에 의하면 스포츠 팀의 응집력은 팀에 대한 믿음과 인식에 관련된 4개의 차원을 가지며, 이들 네 차원은 서로 역동적으로 작용하여 전체 응집력을 결정한다. 여기에서 세부적으로 과제 응집력은 성원들이 일정한 과제를 성취하기 위해 함께 일하려는 정도를 나타내고, 사회적 응집력은 성원들이 서로 좋아하고 함께 있는 것을 즐기는 정도를 나타낸다.

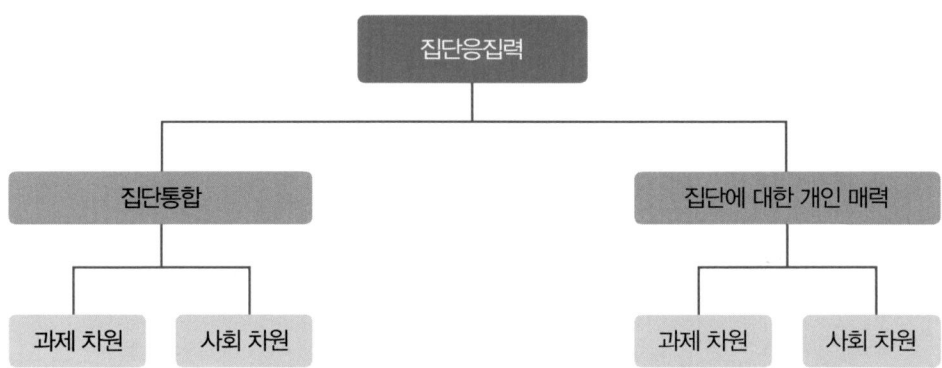

그림 4-4. 집단응집력 모형(Widmeyer 등, 1985)

집단 응집력 질문지(Widmeyer 등, 1985)
1. 나는 우리 팀 선수들이 어울려 놀 때 함께한다. 2. 나는 우리 팀의 연습량에 대하여 불만이 없다. 3. 나는 우리 팀의 플레이 스타일을 좋아한다. 4. 우리 팀은 내가 소속한 집단 중에서 가장 중요하다. 5. 우리 팀은 목표를 달성하기 위해 일치단결한다. 6. 우리 팀 선수들은 같이 어울리는 것을 좋아한다. 7. 우리 팀은 시합에서 지거나 잘못하면 전체가 책임을 진다. 8. 우리 팀 선수들은 함께 어울리는 경우가 거의 없다.
응집력 차원별 문항 집단에 대한 개인 매력 – 과제 차원: 2, 3 집단에 대한 개인 매력 – 사회 차원: 1, 4 집단통합 – 과제 차원: 5, 7 집단통합 – 사회 차원: 6, 8(R)

4. 집단응집력과 운동수행 관계

스포츠 집단 연구에서 일반적으로 응집력은 팀의 효율성을 결정하는 직접적인 요인이라고 여겨진다. 그러나 이것은 일반적 가정일 뿐 때로는 팀의 성공이 응집력을 강화할 수도 있고, 응집력이 오히려 수행을 방해할 수도 있다.

가. 응집력과 운동수행의 인과성

지금까지 응집력과 운동수행의 원인과 이에 따른 결과를 규명하기 위하여 응집력이 있으면 승리하는지, 아니면 반대로 승리하면 응집력이 생기는지 두 변수 간의 인과성에 대한 연구가 다수 진행되었다. 이에 대한 일반적인 연구방법은 시즌이 시작되기 전 혹은 시합이 시작되기 전의 응집력이 이후의 팀 수행(승률)과 관계가 있는지를 알아보는 것이었다. 그러나 이에 대한 연구결과들은 다수가 이러한 인과성을 증명하지 못했다. 오히려 그 반대인 경우, 즉 시즌의 운동수행이 포스트 시즌 응집력과 더 강한 긍정적 관계가 있는 것으로 나타났다. 결과적으로 인과성은 수행 성공에서 응집력 쪽으로 가는 것이 좀 더 타당할 것으로 보이며, 응집력이 운동수행으로 가는 인과성에 관한 증거는 약하다. 하지만 Carron, Colman 등(2002)은 메타 분석을 통해 양방향의 관계가 유사하다는 결론을 내려서 인과성 규명에 대한 후속 연구를 제안했다.

나. 응집력과 운동수행 과제

기본적으로 응집력과 수행의 관계는 과제의 유형에 따라 다르다. 즉, 상호 의존적으로 수행되는 스포츠의 경우에는 응집력이 높으면 수행은 향상된다. 그러나 수행이 독립적으로 이루어지는 공행 스포츠에서는 응집력이 수행에 영향을 미치지 못한다(Cox, 1994). 공행스포츠에서 이루어진 연구는 일관된 결과를 보여주지 못하고 있다. 예컨대 Williams와 Widmeyer(1991)의 연구에서는 골프 같은 공행스포츠에서 응집력은 시합 직전에는 선수 간의 상호작용을 높이고, 연습과 시합 중에는 동기의 훼손을 막아 수행에 긍정적인 영향을 미쳤다. 반면에 Landers와 Lueschen(1974)의 연구에서는 볼링 경기에서 성원 상호 간의 라이벌 의식이 높을 때 팀의 수행이 가장 높았다. Widmeyer 등(2002)은 응집력과 수행에 영향을 주는 몇 가지 중재 변인과 매개 변인을 제시했는데, 그중에서 과제 특성이 가장 중요한 역할을 한다. Landers(1974)에 따르면 상호작용적인 단체 종목의 과제(예: 농구, 하키)에서 대체로 긍정적인 관계가 있으며, 단독으로 수행하는 종목(예: 볼링, 조정)에서는 부정적 관계가 있다고 한다. 그러나 이후에 나온 리뷰(Carron, Colman 등, 2002; Mullen & Copper, 1994)에서는 상호작용적(interactive) 종목이나 공행(coactive) 종목 모두에서 응집력과 수행 사이에 긍정적 관계가 있는 것으로 나타났다.

다. 집단 규범과 운동수행의 관계

Schachter 등(1951)은 응집력이 높은 집단에 속한 사람은 집단 규범의 좋고 나쁨에 관계없이 집단 규범을 지킨다고 주장했다. 이후에 수행된 연구에서도 수행을 더 잘하기 위해 집단응집력이 필요한 상황이라면, 응집력이 높은 집단은 응집력이 낮은 집단에 비해 수행이 더 좋다는 것이 입증되었다. 수행 성공에 도움이 되지 않는 집단 규범을 따르는 스포츠 팀을 상상하기는 쉽지 않지만, 스포츠와 운동 집단에는 독특한 집단 규범이 있을 수 있다. 스포츠 팀은 고도로 과제지향적인 집단이다. 따라서 스포츠 팀에서 응집력은 대인 매력과 연관성이 높기보다는 팀 목표에 대한 헌신, 역할과 전략에 대한 합의 그리고 과제와 관련된 여러 팀 규범과 관련성이 높은 것으로 볼 수 있다.

5. 팀 구축과 집단응집력 향상 기법

팀 구축은 집단 역학 모형과 연구를 실천에 옮긴 것이라 할 수 있다. 이러한 팀 구축에 관한 접근은 응집력과 수행에 관해 지금까지 이루어진 협소한 관점을 좀 더 포괄적인 집단 역학의 관점으로 전환시키고 있다.

가. 팀 구축(team building)의 개념

Woodcock과 Francis(1981)는 팀 구축을 "팀의 유능성과 자원들을 방해하는 어려움을 없앰으로써 효율적인 작업 활동을 돕는 과정"이라고 정의했으며, Hanson과 Lubin(1988)은 "팀 내의 문제점을 해결하고 모든 팀 구성원의 자원을 최대화할 수 있는 팀의 환경을 만드는 노력"이라고 정의하였다. 또한, Brawley와 Paskevich(1997)는 팀 구축이란 "집단의 효과성을 높이고, 구성원의 요구를 만족시키거나 작업 조건을 향상시키기 위해 집단을 도와주는 방법"이라고 정의했다. Carron 등(2005)은 팀 구축은 "과제 측면과 사회 측면의 목적 달성을 위해 팀을 향상시키는 것"이라고 정의했다.

대부분의 팀 구축 정의는 팀의 수행과 상호작용적인 역동성에 초점을 두고 있으며, 가장 적절하게 평가되고 있는 팀 구축의 정의로는 "팀 과정 혹은 팀 상승효과에 긍정적인 영향을 미침으로써 팀 경기력을 향상시키는 팀 개입"이다(Tennenbaum, Beard & Salas, 1992). 팀 구축은 과정상의 개입(Beer, 1980)이라 볼 수 있다. Schein(1969)에 의하면 과정 개입이란 개인과 집단이 그들의 행동과 관계에 도움을 주는 데 초점을 둔 활동이며, 특히 팀 구축은 팀 과정을 향상시키고 개인 및 팀의 성향을 증대하여 과제와 관련된 작업 구조를 수정하는 데 초점을 둔다(Tennenbaum, Beard & Salas, 1992). 팀 구축은 효과적인 팀워크가 부족하거나 수행의 향상을 방해하는 장애물이 존재하는 팀에게 특히 필요하다.

나. 팀 구축 이론 모형

팀 구축과 관련해서 가장 주목받고 있는 모델은 Prapavessis, Carron과 Spink(1997)의 팀 구축 개입의 적용을 위한 모형이다. 이 모형은 선행 변인, 과정 변인, 결과 변인으로 구성되어 있다. 선행 변인으로는 팀의 환경(근접성, 독특성 등), 팀의 구조적 변인(팀의 규범, 리더십, 역할의 명확

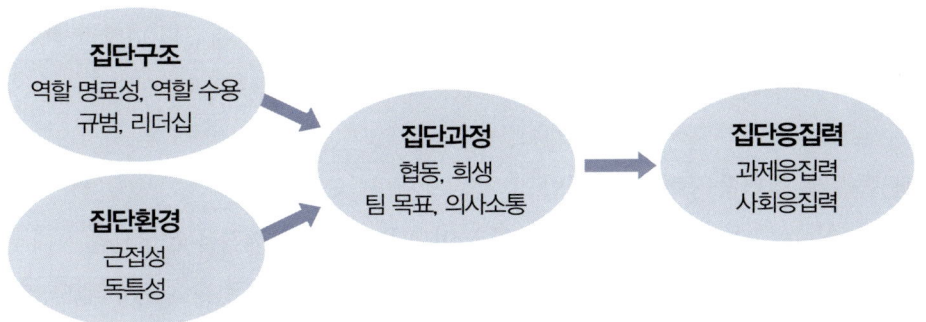

그림 4-5. 팀 구축 프로그램 적용을 위한 개념모형(Prapavessis, Carron, Spink, 1997)

표 4-3. 팀 구축 프로그램의 요인 및 구체적인 전략의 예(Prepavessis, Carron, Spink, 1997)

구분		필요성	전략
팀 환경 요인	독특성	팀의 독특성은 응집력에 기여한다.	팀 구성원이 동일한 팀 유니폼을 입는다.
	근접성	팀 구성원이 신체적으로 가까워질 기회가 많아지면 응집력은 향상된다.	라커룸의 같은 구역에 팀 선수들의 라커를 정한다.
팀 구조 요인	역할 명료성/ 수용성	팀 구성원이 자신의 역할을 명확하게 이해하고 수용할 때, 응집력은 향상된다.	매주 한 번씩 팀 미팅을 열어 각자의 역할과 이에 따른 책임에 대해 논의한다.
	팀 규범 순응	팀의 사회적/과제적 규범에 대한 순응은 응집력을 향상시킨다.	팀의 주장에게 행동 규범을 설정하게 하고 이에 대한 불복종에 대해 논의하는 시간을 갖는다.
	팀 리더십	팀 구성원이 참여하는 의사결정은 응집력을 향상시킨다.	선출된 선수협회를 구성하여 팀의 문제점들을 코치와 상의한다.
팀 과정 요인	개인적 희생	높은 지위에 있는 팀 선수들이 팀을 위해 희생할 때, 응집력은 향상된다.	팀 주장을 통해 1학년 선수들이 팀의 사회적 모임에 동참하게 한다.
	목표/목적	목표 설정 과정에 팀 선수들이 참여할 때, 응집력이 향상된다.	매주 팀 구성원이 모여 팀 과정, 팀 수행, 결과 목표를 설정한다.
	협동	협동적인 행동은 팀 응집력을 향상시킨다.	고참선수들이 팀에 익숙하지 않은 선수들에게 팀의 체계를 가르치고 도와주게 한다.
	상호작용/ 의사소통	팀 선수들의 상호작용이 증가하면 응집력이 향상된다.	파트너 활동을 더 많이 활용하고, 서로의 개인적인 사항에 대해 알게 할 시간을 갖게 한다.

성)이고, 과정 변인으로는 협동, 희생, 목표, 상호작용 및 의사소통 등과 같은 팀의 과정이며, 마지막으로 결과 변인은 팀의 응집력(과제, 사회응집력)이다. 팀의 환경과 팀의 구조는 팀의 과정에 영향을 미치며, 팀의 과정은 팀의 응집력에 영향을 미친다.

팀 구축 프로그램 적용을 위한 이러한 개념 모형은 집단 역동성에 대해 더욱 깊이 이해하게 해준다. 또한 이 모형은 3가지 장점이 있다. 첫째, 복잡한 개념을 단순화하고 더욱 이해하기 쉽게 만들어 코치와의 의사소통에 긍정적인 영향을 미친다. 둘째, 팀 구축과 관련된 다양한 요인 간의 관계를 강조하며, 마지막으로 가능한 한 팀 구축 개입 프로그램을 쉽게 구별하게 한다.

다. 팀 구축 및 집단응집력 향상 기법

팀 구축을 하는 이유는 팀 구축에 그치지 않고 이를 통해 집단응집력을 향상시키는 데 궁극적인 목적이 있다. 따라서 효과적인 팀 구축 기법은 집단응집력 향상 기법과 다를 바가 없다. 최근에 스포츠와 운동 상황에서 이루어진 팀 구축 연구는 결국 집단응집력 향상을 위한 연구가 되며, 여기에서는 구체적인 팀 구축 전략이 제시된 두 가지 통합적인 기법을 제시하고자 한다.

Yukelson(1997)의 팀 의사소통 문화 개선 방안

- 선수의 개성 파악: 각 선수가 갖고 있는 독특한 점을 찾는다.
- 집단 소속감에 대한 자긍심과 팀 정체감을 발전시킴: 보드판 홍보, 팀 십계명
- 팀 목표 설정: 포괄적인 목표 설정 프로그램
- 목표에 대한 평가: 진도 차트, 정기적 평가, 피드백
- 역할을 분명하게 설정: 역할기대 분명하게 하기, 상호 이해 높이기
- 팀의 여러 안건 토론을 위해 주기적으로 팀 미팅을 가짐: 솔직하게 말할 수 있는 시간 배당
- 리더 선수의 조언 활용

Eys 등(2006)의 스포츠운동 집단 팀 구축 전략

독특성
- 스포츠: 티셔츠, 로고, 모토 등으로 일체감을 갖게 하는 물품을 제공한다.
- 운동: 네온 헤드밴드, 신발 끈을 제공한다. 반의 포스터를 부착한다.

개인 위치
- 스포츠: 역할을 분명하게 구분하는 방법으로 팀 구조를 갖춘다.
- 운동: 고강도, 중강도, 저강도 운동 회원을 위해 구체적인 위치를 정해준다.

집단 규범
- 스포츠: 선수 각자가 팀 성공에 어떤 공헌을 하는지 알려준다.
- 운동: 회원이 서로 운동 친구가 되도록 분위기를 만든다.

개인 헌신
- 스포츠: 신입 선수를 위해 고참 선수가 출전을 양보한다.
- 운동: 기존 회원이 신입 회원을 도와주도록 부탁한다.

상호작용과 커뮤니케이션
- 스포츠: 동료 선수가 무엇을 해주기를 원하는지 기록하게 한다.
- 운동: 파트너와 함께 운동하기, 동작 시범을 교대로 보이기 등을 하도록 부탁한다.

2장 리더십

 학습목표
- 리더십의 개념을 파악하고 정의를 알아본다.
- 효과적인 리더십을 위한 강화와 처벌 전략을 적용한다.
- 코칭 스타일을 이해하고 코칭행동을 평가해본다.

1. 리더십의 정의 및 개념

Stogdill(1950)에 의하면 리더십이 존재하기 위해서는 최소한 3가지 기준이 만족되어야 한다. 3가지 기준은 ① 두 사람 이상의 성원을 갖고 있는 집단이 있어야 하고, ② 집단성원이 공통으로 수행해야 할 과제가 있어야 하며, ③ 성원들 간에 책임의 분화가 있어야 한다는 것이다. 이 3가지 기준은 집단이 존재하기 위한 기본 조건이기도 하다. Hemphill(1957)은 집단이 공동으로 지향하는 목적을 달성하기 위해 집단구성원들의 활동을 선도하는 지도자의 행동으로 정의했으며, Cartwright(1968)는 집단목표를 선정하는 활동, 집단목표를 실현시키는 활동, 구성원 간의 상호작용의 질을 높이는 활동, 집단의 응집력을 조성하여 이것을 집단 차원으로 이용하도록 하는 집단구성원 등의 제반 활동으로 리더십을 개념화했다.

Hemphill과 Coons(1957)는 Stogdill이 제시한 조건을 고려하여 리더십을 "공통의 목표를 달성하기 위한 방향으로 집단의 활동을 이끄는 개인의 행동"이라고 정의하고 있다. Hemphill과 Coons의 정의에는 3가지 의미가 내포되어 있다. 첫째, 리더는 집단의 구성원과 구분되는 영향력을 구성원들에게 의도적으로 행사하는 사람이라는 것이다. 여기서 리더가 행사하는 영향력은 집단의 목표에 관련된 것을 말한다. 집단의 임무와 관련이 없거나 리더 자신의 이익을 위한 영향력은 리더십 행동이 아니다. 리더십 행동은 집단의 목표를 달성하는 일에 가장 큰 영향력을 발휘하는 행동이다. 둘째, 리더는 성원들에게 자신의 욕구를 실현하는 일에 참여하도록 하는 사람이라는 것이다. 성원들이 리더를 따르지 않는다면 리더십은 의미가 없다. 셋째, 리더는 성원들의 참여를 유도하기 위하여 동기를 부여하는 사람이라는 것이다. 성원들은 리더가 이끄는 일에 자발적으로 참여할 수도 있고, 보상과 처벌을 주는 리더의 권위와 통제력에 의하여 참여할 수도 있다. 이처럼 리더십은 한 개인이 성원들의 행동을 일정한 방향으로 이끌기 위하여 영향을 미치는 과정이다.

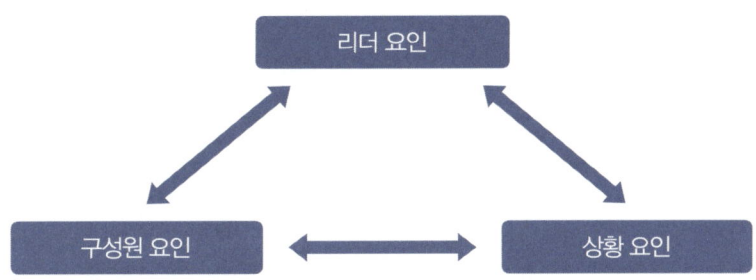

그림 4-6. 스포츠에서 리더의 영향력 체계(Chelladurai, 1978)

Yukl(1989)은 리더십의 효율성이 평가되는 3가지 관점을 제시하고 있다. 첫째 관점은 리더가 이끄는 집단의 생산성이다. 집단이 과업을 성공적으로 수행하고 설정한 목표를 달성했느냐의 여부가 효율성의 지표가 된다. 예컨대 코치의 효율성은 시즌 동안 몇 승을 올렸느냐 같은 것이 될 것이다. 둘째 관점은 성원들의 리더에 대한 태도이다. 성원들이 리더를 존경하고 리더의 요구를 실행하는 데 적극적인가, 아니면 리더에게 불만을 품거나 적대감을 가지는가가 효율성의 지표가 된다. 셋째 관점은 집단과정의 질이다. 리더가 이끄는 집단의 응집력이나 집단 동기가 얼마나 강하고, 문제나 갈등이 얼마나 원만하게 해결되느냐가 효율성의 지표가 된다.

2. 리더십 이론

상황이 달라지면 요구되는 지식과 능력이 달라지기 때문에 한 상황에서 성공하는 리더가 다른 상황에서도 성공할 수 있는 것은 아니다. 여기에는 개인의 특성, 행동적 접근, 상황적 접근이 있다.

표 4-4. 리더십 이론의 분류

	리더의 특성	리더의 행동
보편적	보편-특성 이론	보편-행동 이론
상황적	상황-특성 이론	상황-행동 이론

가. 특성적 접근

특성 이론(trait theory)은 리더의 개인적 속성을 강조한다. 특성적 접근에서는 리더가 타고난 인성이나 성격을 지니고 있으며, 이들은 어떤 상황에서도 성공적인 리더가 될 수 있다고 주장한다. 대부분의 역사적 영웅이나 카리스마적 지도자들을 보면 이러한 가정이 매우 타당한 것처럼 보인다. Barnard(1938)는 지도자에게 필요한 자질로 활력, 인내력, 설득력, 책임감, 지능을 들고 있고,

Davis(1969)는 지능, 사회성, 동기 그리고 인간관계를 들고 있다. 한편 Stogdill(1948)은 특성론적 입장에서 리더십을 연구한 124편의 연구들을 살펴보고 지능, 성취동기, 책임감, 참여 그리고 지위 등이 성공적인 리더에게 공통적으로 발견되는 특징이라고 보고했다.

하지만 이 분야의 연구들은 일관성 있는 결과를 제시하지 못하고 단지 스포츠 리더의 몇몇 기질적 특성만 밝히는 데 그쳤으며, 특성적 접근을 지지하고 있는 몇몇 연구에서는 방법론상의 오류가 있는 것으로 밝혀져서 일반화할 수 없다는 비판을 받았다.

나. 행동적 접근

행동적 접근(behavioral approach)에서는 성공적인 리더는 집단을 효율적으로 이끄는 어떤 보편적인 행동 특성을 가지고 있어서 이러한 행동 특성을 찾아내어 가르치면 누구나 훌륭한 리더가 될 수 있다고 믿는다. 리더십을 생득적인 특성이나 유전적인 소질이 아니라, 학습할 수 있는 하나의 성취라고 보는 것이다(Cribbin, 1972).

1) 전제-민주-자유방임적 리더십 모형

Lewin 등(1968)은 리더의 전제적, 민주적 그리고 자유방임적인 스타일이 집단구성원의 활동에 미치는 영향을 연구하였다. 그 결과 전제적 리더는 절대적인 힘을 가지고 집단의 목표와 운영 그리고 상벌에 이르기까지 집단의 모든 결정을 혼자 내리는 것으로 나타났다. 성원들은 리더의 결정에 이의를 제기하지 않고, 무엇을 어떻게 할지 전혀 알지 못하며, 지도자의 명령에 따라 움직인다고 보고했다. 민주적 리더십은 집단의 조직과 운영방침은 리더의 조언과 조정에 따라 구성원들의 토론을 거쳐 결정되며, 업적의 평가나 상벌은 객관적 근거에 의한다. 성원들은 자유롭게 파트너를 선택하고, 지도자는 협력자로서 행동한다. 자유방임적 리더는 조직의 계획이나 운영상의 결정에 관여하지 않고, 수동적 입장에서 행동하며, 구성원에게 모든 것을 맡겨버린다. 지금까지 이루어진 여러 연구 결과에 의하면 3가지 리더십 중 민주적인 리더십에서 성원의 생산성과 사기가 가장 높게 나타났으나, 위기 상황에서는 전제적 리더십이 효과가 있는 것으로 나타났다(Ouchi, 1981).

2) LBDQ 리더십 모형

LBDQ 모델은 미국 오하이오 주립대에서 개발되었으며, 효율적인 리더십의 특성을 밝힘으로써 훌륭한 리더의 행동 준거를 마련하려는 의도에서 시작되었다. 연구결과 리더의 행동은 배려성, 조직 주도성, 생산성 강조, 감수성으로 나타났으며 특히 배려성과 조직 주도성은 전체 응답의 80%를 넘게 차지하는 것으로 나타났다. 이를 통해 배려성과 조직 주도성의 두 차원으로 구성된 '지도자

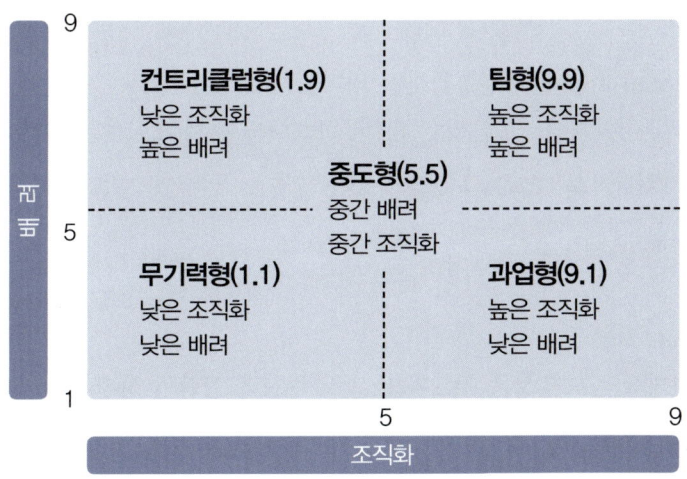

그림 4-7. LBDQ 리더십 모형

행동기술 질문지(Leader Behavior Description Questionnaire: LBDQ)'가 개발되었다(Stogdill, 1974).

3) 스포츠 팀 리더십 행동 연구

스포츠 팀을 대상으로 리더십 행동을 밝히려는 연구 중 대표적인 것은 Danielson 등(1975)이 개발한 스포츠에서 코칭행동 기술 질문지이다. LBDQ를 스포츠 상황에 맞게 수정하여 스포츠 분야에 적합한 '코치행동기술 질문지(Coach Behavior Description Questionnaire: CBDQ)'를 만들었다.

표 4-5. 스포츠에서의 코치행동(CBDQ)

행동 차원	설명
경쟁적 훈련	선수들의 훈련, 수행, 동기와 관련된 행동
주도	새로운 방법을 활용하여 문제를 해결하려는 개방성과 관련된 행동
조직	성원들이 함께 효율적으로 일하도록 하기 위한 행동
사회적	운동장을 벗어나 사회적인 관계에 관련된 행동
대표	외부인들과의 관계에서 팀을 호의적으로 나타내도록 하는 행동
조직의 커뮤니케이션	집단의 관심과 관계된 행동 또는 대인적 지원과 무관한 의사소통
인정	수행이나 참여에 대한 보상으로서 피드백이나 강화에 대한 행동
일반적인 활력	팀 수행에 대한 각성이나 활성화와 관련된 행동

다. 상황적 접근

상황적 접근(situational approach)에 의하면 리더십을 결정하는 것은 리더의 특성이나 행동뿐만 아니라 추종자의 태도와 능력 그리고 리더십이 발휘되는 조직 내외의 상황들이다. 리더십을 지도자와 추종자의 상호작용으로 보고, 그 상호작용은 그들을 둘러싸고 있는 상황 속에서 이루어지는 것으로 파악한 것이다.

1) Fiedler의 상황부합 이론

Fiedler(1978)는 리더십의 효율성은 지도자의 인적 특성과 집단의 상황적 조건에 의존한다는 '유관성 모형(contingency model)'을 제안하였다. 유관성 모형은 초기 리더십 연구에서 많은 관심을 받았으며 리더를 과제 지향(주로 수행에 초점을 두는 것)과 개인 지향(주로 대인관계에 초점을 두는 것)으로 나누고 있으며, 리더의 효과성은 상황의 유리함 여부에 달려 있다고 본다. 예를 들어 과제 지향의 리더는 상황이 유리할 때와 상황이 가장 불리할 때 효과성이 좋다. 반면에 개인 지향의 리더는 중간 정도의 유리한 상황에서 효과성이 있는 것으로 나타났다. Fiedler의 모형은 1970년대에 인기를 끌었지만, 변수를 측정하기가 어려웠고 연구 결과에도 일관성이 부족했다. 또 스포츠와 운동 상황에도 적합한가에 대해 의문이 제기되었다.

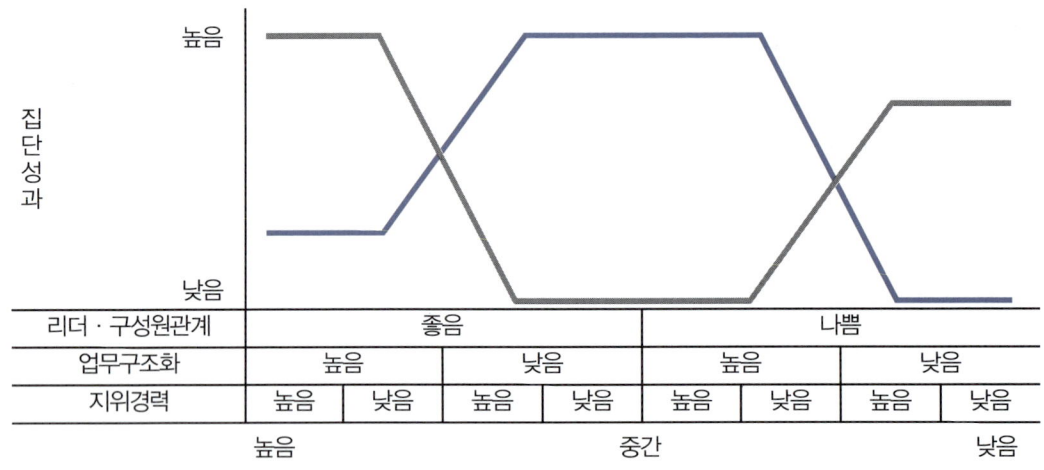

그림 4-8. Fiedler의 상황부합 이론

2) 다차원적 리더십 모형

스포츠 상황에서 가장 대표적인 리더십 모형은 Chelladurai(1980)의 다차원적 리더십 모형이다. 그는 기본적으로 리더십의 효율성은 상황적 요인과 리더(코치)와 성원(선수)의 특성에 의하여 결정된다고 주장했다. 이 모형에서 지도자의 행동은 3가지 유형으로 구분된다. 즉, 특정 상황에서

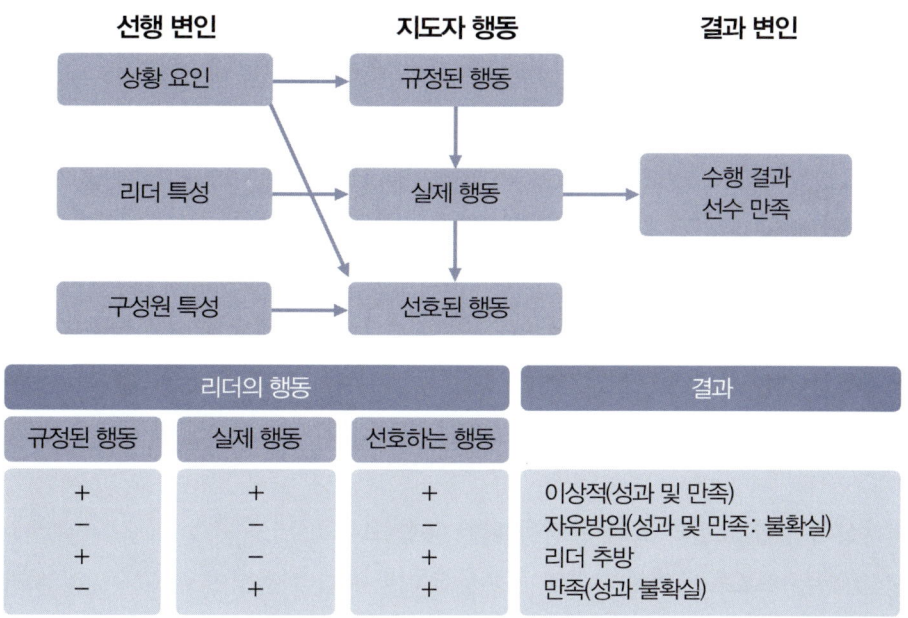

그림 4-9. 지도자 행동의 일치 여부에 따른 결과

리더에게 요구되는 규정된 행동, 리더(코치)가 실제로 행하는 행동, 성원(선수)들이 좋아하는 리더의 행동이 그것이다. 이 모형에 의하면 리더십의 효율성은 이 세 요인들이 얼마나 서로 일치하느냐에 달려 있다.

다차원적 리더십 모형의 이론이 스포츠 상황에서 각광을 받고 설득력을 얻게 되자 Chelledurai와 Saleh(1978)는 다차원적 리더십 모형의 이론을 바탕으로 코치의 리더십 유형을 측정하기 위해 '스포츠 리더십 측정척도(Leadership Scale for Sport: LSS)'를 개발하였다. LSS는 리더십 행동을 의사결정 스타일(민주적-전제적), 동기 부여 성향(사회적 지원-긍정적 피드백) 그리고 지도 행동(훈련과 지시)이라는 3가지 영역의 5개 하위 요인으로 나누어 리더십을 측정하고 있다. 특히 Challedurai의 모형에서는 리더십 행동을 코치의 실제 행동과 선수들이 좋아하는 행동으로 분리

표 4-6. 스포츠 리더십의 하위 요인

차원	구체적인 행동
훈련과 지도	선수의 수행 수준을 향상시키기 위한 훈련과 지도 행동
민주적 행동	전술과 전략, 연습방법, 목표의 설정 등 의사결정 시 선수의 참여를 허용하는 정도
전제적 행동	선수와 일정한 거리를 두고 자신이 모든 것을 결정하는 행동의 정도
사회적 지원	선수의 개인적 욕구를 만족시키거나 팀의 좋은 분위기를 유지하려는 행동의 정도
긍정적 피드백	선수의 훌륭한 수행을 칭찬하고 보상하는 행동의 정도

하여 선호와 실제의 일치성을 주장했기 때문에 LSS 또한 이 두 가지 행동을 분리해서 측정되었다. 예를 들어 코치의 실제 행동을 측정하는 문항은 "나의 코치는 선수들이 잘했을 때 칭찬한다"이며, 선호 행동을 묻는 문항은 "선수들이 잘했을 때 칭찬했으면 좋겠다"로 구성된다.

3. 리더십의 상황 요인과 효과

코칭행동과 리더십의 효율성은 일차적으로 바람직한 코칭행동과 리더십에 영향을 미치는 상황이나 환경적인 요인이 무엇인지를 파악하는 것이 기본이 되어야 하며, 이를 고려한 코칭행동이나 리더십이 선수들에게 어떤 결과를 초래하는지를 살펴봄으로써 심층적으로 규명될 수 있다.

가. 리더십의 상황 요인과 효과 규명을 위한 통합 모형

Horn(2002)은 스포츠 영역에서 코칭 효율성에 대한 보다 심층적인 이해를 위해 여러 리더십 이론과 코칭행동 모형에 포함된 요인을 포괄하는 통합 모형을 제안했다. 이 모형은 기본적으로 스포츠 상황에서 코칭행동에 영향을 미치는 선행 요인이 무엇이며, 이러한 코칭행동이 어떤 매개변인들을 통해 선수의 수행과 행동에 영향을 주는지를 구체화하고 있다.

구체적으로 코칭행동(Box 5)은 코치 개인이 내면화하고 있는 기대, 가치, 믿음, 목표 등의 개인적 특성(Box 4)에 의해 결정되며, 이러한 코칭행동은 직접적으로 선수들의 수행이나 행동(Box 6)

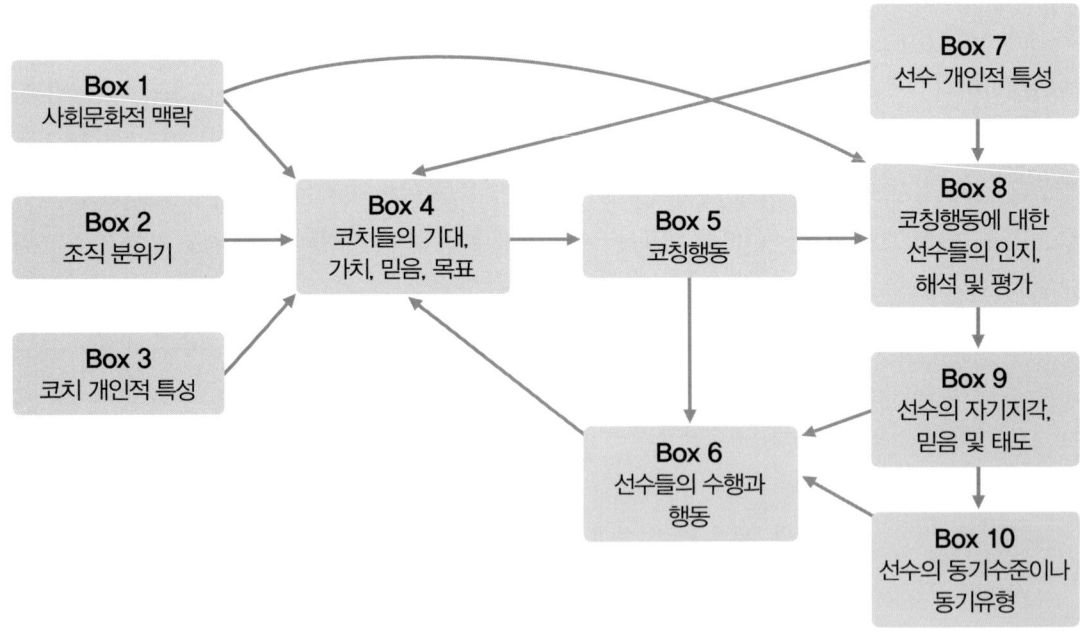

그림 4-10. 코칭행동의 통합적 이해 모형(Horn, 2002)

에 영향을 미침은 물론 코칭행동에 대한 선수들의 인지적 평가(Box 8)와 신념(Box 9) 및 동기수준(Box 10) 등을 변화시켜 간접적으로도 영향을 준다는 것이다. 아울러 이 모형에서는 사회문화적 요인(Box 1)과 조직 분위기(Box 2) 같은 환경적 요인과 더불어 코치의 개인적 특성(Box 3)과 선수의 개인적 특성이 코칭행동 과정에 어떻게 관여하는지도 포괄적으로 설명해주고 있다. 따라서 Horn(2002)의 통합 모형은 코칭행동의 문제를 진단하거나 효율적 코칭을 위한 교육 프로그램을 개발하는 데 유용한 정보를 제공해줄 수 있다.

나. 리더십의 상황 요인

Horn(2002)의 코칭 효율성 모형에서 코칭행동은 코치가 내면화하고 있는 기대나 가치, 신념, 목표 등에 의해 직접적으로 영향을 받으며, 이러한 내적 요인들은 사회문화적 맥락이나 조직의 분위기, 코치의 개인적 성격 특성은 물론 선수들의 수행과 행동 결과에 따라 다르게 나타날 수 있다.

1) 코치의 기대

Rejeski 등(1979)은 CBAS를 사용하여 코치의 기대수준과 코칭행동 간의 관계를 검증한 결과, 코치의 기대를 받는 선수들은 더욱 많은 강화를 받은 반면에 코치의 기대가 낮은 선수들은 일반적 기술 지도를 많이 받는 것으로 나타났다. Horn(1984) 역시 시합 상황에서 코치들은 높은 기대집단의 선수와 더 많은 의사소통을 하며, 낮은 기대집단 선수에게는 성공 후에 강화를 많이 주지만 실패 후에는 그만큼 처벌도 내리는 것으로 보고했다. Papaioannou(1995)는 체육수업 상황에서 교사의 성취목표 분위기에 대한 학생의 지각과 교사 기대에 대한 지각의 관계를 검증하였다. 그 결과, 교사가 수행지향적인 수업 분위기(performance oriented climate)를 가지고 있다고 지각한 학생은 자신의 교사가 수업 시 성취가 높은 학생을 선호할 것이라고 믿었고, 교사가 학습지향적 분위기(learning oriented climate)를 창출한다고 인식한 학생은 자신의 교사가 학생들의 성취 수준과 관계없이 행동할 것이라고 생각했다. 전반적인 연구결과를 요약하면 코치의 기대효과를 대변하는 이론이나 결과들은 결코 자성예언 이론(self-fulfilling prophecy theory)의 범위나 틀을 벗어날 수 없다. 코치의 기대는 선수를 다루는 자신의 코칭행동에 영향을 주게 되고, 그 결과로 각 선수의 수행과 행동 및 자기-지각 등이 변화하게 되며, 이는 다시 코치의 초기 기대를 변화시키거나 더욱 확고하게 한다(Horn, 1984; Rejeski 등, 1979).

2) 코치의 고정관념(stereotype)

코치나 리더가 집단 속에서 어떤 고정관념을 갖는다는 것은 결코 바람직하지 않다. Horn(2002)은 코치가 갖는 성역할 고정관념으로 인하여 남녀 선수에 대한 코칭행동이 달라질 수 있음을 제안했다. 즉 남녀 혼성팀에서 여자 선수는 남자 선수에 비해 보다 적은 관심과 지도를 받고 훈련 시간도 적을 수 있으며, 여성 단일팀의 경우라도 편향적 성 고정관념은 수행 기준을 낮게 설정하게 하여 지도나 피드백의 양과 질 모두를 감소시킬 수 있다는 것이다.

코치의 고정관념은 종족이나 인종과 관련해서도 존재한다는 증거가 있다. Coakley(1994)는 미국 코치들이 갖는 인종과 관련된 고정관념을 조사한 결과, 코치들은 백인들이 정신능력(의사결정, 판단력 등)에서 보다 우월하며, 흑인들은 신체적 능력(반응시간, 스피드 등)에서 더욱 우월하다고 믿고 있었다.

3) 코치의 심리적 특성

배우는 학생들이 성취목표 성향을 가지는 것처럼 코치도 자신이 원하는 성취목표 성향을 취할 수 있다. 성취목표 성향의 이론(Nicolls, 1992)에 기초해볼 때, 코치는 훈련이나 시합 상황에서 자신이 지배적으로 가지고 있는 성취목표 성향과 일관적인 행동을 보일 가능성이 크다. 예를 들어 과제(과정)지향적 코치는 선수 개인의 기술발달이나 과제 완성과 관련된 피드백을 더욱 강조하며, 반대로 자아(결과)지향적 코치는 개인적 기술 수준보다는 팀 내 동료와의 비교 관점에서 평가적 피드백을 더욱 많이 제공할 수 있다. 그리고 이러한 코칭행동은 집단의 동기 분위기에 영향을 미쳐 집단의 과제(과정)적인 동기 분위기를 조성할 수도 있으며, 수행(결과)지향적인 동기 분위기를 형성할 수도 있다. 또한 코칭 효능감이 높게 나타난 코치들은 보상이나 격려를 보다 많이 제공한 반면, 효능감이 낮은 코치는 지도나 조직행동을 보다 많이 보였으며(Feltz 등, 1999), 내적 동기 수준이 높고 외적 동기 수준이 낮은 코치가 보다 자율적인 의사결정 유형을 사용하는 것으로 나타났다(Frederick & Morrison, 1999). 이 밖에 코치의 주의 유형이나 불안 수준 역시 코치의 기대나 목표에 영향을 미칠 수 있다. 코치가 갖는 주의 기술이나 능력은 선수의 기술 패턴과 오류를 찾아내거나 시합 시 공격과 수비 등 시합 전반적인 영역과 밀접한 관련을 맺기 때문이다. 아울러 코치의 특성불안 수준은 긴장된 시합 상황에서 해법을 찾고 명확한 판단을 내리는 능력과 관련될 수 있다. 이러한 결과는 코치의 개인적 특성이 실제 코치행동과 관련될 수 있음을 보여준다.

4) 사회문화적 맥락의 영향

성취목표 성향 같은 동기심리적인 특성이 사회문화적 배경에 따라 다르다는 증거는 코치의 기대나 목표도 사회적 배경이나 문화권에 따라 다를 수 있음을 시사한다(Kim & Gill, 1997). 예를 들어 스포츠에 대한 하위문화나 성역할 특성에 대한 지배적인 사회문화적 인식들은 코치 개개인의 규범적 기대나 가치 및 신념들에 영향을 미치기 때문이다(Donnelly & Young, 1988). 비교문화적 관점에서 효율적인 코칭에 대한 코치들의 신념을 귀납적 내용분석 절차를 통해 확인한 성창훈 등(2004)도 바람직한 긍정적 코칭의 영역이 서구 연구들에서 발견된 범주와 다소 다름을 제시하고 있다.

5) 경쟁 수준 및 스포츠 구조

초등학교의 경우 훈련 분위기가 기술 지도나 발달처럼 객관적인 과제에 초점이 맞추어지는 반면, 중·고등학교처럼 경쟁 수준이 증가할수록 승리에 관심이 집중된다. 이는 상위 연령의 선수를 가르치는 코치일수록 수행과정 같은 객관적인 기술 지도보다는 수행 결과에 준하여 자기 주관적인 강화와 처벌을 많이 사용한다는 것을 의미한다. 즉, 선수들의 연령이 증가할수록 코칭행동은 자연스럽게 자기-관여적(self-involving)인 행동으로 변한다(Chaumeton & Duda, 1988).

Amorose와 Horn(1999)은 대학 수준에서도 동일한 현상이 관찰됨을 보고하고 있다. 즉 1부 리그 소속 선수들(Division I)은 3부 리그 선수들(Division III)에 비해 자신들의 코치가 보다 독재적이며, 사회적으로 덜 지원적이고 긍정적이거나 정보적인 피드백을 제공하는 빈도도 낮다고 지각했다. 이는 스포츠 구조의 차이가 코치의 기대나 목표에 영향을 미치고, 결과적으로 훈련과 시합에서도 어떤 특정한 지도행동을 결정하게 하는 중요한 단서가 됨을 시사하고 있다.

4. 강화와 처벌의 적용

효과적인 리더십을 발휘하기 위해서는 구성원의 행동에 대해 때론 칭찬하고 때론 과감히 문제점을 지적할 필요가 있다. 좋은 행동은 더욱 강화시키고 나쁜 행동은 소거하는 전략은 행동주의 심리학에서 핵심으로 다뤄지고 있다.

가. 강화

1) 강화의 개념

강화(reinforcement)는 즉각적인 반응을 보이도록 유도하며, 반응의 빈도를 증가시키는 어떤 자극이나 사건 또는 상황을 말한다. 원하는 행동이 나타난 다음에 강화자극을 제시해줌으로써 미래에 그 반응이 나타날 가능성을 증가시키는 것을 말한다. 강화는 행동주의 심리학에서 사람이나 동물의 행동을 유도하고 학습시킬 때 가장 효과적으로 이용할 수 있는 강력한 기법 중 하나이다.

2) 행동 조형

강화물들을 사용하여 운동선수의 행동을 점차적으로 가꾸어나가는 것을 '행동 조형'이라 한다. 행동 조형은 최종적으로 이루고자 하는 수행을 성공시키기 위해 단계적이고 점진적으로 강화하는 것을 말한다. 행동조형이 스포츠와 운동에서 매우 중요한 이유는 대부분의 신체적 기술이나 운동 또는 과정들이 점진적인 단계를 거쳐 점차적으로 발전하기 때문이다. 따라서 행동 조형은 운동기술의 발달과 매우 밀접한 관계가 있다. 예를 들어 행동 조형은 테니스 선수가 서브의 원리를 배우거나, 타자가 번트하는 방법을 배우도록 돕는 것을 말한다. 유능한 지도자는 연속적이고 계열적인 단계들을 잘 이해하여 운동선수들이 올바른 수행을 향해 나아가도록 강화할 필요가 있다.

3) 강화의 종류
① 정적 강화 vs. 부적 강화

강화는 정적 강화와 부적 강화로 구분된다. 정적 강화는 어떤 반응의 빈도를 높이기 위해 제시되거나 주어지는 자극이며, 어떤 행동이 일어난 직후 바람직한 강화물을 제공함으로써 바람직한 행동의 강도와 빈도를 증가시키는 것을 의미한다. 즉, 어떤 행동이 일어난 직후 또는 일어나는 상황이 발생했을 때 이후 그 행동이 일어날 확률을 높이는 절차이다.

부적 강화는 불쾌하거나 고통스런 자극을 제거함으로써 바람직한 반응의 확률을 높이는 것으로, 행동이 나타났을 때 대상자가 싫어하거나 바라지 않는 것을 제거해주어 바람직한 행동의 강도와 빈도를 증가시키는 것을 의미한다.

> 정적 강화: 유쾌자극 제시
> 공통점: 바람직한 행동 유도
> 부적 강화: 불쾌자극 소거

② 1차적 강화 vs. 2차적 강화

행동 변화에 사용할 수 있는 긍정적 강화물에는 여러 가지 범주가 있지만, 크게 물질로 강화하느냐 사회적인 보상으로 강화하느냐로 구분할 수 있다. 1차적 강화는 그 사람에게 가치 있는 물건이나 물질을 사용하는 것이다. 돈이나 음식, 게임 티켓 또는 그가 보상으로 받아들일 만한 물건이 이에 해당한다. 강화물은 치료가 시작되기 전에 결정해야 하며, 그것이 그 사람에게 충분한 가치가 있어야 한다는 점을 명심해야 한다.

2차적 강화는 코칭-선수관계와 관련된 사회적인 강화로서, 예를 들면 긍정적 관심, 말로 하는 칭찬 그리고 사람들에게 인정받는 것과 같은 것들이다. 사회적 강화물은 말이나 글 또는 미소나 엄지를 올리는 등의 몸짓으로도 표현될 수 있다. 예를 들어 어떤 선수가 수술 후 재활치료 과정을 진행하고 있다고 코치가 다른 팀원들에게 말하는 것은 그 선수가 재활치료에 더욱 순응하도록 강화하고 있는 것이다. 이와 비슷하게 운동수업 중에 리더가 한 달 동안 꾸준한 출석에 대해 발표하는

> **강화의 종류**
>
> **1차적 강화: 물질이나 물건 강화**
> ① 소모강화: 먹을 수 있는 것
> ② 활동강화: 텔레비전 보기, 책 읽기, 게임하기 등
> ③ 조작강화: 장난감, 게임기 등 조작할 수 있는 것
> ④ 소유강화: 옷, 신발, 시계, 핸드폰 등 소유할 수 있는 것
>
> **2차적 강화(사회적 강화):** 칭찬, 미소, 머리 쓰다듬어주기, 안아주기, 긍정적 댓글 등

것은 수업에 대한 참가자들의 충실함을 사회적으로 강화시켜주는 것이다.

강화전략을 적용하는 초기에는 강력한 효과를 발휘하는 1차적 강화를 제공하는 것이 효율적이지만, 시간이 지나고 1차적 강화에 적응되게 되면 2차적인 사회적 강화를 제공하여 장기적으로 바람직한 구성원의 행동을 유도하는 것이 효과적이다.

③ 연속강화 vs. 부분강화(간헐강화)

연속강화는 행동이 있을 때마다 강화를 주는 것으로, 처음 학습할 때 효과적이다. 행동유도 반응률은 높지만 강화가 중지되면 급속한 행동 소거가 나타난다. 부분강화(간헐강화)는 행동이 있을 때마다 강화를 주지 않고 줄 때도 있고 주지 않을 때도 있는 것으로, 일단 바람직한 행동이 형성된 후에 효과적이다. 부분강화(간헐강화)는 연속강화에 비해 행동을 지속시키는 데 효과적이다. 간헐적 강화계획에는 반응 간의 시간에 따라 강화하는 것과 반응 수에 따라 강화하는 것이 있다. 이 두 가지 기본 패턴은 시간 및 반응 수를 고정시키는가의 차원에서 다시 두 가지로 나누어져 고정비율(반응의 비율), 고정간격(시간 간격), 변동비율, 변동가격의 4가지 패턴으로 만들어진다.

- 고정비율계획: 일정한 수의 반응을 한 뒤에 강화가 주어진다.
  예) 선수가 10회씩 기술 연습을 할 때마다 한 번의 휴식을 준다(휴식).
- 고정간격계획: 바로 앞의 강화로부터 계산하여 일정한 시간이 경과한 뒤에 첫째 반응에 강화가 주어지는 계획이다.
  예) 연습을 할 때, 5분에 한 번씩 고정적으로 강화를 준다(일정한 시일이 경과한 뒤에 받는 휴식).
- 변동비율계획: 고정된 시간이나 고정된 연습량에 의하여 강화되는 것이 아니라 반응률의 평균치를 바탕으로 강화하는 것이다. 몇 번 반응해야 강화가 나올지 모르므로 반응속도는 빨라지고 반응률은 높아지는 경향이 있다.

예) 때로는 학생이 3회를 연습하면 한 번 휴식, 때로는 5회를 연습하면 또 한 번 휴식을 준다.
- 변동간격계획: 강화의 시간적 주기를 일정하게 하는 것이 아니라 그 주기를 변화시키는 방법이다.

예) 5분 안에 아무 때나 한 번의 휴식을 준다.

4) 강화전략

어떤 선수가 재활 훈련을 잘 수행하겠다고 팀원들 앞에서 공개적으로 약속을 하도록 하거나 더 나아가 이 선수와 행동 계약을 체결하여 라커룸에 붙여둘 수도 있다. 여러 편의 연구에서 이러한 형태의 공개전략(public posting)이 효과적인 강화물이라는 것이 확인되었다. 예를 들어 수행 향상이나 승리라는 목표를 설정하고 이에 대한 언어적인 피드백을 융합하여 공개전략을 이용한 결과 수행이 향상되었다는 연구결과도 있다(Brobst & Ward, 2002).

보상이 적은 일을 완수했을 때, 보상이 큰 활동을 할 수 있도록 계획할 수 있다. 이 전략을 '프리맥(Premack)의 원리'라고 부르는데, 이것은 하기 싫은 행동을 완수했을 경우에만 하고 싶은 행동을 할 수 있도록 허락하는 것이다. 예를 들어 새로운 운동과정을 마치면, 트레이너는 고객이 좋아하는 운동이 무엇인지 물어보고 그 운동으로 그날의 과정을 마무리 짓도록 하는 것이다.

일반적으로 즉각적인 강화물이 더 효과적이지만 경우에 따라 장기적인 강화물을 적용해야 할 때가 있다. 또한 규칙적인 강화도 중요하지만 불규칙적인 간헐적 강화도 중요하다. 초보자에게는 강화를 자주 해주고 장기적으로 적용하는 반면, 숙련자에게는 그 빈도를 낮추어야 한다. 기술을 처음 배우는 초보 단계에서는 바람직한 행동이 일어날 때마다 강화를 해주는 것이 좋으나 점차 기술을 학습함에 따라 강화는 간헐적으로 주어져야 한다. 이처럼 초기 단계에서는 강화를 자주 해주고 후기 단계에서 강화의 빈도를 줄이면 최상의 동기와 수행에 이르게 할 수 있다.

언제 강화를 해주는 것이 효과적인지는 강화의 시점에 관한 문제이다. 모든 조건이 동일하다고 가정할 때 강화는 바람직한 반응이 나타난 직후에 해주는 것이 가장 효과가 크다. 따라서 스포츠 지도자는 가능하면 반응이 일어난 직후에 강화를 해주도록 노력해야 한다. 특히 초보자의 경우 지도자가 동작 직후에 해준 한마디의 칭찬 때문에 자신감을 얻기도 한다. 만약 그 기회를 놓쳤더라도 추후에 반드시 그 행동에 대해 칭찬해주는 것을 잊지 말아야 한다. 선수들의 바람직한 행동 빈도를 높이는 것은 지도자에게 무엇보다 큰 목표이다. 칭찬과 처벌을 체계적으로 이용하면 동작을 빨리 숙련시킬 수 있다. 상점이나 출석상황을 게시판에 공고하는 방법을 통해 팀 분위기를 개선하고 출석률을 현저하게 높일 수도 있다.

효과적인 강화를 위한 지침(Kauss, 1980)

- **즉각적으로 강화하라.**
  강화가 즉각적일수록 강화의 효과도 더 커진다. 다음 휴식을 기다리거나 다른 성과를 낼 때까지 기다리지 말라.
- **일관성을 유지하라.**
  새로운 기술을 가르치는 경우에는 특히 올바른 행동이 일어날 때마다 매번 강화하라. 강화되지 않으면 운동선수들은 운동 방법을 자주 바꾼다. 코치가 바람직한 행동에 대해 강화해주지 않으면, 운동선수들은 더 쉬운 동작이나 시선을 잡을 만한 동작을 하려 할 것이다.
- **성취 결과뿐만 아니라 노력과 행동에 대해 반응하라.**
  초보자들이 기술을 100% 올바르게 사용하는 경우는 거의 없다. 코치는 기술이 완벽해질 때까지 기다려서는 안 되며, 원하는 성취를 향해 나아갈 수 있도록 노력과 행동에 대해 강화해주어야 한다. 성취 결과에 대해 반응하는 것보다 행동에 대해 반응하는 것이 더욱 필요하다. 비록 결과가 완벽하지 않더라도 코치가 정확한 동작에 대한 강화를 해줌으로써 학생들이 올바른 기술에 집중할 수 있도록 도울 수 있다. 대부분의 스포츠에서는 이루고자 하는 결과가 아주 구체적인데, 예를 들면 퍼트를 넣거나 골을 넣어 득점을 하거나 상대를 막는 것과 같은 것이다. 이러한 성공적인 결과 또한 강력한 강화물이다.
- 배우는 것이 전부 축적되는 것은 아니며, 배우는 과정에는 기복이 있게 마련이다. 운동선수나 코치는 가끔씩 겪는 실수나 슬럼프에 대해 당황해서는 안 된다. 운동선수가 올바르지 않은 패턴에 빠지지 않는 한 코치는 올바른 기술에 대해 과도하게 압박하지 않으면서 강화를 계속해야 한다. 과도한 압박감은 불안감을 높이고, 더 나아가 점점 더 성취하기 어렵게 만든다.
- **이루고자 하는 행동을 배운 다음에는 이를 지속시키기 위해 강화를 사용하라.**
  학습의 초기 단계에서는 빈번하면서도 일관성 있게 강화해주는 것이 필수적이다. 또한 기술을 제대로 익힌 다음에도 강화는 여전히 중요하다. 수행을 할 때마다 칭찬할 필요는 없지만, 간간히 가끔씩 강화해주는 것은 바람직한 행동을 유지하는 데 도움이 된다. 반대로 올바른 행동을 강화하는 데 실패했다면 거기서 종결하라. 지도자들은 올바르지 않은 기술이나 행동에 대해서만 관심을 가지고 눈에 띄는 실수나 잘못이 없는 학생에게는 관심이 없는 경우가 종종 있다. 그 학생들은 행동이 변화되어 결과적으로는 행동과 기술이 퇴보할 수도 있다. 긍정적인 강화에 의존하는 지도자일수록 별 무리 없이 바람직한 행동을 유지하는 경향이 있다.

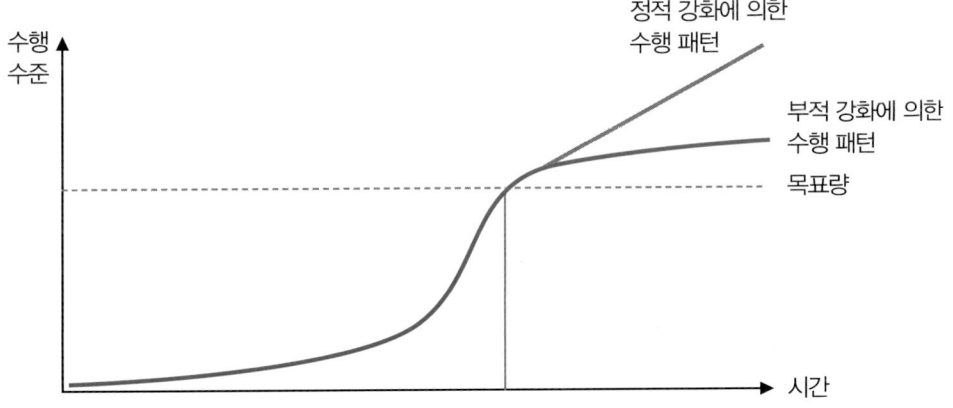

그림 4-11. 정적(positive) 강화와 부적(negative) 강화의 수행 패턴 비교

나. 처벌

처벌은 어떤 행동을 했을 때 따라오게 되는 회피하고자 하는 상태를 말하며, 어떤 행동을 강화시키는 것이 아니라 감소시키게 된다. 스포츠 상황에서 자주 쓰이는 고함이나 체벌은 바람직하지 못한 행동이 미래에 다시 나타날 확률을 감소시킬 목적으로 활용한다. 따라서 처벌은 강화와는 다른 결과를 초래한다. 처벌 역시 정적 처벌과 부적 처벌로 구분된다. 정적 처벌은 어떤 행동이 나타난 다음에 불쾌하거나 고통스런 자극을 제시하거나 부여해줌으로써 그 반응의 빈도를 낮추는 것이다. 우리가 흔히 말하는 처벌은 대부분 정적 처벌이다. 선수가 잘못했을 때 고함을 질러 그 동작을 못하도록 하는 것이 정적 처벌의 예이다. 반면 부적 처벌은 '금지형' 처벌로, 어떤 반응이 나타날 확률을 감소시키기 위해 제거되거나 박탈되는 자극을 말한다. 경기규칙을 위반한 축구선수에게 두 게임 출장 금지가 내려졌다면 그 선수에게 부적 처벌이 가해진 것이다(정청희·김병준, 1998).

스포츠 현장에서 지도자들은 처벌이 강력한 행동수정 효과를 갖는다고 믿고 있다. 하지만 선수의 생각은 다르다. 선수들은 코치에 대한 선호도, 자신의 운동에 대한 동기 등에 영향을 주는 중요한 요인으로 코치의 일관성 있는 칭찬과 격려를 지적하고 있다. 또한 긍정적인 지도방법을 사용하는 코치 아래에서 운동하는 선수들은 동료에 대한 호감, 자신의 종목에 대한 흥미, 코치 선호도, 팀 응집력 등이 모두 높았다.

한편, 지도자들은 처벌이 바람직하지 못한 행동을 단기간에 소멸시키는 데 도움이 된다고 믿는다. 하지만 스포츠심리학자들은 처벌이 가져다주는 부정적인 영향이 처벌의 효과보다 더 크다고 주장한다. 첫째, 체벌을 포함한 처벌은 선수들에게 실패공포를 불러일으킨다. 실패공포가 있는 선수는 승리를 위해 노력하기보다는 실패의 고통을 회피하려는 동기가 강하다. 이러한 선수는 시합 상황에서 승패 결과에 지나치게 집착하게 되고 당면한 과제에 주의집중을 하지 못하게 된다. 또한 자신감, 단호함, 모험심이 필요한 경기에서 실패를 걱정하면 안전 위주로 경기를 하기 때문에 좋은 성과를 낼 수도 없다(Smith & Smoll, 1983).

선수의 행동을 변화시키기 위해 처벌은 10~20%만 사용하고, 80~90%는 칭찬과 긍정적인 방

처벌의 부정적인 효과

- 때로는 행동 통제에 비효과적이다.
  - 처벌이 지연될 때
  - 처벌을 피하는 방법을 알고 있을 때(예: 거짓말, 속임수)
- 처벌대상에 대한 혐오학습
- 학습된 무기력감을 가질 수 있다.
- 처벌은 학습된다(모델링 효과).
- 심한 처벌은 상대방의 자아존중감을 하락시킨다(특히 처벌의 이유가 불분명할 때).
- 행동에 대한 대안이 없다.

- 동일한 규칙위반에 대해서는 누구에게나 동일한 처벌을 하는 일관성을 지킨다.
- 사람이 아니라 행동을 처벌한다.
- 규칙 위반에 관한 처벌 규정을 만들 때 선수의 의견을 반영한다.
- 신체활동(예: 운동장 돌기)을 처벌로 이용하지 않는다.
- 개인적 감정으로 처벌하지 않는다.
- 전체 선수나 학생 앞에서 개인 선수에게 창피를 주지 않는다.
- 처벌이 필요할 때에는 단호함을 보인다.

그림 4-12. 바람직한 처벌 행동 지침(Weinberg & Gound, 1995)

법이 적용되어야 한다고 주장한다. 하지만 우리의 스포츠 상황에서는 행동을 수정하는 데 처벌이 너무나 손쉽게 이용되고 있다. 처벌 위주의 환경에서 훈련받은 선수는 고도의 자신감, 모험심, 창의력이 요구되는 세계 수준의 대회에서 쉽게 무너질 수 있다.

다. 강화와 처벌 비교

강화는 정적 강화와 부적 강화를 막론하고 바람직한 행동을 하게 할 확률이 증가하는 데 반하여 벌은 특정 행동(바람직하지 않은 행동)의 발생을 억압시키는 것일 뿐 제거하는 것은 아니다.

표 4-7. 강화와 처벌 비교

행동	긍정적인 사건들(칭찬, 수상)	부정적인/회피하고자 하는 사건(비판, 고통)
제시	정적인 강화	처벌
제거	처벌	부적인 강화

5. 코칭 스타일과 코칭행동 평가

가. 코칭 및 리더십 스타일

리더십 스타일은 가장 손쉽게 권위적 스타일과 민주적 스타일로 구분될 수 있다. 권위적 스타일은 승리를 강조하고, 일방적 명령을 선호하며, 과제지향적이다. 반면 민주적 스타일은 선수 중심적이며, 참여적이고 협동적인 스타일이다. 분류 목적상 이원적으로 구분했지만 대부분의 리더는 두 가지 리더십 특성을 모두 갖고 있다. 가장 바람직한 리더십 스타일은 융통성이 있으며, 과제와 선수를 모두 배려하는 스타일이다. 즉, 권위적 스타일도 아니며 민주적 스타일도 아닌 주어진 상황에 가장 적합하도록 두 스타일을 적절하게 적용하는 것이 가장 이상적인 코칭이나 리더십 스타일이다. 따라서 상황 요인과 성원의 특성을 고려하여 어떻게 조합해서 사용할 것인지 판단하는 것은 리더가 안고 있는 큰 임무이자 능력이 된다(정청희·김병준, 1998).

나. 코칭 스타일에 대한 질적 연구(Tharp & Galimore, 1976)

코칭 스타일 연구 중에서 주목받는 연구는 유명한 우든(Wooden) 코치를 대상으로 한 Tharp와 Galimore(1976)의 관찰 연구이다. Wooden은 UCLA 남자농구팀 코치로서 재임기간 동안 10회 우승이라는 금자탑을 세운 우수한 코치였다. 이들은 Wooden의 코칭행동을 관찰하여 2,326가지의 교육행동을 관찰하고 이에 대한 연구결과를 보고했다. 이러한 결과는 크게 3가지로 요약될 수 있는데 첫째, 가장 많이 관찰된 것은 바로 Wooden이 선수들에게 '지시'하는 능력에서 매우 탁월한 것으로 나타났다. 사실 UCLA팀의 선수들은 우수한 선수들임에도 불구하고 Wooden의 행동

표 4-8. Wooden의 코칭행동 분류(Tharp & Galimore, 1976)

코드	범주	내용 설명	의사소통 비율(%)
I	지시(instruction)	무엇을 하고, 어떻게 해야 하는지에 대한 언어적 표현	50.3
H	분투(hustles)	이미 지시한 행동을 활성화시키거나 강화시키기 위한 언어적 표현	12.7
M+	긍정적 모델링 (modeling-positive)	어떻게 수행해야 하는지에 대한 시범	2.8
M-	부정적 모델링 (modeling-negative)	어떻게 수행하면 안 되는지에 대한 시범	1.6
V+	칭찬(praises)	언어적 찬사, 격려	6.9
V-	나무람(scolds)	불만을 표시하는 언어적 표현	6.6
NV+	비언어적 보상 (nonverbal reward)	비언어적인 찬사나 격려(미소, 툭툭 침, 농담)	1.2
NV-	비언어적 처벌 (nonverbal punishment)	찌푸림, 절망의 몸짓, 럭비 경기에서 일시적인 출전 금지, 대부분의 시간을 혼자서 자유투를 던지도록 하는 것	Trace 조금
W	나무람/반복 지시 (scold/reinstruction)	특정 행동에 대해 언급하는 하나의 언어행동, 분명한 나무람을 포함하며 이미 지시한 행동을 거듭 역설함 (예: "슛을 할 때 너의 머리까지 폴로스루해야 한다고 몇 번을 말했어?")	8.0
O	기타(other)	위에서 언급한 범주에 해당하지 않는 행동	2.4
X	코드화되지 않는 범주 (uncodable)	명확하게 들리지 않거나 보이지 않는 행동	6.6

지도의 효율성 향상을 위해 지도자는 다음과 같은 노력을 할 필요가 있다.
- 선수의 이야기를 잘 들어준다.
- 선수를 인간적으로 이해하기 위해 노력한다.
- 자신이 지도하는 종목에 전문지식을 배양한다.
- 지도자의 소신을 지킨다.
- 팀을 운영하는 원칙을 수립하고 원칙에 충실한다.
- 지도방법의 개선을 위한 정보와 지식을 습득하기 위한 노력을 기울인다.
- 팀 구성원을 차별이나 편애 없이 공정하게 대한다.
- 지도자 개인의 필요에 따라 선수를 이용하는 일이 없도록 한다.
- 팀에서 발생하는 문제에 책임 있는 태도를 보인다.

그림 4-13. 바람직한 코칭행동 지침

표 4-9. 코치 연수 프로그램의 핵심 내용

상황	권장사항	금지사항
선수가 좋은 플레이를 할 때	• 즉시 칭찬을 해준다. • 결과는 물론 노력도 칭찬한다.	선수의 노력을 당연한 것으로 받아들인다.
선수가 실수를 했을 때	• 즉시 격려해준다. • 교정 설명을 해준다.	실수를 비난하거나 처벌한다.
장난치거나 주의가 산만할 때	• 어떻게 행동해야 하는지를 명확하게 알려준다. • 모든 선수가 팀의 일원임을 강조한다.	지속적으로 간섭하고 위협한다.
효과적인 연습 분위기를 만들 때	• 시범과 설명을 해준다. • 긍정적 태도로 명확하게 설명한다.	냉소적인 태도로 설명이나 격려를 한다.

출처: Smoll과 Smith(1987)에서 재구성

중 50% 이상은 선수들에게 구체적인 '지시'를 하는 것으로 나타났다. 더구나 모델링이나 반복 지시 같은 정보 제시적 행동들까지 포함한다면 Wooden이 한 행동의 75%가량이 지시였고, 그러한 지시들도 대부분 기초적인 농구 기술과 연관된 것이었다. 둘째, Wooden은 선수들이 연습해야 할 기술에 대해 자세한 사항을 적어놓은 기록 카드를 가지고 훈련을 실시하였다. 기록 카드에는 농구 코트에서 각각의 포지션이 해야 하는 동작들과 선수들이 터득해야 하는 구체적인 방어 기술 및 공격 기술이 포함되어 있었다. 셋째, 피드백 샌드위치를 통해 긍정적인 방식으로 지시적인 피드백을 제공하는 데도 능숙했다. 피드백 샌드위치는 3단계로 이루어진 접근법인데, 두 가지 격려의 말 사이에 긍정적이고 행동 지향적인 지시를 끼워 넣는 것이다(격려-지시-격려). 예를 들어, 가드가 패스를 하다가 실패했다면 "좋은 시도였어. 위치를 잘 잡았어." 같은 말로 그 즉시 진심으로 격려해 준다. 그리고 난 뒤 "다음에는 패스를 할 때 수비자 위치를 잘 봐." 하고 실수를 교정할 수 있도록 지시한다. 마지막으로 "충분히 할 수 있을 거야."라고 또 다른 격려말로 끝내는 것이다.

다. 코칭행동 평가
1) 선수들이 선호하는 리더십 유형
① 연령, 경쟁 수준, 경력

선수들은 성숙 수준이 높아짐에 따라 사회적으로 지원적이고 전제적인 리더십 스타일을 선호하는 경향이 있었다. 그러나 훈련과 지도행동의 선호도는 고3 수준까지는 감소하는 경향이었으나, 대학 수준에서 다시 증가하였다(Challedurai & Carron, 1983). 이 연구에서 성숙 수준이 증가함에 따라 선수들이 전제적인 리더십 행동을 선호하는 것으로 나타난 것에 대하여 Challedurai와 Carron은 스포츠라는 사회체계가 일반적으로 전제적인 리더십이 요구되는 일을 하기 때문이라고 설명하고 있다. 즉, 자신의 행동에 책임을 지려 하는 선수들은 전제적인 리더의 행동을 수용하지 않기 때문에 팀에서 탈락하고, 반면에 자신의 행동에 대한 책임을 회피하기 위하여 코치의 통제력을 수용하는 선수들은 경쟁 수준이 높은 팀에 남아 있게 된다는 것이다. 이렇게 볼 때 성숙 수준이 높아질수록 전제적인 코칭 스타일을 좋아하는 것은 발전적인 현상이 아니라 환경적 영향의 결과라고 볼 수 있다.

② 성별

남자 선수들이 여자 선수들보다 전제적인 코칭 스타일을 선호한 반면, 여자 선수들은 민주적인 코칭 스타일을 선호하였다. 또한 남자들은 여자들보다 코치의 사회적 지원을 더 선호하는 것으로 나타났다(Challedurai & Saleh, 1978). 또한 여자 선수들이 남자 선수들보다 의사결정과정에서 선수들의 참여를 허용하는 참여 스타일을 더 선호하는 경향이 있었다(Challedurai & Arnott, 1985). 그러나 선호하는 리더십 스타일에 있어서 남녀는 차이보다 유사점이 더 큰 것으로 나타났다(Challedurai 등, 1989).

③ 사회문화적 요인

일본 선수들이 캐나다 선수들보다 더 사회적인 지원을 선호하고 있었다. 또한 일본의 전통적인 스포츠에 참여하는 선수들은 현대 스포츠에 참여하는 선수들이나 캐나다 선수들보다 전제적인 코치행동을 더 선호하였다. 마지막으로 캐나다 선수들은 전통적인 스포츠에 참여하는 일본 선수들보다 긍정적인 피드백을 더 선호하였다. 후속 연구에서도 일본 선수들은 캐나다 선수들에 비하여 전제적인 행동과 사회적 지원 행동을 선호한 반면, 캐나다 선수들은 훈련과 지도행동을 더 선호하였다(Challedurai 등, 1987). 결과적으로 선수들의 사회문화적인 환경이 선호하는 코칭행동에 영향을 미칠 수 있고, 사회문화적인 요인으로 선수들이 선호하는 코치의 행동을 예언할 수 있다.

④ 스포츠 유형

성원 간의 상호작용을 요구하는 스포츠에 참여하는 선수들은 독립적인 스포츠에 참여하는 선수들보다 전제적인 스타일의 리더십 행동을 더 선호하고, 민주적인 스타일을 덜 좋아하는 경향이 있었다. Terry(1984)에 의하여 이루어진 후속 연구 역시 상호의존적인 스포츠에 참여하는 선수들이 독립적인 스포츠에 참여하는 선수들보다 더 빈번한 훈련과 지시행동 그리고 보상행동을 원했고, 반면에 민주적이고 사회적 지원행동은 덜 원했음을 보여주고 있다.

2) 코칭행동 평가 시스템

코칭행동 평가 시스템으로 가장 유명한 것은 1977년 Smith와 Smoll 그리고 Hunt가 개발한

표 4-10. 코칭행동 평가 시스템(CBAS)

분류	정의
class 1. 반응적인 행동	
수행 목표 달성에 대한 반응	
강화	• 훌륭한 경기 또는 많은 노력에 대해 언어적 또는 비언어적으로 나타내는 긍정적이고 보상이 되는 반응 • 훌륭한 플레이 또는 훌륭한 효과
무강화	훌륭한 수행에 대한 반응의 결핍
실수에 대한 반응	
실수에 대한 격려	실수에 대해 선수에게 주어지는 격려
실수에 대한 기술 지도	실수를 수정하는 방법을 선수에게 지시하거나 시범을 보임
처벌	실수에 대해 언어적 또는 비언어적으로 표시하는 부정적인 반응
처벌적인 기술 지도	• 실수에 대해 처벌적이고 적대적인 방식으로 가해지는 기술적 지시 • 지시사항
실수를 무시함	실수에 대한 반응의 결핍
나쁜 행동에 대한 반응	
통제를 유지함	팀 멤버 사이의 질서를 회복시키거나 유지하려는 반작용

(계속)

class 2. 자발적인 행동	
경기와 관련 있는 행동	
일반적인 기술 지도	(실수에 따른 것이 아닌) 해당 스포츠의 기술과 전략에 대한 자발적인 지시
일반적인 격려	(실수에 따른 것이 아닌) 자발적인 격려
조직과 관리	의무와 책임, 포지션 등을 부여함으로써 경기에 대한 활동 범위를 설정하는 행동
경기와 무관한 행동	
일반적인 의사소통	경기와 무관한 선수들과의 상호 작용

코칭행동 평가 시스템(Coaching Behavior Assessment System: CBAS)이다. CBAS의 큰 틀은 크게 두 가지 종류로 나눠지는데, 한 가지는 선수들의 행동에 대한 반응으로 일어나는 행동이고 다른 한 가지는 감독이 일으키는 자발적인 행동이다. CBAS 안에는 12개의 하위 요인이 있고 이를 통해 전체적인 코칭행동을 평가하게 된다. Smith 등(1977)은 CBAS를 이용한 결과 대부분의 코치들이 강화와 지시를 상당히 많이 사용하였지만 그 스타일은 각기 달랐다. 그중에서도 긍정적 행동의 비율과 처벌행동의 비율 그리고 지시의 양에 있어서 가장 현저한 차이가 있는 것으로 나타났다.

3장 사회적 촉진

학습목표
- 사회적 촉진의 개념을 이해한다.
- 경쟁과 협동의 효과에 대해 알아본다.
- 모델링 및 주요 타자의 역할에 대해 이해한다.

1. 사회적 촉진의 개념과 이론

혼자 할 때보다 경쟁적인 상대가 있을 때 운동수행이 향상된다. 타인의 존재가 운동하는 사람들에게 어떤 영향을 끼치고, 왜 그런 영향이 가능한 것일까? 이러한 현상이나 질문에 대한 답변은 사회적 촉진에서 주로 다뤄진다.

가. 사회적 촉진의 개념

사회적 촉진이란 타인의 존재가 수행에 미치는 영향을 말하는 것으로, 여기에는 관중처럼 단순히 관람만 하는 관중에 의해 운동수행이 향상되는 관중효과(audience effect) 혹은 혼자 운동을 했을 때보다 다른 사람과 같이했을 때 운동수행이 향상되는 공행효과가 모두 포함된다. 즉, 과제 수행결과에 영향을 미치는 외적 요인 중의 하나인 단순한 관중의 존재가 수행결과에 정적 혹은 부적인 영향을 미치는 힘을 사회적 촉진효과라고 한다(Carron, 1980; Zajonc, 1965). 사회적 촉진은 사회심리학 분야에서 가장 오래된 연구 주제라 할 수 있다.

Triplett(1898)은 사이클 종목에서 페이스메이커가 있으면 없을 때보다 속도가 더 빨랐고, 타인과 경쟁시켰을 때 기록이 가장 좋다는 것을 발견했다. 이 연구는 스포츠심리학 분야에서 체계적으로 이루어진 최초의 연구로서 역사적인 연구로 간주된다. Triplett은 이 결과를 근거로 '다이나모제니(dynamogeny) 원칙'을 주장했는데, 타인이 존재하면 경쟁 욕구가 발동하여 에너지를 더 내게 하고 수행 속도를 증가시킨다는 것이다.

Triplett의 연구를 확장한 Allport(1924)는 타인의 존재로 인해 수행이 향상되는 현상을 나타내기 위해 '사회 촉진(social facilitation)'이란 용어를 만들었다. Allport는 타인의 존재가 항상 수행을 향상시키지는 않으며, 때로는 타인의 존재가 수행을 방해할 수도 있다.

> **사회적 촉진 연구의 패러다임(Zajonc, 1965)**
>
> ① **공행 패러다임(coaction paradigm)**
> '공행'이란 여러 사람이 과제에 관련된 상호작용 없이 같은 활동을 하는 것을 말한다. 다른 이와 함께 식사를 하는 것, 교실에서 시험을 치르는 것, 친구와 함께 자전거를 타는 것 등은 일상생활에서 볼 수 있는 공행의 좋은 예이다. 테니스장에서 몇 사람이 벽치기를 하는 것, 공원에서 다른 이와 함께 조깅을 하는 것도 공행의 예이다. 공행의 특징은 같은 과제를 수행하지만 상호작용 없이 독립적으로 수행이 이루어진다는 것이다. '공행 패러다임'은 단순히 상대방이 자신과 같은 일을 함께 수행한다는 것은 의식하되, 상대의 과제 수행 방법이나 결과에 대하여는 의식하지 않고 수행하는 것을 말한다(Forsyth, 1991).
>
> ② **관중 패러다임(audience paradigm)**
> '관중'이라는 것은 원래 수행자와 직접적인 접촉이 없는 단순히 존재하는 수동적인 타인들을 일컫는다(Forsyth, 1991). 그러나 실험실이 아닌 스포츠수행 장면에서 단순히 존재하는 수동적인 관중의 모습은 그다지 많지 않다. 체육시간에 한 학생의 수행을 지켜보는 다른 학생들이나 스포츠경기를 구경하러 온 사람들은 수행하는 이에게 박수를 보내기도 하고 비난이나 야유를 한다는 측면에서 수행자와 상호작용이 전혀 없다고 보기는 어렵다.

나. 사회적 촉진 이론

사회적 촉진 현상은 왜 일어나는가? 이를 설명하는 이론에는 크게 3가지 입장이 있다. 첫째, 타인의 존재가 각성을 높이기 때문에 수행의 변화를 일으킨다고 설명하는 추동 이론(drive theory). 둘째, 타인의 존재가 자의식(self-awareness)을 증진시키기 때문에 수행에 변화를 일으킨다고 설명하는 자아 이론(self-theory). 셋째, 타인의 존재가 과제에 대한 집중을 방해하기 때문에 수행에 변화를 가져온다고 설명하는 분산/갈등(distraction/conflict theory) 이론.

1) 단순존재 가설

사회적 촉진에 관한 연구에서 가장 큰 영향을 미친 사람은 자이언스(Zajonc)이다. 그는 사회적 촉진을 주제로 한 많은 연구들이 촉진에 대해서는 일관성을 보이지 않지만 잘 학습된 과제나 단순한 과제는 관중이나 공행자가 존재할 때 수행이 향상되고 새롭게 학습한 과제나 복잡한 과제는 수행이 손상된다는 일관성을 발견했다.

Zajonc(1965)는 이러한 일관성이 욕구와 수행의 관계를 설명한 Hull과 Spencer의 추동 이론(3부 2장 경쟁불안 이론 편에 제시되어 있음)과 일치됨을 발견하였다.

욕구나 각성수준이 높아지면 수행이 향상되는데, 이때 과제가 익숙하면 수행이 향상되고 과제가 익숙하지 않거나 어려우면 수행이 오히려 저하될 수 있다고 주장했다. 이러한 내용을 바탕으로 Zajonc는 타인이 존재할 때 욕구 수준이 상승되며, 이때 단순과제나 쉬운 과제일 경우 우세 반응(dominant response)을 일으켜 수행이 향상하고 반대로 복잡하거나 어려운 과제일 경우에는 열세 반응을 일으켜 수행이 저하된다고 주장했다. 따라서 Zajonc는 단순한 관중의 존재가 수행에 미

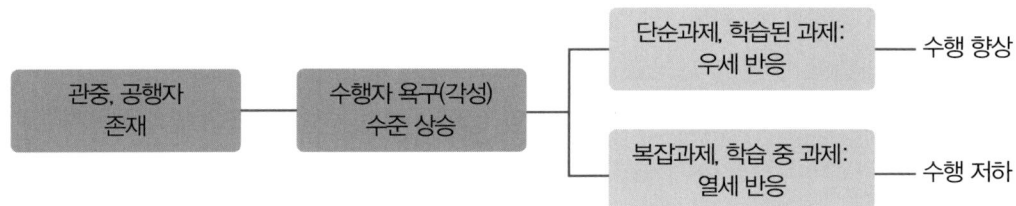

그림 4-14. Zajonc의 단순 존재 가설

치는 영향은 추동 이론의 가정과 같이 수행자의 기술 수준과 과제의 성격에 따라 다르게 나타난다고 보았다. Zajonc의 단순존재 가설은 다음과 같이 요약할 수 있을 것이다.

① 타인의 존재는 각성을 증가시킨다.
② 각성은 우세반응을 일으킨다.
③ 우세반응이 바른 것이면 수행은 향상된다.
④ 우세반응이 틀린 것이면 수행은 손상된다.
⑤ 힘과 스피드를 요구하는 단순과제는 수행이 향상되고, 정확성을 요하거나 복잡한 과제는 수행이 손상된다.
⑥ 초심자의 수행은 손상되나 숙련자의 수행은 향상된다.

2) Cottrell의 평가 우려 가설

'평가 우려 가설'은 Cottrell(1972)에 의하여 제기되었다. 그는 Zajonc가 제기한 각성 반응은 선천적으로 타고난 반응이기 때문에 타인이 단지 물리적으로 존재하기만 하여도 사람은 각성 반응을 일으킬 수 있다고 한 개념에 이의를 제기하여 단순한 타인의 존재는 수행자의 각성을 일으키지 못한다고 주장했다. 타인이 수행자의 각성을 일으키기 위해서는 두 가지 조건이 만족되어야 한다. 첫째, 수행자가 자신을 지켜보는 타인에게 전문성이 있어서 자신의 수행을 비판적으로 평가할 수 있는 능력이 있다는 것을 인정해야 한다. 둘째, 수행자는 타인들의 평가가 자신에게 긍정적 혹은 부정적 영향을 주었던 학습경험이 있어야 하며 수행자는 타인의 평가를 받았던 과거의 경험으

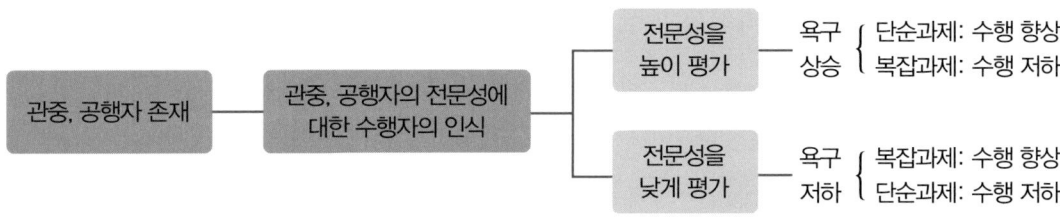

그림 4-15. Cottrell의 평가 우려 가설

로 인하여 평가적 관중에게 높은 각성 반응을 나타낸다는 것이다. 결과적으로 Zajonc의 이론은 자신을 바라보는 타인의 '전문성' 그리고 수행자 개인의 타인 지각 경험이 중요하며, 타인의 전문성을 높이 평가할 경우 욕구가 상승하여 단순과제일 경우 수행이 향상하지만 복잡과제일 경우 수행은 저하되고 반대로 전문성을 낮게 평가할 경우 단순과제일 경우 수행이 저하되고 복잡과제일 경우 수행이 향상된다고 주장했다.

3) 자아 이론

사회적 촉진의 효과를 관중의 존재가 자의식(self-awareness)을 일으키기 때문이라고 설명하는 학자들이 있다. Bond(1982)에 의하면 타인이 존재할 때, 수행자는 타인으로부터 인정받으려는 욕구가 증대되어 동기가 촉진된다. 즉, 인간은 기본적으로 타인으로부터 좋은 평가를 받기 원하기 때문에 타인이 존재할 때 더 열심히 하려고 한다. 타인의 존재로 인하여 자의식이 증진되면 수행자는 자신이 원하는 수행 수준과 실제 수행 수준 간의 일치로 만족을 경험하기도 하고 불일치로 인한 갈등을 경험하기도 한다. 두 변수 간의 일치가 이루어지면 수행이 향상되고, 두 변수 간의 일치가 이뤄지지 않으면 수행 향상을 기대하기 어렵다.

4) 주의 분산/갈등 이론

Sanders(1981)는 타인의 존재는 한편으로 주의를 분산시킴으로써 주어진 과제에 대한 집중을 방해하여 수행을 떨어뜨리는 측면이 있고, 다른 한편으로는 개인의 추동 수준을 증가시켜 더 많은 노력을 기울이도록 하는 측면이 있다. 그에 의하면 관중으로 인한 집중의 방해 효과가 잘하려는 노력의 효과보다 크면 수행은 손상되지만, 작으면 수행은 향상된다. 즉, 단순한 과제나 익숙한 과제를 수행할 때는 잘하려는 노력의 효과가 방해 효과보다 크기 때문에 수행이 촉진된다. 반면, 복잡한 과제나 낯선 과제에서는 방해 효과가 잘하려는 노력의 효과보다 크기 때문에 수행이 손상된다.

2. 관중효과

사회적 촉진 연구들의 대부분은 실험적인 상황에서 이루어졌고 현실에 적용하기가 쉽지 않아서 스포츠운동심리학 분야에서 상당 부분 쇠퇴했다. 실제로 Zajonc의 이론을 지지했던 연구결과들은 정작 중요한 실제 스포츠 상황에서는 일반화되지 않아 그 가치가 제한될 수밖에 없었다(Martens, 1979). 그러나 유일하게 사회적 촉진에서 여전히 그리고 앞으로도 스포츠운동심리학자들에게 많은 관심을 받고 있는 흥미로운 주제는 바로 관중효과와 관련된 홈 어드밴티지이다.

가. 홈구장의 이점

홈구장 이점이 과연 존재하는가에 대한 지난 30년간의 연구결과물들을 종합해보면 있는 것으로 보는 것이 타당한 것으로 나타났다. 모든 팀이 원정경기보다 홈경기 때 더 많이 승리했으며 홈구장 이점은 아이스하키와 농구 같은 실내경기에서 가장 크게 나타났고 슈팅, 포인트 및 득점처럼 공격할 때 확실히 발생하는 것으로 나타났다. 예를 들어 농구경기 시 홈팀은 상대 팀의 공을 차단하거나 슈팅 차단 및 수비 리바운드에서 높은 비율을, 원정팀은 공격하다가 오펜스 파울을 범하는 경우에서 높은 비율을 보인 것으로 나타났다(Schwartz & Barsky, 1977; Varca, 1980). 이러한 연구들이 많아지자 Courneya와 Carron(1992)은 30편 이상의 논문을 리뷰하고 홈팀이 승리할 확률은 야구 55%(효과크기 × effect size = .07)에서 축구 69%(효과크기 = .38)에 달한다고 보고하기도 했다.

나. 홈구장의 불리함

한편 우호적인 홈 관중 앞에서 경기하는 것이 이득이 안 된다는 주장도 있다. Baumeister와 Steinhilber(1984)는 주의를 내부로 돌리거나 자의식이 높아지면 학습이 잘되어 있어 자동적으로 수행되는 기술의 수행을 방해할 수 있다고 주장했다. 연구진은 홈 관중 앞에서 우승할 수 있는 기회 때문에 자신을 선수가 아니라 챔피언으로 재정의(redefine)하게 되고, 이는 결국 자의식을 높여 숙련된 수행을 방해한다고 그 이유를 설명했다. 이와 관련해서 Voyer, Kinch, Wright(2006)는 Baumeister의 재정의 가설을 검증했고, 그 결과 첫 우승을 한 팀의 경우 중요하지 않은 비결정적 경기보다 가장 중요한 결정적 경기에서 홈팀의 승률이 낮다면 재정의 가설을 적용할 수 있다고 주장했다.

다. 홈구장 이점과 관련된 요인

Carron과 동료 연구진(Carron, Loughhead & Bray, 2005)은 홈 어드밴티지의 주요 특징을

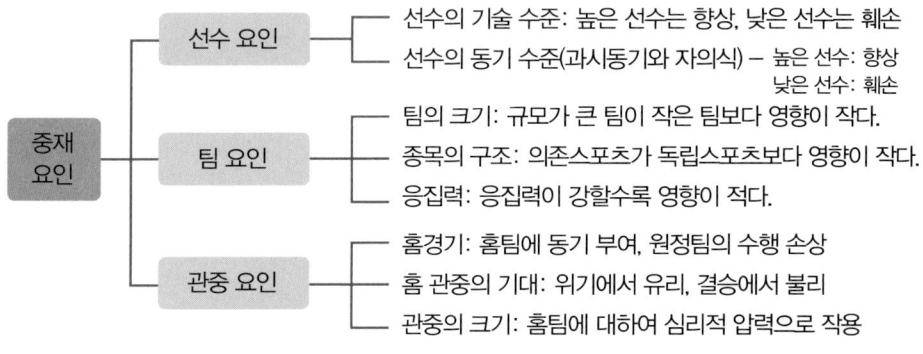

그림 4-16. 스포츠경기에서 관중효과를 중재하는 요인

다른 개념 모형을 수정 제시했다. 이들은 경기 장소가 달라지면 선수와 코치 모두 심리, 생리, 행동 상태가 영향을 받아 수행 결과가 달라진다고 제안했다. 연구진은 또 관중(예: 관중 밀집도), 원정팀의 경기장 조건에 대한 낯선 정도(예: 인조 잔디인지 천연 잔디인지 여부), 이동에 따른 불편(예: 이동 거리) 같은 관련 요인이 홈 어드밴티지에 영향을 준다는 결론을 내렸다.

3. 경쟁과 협동의 효과

어떤 종목에서 운동할 때 대부분의 지배적인 관점은 상대방 간의 경쟁이 상대방과의 협동에 비해 수행에 더 도움이 된다는 점이다. 그리고 서로 이기려고 경쟁할 때 운동수행은 더 잘된다고 보는 관점이 일반적이다. 그래서 사회적 촉진과 관련해서 경쟁이라는 주제는 굳이 Triplett(1898)의 초창기 연구를 거론하지 않아도 경쟁이 운동수행에 좋은 효과를 내고 경쟁이야말로 사회적 촉진 현상과 가장 밀접한 관련이 있는 것으로 간주되어왔다.

그러나 경쟁 못지않게 협동이 개개인의 운동성취를 높일 뿐만 아니라 사회적·심리적으로 여러 가지 긍정적인 혜택을 제공해줄 수 있다고 보고한 연구결과들이 나타나고 있다. Albert(1991)는 문화기술적 방법과 인터뷰 기법을 활용한 질적 연구에서 사이클 경주의 하위문화를 연구했는데, 연구 결과는 선수들 사이에 갈등과 경쟁이 있을 것이라는 일반적인 관점에 정반대로 보고했다. 즉, 스포츠맨답지 않게 경기를 운영하면서 상대 선수와의 협동적 노력은 사이클 시합에서 존재하는 어떤 규칙이나 질서유지의 핵심 역할을 했으며, 이를 따르지 않을 경우 강한 제재 조치가 가해졌다. 사실 시합을 하면서 암묵적으로 정한 공통된 규칙을 위반하거나 서로를 범위 이상으로 자극하여 다치게 하는 것은 흔히 말하는 '동업자 정신'에 위배되고, 이 경우 더 큰 제재 조치가 수반된다는 점을 선수 개개인은 잘 알고 있다. 즉, 스포츠라는 지극히 경쟁적인 틀 안에서 서로 경쟁하지만 그 안에는 경쟁 못지않게 협동도 있다는 점을 이 연구는 증명했다. Albert는 오히려 이러한 협동적 노력을 다루지 않고 갈등을 조장하거나 가십거리를 만들기 위해 자극적인 갈등 단서를 보도하는 언론이 더 문제가 있다고 보고했다.

상대방과의 협동이 사회적 촉진에 긍정적인 영향을 미쳤다는 연구들은 교육심리학 분야에서 협동을 주제로 학습 환경을 다룬 다양한 연구들에서도 잘 나타나 있다. 즉, 협동적 학습 환경이 성취, 학습, 사회심리적 발달을 가져온다는 것이다. 이러한 연구들을 스포츠 상황에 적용해서 진행한 연구결과들을 살펴보면 공통적으로 어떤 성취상황에서 혼자 하는 것보다는 같이할 때 경쟁하는 것보다는 협동하는 것이 더 큰 사회적 촉진을 가져온다고 보고했다(Johnson & Johnson, 1992; Stane, 1993).

스포츠나 운동 혹은 체육수업 상황을 상대방을 이겨야 하는 경쟁의 장으로만 인식해서는 곤란

> **경쟁과 협동에 대한 조언(Johnson & Johnson, 1992)**
> - 협동적 노력은 경쟁적 노력이나 개인 단독 노력에 비해 성취 수준과 생산성을 더 높인다.
> - 일반적으로 협동적 노력은 경쟁적 노력이나 개인 단독 노력에 비해 상호의존 매력과 사회적 지지를 더 높인다.
> - 일반적으로 협동적 노력은 경쟁적 노력이나 개인 단독 노력에 비해 자기 존중감과 심리적 건강수준을 더 높인다.

하다. 경쟁 역시 타인과 함께하는 일종의 사회적 과정이기 때문에 경쟁적 스포츠 활동은 협동적 또는 사회적 상호 의존과 밀접한 관련을 맺고 있으며, 이러한 협동이나 상대방과의 공존이 사회적 촉진을 능히 유발하게 한다.

4. 모델링 방법과 효과

사회적 촉진은 타인의 존재를 인식하고 지각해서 발생할 수도 있지만, 타인이 하는 행동을 관찰하고 이를 따라할 때도 발생할 수 있다. 모델링(modeling)은 사회인지 학습이론에서 핵심적인 요소이다.

가. 모델링(modeling) 개념

모델링은 하나 이상의 모델을 관찰함으로써 나타나는 행동적·인지적·정의적 변화를 가리키는 일반적인 용어로, 개인(관찰자)이 다른 개인(모델)의 사고 태도 또는 외현적 행동을 모방하거나 순응할 수 있는 행동을 나타내는 것이다. 모델은 살아 있는 사람 이외에 영화, 인쇄물 혹은 스포츠 시합 등에 나타난 다양한 유·무형의 것들이 될 수 있으며, 의도적으로 관찰자가 자기 자신을 모델로 사용할 때 자기모델링(self-modeling)이라고 불린다. 모델링은 사회인지 학습 이론에서 핵심적인 요소이다. 역사적으로 모델링은 모방(imitation)으로 논의되어왔지만, 모델링이 좀 더 과학적이고 체계적인 개념이다.

나. 모델링의 기능(Bandura, 1986)

반두라는 모델링의 주된 기능을 반응 촉진(response facilitation), 억제와 탈억제(inhibition and disinhibition), 관찰학습(observational learning)의 3가지로 구별하였다.

1) 행동 반응 촉진

모델을 관찰하게 되면 그러한 행동을 하고자 하는 반응이 촉진될 수 있다. 반응촉진 기능은 어떤 사회적 자극 같은 모델에 의해 행동이 촉진되는 것을 의미한다. 예를 들어 선수 숙소에 새로운 유니폼이 도착하면 몇몇 선수들이 보게 되고 이내 그곳에 많은 선수들이 몰려들게 되는데, 정작 뒤에 오는 선수들은 유니폼은 보이지도 않지만 동료들이 몰려 있다는 사회적 자극만으로도 유니폼이 모여 있는 장소로 달려들게 된다.

2) 행동 억제와 탈억제

모델을 관찰하게 되면 이전에 학습된 행동에 대한 억제를 강화시키거나 약화시킬 수 있다. 예를 들어 어떤 학생이 잘못을 해서 벌을 받는 것을 관찰하게 되면 그러한 모델링을 통해 억제(inhibition) 기능이 발생하게 되며, 결과적으로 관찰자가 그러한 행동을 못하게 하고 예방하는 데 도움을 준다. 그러나 폭동이나 자연 재앙 중에 일어나는 약탈행위를 관찰하게 되고 약탈자들이 처벌을 받지 않게 되면 억제하지 못하는 탈억제 현상이 나타나 결국 같이 약탈행위를 하게 된다.

억제와 탈억제는 행동이 사람들이 이미 학습해온 행동을 반영한다는 점에서 반응 촉진과 유사하다. 그러나 반응 촉진은 일반적으로 사회적으로 수용할 수 있는 행동을 포함하고 있는 반면, 억제되거나 탈억제된 행동은 종종 도덕적·법적인 함축을 가지며 감정을 수반한다는 점에서 차이가 있다.

3) 관찰학습 유발

스포츠와 운동심리학 분야에서 제시하거나 연구되는 모델링의 기능은 대부분 관찰학습 기능을 다룬 연구들이다. 코치가 "내 동작을 따라 해보세요"라고 하는 것은 관찰을 통해서 배우게 되는 관찰학습 기능을 이용한 모델링이다. 관찰학습은 4가지 과정, 즉 주의집중(attention), 파지(retention), 산출(production), 동기유발(motivation)로 구성되어 있다.

다. 모델링의 과정

Bandura(1986)의 사회인지 이론에 따르면 우리가 다른 사람을 관찰하면 그 동작에 대한 인지적 표상이 생기는데, 이것이 정확성 참조 준거의 역할을 하며 이를 바탕으로 앞서 언급한 4가지 과정을 거쳐 행동에 영향을 준다. 처음 두 과정인 주의와 파지 과정은 기술의 습득과 관계가 있다. 운동 재생성과 동기 과정은 기술의 실제 수행을 결정한다.

1) 주의집중

모델링 방식을 이용해서 기술을 습득하려면 주의집중 과정을 거쳐야 한다. 구체적으로 모델이 하는 행동의 세부적인 특징에 주의를 기울이고 정확하게 인식해야 한다. 테니스 지도자가 백핸드 리턴에 대해 시범을 보여주는데 공만 쳐다본다면 스탠스, 스윙, 폴로스루 같은 중요한 요소를 파악하지 못하게 된다. 모델, 관찰자, 기술 등의 여러 요인이 주의 과정에 영향을 미친다. 예를 들어 어린 선수들은 자신이 좋아하는 운동선수가 나오면 주의를 기울이고 이내 그 행동을 모방한다. 효과적인 기술을 흉내 낼 뿐만 아니라 어색한 스탠스를 배우기도 하고, 심판에게 소리를 지르는 것도 따라 한다. 따라서 시범을 보여주는 기술의 핵심적 특징에 주의를 기울이도록 하면 관찰학습이 더 잘될 수 있다. 운동선수들의 경우에는 대개 지도자를 좋아하고 지도자의 지식을 신뢰하면서 기술이 향상되기를 원하기 때문에 주의를 잘 기울인다. 그러므로 이때는 기술의 핵심적 요소에 주의를 기울일 수 있도록 단서를 제시하거나 이와 관련된 적절한 전략을 이용해야 한다.

2) 파지

모델링 방법을 이용해서 기술을 습득하려면 파지과정을 거쳐야 한다. 파지란 어떤 정보에 대한 정신적 표상을 기억하는 것을 말하며, 파지과정이란 자신이 관찰한 모델의 행동을 회상하는 데 도움이 되도록 관찰자가 행하는 행위이다. 예를 들어, 농구를 배우고 있는 학생이 교사가 레이업슛을 시범 보일 때 주의 깊게 관찰하면서 '손목으로 튀겨주는 것이지 던지는 것이 아니구나'라고 혼잣말을 할 수 있다.

3) 산출(운동재생)

모델링 방식을 이용해서 기술을 습득하려면 산출 혹은 운동을 재생하는 과정을 거쳐야 한다. 예를 들어 모델이 보여주는 기술에 주의를 기울이고 파지를 하고 나서 모델링을 통해 습득한 최종적인 기술을 구사했다고 하자. 수행자는 자신이 하는 동작을 내부의 올바른 동작 표상과 일치시키고 그에 맞는 운동수행을 할 수 있을까? 결코 그렇지 않다. 많은 사람들이 마이클 조던의 슬램덩크를 보고 그 동작에 대한 뚜렷한 이미지는 갖고 있지만 실제로 슬램덩크를 수행하지는 못한다. 산출된 행동은 개념적인 정신적 표상과 비교되고 둘 사이에 차이가 있게 된다. 피드백이란 바로 그러한 차이를 교정할 수 있도록 도와주는 역할을 의미한다. 따라서 모델에게 주의하고 어떤 기술에 대한 내부 이미지를 만들어서 파지한 후에 수행자는 그 이미지와 실제 수행을 점진적으로 일치시키도록 지도자의 피드백을 이용하여 반복 연습을 해야 제대로 된 기술을 습득할 수 있다. 따라서 올바른 동작을 수행할 수 있는 능력인 신체적 능력, 그리고 정확한 피드백 등이 운동 재생성 단계에서 같이 고려되어야 할 중요한 사항이다.

4) 동기 과정

모델링을 통해 기술을 습득하기 위해서는 동기가 있어야 한다. 사실 인간은 자신이 배운 모든 것을 흉내 내거나 행동하지는 않는다. 또 그럴 필요도 없다. 동기가 있을 때만이 유목적적이게 되

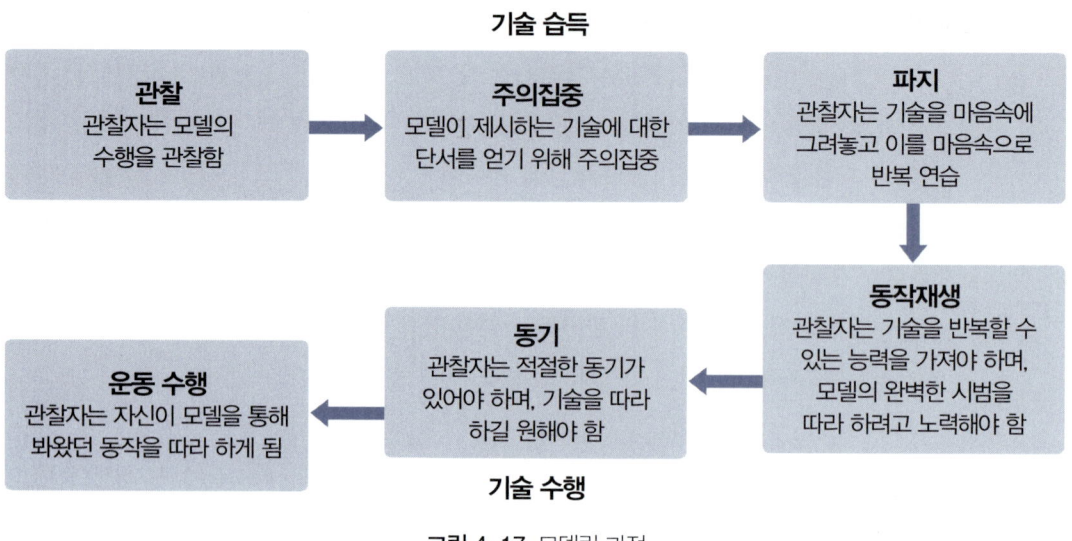

그림 4-17. 모델링 과정

고, 이내 모델링을 이용한 행동으로 구현하게 된다. 외적 강화, 간접적 강화 그리고 자기 강화는 모두 어떤 행동을 모방할 것인지 결정하는 데 영향을 준다. 동료 선수가 드리블 묘기로 상대 수비를 교묘히 따돌리는 것을 보면 그 동작을 모방하고 싶은 동기가 생긴다. 마찬가지로 운동 지도자가 서브 시범을 보고 그 방법을 이해한 것에 대해 칭찬해주면 앞으로도 계속 그렇게 하려고 노력할 것이다.

라. 모델링 효과

1) 운동수행 향상과 관련된 모델링 요인

과제 복잡성 측면에서 단순-복잡과제에 대한 모델링 효과를 보면 단순하거나 쉬운 과제에서 모델링 기법은 별로 효과가 없는 것으로 나타났다. Gould(1978)는 여러 운동 과제를 대상으로 모델링의 효과를 비교했는데, 모델링은 비교적 간단한 과제보다는 몇 가지 단계로 구성된 복잡한 과제에 더 도움이 된다는 결과를 확인했다.

언어·인지적인 측면에서 언어적-비언어적 모델링 효과를 보면 5세 이상은 언어적이든 비언어적이든 상관없었으나 4~5세 아동 이하는 언어적인 모델로 적용시켰을 때 운동수행 효과가 있는 것으로 나타났다. 또한 모델이 있어서 관찰할 경우에는 언어적 시연을 하건 하지 않건 자세 향상점수가 가장 높은 것으로 나타났으며, 모델이 없이 언어적 지시만 받게 되면 과제순서 회상 점수가 가장 높은 것으로 나타났다(McCullagh & Stiehl 등, 1990).

또한 일반적으로 기술 수준이 뛰어난 모델이 가장 정확한 인지적 표상을 제공할 수 있기 때문에 가장 좋은 모델이라고 간주되지만, 동기적인 측면에서 보면 자신처럼 기술을 배우고 있는 다른 사람을 보고 배우는 것(학습형 모델)도 충분히 효과가 있는 것으로 나타났다. 이는 학습자가 모델이 자신과 유사하다고 인식할 때 수행을 더 잘할 가능성이 높다는 것을 증명하는 연구이다. 예를 들어 Gould와 Weiss(1981)는 여자 스포츠 참가자를 대상으로 유사한 모델이 유사하지 않은 모델에 비해 지구력 수행을 높이는 데 더 효과적이었다는 사실을 밝혀냈다.

이 밖에 수영에 대해 공포가 있는 어린이들처럼 관찰자가 자신의 운동수행에 대해 우려와 불안을 가지고 있을 경우에는 물에 대해 조금씩 적응하고 조금씩 불안을 극복하는 능력이 생겨서 자신감이 높아진다는 것을 말로 전달하는 대처형 모델링 기법이 바람직한 것으로 나타났다. 이러한 대처형 기법은 과제에 대한 우려나 불안이 있는 관찰자들에게 기술 수준이 높은 숙달형 모델링 기법을 적용했을 때와 효과가 거의 비슷한 것으로 나타났다.

전반적으로 모델링 기법은 운동수행 향상에 매우 효과적인 기법이다. 그러나 학습자들의 발달, 특히 언어-인지적인 수준 혹은 동기적인 측면 및 과제특성 등을 고려했을 때 가장 이상적인 모델링의 효과를 기대할 수 있을 것이다.

2) 비운동수행과 관련된 모델링 요인

그동안 모델링이 운동수행에 어떤 효과를 주는 것이 주된 관심거리였지만, 사실 모델링 기법은 수행 이외의 인간의 다양한 행동 및 사고에 많은 영향을 준다. 그 예로 첫째, 모델링은 자신감을 향상시킨다. 모델링 같은 일종의 간접 경험 혹은 대리 경험은 자기효능감의 주요 원천이 된다. 이 때문에 모델링은 자기효능감을 높이고 두려움을 느낄 수 있는 스포츠 기술에 대한 불안감을 낮추게 되어 전반적으로 자신감이 향상된다(McAuley, 1985; Lirgg & Feltz, 1991).

둘째, 공격행동과 사회성 발달이다. 모델링은 스포츠에서 폭력 및 공격행동에 중요한 역할을 한다. 청소년들은 자신이 좋아하는 스포츠스타의 행동이나 언어를 따라 하는 것을 어렵지 않게 발견할 수 있다. 특히 어린이들은 모델이 말하는 언어보다 모델이 말이 없어도 행하는 행동에 특히 영향을 받는 것으로 나타났다(Bryan & Walbek, 1970). 이러한 연구결과는 선수들이 경기장에서 보여주는 행동에 대해 청소년들이나 유소년들이 매우 민감하고 반응하고 이를 쉽게 따라 할 수 있다는 개연성이 충분히 가능하다. 한편, 스타의 인격적인 행동이나 사회봉사 그리고 헌신적인 행동은 청소년들의 사회성 발달에 긍정적인 영향을 기대할 수 있다.

5. 사회적 촉진에 대한 자기와 주요 타자의 영향

사회적 촉진은 관중이나 자신과 같이 수행을 하는 다른 공행적인 존재에 의해서만 나타나지 않는다. 자기 스스로를 관찰하면서 촉진될 수도 있고 부모나 친구, 지도자를 통해서도 촉진될 수 있다.

가. 사회적 촉진에 대한 자기 영향

그동안 모델링 기법에서는 주로 다른 사람을 관찰하는 것이 일반적이지만, 기술의 발전으로 자신을 관찰할 수 있는 방법도 많아졌다. 자기 관찰에 대한 3가지 방법을 살펴보면 첫째, 비디오 피드백이다. 비디오테이프를 편집해서 기술과 행동을 스스로 관찰하고 이를 통해 반성하면서 수행을 향상시킬 수 있다. 둘째, 자신이 잘하는 장면을 관찰하는 셀프 모델링 기법이다. 예를 들어 비디오테이프를 활용해서 셀프 모델링을 적용하면 비디오 자기모델링 기법이 되는 것이다. 셋째, 피드포워드 기법(feedforward: 실행에 옮기기 전에 결함을 미리 예측해 행하는 피드백 제어방법)을 사용하는 것이다(McCullagh & Weiss, 2002).

자기 관찰은 체육 분야에서 특별히 효과적인 방법으로 여겨지는데, 그 이유는 모델과 수행자의 유사성이 동기적인 측면에 긍정적으로 작용하여 운동수행과 수행자의 심리에 주는 효과가 비교적 긍정적인 것으로 나타났기 때문이다. McCullagh와 Weiss(2001)는 체육 분야에서 자기 관찰의 효과를 다루었는데, 셀프 모델링이 학습, 자기효능감, 불안 측면에서 동료 모델링(peer modeling)보다 더 효과가 좋다는 연구를 인용하고 있다(Starek & McCullagh, 1999). 그러나 두 편의 연구에서는 셀프 모델링이 자기효능감이나 수행을 향상시키지 못했다는 증거를 제시하고 있다(Ram & McCullagh, 2003; Winfrey & Weeks, 1993). 따라서 자기 관찰에 관해 더 많은 연구가 이루어질 필요가 있다.

나. 사회적 촉진에 대한 주요 타자의 영향

1) 부모에 의한 사회적 촉진

부모에 의한 아동의 사회적 촉진을 설명하기 위해 부모의 태도, 신념, 가치, 행동 등을 살펴볼 필요가 있다. 이러한 변인들이 아동의 사회적 촉진을 유발하는 가장 기본적인 단서가 되기 때문이다(Horn & Horn, 2007).

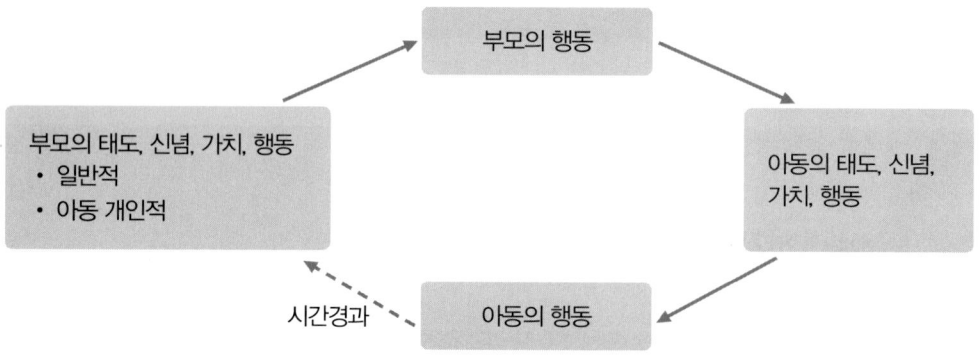

그림 4-18. 부모 행동과 아동 행동의 관계(Horn & Horn, 2007)

부모가 지각하고 있는 가치는 다음 4가지 방법으로 평가할 수 있다. 첫째, 아이의 현재와 미래 목표에 비추어 운동이 얼마나 도움이 되는지 실용적 가치를 평가한다. 둘째, 아이가 얼마나 좋아하는지에 대한 동기적 가치를 평가한다. 셋째, 아이가 그 활동에서 잘하고 있는가에 대한 성취적 가치를 평가한다. 마지막으로 운동 참가에 따른 부정적인 결과(예: 금전·심리·정서·사회 측면) 측면에서는 이것이 얼마나 중요한가라는 측면에서 평가한다.

부모의 신념이 아이의 자기지각 및 신체활동 참가와 어떤 관계가 있는가를 연구한 이 분야의 연구자들(Dempsey 등, 1996; Fredricks & Eccles, 2002; Kimiecik & Horn, 1998; Kimiecik 등, 1996; Xiang 등, 2003)은 몇 가지 흥미 있는 결과를 발견했다. 첫째, 부모가 신체활동의 가치를 인정하면 아이들은 더 노력하고 더 잘하는 것으로 나타났다. 둘째, 아이의 신체활동 능력을 부모가 높게 인식하면 아이도 자신이 유능하다고 인식하면서 신체활동을 더 많이 하는 것으로 나타났다. 셋째, 아이가 자신에 대해 갖고 있는 능력 인식은 엄마보다는 아빠가 갖고 있는 아이에 대한 능력 인식과 더 밀접한 관련이 있다. 넷째, 신체활동에 대한 유능감이 높을수록 아이의 참가 수준이 높아진다. 즉 아이는 자신이 잘한다고 생각할 때 신체활동에 더 많이 참가하고, 더 노력하며, 더 잘하는 것으로 나타났다.

하지만 부모의 지나친 기대는 부작용을 일으킬 수 있다. 부모가 아이에 대해 갖고 있는 비현실적인 기대는 불안, 스트레스, 탈진, 부상과 연관성이 있는 것으로 알려져 있다. 부모의 사회화 영향에 관한 연구가 더 필요하긴 하지만, 부모가 아이의 운동학습을 결정하는 데 매우 중요한 역할을 한다는 점은 분명하다.

2) 동료에 의한 사회적 촉진

친구와 함께 있다는 것은 스포츠 참가의 중요한 동기이며, 동료와 자신의 능력 비교는 유능성 정보의 중요한 원천이 된다. 동료관계에 관한 최근 연구의 핵심은 스포츠 우정과 동료 수용으로 구분된다. 스포츠 우정은 특정 동료 간 친밀한 상호관계를 말하는 반면, 동료 수용(Smith, 2003)은 집단 내에서 지위나 인기와 관련이 있어서 운동능력과 관련이 있다.

Weiss와 Stuntz(2004)는 최근 이 분야의 논문을 개괄적으로 분석한 결과 우정에는 긍정적인 부분(예: 좋은 친구가 있다는 것)과 부정적인 부분(예: 다른 친구에게 더 관심을 기울이는 것)이 모두 있는 것으로 보고했다(Weiss & Smith, 2002).

동료 수용은 운동 능력이나 종목과 관련이 있는데, 여자들 사이에서는 농구와 같이 전통적인 여성 종목에, 남자의 경우는 축구와 같이 전통적인 남성 종목에 참여할 때 인기도가 가장 높았고(Holland & Andre, 1994), 동료들에 의해 기술, 자신감 등이 가장 뛰어나다는 평가를 받은 여자 선수가 호감도가 가장 높은 것으로 나타났다(Smith, 1999). 이 밖에 기술 수준이 아주 높은 선수들은 주장이 되었고, 팀원을 선정하거나 주전 여부와 포지션을 결정하는 데 많은 역할을 하는 것으로 나타났다(Evans & Roberts, 1987).

우정과 동료 수용을 통해 적응성을 살펴본 결과 역시 예상대로 우정과 동료 수용이 긍정적인 참가자가 가장 적응적이고 바람직한 프로파일을 갖고 있었고, 우정이 나쁘고 동료 수용이 없으면 가장 나쁜 프로파일을 보이는 것으로 나타났다(Smith, Ullrich-French, Walker & Hurley, 2006). 이와 유사하게 동료관계에 관한 여러 연구는 동료 수용과 우정이 신체활동 상황에서 잠재적으로 의미 있는 개념이라는 사실을 말해주고 있으며 긍정적인 동료관계를 유지하면 지각된 유능감, 자기 결정 동기, 재미, 자기존중감이 높고 스포츠에 더 전념하는 것으로 나타났다(McDonough & Crocker, 2005; Ullrich-French & Smith, 2006; Weiss & Smith, 2002).

3) 코치에 의한 사회적 촉진

사회적으로 풍부한 환경에 있는 지도자는 바람직하고 긍정적인 코칭 모형을 통해 참가자들의 사회적 촉진을 조장하는 것으로 나타났다. 이들은 일반적인 대화를 하면서도 회원 개인에게 관심을 보였으며, 이에 대한 격려와 강화를 제공하는 것으로 나타났다(Bray, Gyurcsik, Martin Ginis & Culos-Reed, 2004; Turner, Rejeski & Brawley, 1997). 또한 코치나 지도자들이 운동 참가자에게 긍정적인 사회적 지지를 제공할 경우 운동에 대한 자기효능감이 향상되며 에너지와 열량 증가, 운동 후 피로 감소, 창피함이나 새로운 동작 시도에 대한 불안이 낮아지게 되고 재미 수준이 향상되며 지도자 능력에 대한 자신감이 향상되어 이후 미래의 운동에도 또 참가하고 싶은 의도가 증가하는 것으로 나타났다(Bray, Gyurcsik, Culos-Reed, 2001; Lox, Martin Ginis, Petruzzello, 2006).

4장 사회성 발달

 학습목표
- 스포츠 현장에서 나타나는 공격성의 원인을 이해한다.
- 공격성과 관련된 이론들을 파악한다.
- 스포츠 참가와 인성발달의 관계를 파악한다.

1. 공격성의 개념

스포츠나 운동의 영향력이 사회적으로 확산되면서 경기장 안에서 일어나는 공격적인 행동은 사람들에게 많은 영향력을 끼치게 된다. 선수들의 공격행동은 무엇이고 어떤 형태가 있는가 알아본다.

가. 공격성의 개념

Baron과 Richardson(1994)에 의하면 공격성이란 "피해나 부상을 피하려는 사람에게 피해나 부상을 입히기 위한 목적으로 가해지는 모든 행동"으로 정의되고 있다. 이러한 정의를 좀 더 구체적으로 살펴보면 첫째, 공격성은 행동이다. 공격성은 태도, 정서 또는 동기가 아니라는 점이다. 남을 해치려는 의지는 공격성이 아니다. 분노와 생각이 공격적 행동에서 어떤 역할을 할 수 있지만, 공격성을 정의하는 특징은 아니다. 폭력과는 달리 공격성은 언어적·비언어적 행동을 모두 말한다. 폭력이란 극도의 물리적 공격성을 의미한다(Widmeyer, Dorsch, Bray & McGuire, 2002). 둘째, 공격성은 목표가 정해지거나 의도적인 행동이다. 우연하게 가해진 피해는 공격성이 아니다. 그러나 부상을 입히려는 의도가 있는 행동은 그 행동이 피해를 입혔는지 여부에 관계없이 공격성에 해당된다. 셋째, 공격성은 피해나 부상을 입힌다. 공격적 행동은 신체적·심리적 피해를 초래할 의도를 갖고 있거나 장비를 망가뜨리는 것처럼 다른 사람으로부터 무엇인가를 박탈할 의도가 있다. 넷째, 공격성은 살아 있는 존재에게 가해진다. Baron과 Richardson(1994)에 따르면 개를 차는 것은 공격성이지만, 벤치를 차는 것은 공격성이 아니다. 마지막으로 Baron과 Richardson은 피해자가 공격적 행동을 피하려는 동기가 있는 상황에 한정하고 가학·피학성 행동이나 자살행동은 제외하고 있다.

나. 공격행위의 종류

공격행위의 종류에는 공격성에 대한 목표와 분노가 있었는가에 따라 적대적 혹은 수단적으로 구분될 수 있다. 적대적 공격성은 분노와 함께 피해를 입히려는 목적으로 가해진 행동이다. 적대적 공격행위는 그 최종 목적이 상대에게 상처나 고통을 주는 것이다. 상대에게 분명히 피해를 입히려는 것이며 이러한 행동은 충동적으로 일어나는 경우가 많다. 반면, 수단적 공격성은 공격을 수단으로 간주한다. 즉, 승리를 위해 상대방 스타플레이어가 더 이상 시합을 못 뛰게끔 하려는 목적의 악의적인 행동은 수단적 공격성에 해당한다. 수단적 공격성은 의도적이기 때문에 대부분 미리 계획을 짜서 실행되며, 궁극적인 목적을 달성하기 위한 수단 역할을 한다.

표 4-11. 공격행위의 종류

적대적 공격	승리와 관계없이 공격을 통해 상대에게 피해를 가하는 행동
수단적 공격	승리를 위해 상대에게 가하는 공격적인 행동

2. 공격성의 이론

가. 본능 이론

공격성이 선천적인 본능 현상이라는 입장을 지지하는 대표적인 학자는 프로이트(Freud)이다. Freud는 사람은 태어날 때부터 생의 본능인 '에로스(eros)'와 죽음의 본능인 '타나토스(thanatos)'를 지닌다고 가정하였다(Aronson, 1988). 죽음의 본능은 모든 생물 속에 존재하는 생명을 파괴하여 생물의 원래 상태인 무생물로 환원시키려는 힘이다. 이 본능은 내부로 향하기도 하고 외부로 향하기도 한다. 이것이 내부로 향할 때는 자기를 학대하고 극단적인 경우 자살에 이른다. 또 외부로 향할 때는 적개심, 파괴행위 그리고 살인으로 나타난다. 이러한 죽음의 본능이 곧 공격적 에너지이다.

생물학적 본능의 배출구로서 스포츠의 역할을 주장하는 학자 중 대표적인 사람은 Lorenz(1966)이다. 그는 스포츠가 폭력이나 공격적 행위를 사회에서 받아들여질 수 있는 형태로 건강하고 안전하게 방출시키는 밸브 역할을 한다고 주장한다. 그의 주장은 공격행위를 하면 공격 에너지가 소모되어 내적인 긴장이 감소된다는 프로이트의 청정가설(catharsis hypothesis)을 받아들인 것이다. 로렌츠(Lorenz)에 의하면 스포츠는 공격 에너지의 단순한 배출구 이상이다. 예컨대 스포츠는 투쟁 본능을 의식적이고 책임 있게 통제하도록 교육하고, 국가 간의 이해를 증진시키며, 공통의 관심을 조성함으로써 전쟁의 위험을 막는 역할도 한다는 것이다.

나. 좌절-공격 가설

좌절-공격 가설은 Freud의 본능 이론을 기반으로 하여 Dollard 등(1939)이 주장한 이론이다. 이 이론은 "공격행위는 언제나 좌절의 결과로 일어나고, 좌절은 언제나 공격행위를 초래한다"고 가정한다. 여기서 좌절은 목표를 추구하는 행위가 방해를 받는 경험이다. 어떤 목표를 세우고 그것을 이루기 위해 노력하는 과정에서 방해를 받으면 좌절을 경험하게 되고, 좌절은 공격행위를 일으킨다는 것이다. 이때 공격행위가 성공하면 청정효과가 있고, 실패하면 보다 큰 좌절을 경험함으로써 공격 욕구를 증가시킨다는 것이다. 이 이론은 적대적 공격행위를 잘 설명해주고 있다. 적대적 공격행위는 분노를 동반하고, 분노를 일으키는 가장 중요한 요인은 좌절이기 때문이다.

그림 4-19. 좌절-공격 가설

다. 사회학습 이론(social learning theory)

Bandura(1973)의 사회학습 이론은 공격행위를 환경 속에서 관찰과 강화에 의하여 학습한 것으로 설명한다. 즉, 개인이 다른 사람의 공격행위를 관찰하면 이를 모방하는 경향이 있고, 더구나 그 행위가 벌을 받지 않고 보상을 받으면 공격행위는 강화되어 유사한 상황에서 공격행위를 할 가능성이 커진다는 것이다.

> 공격행위를 설명하는 이론들은 각각 공격행위의 한 측면만 설명하고 있을 뿐, 공격행위가 일어나는 여러 가지 복잡한 구조와 조건을 충분히 고려하지 못하고 있다. 생물학적 본능 이론의 경우, 공격행위가 생물학적인 본능에 의해 일어난다는 점을 완전히 배제할 수는 없지만, 이는 환경의 영향을 간과하고 있다. 또한 이를 뒷받침하는 과학적인 증거도 찾기 어렵다. 좌절 공격 가설, 사회학습 이론은 본능과 환경의 영향을 고려하고 있다는 측면에서 본능 이론을 보완하고 있지만 이 이론들은 공격행위를 단지 개인의 심리적 현상으로만 축소시키고 있다는 점에서 여전히 취약성을 가지고 있다(김경원, 1998).

3. 스포츠에서 공격성의 원인과 결과

기본적으로 스포츠경기에는 공격적 행동이 일어나도록 하는 몇 가지 요인이 있다. 이 요인들 가운데 여러 문헌에서 중시하고 있는 요인들은 다음과 같다.

가. 공격성의 원인

공격행위와 관련된 문제는 개인적 환경 조건뿐 아니라, 역사적·문화적·사회적 조건들과 함께 고려되어야 한다. 공격행위는 사회화 과정을 통해 습득되는 사회의 규범 및 가치와 행위가 가져오는 보상의 영향을 받아 발현되기 때문이다(한석규, 1995). 공격성을 유발하는 세부적인 원인들을 살펴보면 다음과 같다(김성옥, 1998).

1) 종목의 특성

테니스나 탁구와 같이 신체적인 접촉이 일어나지 않는 경기는 일반적으로 공격행동이 자주 일어나지 않는다. 그러나 축구, 핸드볼, 아이스하키와 같이 신체적 접촉이 많은 종목은 공격행동이 매우 빈번하다. 특히 아이스하키의 경우 제한된 공간에서 신체적 충돌이 자주 일어나고 신체적 충돌을 허용하는 규칙으로 인해 공격행동이 수시로 발생한다.

2) 스코어 차이

경기가 팽팽한 접전일 때 공격행위는 감소하나 스코어 차이가 많이 날 때는 공격행위가 증가한다. 경기가 접전일 때 선수들은 공격행위로 인한 벌칙을 최대한 피하려는 경향이 있다. 그리고 스코어 차이가 많이 날 때는 승리한 팀보다는 진 팀이 승리에 대한 좌절감으로 공격행위를 많이 하는 경향이 있다.

3) 초청경기와 방문경기

상대를 초청하여 경기를 벌일 때보다 상대팀의 구장을 방문하여 원정경기를 벌일 때 공격행위가 더 많이 일어난다. 방문경기를 할 때 선수들은 상대방뿐 아니라 관중과도 싸워야 하기 때문에 더 민감하게 반응하는 것이다.

4) 팀의 순위

팀의 순위도 공격행동과 관련이 있다. 하위 리그에 있는 팀이 상위 리그에 있는 팀보다 공격행위를 더 많이 한다. 특히 하위리그에 떨어질 위기에 있는 팀들이 공격행위를 더 많이 하는 경향이 있다.

5) 경기의 시점

공격행위는 시합 초반보다는 경기가 진행됨에 따라 더 많이 일어난다.

6) 경력과 경기 수준

경력이 많고 경기 수준이 높을수록 난폭한 공격행동을 더 많이 한다. 이것은 두 가지 관점에서 해석할 수 있다. 첫째, 공격적 행동이 스포츠에 참여하는 동안 사회화 과정을 통하여 학습된 것이라는 해석이다. 둘째, 공격적인 성향이 많은 사람만이 스포츠 경쟁에 살아남을 수 있다는 해석이다. 어떤 방식으로 해석하든 경력과 경기 수준이 높을수록 공격행위가 증가하고 있다는 사실은 경력이 쌓여감에 따라 선수들이 페어플레이 정신을 잃어버리는 반면에 팀에 최대한의 이익을 줄 수 있는 방향으로 노력해야 한다는 가치관이 내면화된 결과일 것이다.

7) 성

공격성에 대한 전체적인 점수는 항상 남자 선수가 더 높다(Widmeyer 등, 2002). 유소년스포츠 참가자를 대상으로 한 연구에서도 남자아이들이 신체적 공격성과 비신체적 공격성이 더 높았다(Bredemeier 등, 2002).

표 4-12. 남녀 공격성 비교

구분	신체적 공격성	심리적 공격성
여자	28.71(18.82)점	57.01(7.78)점
남자	47.41(20.48)점	78.00(11.54)점

나. 공격행동과 운동수행의 결과

Silva(1980)는 스포츠경기에서 공격행위가 수행에 도움이 되지 않는다고 주장한다. 공격행위는 상대방을 공격하는 데 주의를 집중하도록 하기 때문에 과제로부터 주의를 분산시킨다. 또한 공격행위는 분노나 적개심을 동반하기 때문에 이로 인하여 증가된 각성이 주의의 폭을 지나치게 좁혀 수행을 방해한다는 것이다. Larry Lauer(2005)는 공격성의 부정적 효과는 긍정적 효과보다 훨씬 크다고 주장한다. 가장 심각한 결과는 부상인데, 아이스하키의 경우 부상의 50%가 상대방의 공격에 기인한다(Lorentzen 등, 1988). 이 밖에 고등학교 남자 아이스하키 선수의 77.7%, 미식축구 선수의 77.1%가 상대 선수에게 신체적인 부상을 입힐 의도를 갖고 있다고 보고했다. 위협도 공격성에 따른 또 다른 부정적인 결과이다. Lauer는 상대 선수에게 공격적 메시지를 보낼 때 느끼는 심리적인 피해로 인해 일부 선수가 시합을 포기하기도 한다고 주장했다. Widmeyer 등(2002)은 고등학교 남자 미식축구 선수의 89.5%가 상대 선수에게 경기당 1회의 위협을 가하고 싶다고 응답했다고 보고했다. 그다음으로 대학 남자 농구선수들이 수회 이상 상대에게 심리적 위협을 가하고 싶다고 응답했다.

그러나 스포츠경기에서는 공격적인 행동이 결코 일어나서는 안 된다. 특히 청소년들은 성인들의 스포츠에서 일어나는 공격적인 행동을 모방하기 쉽다. 따라서 이들의 스포츠는 항상 스포츠맨십을 강조하는 환경에서 이루어져야 한다. 스포츠에 참여하는 사람들은 누구나 적대적인 공격행위를 했을 때나 이성을 잃은 행동을 했을 때, 그리고 신사답지 못한 플레이를 했을 때 죄의식을 느낀다. 이러한 죄의식은 다음에 공격행위가 일어날 가능성을 줄여야 마땅하다. 그러나 성인 스포츠경기와 경기 지도자들은 오히려 이러한 공격행위를 부추김으로써 선수들이 느끼는 죄의식조차 마비시키는 경향이 있다. 공격행위가 수행을 높이느냐 높이지 않느냐는 그다지 중요하지 않다. 우리는 어떤 대가를 치르더라도 승리하는 것이 가치 있는 것이냐에 대한 판단을 해야 한다. 또한 공격행위가 초래할 선수의 부상도 고려해야 할 문제이다. 사실 공격행위는 또 다른 공격행위를 낳을 뿐 아무런 이익도 주지 않는다는 것을 알아야 한다.

4. 스포츠 참가와 인성발달

가. 스포츠 참가를 통한 인성발달

Gibson과 Ebbeck(1997)에 의하면 체육시간을 포함해서 전반적으로 페어플레이 교육과정을 처치 받은 아동들이 통제 집단의 아동들에 비해 도덕 판단, 도덕 추론, 도덕 의도, 도덕 행동에서

수준 5: 체육관 밖 일반화(outside the gym)
학생들은 체육관 밖의 일상생활에서 수준 0부터 4까지를 실행할 수 있다.

수준 4: 타인에게 마음 쓰기(caring)
타인 존중, 참가하기, 자기 주도를 실행하며 협동, 지지하기, 관심 보이기, 도움 주기를 통해 자기 자신에 대한 책임감보다 더 넓은 수준으로 확장시키려는 동기가 있다.

수준 3: 자기 주도(self-direction)
타인 존중과 참가하기를 실행하며 지도자의 직접적 감독이 없어도 스스로 실천할 수 있다. 자신의 요구를 찾아 체육 프로그램을 스스로 계획하고 실행하기 시작한다.

수준 2: 참가하기(participation)
최소한의 타인 존중을 실행하며, 교사의 감독 하에서 기꺼이 운동을 하며, 도전을 받아들이고, 운동기술을 연습하며, 피트니스 운동을 실천한다.

수준 1: 존중하기(respect)
그날의 수업 활동을 실행하지 않거나 숙달이나 향상도를 보이지 않을 수 있지만, 다른 학생의 학습권이나 교사의 수업권을 방해하지 않도록 자신의 행동을 통제할 수 있다.

수준 0: 무책임(irresponsibility)
자신의 한 일이나 하지 못한 일에 대해 변명을 하거나 남을 비난한다.

그림 4-20. 체육수업을 통한 도덕성 발달

더 높은 점수를 받았다고 보고했다. 이 결과를 종합하면 스포츠와 신체활동은 도덕적 성장에 긍정적인 영향을 줄 수 있다는 것을 알 수 있다. 또한 구조 발달 전략을 적절하게 설계하면 도덕성 추론에 큰 영향을 줄 수 있다.

Hellison(1995)은 '개인 사회 책임감 모형'이라 불리는 교육 모형을 개발하여 스포츠 활동을 활용한 인성발달 프로그램을 운영하였다. 이 모형은 기본적으로 신체활동을 가르칠 때 인간에 대한 예의나 의사소통 같은 생활기술을 통합해서 가르쳐야 하고, 운동장에서 배운 교훈이 일상생활의 다른 영역에도 적용할 수 있도록 가르쳐야 한다고 전제한다. 또한 책임감이 지도자로부터 아동에게 점진적으로 넘어가도록 지도해야 하며, 지도자는 아동의 의사결정 능력을 존중해야 한다. 이 프로그램을 통해 참가 아동들은 여러 활동을 하면서 권한을 부여받고 목적의식을 느끼며 타인과 연계되었다는 느낌을 갖게 되고 행동에 대한 책임감이나 인내심, 타인의 행동을 침범하는 활동이 무엇인지 배우게 되어 전반적으로 인성발달에 긍정적인 영향을 미치는 것으로 나타났다.

나. 스포츠퍼슨십 발달

스포츠퍼슨십은 "특정 스포츠 행동에 대한 일반적인 태도나 윤리적 방식으로 규정된 규칙을 준수하는 것"으로 정의할 수 있다. 기본적으로 스포츠나 운동을 하는 참가자들은 관습과 성공전략의

표 4-13. 스포츠퍼슨십 행동의 분류

스포츠맨십 행동		비스포츠맨십 행동	
반응 빈도(%)	세부 영역	세부 영역	반응 빈도(%)
84(21.3)	최선	최선 부족	45(10.9)
75(18.9)	운동 집중 및 몰입	운동 산만	62(15.1)
47(11.9)	규칙준수 및 페어플레이	반칙 및 더티플레이	83(20.2)
18(4.5)	심판 판정 승복	심판 및 판정 불복종	31(7.5)
39(9.8)	상대방 존중	상대 무시 및 배려 부족	16(3.9)
18(4.5)	동료 및 선후배 배려	동료 및 선후배 배려 결여	17(4.1)
18(4.5)	팀 정신	개인주의 및 팀 정신 결여	30(7.3)
33(8.3)	결과 및 실수 인정	결과 및 실수 불인정	30(7.3)
26(6.5)	시합 및 일반적 예의	시합 및 일반적 예의 부족	75(18.3)
28(7.1)	자기관리 및 조절	자기관리 및 조절 결여	13(3.1)
		승부집착 부정적 행동	4(0.9)
8(2.0)	기타	기타	4(0.9)

> **스포츠를 활용한 인성발달 전략(김성옥, 1998)**
> ① 선수들에게 상황에 맞게 스포츠맨십을 설명해준다.
> ② 스포츠맨다운 행동은 강화하고 격려하며, 공격적인 행동은 벌을 준다.
> ③ 필름을 통하여 프로 경기나 국가대표선수들의 모범적인 경기를 관람시킨다.
> ④ 필요한 때 도덕적으로 적절한 행동에 대하여 설명해준다.
> ⑤ 실제적으로 부딪히는 도덕적인 곤경 상황에 대하여 토론하고 행동을 선택하게 한다.
> ⑥ 격한 상황에서 자신의 감정을 자제할 때 격려해준다.
> ⑦ 코치나 경기 임원은 선수들의 적개심을 부추길 수 있는 언동을 피한다.

유혹에도 불구하고 가장 높은 수준의 도덕 추론 유형에 상응하게 행동하려는 경향을 보이며, 시합 활동과 관련된 긍정적인 사회적 상호작용을 보여주는 경향이 있다. Vallerand(1996)는 "스포츠퍼 슨십은 다차원적 구조로 되어 있으며 여기에는 스포츠에 대한 완전한 몰입, 규칙과 심판 존중, 사회적 인습의 존중, 상대방에 대한 배려, 승리 집착에 따른 부정적 행동을 하지 않는 것이 있다"고 보고했다.

V부
운동심리학

V부에서는 일반 생활 체육 및 사회스포츠에 활용할 수 있는 운동심리학의 영역이 소개되어 있다. 운동이 우리 몸과 건강에 긍정적인 혜택을 준다는 사실에도 불구하고 여전히 많은 사람들이 운동과 같은 신체활동에 참여하지 않고 있다. 왜 그러한 현상이 나타나는지 그리고 운동을 하는 사람들의 심리는 무엇이고 운동에 대한 심리적 효과는 과연 무엇인지 소개되어 있다.

1장 운동의 심리적 효과

 학습목표

- 운동이 심리적 변인에 미치는 긍정적 영향과 부정적 영향을 이해한다.
- 신체활동을 심리적으로 측정하는 방법을 이해한다.
- 운동으로 인한 심리적 효과를 설명하는 가설을 이해한다.

1. 운동과 성격

운동과 성격의 연관성에 대해서는 두 가지 관점에서 분석된다. 첫째는 성격에 따른 운동수행 또는 운동실천의 차이를 보는 관점이며, 둘째는 운동수행 또는 운동실천에 따른 성격의 변화 문제이다. 첫 번째 관점인 성격에 따른 운동수행을 다룬 결과는 성역할 특성과 성격 5요인이 운동수행과 운동실천에 준 영향을 다루었다.

성역할 특성에서 성역할이란 남자와 여자의 생물학적 성이 아니라 사회적인 성(gender)을 의미한다. 사회적으로 기대되는 남성다움이나 여성다움은 생물학적인 남녀 구분과는 다른 분류라 할 수 있다. 남자나 여자 모두 남성다움이 높을 수도 있고, 여성다움이 높을 수도 있으며, 또 그 반대의 성향을 띨 수도 있다. Rejeski, Best, Griffith, Kenney(1987)는 남자 대학생을 대상으로 남성적인 남학생과 여성적인 남학생으로 구분하고 고강도 유산소 운동에 대한 반응을 분석하였다. 그 결과 남성적인 남학생과 양성적인 남학생에 비해 여성적인 남학생은 주관적 운동 강도(RPE)가 더 낮게 보고되었다. 같은 운동부하에서 여성적인 남학생이 운동 강도를 더 높게 느낀다는 결과이다. 이러한 결과는 성역할이라는 성격 특성에 따라 운동 강도를 느끼는 수준이 달라질 수 있다는 것을 말해준다.

다음으로 성격 5요인으로 성격을 구분했을 때 운동실천에 긍정적인 영향을 주는 요인 외향성과 성실성이며, 부정적인 영향을 주는 요인은 정서적 불안정성인 것으로 밝혀졌다. 성격 5요인은 성격을 정서적 불안정성, 외향성, 개방성, 호감성, 성실성으로 구성되었다고 가정한다. 외향성과 성실성이 높을수록 빠르게 걷기 같은 중간 강도의 운동이나 달리기 같은 고강도 운동을 더 많이 실천한다. 반면에 정서적 불안정성이 높은 사람은 운동실천이 낮은 것으로 나타났다(Courneya, Bobick, Schinke, 1999). 연구 대상을 다르게 해도 외향성과 성실성이 높은 사람은 운동실천 수준이 높게 나타났고, 정서적 불안정성이 높은 사람은 운동실천 수준이 낮았다.

운동을 실천하면 성격도 변화된다는 증거도 많다. 시간강박증, 과도한 경쟁성, 적대감을 갖고 있는 성격을 'A형 행동'이라 한다. 이런 성격을 갖고 있으면 관상동맥질환의 위험이 높다. 운동을 꾸준히 실천하면 A형 행동에 변화가 나타난다는 사실이 입증되었다. Blumenthal 등(1988)은 12주간의 운동 결과 A형 행동의 빈도가 낮아졌고, 스트레스에 대한 심폐계의 반응성도 낮아진 것을 발견했다. 운동 참여가 경쟁적이며 적대적인 A형 성격을 좀 낮추는 데 기여한다는 것을 알 수 있다.

한편 우수선수는 훈련과 시합 상황에서 매우 뛰어난 인지적 전략을 사용한다는 사실도 입증되었다. 우수선수는 체력과 기술에서 앞서 있을 뿐만 아니라 심리적 측면에서도 이상적인 상태를 갖고 있다. 우수선수를 대상으로 심리검사, 심층면접, 행동관찰 등을 통해 밝혀진 우수선수의 인지 전략을 요약하면 〈표 5-1〉과 같다.

표 5-1. 우수선수의 인지 전략

영역	세부 전략
훈련	우수선수는 시합에 대비한 구체적인 대처 전략을 미리 연습한다.
루틴	시합 전후의 주의 방해 요인에 대한 대비책으로 루틴(routine)을 실천한다.
집중	불필요한 생각과 감정을 차단하고 당면한 시합에 고도로 집중한다.
심상	자신에게 도움이 되는 고유한 심상 또는 심리적 리허설 방법을 실천한다.
합리성	통제 불가능한 요인보다는 통제 가능한 요인에 집중한다.
시합 전략	우수선수는 시합에 대해 매우 구체적인 계획을 갖고 있다.
각성 조절	최적의 수행에 도움이 되도록 각성과 불안 수준을 조절한다.

2. 운동의 심리생리적 효과

운동이 신체건강에 좋은 영향을 준다는 것은 예부터 널리 알려져 있다. 최근에 운동심리학을 비롯한 관련 학문의 발달로 운동이 심리적·정신적으로도 좋은 혜택을 준다는 결론이 나오고 있다. 운동에 따른 심리적으로 여러 변인에 미치는 영향을 정리한다.

가. 운동과 불안

메타분석의 결과를 보면 운동은 불안을 감소시키는 효과가 상당히 높은 편이다. 그런데 유산소 운동이 불안을 감소시키며, 고강도의 무산소 운동은 불안을 낮추는 데 뚜렷한 효과가 없거나 오히려 불안을 높이는 것으로 나타났다. 운동 유형에 따라 불안을 낮추는 효과가 다르기 때문에 주의가 필요해 보인다. 유산소 운동에는 걷기, 달리기, 수영, 자전거 타기, 에어로빅 등의 종목이 있으며, 종목들 사이에 불안 감소 효과는 비슷한 것으로 알려져 있다.

Petruzzello 등(1991)에 의하면 운동을 장기간에 걸쳐 실천하면 특성불안이 감소하고, 일회성 운동은 운동 전에 비해 운동 후의 상태불안을 낮추는 효과가 나타난다. 장기간에 걸친 운동이 특성불안을 낮추는 효과크기는 0.34로 나타났다. 효과크기란 동일한 주제에 관한 많은 선행 연구를 통계적으로 종합해서 얻은 수치로, 클수록 효과가 강함을 의미한다(효과크기가 0이면 실험집단과 통제집단의 평균이 같고, +값은 실험집단의 평균이 더 높다는 것을 의미한다. 대체로 효과크기가 0.70 이상일 경우 매우 큰 효과로 해석한다).

저항운동이나 웨이트트레이닝 같은 무산소 운동은 불안을 감소시키는 데 도움이 되지 않을 가능성이 높은 것으로 결론이 내려졌다. 구체적으로 무산소 운동이 특성불안을 감소시키는 효과크기는 -0.16으로 나타났다. 무산소 운동은 불안을 해소하는 데 도움이 안 된다는 증거이다. 특히 고강도 저항운동은 불안을 오히려 높일 수 있다는 연구 결과도 자주 등장한다. 불안을 해소하는 목적이라면 반드시 유산소 운동을 권장해야 할 것이다.

나. 운동과 우울

운동에 따른 심리적 혜택이 가장 뚜렷하게 나타나는 변인이 우울이다. 조사연구 방법을 사용한 연구를 종합해보면 운동을 규칙적으로 실천하는 사람일수록 덜 우울한 것으로 나타났다. 주당 1,000~2,500칼로리를 소비하는 운동을 하면 우울증에 걸릴 위험이 17% 낮아지며, 2,500칼로리 이상을 소비하면 28%로 낮아진다는 연구 결과도 있다(김병준, 2006).

메타분석의 결과를 보면 운동이 우울 개선에 얼마나 효과가 있는지를 보다 객관적으로 알 수 있다. 지금까지 보고된 두 편의 메타분석 연구를 보면 운동은 우울증을 감소시키는 효과크기가 전체적으로 0.53에 이르는 것으로 밝혀졌다. 유산소 운동, 무산소 운동 모두 우울증을 감소시키는 효과가 비슷했다. 운동 기간은 우울증 개선에 중요한 영향을 미치는 것으로 나타났는데, 4주 이하의 효과크기는 0.11에 불과하지만 21~24주는 2.93으로 매우 높았다. 우울증 개선이 목적이라면 운동 기간을 길게 잡는 것이 중요함을 알 수 있다.

운동과 우울을 다룬 여러 연구의 결과는 대체로 일치한다. 우울을 다룬 연구는 그 특성상 운동과 우울 사이에 상관관계(correlation)를 말해줄 뿐 인과관계를 알려주는 것은 찾기 어렵다. 운동은 우울을 낮추는 것과 연관성이 상당하다는 결론을 내릴 수 있다. 운동과 우울 사이의 연관성에 대해서는 다음과 같은 결론을 내릴 수 있다(Weinberg & Gould, 2007).

- 운동의 우울 감소 효과는 나이, 건강상태, 인종, 사회경제적 지위, 성에 관계없이 나타난다.
- 운동이 우울을 낮추는 효과는 심리치료만큼 효과적이다.
- 운동이 우울을 낮추는 효과는 운동 트레이닝 프로그램이 9주 이상일 때 더 높다.
- 유산소 운동과 무산소 운동 모두 우울을 낮추는 데 효과적이다.
- 운동이 우울을 낮추는 효과는 우울증 환자에게 더 크게 나타난다.
- 운동을 한 후에 우울이 낮아지는 효과는 개인의 체력 수준에 관계없이 나타난다.

다. 운동과 기분

기분(mood)은 특별한 직접적인 원인을 알 수 없이 긍정적이거나 부정적으로 변화하는 감정 상태를 말한다. 먼저 우수선수와 비우수선수의 성격을 비교한 결과 우수선수일수록 정신건강이 더 우수하다는 사실이 발견되었다. Morgan(1979, 1980)은 기분상태프로파일(POMS)을 이용하여 우수선수와 일반인을 비교한 결과 우수선수는 활력이 평균보다 월등히 높지만 긴장, 우울, 분노, 피로, 혼동 같은 부정적인 요인의 점수는 평균보다 낮다는 사실을 알아냈다. 우수선수가 일반인에 비해 정신건강이 더 긍정적이라는 결과는 빙산형 프로파일에 잘 나타난다(그림 5-1). 활력이 평균보다 높고 나머지 부정적인 요인은 평균보다 낮은 상태로 그 모습이 빙산의 꼭대기가 수면 위로 떠오른 것과 유사하다. 하지만 선수의 빙산형 프로파일을 근거로 팀 대표로 선발을 하거나 경기력을 예측하는 것은 바람직하지 않다.

일반인도 운동을 하면 기분 상태를 긍정적으로 바꿀 수 있다. 심리학자나 심리치료학자들은 운동이 다른 어떤 기법보다 기분을 긍정적으로 만드는 데 효과적이라는 사실에 동의한다. 그래서 기

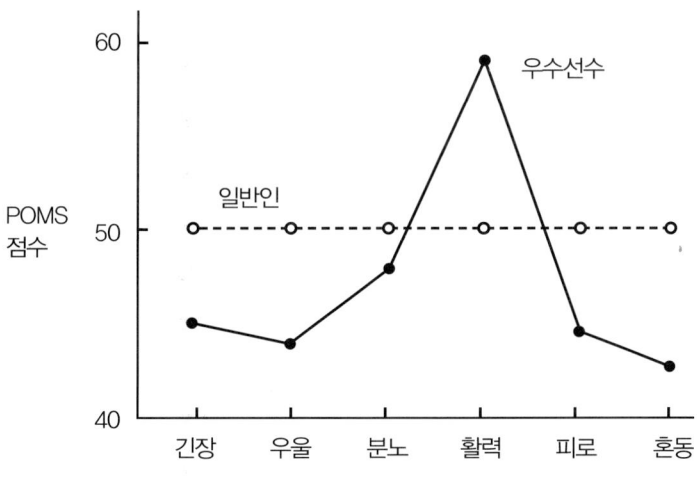

그림 5-1. 우수선수의 빙산형 프로파일
자료: Morgan(1979, 1980)

분과 활력을 높이려면 운동을 하라고 권장한다. 운동은 10분만 해도 긍정적 기분이 높아질 수 있다. 그날 부정적 또는 긍정적 사건이 얼마나 많았는지에 관계없이 운동은 긍정적 기분을 높일 수 있다.

운동을 하는 도중에 특별히 긍정적인 기분을 체험하는 현상으로 러너스 하이(runner's high)도 흥미롭다. 신체적으로 힘든 운동을 하는 도중에 예상치 않게 행복감, 편안함, 자동적 수행의 느낌, 통제감, 희열감이 느껴지는 순간을 겪는데 이를 '러너스 하이'라고 한다. 이 순간에는 시간이 어떻게 지나갔는지 모르기도 하고, 공간적으로 평소와 다른 감각을 체험하기도 한다. 원래 달리기를 하는 동안에 행복감을 겪는 것에서 발견되어 러너스 하이라고 하는데, 다른 운동을 할 때에도 체험하는 것으로 알려져 있다.

러너스 하이에서 겪는 충만감과 행복감은 운동에 대한 내적 동기를 높여주는 역할을 한다. 이 순간에 대개 최고 수행이 나타날 가능성이 높으며, 몰입(flow) 개념과도 연관성이 높다. 러너스 하이를 경험하려면 주변의 방해를 받지 않아야 하고, 환경 조건도 쾌적해야 한다. 운동 초기보다는 최소 30분 정도 지난 다음에 체험할 가능성이 높다고 한다.

운동으로 기분을 좋게 하려면 다음과 같은 운동 가이드라인을 따르는 것이 바람직하다(Burger & Motl, 2001). 이 가이드라인은 불안이나 우울을 낮추는 목적에도 적용될 수 있다.

- 리듬 있는 복부 호흡이 동반되는 운동(유산소 운동, 요가, 타이치 걷기, 수영 등)이 효과적이다.
- 다른 사람과 경쟁을 거의 하지 않은 운동이 효과적이다.
- 환경이 예측 가능하며 스스로 페이스를 조절할 수 있는 운동이 효과적이다.
- 자신을 되돌아볼 수 있고 창의적 생각을 할 수 있는 리듬 있고 반복적 운동(수영, 달리기)이 효과적이다.
- 최소 20분 이상 지속하는 중간 강도의 운동을 주 2~3회 규칙적으로 한다.
- 오랜 기간 지속해서 실천하려면 운동이 재미있어야 한다.

라. 운동과 자기개념

운동을 꾸준히 실천하면 자기 자신을 보다 긍정적으로 평가하는 데 도움이 된다. 운동은 아동의 자기존중감을 향상시키는 효과가 상당히 높다. Gruber(1986)에 따르면 운동은 아동의 자기존중감을 높이는 데 효과크기가 0.41로 나타났다. 자기존중감 향상은 일반 아동보다 장애 아동에게서 더 큰 것으로 밝혀졌다(효과크기 0.57).

하지만 운동이 자기존중감을 향상시킨다는 증거를 제시하지 못한 연구도 상당히 많다. 운동 참가가 자기존중감의 향상을 보장해주지는 않는다고 볼 수 있다. 운동 전에 자기존중감이 낮은 경우 운동으로 인한 자기존중감 향상 효과가 더 크게 나타나는 경향이 있다. 운동의 유형(웨이트트레이닝, 유산소 운동)에 관계없이 자기존중감에 영향을 줄 수 있지만, 단기적으로는 웨이트트레이닝의 효과가 더 좋은 것으로 알려져 있다. 운동으로 자기존중감을 변화시키는 것은 쉽지는 않지만, 신체적 자기개념을 향상시키는 것은 비교적 쉽다. 운동과 신체적 자기개념을 다룬 연구의 대부분에서 운동은 신체적 자기개념을 높인 것으로 밝혀졌다.

운동의 자기개념에 주는 영향은 운동 프로그램이 종료된 40주 후에도 유지된다는 연구가 있다(Taylor & Fox, 2005). 자기개념과 자기존중감을 향상시키기 위한 목적으로 하는 운동 프로그램은 성공 경험, 신체적 유능감 향상 인식, 목표 달성 같은 요소가 포함되어야 한다.

마. 운동과 인지기능

운동은 인지능력에도 긍정적인 효과가 있다. 메타분석 연구에 따르면 운동의 인지능력 개선에 대한 전체적인 효과크기는 0.25로 나왔다. 일회성 운동(효과크기 0.16)보다는 장기간 운동(효과크기 0.33)이 인지능력의 개선에 더 좋은 영향을 준다. 연령대에 따라서도 운동이 인지능력에 주는 효과가 달라지는데 중·장년층(효과크기 1.02)에게 가장 큰 효과가 있고, 청소년과 대학생에게도 상당히 좋은 효과를 보였다(효과크기 0.77, 0.64).

최근에는 체력이 좋은 학생일수록 학업성취도가 높다는 결과가 보고되고 있다. 이런 결과는 우리나라뿐만 아니라 세계 여러 나라에 공통적으로 보고되고 있다. 체력점수와 학업성취도를 분석한 결과에서도 긍정적인 상관관계가 발견되었고, 성적이 좋은 학생을 대상으로 이루어진 실험에서도 체력이 좋은 학생의 인지 능력이 더 높게 나타난다. 인지 능력을 측정할 수 있는 의료기기(예: fMRI)가 발달하면서 운동은 치매 예방에도 효과가 좋다는 사실이 알려지고 있다.

바. 부정적인 영향

운동이 인지와 정서에 긍정적인 영향을 주지만, 극히 일부 참가자는 부작용을 체험하기도 한다. 운동에 따른 부정적인 영향으로 운동중독, 과훈련과 탈진, 식이장애, 스테로이드 남용 등을 들 수 있다.

운동중독은 자신이 통제할 수 없을 정도로 과도하게 운동을 하며, 운동을 못하면 금단 증상이 나타나는 현상을 말한다. 운동중독이 건강을 해치는 수준이라면 부정적 중독이라 할 수 있다. 운동이 마약처럼 부정적 중독이 아닐 수도 있다는 주장도 매우 강해 운동중독이라는 부정적 의미의 용어보다는 운동의존(exercise dependence)이라는 용어를 사용해야 한다는 학자도 많다.

운동중독은 내성, 금단 증상, 의도 효과, 통제 상실, 시간 효과, 다른 활동의 감소, 지속 같은 기준으로 진단할 수 있다. 그중에서 금단 증상은 운동중독의 중요한 특징이다. 운동을 못하면 정서적 증상(불안, 우울, 짜증), 인지적 증상(혼란, 집중력 감소), 신체적 증상(무기력, 수면장애, 근육통, 위장 장애, 전신의 활력 저하) 같은 금단 증상이 나타난다.

운동은 신체와 정신의 건강을 개선시키지만, 과훈련(overtraining)은 우울증 유발 등 부작용을 초래한다. 일부 전문 운동선수는 주당 30시간 이상의 반복된 훈련으로 인해 격심한 스트레스와 함께 우울을 겪기도 한다. 과훈련은 번아웃(burnout)을 유발하는 원인으로 작용하기도 한다. 번아웃이란 신체적·정서적으로 에너지가 고갈된 상태로, 훈련을 지속하더라도 신체적인 적응 현상이 나타나지 않는 상태이다. 적절한 휴식과 훈련 프로그램의 조정이 필요한 상태이다.

다이어트 효과에 집착해서 운동에 중독되는 것을 '이차 운동중독'이라 한다. 이차 운동중독은 식이장애에 따른 부작용이라 할 수 있다. 운동중독이 의심되면 운동 자체에 중독된 것인지 식이장애로 인한 운동중독인지를 판단하는 것이 중요하다. 식이장애인 경우 신경성 폭식증과 신경성 식욕부진증으로 구분된다. 많은 양의 음식을 단시간에 섭취하고 토하기 등의 보상행동을 하면 신경성 폭식증이다. 체중이 증가하는 것에 대해 극도의 두려움을 갖고 있어 음식 섭취를 정상적으로 하지 못한다면 신경성 식욕부진증에 해당할 가능성이 높다.

3. 신체활동의 심리 측정

신체활동이 주는 심리적 효과를 연구하면서 측정과 관련된 기법과 도구가 널리 개발되었다. 여기서는 운동 강도를 심리적으로 측정하는 방법, 신체활동을 심리적으로 측정하는 방법, 운동정서를 측정하는 방법을 다룬다.

가. 운동 강도의 심리적 측정

대표적인 운동 강도의 심리적 측정도구로 주관적 운동 강도 척도(REE, Rating of Perceived Exertion Scale)가 있다(Borg, 1998). 주관적 운동 강도(perceived exertion)란 운동의 강도를 알 수 있는 몸의 감각을 찾아서 주관적으로 해석하는 것을 말한다. 쉽게 말해 운동이 힘든 정도를 주관적으로 느끼는 정도를 말한다. 동일한 운동을 여러 사람이 하고 있더라도 힘든 정도는 개인차가 있어 이를 측정하기에 적합하다.

이 척도는 〈그림 5-2〉에 제시되어 있는데, 가장 낮은 수치는 6에서부터 1씩 상승하면서 최고 수치 20으로 되어 있다. 최저 수치 6과 최고 수치 20은 심박수 범위 분당 60회와 200회에 대응한다. 수치에 강도를 나타내는 형용사가 있어 선택을 도와주고 있다. 이론적으로 자신이 힘든 정도를 나타내는 수치를 RPE에서 하나 선택하고, 10을 곱하면 그 당시의 심박수를 추정할 수 있다. 예를 들어 달리기를 하는 동안 힘든 정도가 RPE에서 15라고 판단했다면 그때의 심박수는 150으로 예상한다. 실제로는 척도의 수치에 10을 곱한 다음 20~30을 더해야 심박수와 일치하는 것으로 알려져 있다. RPE 척도에서 13을 선택했다면 실제 심박수는 150~160일 가능성이 높다. 장시간 지속하는 운동을 할 때 강도를 측정하기에 적합하다.

RPE로 운동 강도를 해석할 때에는 대략적으로 다음과 같은 기준을 따른다.

- 9 미만: 아주 가벼운 운동
- 9~10: 가벼운 운동
- 11~12: 중간 강도 운동
- 13~16: 높은 강도 운동
- 16~19: 매우 높은 강도 운동
- 20: 최대 강도 운동

수치	느낌
6	
7	몹시 쉽다
8	
9	매우 쉽다
10	
11	대체로 쉽다
12	
13	약간 힘들다
14	
15	힘들다
16	
17	매우 힘들다
18	
19	몹시 힘들다
20	

그림 5-2. 주관적 운동 강도 척도(RPE)

토크 테스트(talk test)도 운동 강도를 주관적으로 측정하는 쉬운 방법이다. 운동 강도가 높아짐에 따라 말하기 수준이 달라진다는 원리를 이용한다. 낮은 강도의 운동을 하면 노래를 부르거나 옆 사람과 대화할 수 있지만 높은 강도일 때에는 옆 사람과 대화하기가 어려워진다. 측정을 위해 특별한 도구가 필요 없기 때문에 현장에서 쉽게 활용할 수 있다. 토크 테스트는 운동 강도를 세 단계로 나눈다.

- 저강도: 운동 중에 노래를 할 수 있다.
- 중간 강도: 운동 중에 옆 사람과 가벼운 대화를 할 수 있다.
- 고강도: 운동 중에 숨이 차서 말을 할 수 없다.

나. 신체활동량의 심리적 측정

신체활동량을 측정하는 심리적 방법으로, 대표적인 것이 질문지이다. 질문지는 자기보고식, 인터뷰식, 대리응답식이 있다. 질문지를 이용하면 측정과 채점이 쉽고 자료수집이 간편한 장점이 있다. 질문을 이해하지 못하거나 신체활동을 정확하게 회상하지 못한 경우, 의도적으로 허위 응답을 할 수도 있다는 점 등은 단점이다.

대표적인 신체활동 측정 질문지로 여가운동 참가 질문지(Leisure-Time Exercise Questionnaire)를 들 수 있다. 이 질문지는 지난 1주일간 여가 시간에 했던 운동량을 저강도, 중간 강도, 고강도 운동으로 구분한 다음 주당 횟수를 기록하는 방식으로 작성한다(Godin & Shephard, 1985). 여기서 운동을 15분 이상 지속한 것으로 정의한다. 3가지 운동 강도에 따라 운동 빈도가 정해지면 운동 강도에 비례하는 에너지 소비량 가중치를 곱해서 점수를 산출한다. 에너지소비량 가중치는 고강도 9, 중간 강도 5, 저강도 3을 사용하는데 이는 대상동등가(MET) 점수이다. 고강

일주일(7일간) 기준으로 여가시간에 다음과 같은 운동을 15분 이상 하는 것을 대체로 몇 회나 했습니까?(원 안에 숫자를 적으시오)

	주당 횟수
a) 고강도 운동(심장이 빠르게 뛰는 운동) [운동의 예: 달리기, 조깅, 하키, 축구, 스쿼시, 농구, 유도, 강도 높은 수영 등]	◯ 회
b) 중간 강도 운동(아주 어려운 운동은 아님) [운동의 예: 빠르게 걷기, 야구, 테니스, 자전거 타기, 배구, 배드민턴, 천천히 수영하기]	◯ 회
c) 저강도 운동(최소한의 노력) [운동의 예: 요가, 양궁, 낚시, 볼링, 골프, 천천히 걷기]	◯ 회

채점방법: 고강도에 해당하는 운동 빈도에는 9, 중간 강도에 5, 저강도에 3을 곱해서 모두 합한다. 단위는 MET이다.

그림 5-3. 여가운동 참가 질문지의 일부

도부터 저강도에 이르는 다양한 운동을 일주일간 얼마나 했는지를 알 수 있다. 종합점수가 산출되므로 개인의 운동습관을 하나의 수치로 알 수 있다(그림 5-3).

다. 운동정서 측정

일반적인 정서 측정도구와 운동전문 정서 측정도구가 있다. 일반적인 정서 측정도구로는 기분상태검사지(POMS), 긍정적·부정적 감정척도(PANAS)가 대표적이다.

- 기분상태검사지(POMS): POMS는 자기보고식 도구로 긴장, 우울, 분노, 활력, 피로, 혼동의 6개 요인을 측정한다. 심리치료 환자를 대상으로 개발되어 부정적 요인이 많이 포함되어 있다. 스포츠심리학 연구에도 자주 사용된다. 총 65문항으로 문항수가 많으며, 6개 요인에 부정적 요인이 많다는 점이 단점으로 지적된다. 간편형도 개발되었다.
- 긍정적·부정적 감정척도(PANAS): 감정을 긍정적·부정적으로 나누어 측정하는 도구로 긍정 감정을 묻는 10문항, 부정 감정을 묻는 10문항으로 되어 있다. 문항은 5점 척도의 간단한 형용사로 되어 있어 신속한 응답이 가능하다. 지금 현재의 감정 상태를 측정하는 데 자주 사용한다. 일반적인 감정을 묻고 있지만, 운동에 따른 감정을 측정하는 목적으로 스포츠심리학에서도 자주 사용된다. 국내에서 정용각(2000)의 연구에 사용된 바 있다(그림 5-4).

한국판 PANAS

1. 활기찬	11. 신경질 나는
2. 흥분된	12. 열정적인
3. 불안한	13. 신나는
4. 심란한	14. 답답한
5. 상쾌한	15. 우울한
6. 소극적인	16. 명랑한
7. 기분 좋은	17. 지루한
8. 짜릿한	18. 짜증난
9. 화가 난	19. 행복한
10. 시원한	20. 싫증난

- **긍정적 정서:** 1, 2, 5, 7, 8, 10, 12, 13, 16, 19번
- **부정적 정서:** 3, 4, 6, 9, 11, 14, 15, 17, 18, 20번

그림 5-4. 한국판 PANAS(자료: 정용각, 2000)

국내외 스포츠심리학자들은 운동 상황에만 전문적으로 사용할 수 있는 정서 측정도구를 개발해 왔다. 문항이 아주 간단한 것부터 비교적 많은 문항을 가진 도구가 있다. EFI, SEES, FS가 대표적이며, 한국형 운동정서 도구도 개발되어 있다(김병준, 2006).

- 운동정서 질문지(EFI): 운동 후에 체험하는 정서를 측정하는 도구로 12문항으로 되어 있다. 운동으로 유발되는 독특한 정서를 4개 요인(긍정적 성취, 원기회복, 신체적 피로, 평온감)으로 구분한다. 신체적 피로가 부정적인 것이라면 나머지는 긍정적 속성을 띤다. 요인의 명칭을 열정, 에너지, 피로, 침착으로 바꿀 수 있다.
- 주관적 운동체험 척도(SEES): 긍정적 웰빙, 심리적 스트레스, 피로의 3요인을 12문항으로 측정한다. 긍정적 웰빙은 정서의 긍정적 측면을 측정하지만, 나머지 두 요인은 부정적 측면을 측정한다.
- 감정척도(FS): 하나의 문항으로 유쾌와 불쾌의 정도를 측정하도록 개발되었다. 측정 문항이 하나이므로 운동 중에 느끼는 느낌을 측정하기에도 적합하다. 최저 −5점에서 최고 +5점으로 측정하는데, 가운데 0점이 있어 11점 척도이다.
- 한국형 운동정서 척도: 유진과 김종오(2002)가 개발한 것으로 우리말 용어 중에서 운동 후의 느낌과 연관성이 높은 것만 골라 만들었다. 문항은 '즐거운'과 같이 간단한 형용사 형태로 되어 있고, 4점 척도에 응답한다. 재미, 긍지, 활력, 정화, 성취의 5개 요인을 측정하고 있어 모두 긍정적으로 구성되어 있다.

최근에는 운동 전·중·후에 감정(affect)을 반복해서 측정할 수 있는 2차원 원형 모형이 활용되고 있다(Remington, Fabrigar & Visser, 2000). 가로축은 불쾌와 유쾌의 정도를 나타내고, 세로축은 활성으로 되어 있다. 활성(activation)이란 에너지 수준을 의미하는데 '얼마나 힘이 드는가?'라고도 볼 수 있다. 힘이 많이 들면 활성이 높은 것이다. 가로축과 세로축으로 구성된 2차원은 유쾌-활성, 유쾌-비활성, 불쾌-활성, 불쾌-비활성의 4개 면이 만들어진다. 4개의 면을 둘러싼 원의 내부에는 각 면에 해당하는 정서, 기분, 감정을 배치할 수 있다.

운동심리학에서는 2차원 원형 모형을 이용해서 운동 전과 운동 중 그리고 운동 후에 감정이 어떻게 변하는지 측정할 수 있게 되었다(그림 5-5). 〈그림 5-5〉를 보면 운동 전과 비교해서 운동 종료 20분 후에 활성이 더 낮아졌고 더 유쾌해졌다. 즉, 운동이 좀 더 편안하게 만들고 기분을 좋게 만든 것이다. 운동 중에 감정이 어떻게 달라졌는지도 알 수 있는데, 운동역치가 지나면서 그래프가 위쪽으로 상승하다가 좌측 위쪽에서 정점에 도달했다. 이는 운동이 힘들어짐과 동시에 불쾌한 감정을 느꼈다는 것을 의미한다. 불쾌한 감정을 느낄 정도로 힘든 운동을 했다는 것을 알 수 있다. 이

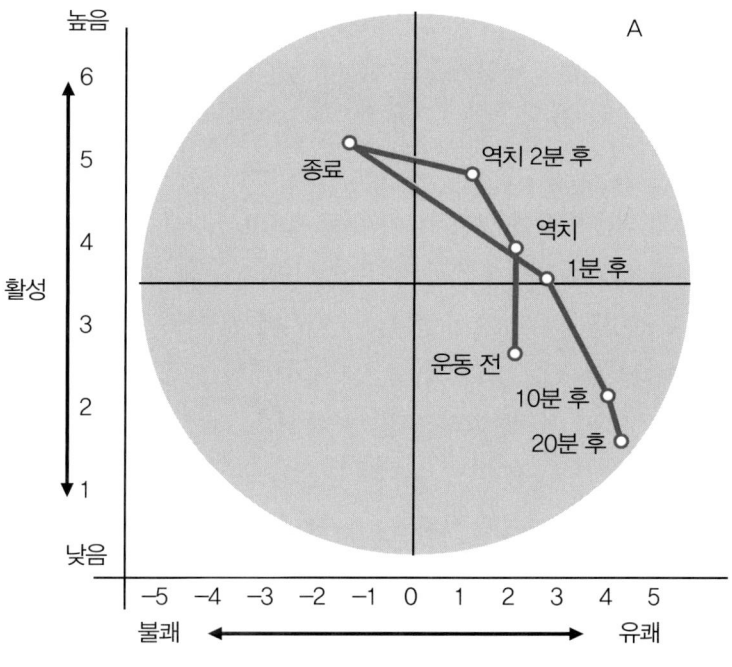

그림 5-5. 운동 감정을 측정하는 2차원 원형 모형

러한 2차원 원형 모형을 이용하면 운동 중에 어떤 감정을 느끼는지를 세부적으로 알 수 있기 때문에 개인 맞춤형 운동 중재 전략을 마련하는 데 도움을 줄 것으로 기대된다.

4. 심리적 효과의 과정

운동 그 자체는 신체적 노력인데 왜 심리적으로 효과가 나타나는지를 설명하기 위해 여러 가설이 제안되었다. 하지만 하나의 가설만으로는 그 메커니즘을 분명하게 설명하기에는 한계가 있는 것으로 알려져 있다. 운동으로 인한 심리적 혜택은 신체적 측면과 심리적 측면이 상호작용으로 일어났을 가능성이 높다. 생리적 측면에서는 뇌의 혈류량 증가, 뇌의 신경전달물질(노르에피네프린, 엔도르핀, 세로토닌)의 변화, 최대산소섭취량의 증가, 대뇌 조직으로 산소 운반의 증가, 근 긴장의 감소, 뇌의 구조적 변화가 나타난 것으로 알려져 있다. 이러한 신체적 측면의 변화는 심리적 변화에 원인으로 작용할 가능성이 높다. 주요 가설을 설명한다.

가. 열 발생 가설

운동은 체온을 높인다. 체온이 상승하면 뇌는 근육에 이완 반응을 명령하는 것으로 알려져 있다. 사우나에 가면 체온이 상승하고 몸이 편안해지는 것도 뇌에서 이완 명령을 내리기 때문이다.

뇌에서 내려진 명령으로 근육이 이완되면 이 정보가 다시 뇌로 전달되어 이완감이나 불안 감소로 인식된다는 가설이다. 운동을 한 후에 편안함을 느끼는 현상을 설명하는 가설이다.

나. 모노아민 가설

운동이 우울증에 도움이 되는 이유를 설명하는 가설로 세로토닌, 노르에피네프린, 도파민 등 신경전달물질의 분비로 인해 감정과 정서가 개선된다는 것이다. 운동을 하면 이와 같은 신경전달물질이 많아지며, 이로 인해 신경의 의사소통이 증가하기 때문에 심리적·정서적·인지적으로 좋은 현상이 나타난다는 가설이다.

다. 뇌 변화 가설

운동을 하면 대뇌 피질의 혈관 밀도가 높아지고 뇌 구조에도 변화가 나타난다. 뇌혈관의 변화와 혈류량 증가는 운동에 따른 인지적 혜택을 설명하는 이유로 제시되고 있다. 최근 뇌 활동을 촬영하는 첨단 기법이 도입되면서 평소에 운동을 꾸준히 하면 뇌의 구조와 기능이 긍정적으로 변화되고, 이는 인지능력의 향상으로 이어진다는 증거가 제시되고 있다.

라. 생리적 강인함 가설

운동을 규칙적으로 하는 것도 스트레스를 규칙적으로 가하는 것과 유사하다. 스트레스에 자주 노출되면 대처능력이 좋아지고 정서적으로 안정되기 때문에 불안이 줄어든다는 설명이다. 운동으로 신체가 건강해지면 스트레스에 대한 반응 과정도 효율성이 좋아진다. 즉, 스트레스에 빠르게 반응하고 스트레스가 사라지면 신속하게 정상으로 회복할 수 있도록 교감신경계와 부교감신경계가 적응한다. 운동을 하지 않아 체력이 약하면 스트레스가 사라져도 스트레스에 대한 반응이 지속되는 것과 대조가 된다.

마. 사회심리적 가설

운동을 하면 기분이 좋아질 것이라는 기대를 갖고 있기 때문에 운동 후에 심리적으로 좋은 효과를 얻는다는 설명도 있다. 운동이 실제로 효과가 있어서가 아니라 기대심리로 인한 위약효과가 작용한 것으로 본다. 운동을 하면서 접하는 지도자, 동료 등과의 상호작용도 심리·정서적으로 긍정적인 영향을 미칠 수 있다. 무엇보다 운동을 하면서 근육이 발달하고 외모에 대한 자신감이 증가하면서 자기개념과 자기존중감이 개선되는 효과가 나타난다. 이로 인해 정신건강이 개선된다는 가설이다. 그 외에 운동은 일상생활의 스트레스에서 벗어날 수 있어 이로 인해 정신건강 혜택을 얻는다는 타임아웃(time-out) 가설도 사회심리적 가설에 포함된다.

2장 운동심리 이론

 학습목표

- 운동행동을 예측하는 주요 이론을 설명한다.
- 변화단계 이론을 운동실천에 적용할 수 있다.
- 생태학 이론과 다른 운동행동 이론의 차이점을 설명한다.

1. 합리행동 이론과 계획행동 이론

원래 투표 참가 행동을 예측하기 위해 개발된 이론으로, 개인의 '의도(intention)'가 행동을 유도하는 결정적인 원인이라고 보는 이론이다. 두 이론은 모두 행동을 실천하려는 의도가 있는지를 알면 행동을 예측할 수 있다고 본다. 의도는 행동에 대한 태도, 주관적 규범이라는 두 가지 요인에 의해 형성된다. 즉 운동 같은 건강행동을 실천하는 것이 중요하다고 생각하고(행동에 대한 태도), 운동을 해야 한다는 주변 사람들의 기대와 압력을 받는 것(주관적 규범)에 의해 운동의 의도가 형성된다. 운동을 하지 않은 사람이라면 주변 사람들이 운동을 해야 한다는 생각을 갖고 있다는 것을 느낄 것이고, 그런 기대나 압력에 따라야 한다고 생각할 것이다.

두 이론에 따르면 운동을 실천하려면 운동을 해야겠다는 의도를 강하게 품는 것이 필요하다. 체육 지도자는 운동의 의도 또는 의지를 높이는 데 필요한 도움을 제공할 필요가 있다. 하지만 의도를 갖고 있어도 행동으로 연결되지 않은 경우가 많다. 행동을 통제할 수 있는 자신감이 없을 때는 의도가 행동으로 잘 연결되지 않을 수도 있다는 점을 고려해야 한다.

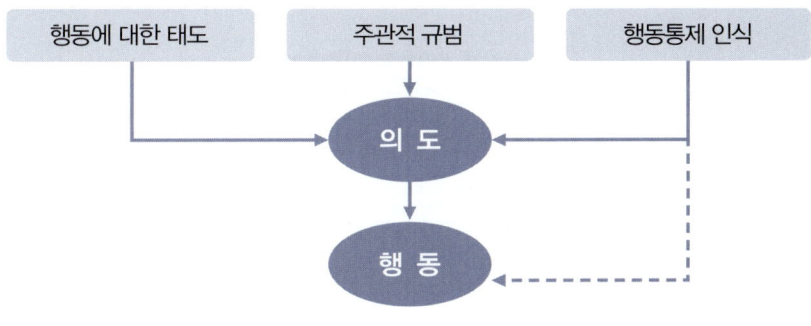

그림 5-6. 계획행동 이론

계획행동 이론은 합리적 행동 이론에 행동통제 인식이라는 개념이 추가되었다. 합리적 행동 이론에 포함된 의도만으로 행동을 예측하는 데 한계가 있어 새로운 개념을 추가한 이론이다. 행동통제 인식이란 운동행동을 방해하는 요인을 통제할 수 있는 자신감을 의미한다. 행동통제 인식은 의도와 행동 모두에 영향을 준다(그림 5-6). 이 이론에 따르면 운동에 대한 의도와 함께 운동을 방해하는 일에 대해 어떻게 성공적으로 대처할 것인가에 대한 전략을 갖는 것이 중요하다.

2. 건강신념 모형

〈그림 5-7〉에 제시된 건강신념 모형에 따르면 질병의 위험성 인식이 건강행동의 실천에 직접적인 영향을 준다. 질병은 누구에게나 발생할 수 있고(질병 발생의 가능성 인식), 질병이 발생하면 심각한 문제라는 생각(질병의 심각성 인식)은 질병의 위험성 인식에 영향을 미친다. 개인 배경과 사회심리적 배경이 이러한 인식에 영향을 준다. 그리고 건강행동을 실천함에 따라 얻을 수 있는 혜택과 방해요인에 대한 생각도 연관되어 있다.

운동을 포함한 건강행동을 실천으로 옮기는 것은 질병 발생의 가능성에 대한 인식과 건강행동 실천에 따른 손실과 혜택을 비교해서 결정된다. 질병이 발생하면 심각한 상황이 되며 자신도 그 위험에 노출되어 있다고 생각하고 있고, 그 행동을 함에 따라 얻는 이득이 손실보다 크다고 생각하면 건강행동을 실행으로 옮기게 된다. 언론의 보도, 타인의 조언, 주변에서 질병의 목격은 질병의 위험성 인식에 단서 역할을 한다.

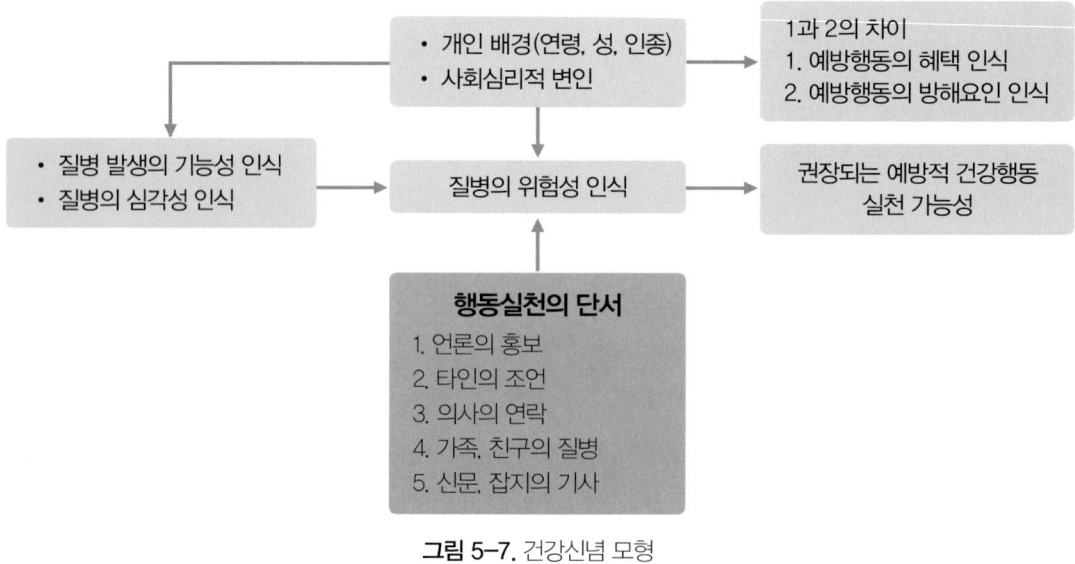

그림 5-7. 건강신념 모형

이 모형은 운동 같은 건강행동을 실천함에 있어 질병의 위험성을 강조하고 있다. 운동행동을 예측하기 위해 개발된 이론이 아니라 질병에 초점을 두고 제안된 이론이므로 운동행동을 일관성 있게 예측하는 데는 한계가 있다. 재미, 사회성, 체력증진, 도전과 성취감 등 운동실천을 유도하는 요인을 포함하지 않는다는 점은 운동행동을 설명하는 이론으로 활용하는 데 있어 단점이다(김병준, 2006).

3. 자기효능감 이론

자기효능감이란 특정 상황에서 주어진 과제를 성공적으로 수행할 수 있다는 개인의 믿음을 말한다. 자기효능감 이론(Bandura, 1986, 1997)에 따르면 어떤 행동은 자기효능감으로 예측이 가능하다고 본다. 자기효능감이 높을수록 행동의 실현 가능성이 높아진다. 운동행동도 마찬가지이다.

자기효능감은 금연, 체중 관리, 재활 훈련 등 여러 건강 상황에서의 행동과 밀접한 연관성이 있다. 자기효능감이 높을수록 건강행동을 더 많이 실천한다. 운동실천을 대상으로 한 연구에서도 자기효능감이 높아지면 운동실천도 높아지는 것으로 나타났다. 운동실천 수준이 높아지면 자기효능감이 다시 높아지는 순환관계도 있다. 운동을 처음 시작하거나 장애 또는 질병으로 운동에 어려움이 있는 사람의 경우 자기효능감이 특별히 중요한 역할을 할 것이다.

자기효능감은 〈그림 5-8〉에 제시된 것처럼 과거의 수행, 간접 경험, 언어적 설득, 신체와 정서 상태라는 4가지 원천에 의해 결정된다. 이 중에서 과거의 수행, 즉 과거에 성공을 한 경험이 자기효능감의 형성에 가장 큰 역할을 한다. 운동 지도자는 회원의 자기효능감을 높여주는 방향으로 운동을 지도할 필요가 있다.

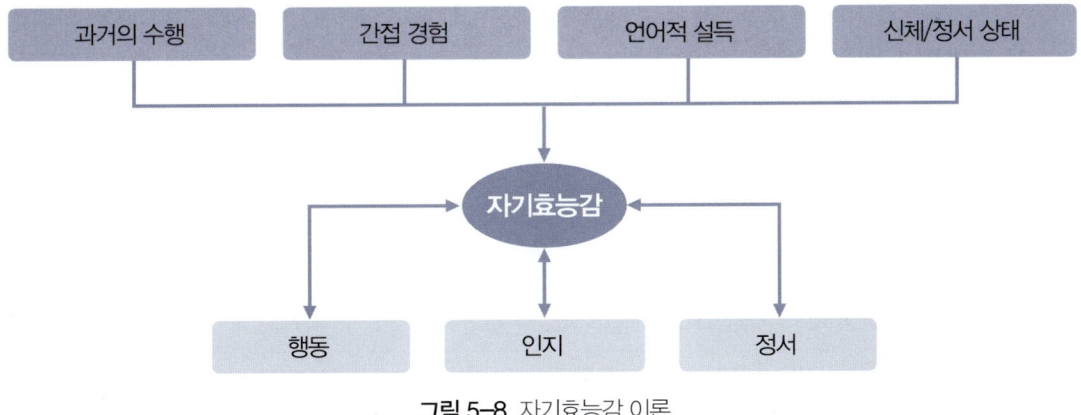

그림 5-8. 자기효능감 이론

4. 변화단계 이론

운동이 신체건강 최근에 운동실천을 위한 매우 효과적인 이론으로 받아들여지는 변화단계 이론은 운동행동의 변화를 5단계로 구분해서 설명한다(표 5-2). 여기서 단계는 진전이 될 수 있지만 퇴보나 정체도 가능하다. 같은 단계에 속한 사람들은 같은 특성을 가지지만, 다른 단계에 속한 사람과는 특성에서 차이가 있다고 본다.

변화단계 이론에 따르면 운동을 습관화하기 위해서는 몇 가지 단계를 거쳐야 한다. 하위 단계에서 상위 단계로 넘어가기 위해서는 시간과 노력을 투자해야 한다. 무관심 단계는 가장 낮은 단계로, 운동을 실천하겠다는 마음 자체가 없는 단계이다. 가장 높은 단계는 유지 단계로, 가이드라인을 충족하는 수준의 운동을 6개월 이상 하고 있는 상태를 말한다.

유지단계를 지나면 종결(termination)단계에 진입한다. 종결단계는 운동을 5년 이상 꾸준하게 해왔고, 더 이상 퇴보가 이루어지지 않는 단계를 말한다. 이 단계에 들어가면 평생 운동을 습관화하는 수준을 보인다. Cardinal(1997)은 운동을 실천하는 사람의 약 16%가 종결단계에 있음을 밝혀냈다. 종결단계에 속한 사람은 평생 운동을 실천할 수 있는 자기효능감이 100%라고 생각한다. 종결단계에 진입한 사람은 시간 부족, 피곤함, 게으름, 날씨 탓 등과 같은 흔한 운동방해 요인에도 불구하고 운동 수준이 퇴보되지 않는다고 결론을 지었다.

변화단계 이론에서는 행동의 단계를 변화시키는 데 자기효능감, 의사결정 균형(decisional balance), 변화과정(process of change)이 영향을 준다고 본다. 이들 3가지에 대해 좀 더 살펴본다.

표 5-2. 운동행동의 변화단계와 정의

단계	정의
무관심	현재 운동을 하지 않고 있으며, 6개월 이내에도 운동을 시작할 의도가 없다. 운동과 관련된 행동 변화의 필요성을 거부한다.
관심	현재 운동을 하지 않고 있지만, 6개월 이내에 운동을 시작할 의도가 있다.
준비	현재 운동을 하고 있지만, 가이드라인(대개 주당 3회 이상, 1회 20분 이상 기준)을 채우지 못하는 수준이다. 30일 이내에 가이드라인을 충족하는 수준으로 운동을 시작할 생각이 있다.
실천	가이드라인을 충족하는 수준의 운동을 해왔는데 아직 6개월 미만이다. 운동 동기가 충분하고 운동에 투자도 많이 했다. 운동으로 인한 손실보다는 혜택을 더 많이 인식한다. 가장 불안정한 단계로, 하위 단계로 내려갈 위험성이 가장 높다.
유지	가이드라인을 충족하는 수준의 운동을 6개월 이상 해왔다. 운동이 안정 상태에 접어들었으며, 하위 단계로 내려갈 가능성은 낮다.

운동 변화단계 질문지

다음 문항을 주의 깊게 읽고 아니다 또는 그렇다에 표시해주십시오. 신체활동 또는 운동이란 빠르게 걷기, 조깅, 자전거 타기, 수영, 그리고 이런 운동만큼 힘든 여러 활동을 말합니다.

	아니다	그렇다
1. 나는 현재 운동을 하고 있다.	0	1
2. 앞으로 6개월 이내에 지금보다 더 많이 운동할 생각이다.	0	1

운동을 규칙적으로 한다는 의미는 하루에 운동 시간이 총 30분 이상 되어야 하며, 일주일에 최소한 5일은 운동하는 것을 말합니다. 예컨대 30분간 걷기를 할 수도 있고, 10분 걷기를 3회 해서 하루에 총 30분을 채울 수 있습니다.

	아니다	그렇다
3. 나는 현재 운동을 규칙적으로 하고 있다.	0	1
4. 지난 6개월간 규칙적으로 운동을 해왔다.	0	1

채점방법
무관심단계: 문항 1번과 2번에 0(아니다) 표시
관심단계: 문항 1번에 0(아니다), 2번에 1(그렇다) 표시
준비단계: 문항 1번에 1(그렇다), 3번에 0(아니다) 표시
실천단계: 문항 1번과 3번에 1(그렇다), 4번에 0(아니다) 표시
유지단계: 문항 1번, 3번, 4번에 1(그렇다) 표시

자료: 이강헌·김병준·안정덕(2004); Marcus 등(1992)

① 자기효능감은 Bandura의 자기효능감 이론에 포함된 개념과 동일하다. 운동행동의 변화단계와 자기효능감은 연관되어 있다. 예상할 수 있겠지만 단계가 낮을수록 운동에 대한 자기효능감이 낮다. 무관심단계일 때 자기효능감이 가장 낮으며, 유지단계와 종결단계에서 가장 높다. 가장 낮은 단계에서 가장 높은 단계로 진전됨에 따라 자기효능감도 점진적으로 향상되는 것으로 예측할 수 있다.

② 의사결정 균형(decisional balance)이란 운동을 하는 것에 대해 결정을 내릴 때 일종의 손익계산을 한다는 개념이다. 운동뿐만 아니라 다른 어떤 행동을 변화시키고자 할 때에는 그 행동을 했을 때 얻는 혜택(pros)과 손실(cons)을 비교한다. 변화단계에서 낮은 단계에 속할수록 혜택보다는 손실을 크게 인식하고, 단계가 높아짐에 따라 혜택은 증가하는 반면 손실은 낮게 인식한다(Prochaska 등, 1994). 대체로 무관심단계와 관심단계에 있으면 운동에 따른 혜택보다는 손실이 더 크다. 준비단계로 가면 혜택과 손실이 교차되기 시작하고, 실천과 유지단계로 올라가면 혜택에 대한 인식이 손실 인식보다 커진다(그림 5-9).

따라서 스포츠지도자라면 회원이 어떤 단계에 있는지를 파악하는 것이 우선 필요하다. 만약

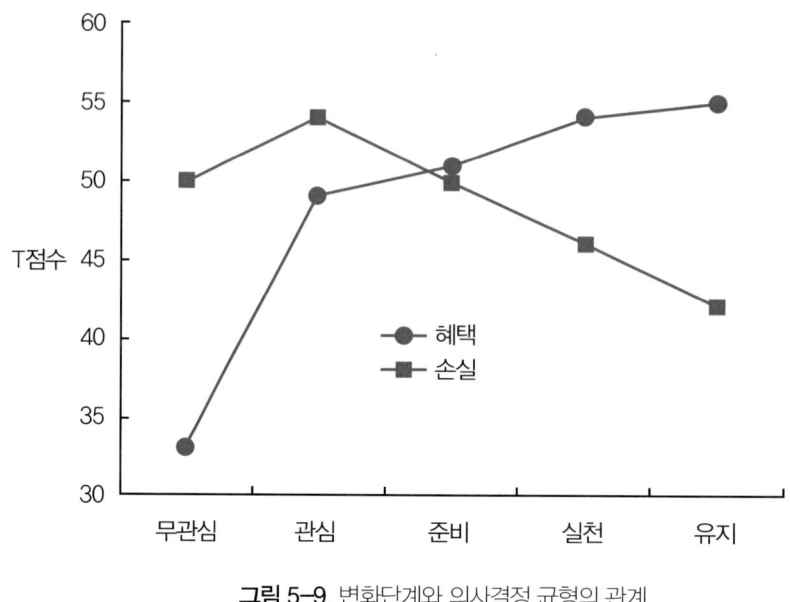

그림 5-9. 변화단계와 의사결정 균형의 관계

관심단계에 있는 회원이 있다면 이들에게 운동으로 얻을 수 있는 많은 이득에 대해 알려주어 다음 단계인 준비단계로 이동하도록 도와줄 필요가 있다.

③ 변화과정(process of change)이란 개념도 변화단계 이론에 포함되어 있다. 행동에서 변화가 일어나기 위해, 즉 아래 단계에서 바로 상위 단계로 진전하기 위해서는 과정이나 전략이 필요하다고 본다. 이 이론에서는 인지과정(cognitive process)과 행동과정(behavioral process)을 거치면서 다음 단계로 변화가 일어난다고 본다. 인지과정이란 운동에 대해 태도, 생각, 느낌을 바꾸는 과정으로 변화를 위해 필요한 정보를 얻는 과정이다. 변화단계 이론에서는 인지과정으로 5가지를 들고 있다(표 5-3). 행동과정은 변화를 유도하기 위해 행동 측면에서 새로운 시도가 이루어지는 것을 말한다. 운동을 방해하는 유혹을 멀리하기 위해 리모컨을 안 보이는 데 두거나 신체적으로 활동적인 시도를 조금씩 하는 것이 여기에 포함된다.

변화단계 이론이 스포츠지도사에게 주는 시사점은 다양하다. 우선 회원이 어느 단계에 속하는지를 먼저 파악하는 것이 필요하다. 모든 회원이 동일한 단계에 있는 것은 아니다. 어느 단계에 속해 있는가를 알아야 운동에 대한 준비도 또는 동기 수준을 알 수 있고, 그에 따른 단계 맞춤식 중재 전략을 제공할 수 있다. 무관심단계에 속한 회원에게는 운동에 대한 혜택을 더 많이 알 수 있도록 정보를 제공하는 것이 필요하다. 준비단계에 속한 회원에게는 자기효능감을 높일 수 있도록 쉬운 운동부터 시작해서 성공체험을 하도록 하는 전략이 좋다. 실천단계에 있는 회원에게는 운동 방해

표 5-3. 운동행동의 변화과정

과정	예시
인지과정	
의식 높이기	운동의 혜택에 대한 새로운 정보, 아이디어, 조언 등을 알아간다.
극적 안도	운동 부족으로 인한 건강 위험에 대해 걱정과 불안을 느끼고 운동으로 건강을 유지하는 사례에 안도감을 갖는다.
환경 재평가	운동을 규칙적으로 하면 다른 사람에게 좋은 모델이 되는 것을 인식한다.
자기 재평가	규칙적으로 운동을 하면 나 자신이 건강하고 행복한 사람이란 정체감을 갖는다.
사회적 해방	운동하는 사람에게 도움이 되도록 사회가 변한다는 것을 인식한다.
행동과정	
반대조건화	운동을 방해하는 나쁜 습관을 운동에 도움이 되는 좋은 습관으로 대체한다.
도움 관계	운동을 하는 데 어려움을 겪을 때 주변으로부터 도움을 받는다.
강화 관리	운동의 목표를 달성함에 따라 보상을 준다.
자기 해방	운동을 하겠다고 마음먹으면 할 수 있다는 확신의 말을 자신에게 한다.
자극 조절	운동을 방해하는 자극을 제거하고, 운동을 하게 만드는 단서를 자주 활용한다.

요인을 찾아 극복할 수 있도록 대책을 미리 마련하면 운동을 빠뜨리지 않고 잘할 수 있게 된다. 유지단계에 있다면 운동 그 자체에서 즐거움을 찾고 다른 사람에게 운동의 가치를 전달해주는 역할을 하도록 하는 전략이 지속적인 운동실천에 도움이 된다.

5. 생태학 이론

생태학 이론에서 '생태(ecological)'라는 용어는 어떤 특정 변인 하나가 아니라 여러 관점 또는 여러 모델을 합친다는 의미가 들어 있다. 사회생태학 이론에서는 환경과 행동이 상호작용을 한다고 간주하고, 여기에 영향을 주는 개인 내적(생물학적), 개인 관계적(가족, 직장 동료), 기관(학교, 기업), 정책(각종 규정), 프로그램 등을 종합적으로 고려한다. 기존에 개인의 동기나 지식에만 초점을 두고 운동실천을 설명하려고 했기 때문에 운동실천을 높이는 데 별 도움이 안 되었다고 보고 개인 내적 변인뿐만 아니라 사회적 환경, 물리적 환경, 정책 변인을 모두 중요하다고 본다. 사회생태학 이론에서는 이들 모든 요인에 관심을 기울이지만, 특히 운동을 위한 물리적 환경이 운동실천에 중요한 역할을 한다는 연구가 다수 보고되었다.

Sallis와 Owen(1999)은 운동을 하도록 의사결정을 하는 데 도움이 되는 여러 환경적 요인을 지칭하는 행동 세팅(behavioral setting)이란 개념을 제안했다. 또 사회적 환경 요인에는 운동을 지지해주는 행동, 사회적 분위기, 문화, 운동에 대한 인센티브 정책, 운동을 위한 자원과 시설에 관한 정책 등이 포함된다. 물리적 환경은 자연적 환경과 인공적 환경으로 구분할 수 있다. 자연적 환경은 날씨와 지리적 조건을 말하며, 인공적 환경은 정보, 도시화 수준, 건축물, 교통 환경, 오락과 여가 기반시설을 의미한다. 운동실천을 촉진하기 위한 대책으로 환경에 관한 정책과 공공 정책을 바꾸기로 한다면 생태학 이론을 적용시키는 것이다.

생태학 이론을 토대로 운동실천을 촉진하는 계획이 세계 여러 나라에서 진행되고 있다. 자전거 이용을 권장하기 위해 자전거도로를 설치하고 자전거 이용에 따른 각종 정책과 지원방안을 도입하는 나라도 있다. 또 지역사회의 운동실천을 높이기 위해 도시계획 전문가, 환경심리학자, 건축가, 교통 전문가, 여가 전문가와 협력을 시도한다면 생태학 이론의 출발점이 된 것이다.

3장 운동실천 중재전략

 학습목표

- 운동실천에 영향을 주는 개인, 환경, 운동 특성 요인을 이해한다.
- 운동 지도자의 리더십, 집단응집력이 운동실천에 주는 영향을 분석한다.
- 운동실천을 촉진시키는 여러 중재전략을 이해하고 적용한다.

1. 운동실천 영향 요인

운동의 실천에 영향을 주는 것으로 알려진 변인은 개인 요인, 환경 요인, 운동 특성 요인으로 구분할 수 있다. 개인 요인은 나이, 운동에 대한 태도, 운동 자기효능감 등이며, 환경 요인은 날씨, 주변 사람의 지지 같은 요인이다. 운동 특성 요인은 운동 강도와 지속시간처럼 운동 그 자체가 갖고 있는 속성을 말한다.

가. 개인 요인

소득수준과 교육은 운동실천과 높은 연관성이 있다. 소득과 교육수준이 높을수록 운동을 실천할 가능성이 높아진다. 반면 육체노동에 종사하거나 심장 질환의 위험이 높은 사람은 운동을 덜 한다. 육체노동자가 운동을 많이 할 것이라고 생각하지만 실제로는 그렇지 않다.

개인이 갖고 있는 인지나 성격 변인에서 자기효능감과 자기동기는 운동실천과 높은 상관관계가 있다. 운동을 처음 시작하는 사람은 그 운동을 잘할 수 있다는 자신감이 있어야 오래 할 수 있을 것이다. 자기동기도 지속적인 운동실천과 연관성이 높은데, 운동을 중도에 포기하는 사람은 자기동기가 낮은 것으로 알려져 있다.

운동 방해요인에 대한 인식이 높거나, 근무시간의 변동이 심해 운동시간이 부족하거나, 기분이 자주 변하는 성격을 갖고 있으면 운동실천에 방해가 된다. 반면 운동에 대한 재미가 높고, 혜택을 많이 인식하고, 의도가 높은 것은 운동실천과 유지에 긍정적인 도움이 된다.

과거 학창시절에 운동했던 경험이 성인기 운동실천에 어떤 영향을 주는지에 대해서도 흥미 있는 결과가 나왔다. 학창시절에 운동부(스포츠) 활동을 한 것은 성인이 되어 운동을 꾸준히 하는 것과 그다지 연관성이 없다. 마찬가지로 아동기에 운동을 한 경험은 성인기의 운동을 예측하는 데 별

표 5-4. 운동 프로그램 참가에 영향을 주는 개인 요인(Weinberg & Gould, 2007)

구분	요인	긍정적	부정적	중립적
개인 특성	나이		O	
	육체노동 직업		O	
	교육수준	O		
	성(남성)	O		
	심장 질환 고위험성		O	
	소득 및 사회경제적 지위	O		
	과체중 및 비만			O
인지 성격	태도			O
	운동 방해 요인		O	
	운동 재미	O		
	건강 및 기타 혜택 인식	O		
	운동 의도	O		
	건강 및 운동 지식			O
	시간 부족		O	
	기분 변동		O	
	건강 또는 체력 인식	O		
	운동 자기효능감	O		
	자기동기	O		
행동	다이어트			O
	과거 아동기의 비구조화된 신체활동			O
	과거 청소년기의 비구조화된 신체활동	O		
	과거 체육 프로그램 참가	O		
	학교운동부			O
	흡연		O	
	A형 행동 패턴		O	

도움이 안 된다. 흡연자나 A형 성격을 갖고 있으면 운동실천에 부정적 영향을 미친다는 것도 알려져 있다. 하지만 청소년기에 운동을 한 경력이나 지도자가 있는 체육 프로그램에 참가한 경력이 있으면 운동실천에 긍정적 영향을 준다(표 5-4).

나. 환경 요인

환경 요인은 사회적 환경과 물리적 환경으로 구분한다. 가족, 친구, 동료, 배우자 등은 운동실천에 중요한 역할을 한다(표 5-5). 친구, 가족, 배우자, 동료로부터 사회적 지지를 받으면 운동을 꾸준하게 실천하는 데 도움이 된다. 운동 지도자와 스태프로부터 지지를 받는 것도 운동실천을 높인다. 운동반에서 회원의 응집력이 높으면 운동 프로그램에 지속적으로 참가하게 된다. 하지만 반 크기와 운동실천과는 연관성이 크지 않다.

인식된 접근성과 실제 접근성 모두 운동실천에 영향을 준다. 접근성이 좋다고 생각하고, 실제로 접근이 용이한 시설을 갖추고 있으면 운동을 더 자주하게 된다. 생활 패턴이 달라지면 운동실천에 도움이 안 되며, 가정에 운동 기구를 구입해두는 것도 운동실천에 그다지 영향을 주지 못하는 것으로 나타났다. 고가의 운동 장비를 가정에 들여놓는 것이 별 도움이 안 된다는 것이다.

표 5-5. 운동 프로그램 참가에 영향을 주는 환경 요인(Weinberg & Gould, 2007)

구분	요인	긍정적	부정적	중립적
사회적 환경	반 크기			○
	집단응집력	○		
	의사의 영향력			○
	과거 가족 영향	○		
	친구와 동료의 사회적 지지	○		
	배우자와 가족의 사회적 지지	○		
	지도자의 사회적 지지	○		
물리적 환경	기후와 계절		○	
	비용			○
	루틴의 변동		○	
	시설에 대한 실제적 접근성	○		
	시설에 대한 인식된 접근성	○		
	가정용 운동 장비			○

다. 운동 특성 요인

운동 지도자가 운동 강도, 지속시간, 주당 빈도 같은 요인을 조절하면 운동실천에 영향을 준다. 우선 운동 강도는 운동실천과 부정적 관계에 있다(표 5-6). 운동 강도를 높이면 운동 초보자의 경우 통증, 피로, 고통감을 느끼는데 이로 인해 운동실천의 동기가 낮아진다. 달리기 프로그램에 비해 걷기 프로그램에 참가한 사람들이 더 오랫동안 운동을 한다는 사실에서 운동 강도의 영향을 알 수 있다. 고강도 운동에서는 중도 포기율이 50%였지만, 중간 강도로 운동하면 25~35%로 낮아진다(Sallis 등, 1986). 자신의 유산소 능력의 50% 정도의 강도로 운동을 할 때 지속 실천율이 가장 높다. 고강도 운동은 지속적인 운동실천에 방해 요인이 된다.

고강도 운동은 부상 위험도 높인다. 부상으로 인해 운동 단계가 퇴보하거나 중도에 포기하는 경우가 많다. 부상으로 인해 운동을 중도에 포기하는 것은 건강 혜택을 고려할 때 바람직하지 않다. 따라서 단기간에 고강도 운동으로 지나치게 높은 목표를 달성하기보다는 중간 강도의 운동을 지속하는 것이 바람직하다.

운동을 30분 이상 연속해서 하는 것에 비해 10분 이상으로 2~3회 나누어서 하면 운동실천율을 더 높일 수 있고, 체중 감소 효과도 비슷한 것으로 나타났다. 따라서 전통적으로 기준이 되었던 30분 이상 연속해서 운동을 하라는 지침도 융통성 있게 적용할 필요가 있다.

운동은 혼자서 하는 것에 비해 단체로 할 때 지속 실천의 가능성이 높다. 단체로 운동을 하면 재미, 사회적 지지가 높아지고, 체력과 기술의 향상도를 다른 사람과 비교해볼 수 있는 장점이 있다. 또 운동을 하는 중요한 이유로 소속감이 있다. 혼자서 운동을 하다가 포기했던 경험이 있다면 단체로 운동을 시작하는 것이 좋다.

표 5-6. 운동 프로그램 참가에 영향을 주는 운동 특성 요인(Weinberg & Gould, 2007)

구분	요인	긍정적	부정적	중립적
운동 특성	운동 강도		○	
	인지된 노력		○	
	단체 프로그램	○		
	지도자 수준	○		

2. 지도자, 집단, 문화의 영향

가. 지도자

운동실천에서 지도자의 역할은 막중하다. 운동 지도자(퍼스널 트레이너, 코치 등)는 회원의 지속적인 운동실천을 결정하는 가장 중요한 요인으로 꼽히기도 한다. 운동 지도자의 지도 스타일은 회원의 인지, 정서, 행동에 상당한 영향을 준다. 운동 프로그램 참가 경험이 있는 회원 중에는 운동 지도자의 전문성에 대한 부정적인 인식을 갖고 있고, 이를 자신의 운동 미실천 이유로 들기도 한다.

퍼스널 트레이너가 운동 프로그램을 정해주고, 수업 전에 출석 권유 전화를 하고, 매 운동마다 함께 운동을 해준 집단은 출석률이 높은 것으로 나타났다(Jeffery, Wing, Thorson & Burton, 1998). 18주간 퍼스널 트레이너의 지도를 받은 회원은 퍼스널 트레이너 없이 운동한 집단에 비해 운동 참가가 2배 이상 높았다. 퍼스널 트레이너가 제공해주는 여러 형태의 사회적 지지가 동기를 끌어내고 지속 실천을 유도한 것으로 볼 수 있다.

운동 지도자의 지도 행동을 풍부한 리더십과 빈약한 리더십으로 구분해서 그 효과를 알아본 실험이 있다(Fox 등, 2000; Martin & Fox, 2001; Turner 등, 1997). 풍부한 리더십이란 회원의 이름을 불러주고, 자주 칭찬해주며, 많은 관심을 보여주는 행동으로 정의했다(표 5-7). 반면 빈약

표 5-7. 풍부한 리더십과 풍부한 분위기(Fox 등, 2000)

리더십 스타일	
풍부한 리더십	빈약한 리더십
• 회원 이름을 부른다. • 수업 전·중·후에 대화를 나눈다. • 좋은 행동을 구체적으로 칭찬한다. • 기술 수행, 실수 전후에 격려한다. • 긍정적인 용어로 지도한다. • 구체적으로 지도한다. • 실수를 드러내지 않고, 운동이 끝나면 열심히 노력하고 잘했다고 칭찬한다.	• 회원의 이름을 부르지 않는다. • 수업 전·중·후에 대화가 없다. • 좋은 행동을 해도 칭찬을 하지 않는다. • 기술 수행, 실수 후에도 아무 말이 없다. • 부정적인 용어로 지도한다. • 지도 내용이 구체적이지 않다. • 실수를 지적하고, 운동이 끝나도 열심히 노력하고 잘했다는 말이 없다.
집단 분위기	
풍부한 분위기	빈약한 분위기
• 수업 장소에 도착하자마자 자신을 다른 사람에게 소개한다. • 수업 초기에 회원과 대화를 나눈다. • 지도자의 지시사항을 잘 따른다. • 반 전체를 대상으로 격려한다. • 회원에게 질문할 때마다 응답이 있다. • 지도자에게 수업에 관한 긍정적이며 고무적인 말을 한다.	• 수업 중에 자신을 다른 사람에게 소개하지 않는다. • 수업 중에 회원과 대화가 없다. • 지시를 따르지만 적극적이지 않다. • 회원이나 지도자를 격려하지 않는다. • 회원에게 질문해도 반응이 없다. • 지도자에게 수업에 관해 아무 말도 하지 않는다.

한 리더십은 회원의 실수를 비판하고, 회원과 대화를 거의 하지 않고, 칭찬도 하지 않는 등 부정적인 행동으로 정의했다.

풍부한 리더십 조건에서 운동을 지도받은 회원은 빈약한 리더십 조건 회원에 비해 운동 자기효능감, 활력, 열의, 재미, 재등록 의도가 더 높았다. 또한 운동 후에 기분상태가 더 좋았고, 피로감을 덜 느꼈으며, 운동 중에 새로운 것을 시도했고, 창피함을 덜 걱정했다. 특이한 점은 풍부한 분위기 조건에 배치된 회원은 리더십 스타일 조건에 관계없이 운동 프로그램 재등록 의도가 높았다. 지도자의 역할이 중요하며, 그보다 회원 스스로 만드는 분위기가 운동 지속 실천에 상당한 영향을 준다는 것을 알 수 있다.

운동 지도자가 사회적 지지와 자율성 지지를 많이 해주면 회원의 생각, 느낌, 행동에 긍정적 영향을 준다는 연구가 많다. 사회적 지지란 격려, 언어적 강화, 칭찬, 열정 보이기, 개인 이름 불러주기 등의 행동을 말한다. 자율성 지지는 회원의 요구와 선호에 민감한 것과 운동에 선택권을 보장해주는 것을 말한다. 사회적 지지와 자율성 지지 조건에서 운동을 한 회원은 그렇지 못한 회원에 비해 다음과 같은 특징을 보였다.

- 운동 자기효능감이 더 높다.
- 에너지와 열정이 더 높다.
- 운동 후에 피로가 더 낮다.
- 창피함이나 새로운 것을 시도하는 것에 대해 덜 걱정한다.
- 운동반을 더 좋아한다.
- 지도자의 능력에 대한 믿음이 더 높다.
- 운동을 더욱 지속적으로 실천한다.

나. 집단응집력

집단응집력은 집단의 목표 달성과 회원의 만족을 위해 집단구성원이 뭉치는 경향을 말한다. 응집력이 높은 집단일수록 운동 지속 실천도 좋아진다는 것으로 밝혀졌다. 스포츠 집단응집력은 집단 환경 질문지(GEQ; Carron, Widmeyer & Brawley, 1985)를 이용하여 측정한다. 최근에 운동 상황에서 응집력을 측정할 수 있는 PAGEQ가 개발되어 자주 사용되고 있다. GEQ와 PAGEQ는 집단응집력을 과제(task)와 사회(social) 차원으로 구분하고, 집단에 대한 개인 매력(individual attraction to the group)과 집단통합(group integration) 차원이라는 2개의 차원으로 구분한다.

응집력이 높은 집단은 응집력이 낮은 집단에 비해 운동 지속 실천에 도움이 된다. 일례로 대학

표 5-8. 응집력 향상을 위한 중재전략(Carron 등, 1998)

개념	중재전략 내용
독특성	• 팀 명칭, 팀 티셔츠, 팀 포스터, 슬로건 등을 만든다. • 야광 헤드밴드, 야광 운동화 끈 등을 배포한다.
개인 위치	• 초급, 중급, 고급의 위치를 나눈 후 소집단을 구분하는 표시(sign)를 만든다. • 회원이 자기 자리를 정해서 지키게 한다.
집단규범	• 회원끼리 운동 파트너가 되도록 권장한다. • 체중 감량 목표를 함께 설정한다.
개인 공헌	• 2~3명의 회원에게 그날의 목표를 정하도록 부탁한다. • 기존 회원에게 신입 회원을 도와주도록 부탁한다.
상호작용	• 좌우측 회원에게 서로 소개한다. • 5인 1조로 함께 운동하고, 교대로 시범을 보인다.

생을 대상으로 이루어진 연구에서 집단에 대한 개인 매력 과제(ATG-T)에서 높은 점수를 보이면 운동 출석률이 더 높았고, 중도 포기는 더 낮았다. 집단에 대한 개인 매력 과제(ATG-T) 점수는 지속적으로 참여하는 대학생과 중도 포기한 대학생을 구별하는 핵심 응집력 점수였다. 사회응집력보다는 과제응집력이 운동 지속 실천과 관련성이 높다고 할 수 있다.

집단응집력 향상 전략의 하나로 팀 빌딩(team building)을 적용할 수 있다. 팀 빌딩의 하위요소에는 독특성, 개인 위치, 집단규범, 개인 공헌, 상호작용 개념 등이 있다(표 5-8). 표에 제시된 팀 빌딩에 근거한 응집력 향상 중재전략을 적용한 결과 응집력이 향상되었고, 중도 포기자와 지각도 줄었다는 연구가 있다(Caron 등, 1998). 따라서 팀 빌딩과 같이 비교적 간단한 응집력 향상 전략을 사용하면 운동 회원의 출석률과 재등록률을 높이는 데 도움이 된다.

집단응집력이 운동 지속 실천을 높이는 메커니즘도 제안되었다. 첫째, 응집력이 운동에 대해 긍정적 태도를 높인다는 것이다. 응집력이 높아지면 출석에 대해 긍정적인 태도가 형성되고(Courneya & McAuley, 1995), 사회적 지지와 상호작용이 더 높아지기 때문에 운동에 대해 더욱 긍정적으로 느낄 수 있다. 앞 장에서 설명한 계획행동 이론에서도 운동에 대한 의도가 강할수록 운동실천이 더 높아지는 것을 예측할 수 있었다.

둘째, 메커니즘은 자기효능감과 관련이 있다. 응집력이 높은 집단에 속한 회원은 그렇지 못한 집단에 비해 자기효능감을 더 많이 느낀다(Estabrooks & Carron, 2000). 응집력이 높은 집단에 속하면 자기효능감을 높여주는 언어적 설득을 더 많이 들을 수 있다. 언어적 설득은 자기효능감의 중요한 원천이 된다. 자기효능감이 높은 사람은 낮은 사람에 비해 운동 프로그램을 더 지속적으로 실천하게 된다.

반 크기가 운동실천에 미치는 영향에 관한 연구도 이루어졌다. 반이 커지면 집단응집력에 대한 인식이 낮아지고, 운동 만족도 낮아진다. 반이 너무 크면 붐빈다는 느낌이 들고 지도자와 상호작용, 회원 간 상호작용의 기회는 낮아지게 된다. 그 결과 운동에 대한 재미와 응집력이 줄어든다.

운동반에서 응집력을 높이는 데 효과적인 방법은 다음과 같다(Lox, Martin Ginis & Petruzzello, 2014).

- 회원이 독특성을 느끼게 해준다. 집단의 명칭이나 유니폼은 집단 정체감을 높여준다.
- 회원에게 역할과 위치를 부여한다. 회원에게 역할과 임무가 부여되면 상호 의존성이 높아진다.
- 집단규범을 만든다. 20분간 연속 운동 달성 같은 공동의 달성 목표를 정한다.
- 집단에 공헌할 기회를 제공한다. 집단에 공헌하게 되면 집단응집력이 향상된다.
- 상호작용 기회를 준다. 과제 차원과 사회 차원에서 상호작용을 하면 응집력 느낌이 높아진다.

다. 사회적 지지

사회적 지지란 다른 사람으로부터 받는 편안한 느낌, 사랑받고 있다는 인식, 도움이나 정보를 받는 것을 말한다. 사회적 지지를 많이 받을수록 운동량과 운동 지속률이 높아진다. 운동 지도자는 운동 동기유발의 측면에서 사회적 지지를 제공해주는 습관을 기를 필요가 있다. 사회적 지지 유형은 크게 5가지로 분류되므로(Wills와 Shinar, 2000) 운동 지도자는 이들 방법을 숙달하고 실천할 필요가 있다.

- 도구적 지지: 실질적인 행동으로 지지를 제공하는 것을 의미한다. 웨이트트레이닝을 할 때 보조 역할, 운동 장소까지 태워다주기 등이 있다.
- 정서적 지지: 다른 사람을 격려하고 걱정하는 과정에서 생기는 지지를 의미한다. 노력에 대해 칭찬과 격려를 해주고, 어려움을 호소할 때 같이 걱정해주는 것을 말한다.
- 정보적 지지: 운동방법에 대한 안내와 조언을 하고 진행 상황에 관한 피드백을 제시하는 것이다.
- 동반적 지지: 운동할 때 동반자 역할을 하는 사람이 있는지의 여부를 말한다. 피로와 지루함을 줄일 수 있고, 운동 재미가 더 커지기 때문에 지속 실천에 도움이 된다.
- 비교확인 지지: 다른 사람과의 비교를 통해 자신의 생각, 감정, 문제, 체험 등이 정상적이라는 확인을 하는 것이다. 남과 같이 운동을 하거나 관찰을 통해 얻을 수 있다.

표 5-9. 주요 타자, 가족, 회원, 운동 지도자의 영향(Carron 등, 1996)

변인	논문 편수	효과크기
주요 타자가 다음 변인에 주는 영향		
• 운동 지속 실천	21	0.44
• 운동 의도	6	0.44
• 운동 태도와 만족감	5	0.63
가족 구성원이 다음 변인에 주는 영향		
• 운동 지속 실천	53	0.36
• 운동 의도	27	0.49
• 운동 자기효능감	3	0.4
회원이 다음 변인에 주는 영향		
운동 지속 실천	22	0.32
운동 지도자가 다음 변인에 주는 영향		
운동 지속 실천	9	0.31

어떤 유형의 사회적 지지가 운동에 도움이 되는지에 관한 연구가 많지는 않지만, 특정 시점에서 회원의 요구가 무엇인지에 따라 달라진다. 선호하는 사회적 지지의 유형은 성에 따라 차이가 날 수 있는데, 여성이 남성에 비해 정서적 지지가 더 중요하고 효과도 더 좋다.

주변의 중요한 사람 중에 누가 운동실천에 영향을 얼마나 주는지를 알려주는 메타분석(meta-analysis) 결과가 제시되었다(Carron, Hausenblas & Mack, 1996). 메타분석은 특정 주제에 관한 선행 연구를 통계적으로 종합하는 연구기법이다. 메타분석에서는 영향력이나 효과의 크기를 알 수 있는 효과크기(effect size)가 산출된다. 효과크기는 대략적으로 .20은 작은 효과, .50은 중간 효과, .80은 큰 효과로 해석한다. 주변 사람들이 주는 사회적 영향이 운동실천과 어떤 관계인지를 나타내는 메타분석 결과가 〈표 5-9〉에 제시되어 있다. 표에서 알 수 있듯이 효과크기는 작은 효과에서 중간 효과 사이에 위치한다. 가족, 회원, 운동 지도자를 포함해서 주변의 중요한 사람들이 운동실천의 여러 변인에 미치는 영향은 중간 정도라고 볼 수 있다.

라. 문화

문화적 환경은 우리가 살아가는 방식에 영향을 준다. 문화는 구성원들이 공통적으로 갖고 있는 가치, 관습, 규범, 규칙, 신념을 의미한다. 한 문화권에 있는 사람들은 공통된 신념체계와 행동 양식을 갖고 있다고 볼 수 있다. 캐나다 북부의 원주민인 이누이트(Inuit)는 기계화된 현대 문명이 밀려들면서 전통적인 수렵과 채집의 생활에서 멀어지게 되었다. 수렵과 채집은 신체활동이 많이 요구되는 전통적인 생활방식이고, 기계를 사용하는 현대 문명은 신체활동을 기계가 대신하므로 신체활동이 줄어들 수밖에 없다.

이누이트 족을 대상으로 1970년부터 1990년까지 10년 단위로 검사와 설문조사를 한 결과를 보면 문화적 환경이 구성원의 운동에 영향을 준다는 것을 알 수 있다. 이누이트 족의 경우 서구의 기계화된 문명으로 인해 운동이 줄어들었다는 증거를 보여준다. 측정치 중의 하나는 체지방인데, 피하지방을 측정한 결과 1970년에는 남자가 평균 16㎜, 여자는 21㎜로 비교적 낮은 수치였다. 1990년에 동일하게 측정한 결과 남자는 46㎜, 여자는 82㎜로 높아져 1970년에 비해 4배가량 높아졌다. 이누이트 족이 겪은 서구화된 환경이 운동하는 습관을 줄인 결과 비만도가 높아진 것이다.

문화적으로 기대되는 신념은 운동을 하는 패턴에도 영향을 준다. 최근 체인점이 많아지면서 활성화되고 있는 요가센터에는 주로 여성이 많이 이용한다. 요가는 종목 특성상 문화적으로 여성에게 적합하다고 여겨지고 있어 여성 참가자가 많다. 마찬가지로 공원이나 학교 운동장에서 빠르게 걷기를 하는 사람들을 보면 여성이 훨씬 많다. 중간 강도로 힘이 들지 않고 파워나 힘이 요구되지 않아 여성에게 적합한 것으로 기대되기 때문일 것이다.

이처럼 사회구성원이 공통적으로 갖고 있는 신념이나 태도는 운동실천과도 밀접한 관계가 있다. 우리나라 20대 여성은 운동실천율이 30대나 40대에 비해 낮다. 20대 여성들 사이에서 관심은 외모 측면에서 잘 보이는 것에 있다고 할 수 있으며, 즉시적인 혜택이 나타나지 않은 운동에 노력을 기울이는 비율은 낮기 때문이라고 해석할 수 있다.

3. 이론에 근거한 전략

앞 장에서 설명한 운동실천 이론은 운동행동에 영향을 주는 변인이 구체적으로 제시되어 있다. 운동실천을 위한 중재전략으로 사용하기에 적합한 이론으로 자결성 이론, 자기효능감 이론, 변화단계 이론을 살펴본다.

가. 자결성 이론

자결성 이론은 외적 보상이 내적 동기에 어떤 영향을 주는지를 알아보는 연구에 그 기원을 두고 있다. 외적 보상을 받으면 유능감(competence; 자신의 능력이 우수하다고 스스로 느끼는 정도)에 대한 정보를 얻을 수 있다. 운동을 열심히 한 결과 대회에서 상을 받았다면 자신이 운동을 잘한다는 사실을 확인하는 기회가 된다. 외적 보상은 통제(control; 자신이 스스로 결정한 것이 아니라 외부의 강요에 의해 결정되는 것)에 대한 느낌을 줄 수도 있다. 시합에 나가도록 하기 위해 회비 면제 등의 특별 혜택을 받았다면 시합 출전을 강요받은 것이 될 수도 있다. 이런 경우 통제의 느낌은 자결성(self-determination; 행동에 대한 결정이 외부의 강압이 아니라 자기 자신에 의해 내려졌다는 생각)을 떨어뜨려 내적 동기를 낮춘다. 외적 보상이 유능감에 대해 긍정적인 정보를 주고 자신이 스스로 통제력을 발휘한다는 정보를 주면 내적 동기가 높아진다. 하지만 그 반대인 경우는 내적 동기가 감소한다.

여기서 자결성이란 자신이 통제력을 얼마나 발휘하는가를 의미한다. 자기 스스로 결정해서 자발적으로 하는 행동이라면 자결성에 기초한 행동이다. 반면 외부의 강요에 의해 행동한다면 자결성이 떨어지는 행동이다. 자결성이 중요한 역할을 하기 때문에 '자결성 이론'이라 부른다. 자결성 이론은 다음과 같은 3가지 전제를 갖고 있다.

> **자결성 이론의 3가지 전제**
> - 사람들은 누구나 자결성의 욕구가 있다.
> - 사람들은 누구나 유능감의 욕구가 있다.
> - 사람들은 누구나 관계성의 욕구가 있다.

자결성 이론은 인간의 행동에 영향을 주는 동기에는 내적동기, 외적동기, 무동기가 있다고 본다. 자결성의 높고 낮음에 따라 세 동기가 배치된다(그림 5-10). 자결성이 가장 낮은 동기는 무동기이며, 내적 동기는 자결성이 가장 높은 쪽에 배치된다. 무동기는 동기가 없는 상태로 운동을 실천할 능력이 없다고 믿거나 운동에 가치를 전혀 두지 않는 상태를 의미한다. 내적 동기는 운동하는 것 자체가 좋아서 운동을 지속하는 것을 말한다. 내적 동기는 지식습득 동기, 과제성취 동기, 감각체험 동기로 나눌 수 있는데 모두 자결성의 수준이 높은 상태이다.

무동기와 내적 동기 사이에 외적 동기가 위치한다. 무동기에 가까운 외적 동기로 외적 규제가 있다. 자결성 수준이 약간 증가하면서 의무감 규제와 확인 규제가 위치한다. 3가지 외적 동기 모두 자결성 수준은 내적 동기 보다 낮다. 의무감 규제는 스스로 압력을 느껴서 운동하는 것을 말한다. 운동을 하지 않으면 죄책감이 생기기 때문에 운동을 한다면 의무감 규제가 동기가 된다. 확인 규제는 자신이 설정한 목표를 달성하는 것이 중요하기 때문에 운동하는 것을 말한다. 운동의 순수한 즐거움이 아니라 진로, 체력증진, 경기실적 등을 목적으로 운동을 한다면 확인 규제가 동기가 된다.

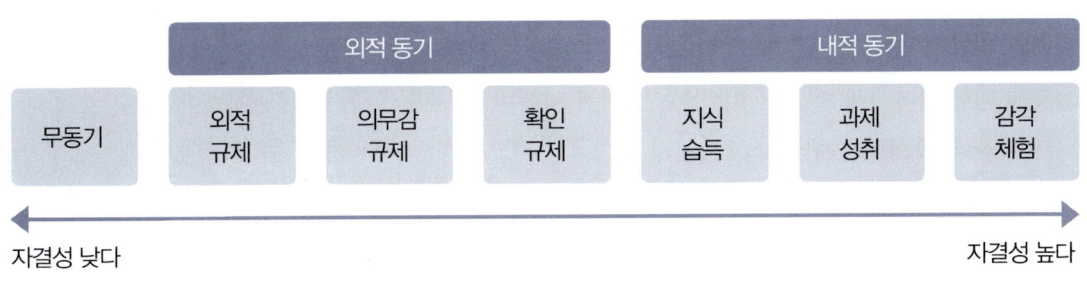

그림 5-10. 자결성 이론

변화단계가 높아질수록 자결성 수준이 높은 것으로 알려졌다. 즉, 실천단계와 유지단계에 속한 사람은 관심단계나 준비단계에 속한 사람보다 운동을 하는 데 있어서 자신의 통제력을 더 많이 발휘한다고 생각한다. 자결성이 높으면 운동을 지속적으로 실천하지만 낮으면 중도에 포기할 가능성이 높기 때문에 자결성을 키우는 지도 전략이 중요하다. 자결성 이론을 근거로 다음과 같은 중재전략을 제안한다.

- 운동 상황에서 회원들이 자결성을 많이 느끼도록 운동 프로그램에 회원의 의견을 반영한다.
- 자결성을 높이고 내적 동기를 끌어낼 수 있도록 성공 체험을 자주 할 수 있게 운동 목표를 설정한다.
- 운동의 목표를 설정할 때 지도자와 회원이 합의하면 목표에 대한 회원의 통제력이 높아진다.
- 운동에서 즐거움을 체험하면 내적 동기가 높아져 지속적으로 실천할 가능성이 높아진다.

나. 자기효능감 이론

자기효능감은 과거의 수행, 간접 경험, 언어적 설득, 신체와 정서 상태라는 4가지 원천에 의해 결정된다. 이들 4가지 원천을 중재에 활용하는 것이 가능하다. 이 중에서 과거의 수행, 즉 과거에 성공한 경험이 자기효능감의 형성에 가장 큰 역할을 한다. 운동 지도자는 회원의 자기효능감을 높여주는 방향으로 운동을 지도할 필요가 있다.

목표로 하는 행동을 한 번에 달성하기보다는 여러 하위 목표로 잘게 나눈 다음 하나씩 달성하는 방법이 효과가 높다. 단기적인 목표로 약간 어려운 목표를 세워 달성하면 성취감을 느끼고 자기효능감도 향상된다.

간접 경험은 다른 사람의 수행을 관찰하면서 배우는 것을 말한다. 모델링(modeling)은 간접 경험으로 좋은 학습법인데 모델이 수행자와 유사해야 하고, 노력을 통해 성취하는 긍정적인 과정을 보여주는 것이 중요하다. 예를 들어, 과체중인 학생이라면 다른 과체중인 학생이 축구를 하면서 득점 하는 장면을 본다면 축구에 대해 자신감이 높아질 것이다.

언어적 설득은 주어진 목표 달성을 위해 노력하라는 의미로 격려와 칭찬을 해주는 것을 말한다. 격려와 칭찬을 할 때에는 목표 달성에 비추어 향상된 점이 무엇인지를 알려주는 것이 바람직하다. 실수에 대해 지나치게 비난하거나 잘못한 것에 대해 혼을 낸다면 자기효능감이 떨어질 수 있다.

신체와 정서 상태는 운동 초보자에게 부정적인 피드백을 줄 가능성이 높다. 운동 중에는 호흡이 가빠지고, 심박수가 증가하며, 피로해지고, 근육에 통증이 생기는 것이 당연하다는 것을 이해하는 것이 중요하다. 이와 같은 신체적으로 불쾌하다고 느껴지는 증상에 대해 긍정적으로 해석하도록 지도할 필요가 있다.

다. 변화단계 이론

변화단계 이론이 운동실천에 주는 시사점은 개인을 운동 프로그램에 맞추는 것이 아니라 운동 프로그램을 개인의 심리적 준비도에 적합하게 맞추라는 것이다. 개인이 어느 단계에 속하는지 확인되면 다음 단계로 진전할 수 있도록 단계별에 적합한 중재전략을 사용할 수 있다.

- 무관심단계: 이 단계에 있는 사람에게 바로 운동을 체험하게 하는 것은 별 의미가 없다. 이들에게는 운동을 해야 하는 이유와 운동에 따른 혜택을 생각할 수 있도록 해야 한다. 특히 운동을 함에 따라 얻는 혜택이 무엇인지를 찾아내고, 운동을 못하도록 방해하는 요인을 찾아 대책을 마련하는 것이 이 단계에 속한 사람에게 필요한 일이다. 무관심단계에 있는 사람에게는 운동이 개인적으로 어떤 가치가 있으며 건강한 삶을 사는 데 운동이 중요하다는 것을 인식하도록 해준다.
- 관심단계: 무관심단계에 비해 운동의 가치를 인식한다는 점에서 차이가 난다. 하지만 아직도 운동에 대한 혜택 인식이 손실 인식보다 크지 않다. 운동에 따른 혜택이 무엇인지에 대해 추가적인 정보를 제공해주고, 계속해서 운동을 하지 않은 채 지내는 것이 어떤 기분이 드는지 생각해보게 한다. 이렇게 하면 운동에 따른 혜택을 더 많이 찾아내게 된다.
- 준비단계: 이들은 운동할 준비는 되어 있지만 실패에 대해 걱정한다. 운동 자기효능감도 아직 낮다. 이들에게 도움이 되는 것은 운동을 하는 생활방식에 대한 계획을 시작하게 해주는 것이다. 피트니스클럽 회비 알아주기, 운동을 일정에 어떻게 포함시킬 것인지 결정하기, 운동 장소 확인하기 등이 필요하다. 운동 프로그램을 어떻게 시작하는지에 대해 매우 구체적이면서 이해하기 쉬운 정보를 주는 것이다. 의도만 있고 실천으로 옮기지 못하는 이들에게 필요한 것으로 역할 모델, 지각된 방해 요인과 혜택, 자기효능감 등이 있다.
- 실천단계: 이들은 이미 운동을 실천해오고 있지만 아직 6개월이 되지 않아 이전 단계로 퇴보가 일어날 수 있다. 현재의 단계가 유지되도록 지속적으로 동기를 유발하고, 운동실천을 방해하는 요인을 극복하도록 도와준다. 이들에게 효과적인 중재전략으로 목표설정, 운동 계약을 들 수 있다. 스스로 격려하기, 연간계획 수립하기, 주변의 지지 구하기 등도 실천단계에 필요한 중재전략이다.
- 유지단계: 6개월 이상 운동을 해왔기 때문에 어느 정도 습관화에 접어들었다. 따라서 하위 단계로 내려가지 않도록 하는 데 중점을 두어야 한다. 운동을 못하게 만드는 방해 요인을 찾아 대책을 세워두는 방법이 도움이 된다. 운동을 빠뜨리지 않도록 일정 조정하기, 자신감과 웰빙 느낌 높이기, 다른 사람의 운동 멘토(mentor)가 되기 등과 같은 내적으로 충만감을 주는 활동을 하는 전략이 도움이 된다.

4. 행동수정 및 인지전략

가. 행동수정 전략

행동수정 전략은 운동을 지속적으로 실천하는 데 긍정적인 효과를 준다. 행동수정 전략은 운동 습관에 영향을 줄 수 있는 물리적 환경의 특정 요소를 변화시키는 데 중점을 둔다. 예를 들어 텔레비전 리모컨이 보이면 운동을 하기보다는 소파에 앉아 텔레비전을 보게 되는 단서가 될 수 있으므로 리모컨을 안 보이는 곳에 둘 수 있다.

- 프롬프트(단서): 프롬프트(prompt)란 원래 컴퓨터 모니터에서 입력을 기다리는 장소에 깜박거리는 신호를 말한다. 또는 연기나 연설을 할 때 어떤 말을 해야 하는지 알려주는 장치를 말하기도 한다. 언어적·비언어적 프롬프트를 이용하면 운동을 해야 한다고 알려주는 단서가 될 수 있다. 프롬프트를 사용하는 행동수정 전략은 운동을 하는 데 도움이 되는 단서를 더 많이 사용하는 데 있다. 포스터나 슬로건 붙여두기, 운동 용품을 눈에 띄는 곳에 두기, 사회적 지지 구하기, 매일 같은 시간과 장소에서 운동하기, 자동차 트렁크에 운동복 두고 다니기 등이 프롬프트의 예가 될 수 있다. 엘리베이터와 계단이 모두 있는 곳에서 계단 이용을 권장하는 안내판을 설치하는 것이 대표적인 프롬프트 활용 전략이다. 계단 이용을 권장하는 포스터를 게시하자 77%였던 계단 사용 비율이 85%로 올랐다. 하지만 포스터를 철거하자 다시 67%로 낮아졌다는 연구 결과도 있다(Vanden Auweele, Boen, Schapendonk & Dornez, 2005). 포스터 같은 단서를 제시하면 그 기간에는 행동에 변화가 나타난다는 것을 알 수 있다(그림 5-11).

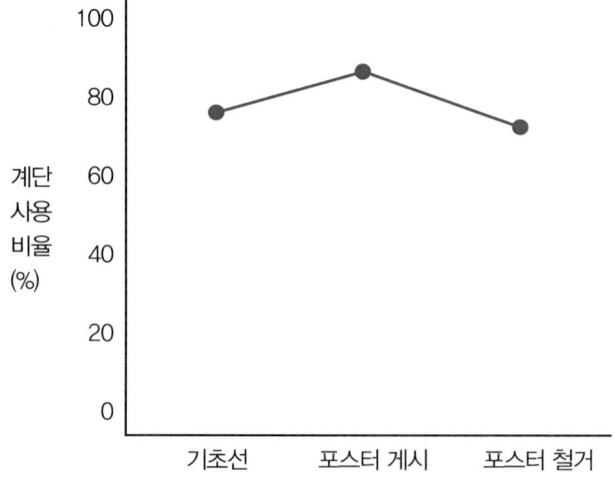

그림 5-11. 계단 사용을 권장하는 포스터 게시의 효과

- 계약하기: 운동 지도자와 운동에 관한 계약을 맺는 것도 운동을 촉진하는 데 도움이 된다. 계약 사항에는 기대되는 행동, 의무사항, 행동 변화에 대한 조건 등이 포함된다. 계약서를 작성할 때에는 현실적인 달성 목표를 설정하고, 목표 달성 기한을 정하고, 달성했을 때의 보상과 달성하지 못했을 때의 결과 등을 포함시킨다. 계약서는 여러 형식으로 작성할 수 있는데 계약서의 내용대로 운동을 실천하겠다는 의지를 담아 서명하게 한다. 계약서에 서명한 사람은 계약서 작성을 거부한 사람에 비해 출석률이 훨씬 높아졌다는 연구도 있다.
- 출석 게시: 출석이나 참석에 관한 사항을 공개적으로 게시하면 운동에 대한 동기를 높일 수 있다. 그래프나 차트 형식으로 게시하면 더욱 효과적이다. 출석이나 수행에 관한 피드백을 게시하는 것은 운동 프로그램의 후반기에 특히 효과적이다. 운동의 후반기에 이르면 향상도가 미미해서 흥미를 잃을 수 있기 때문이다. 자신의 출석이나 운동성과에 관한 사항에 공개되고 다른 사람이 본다는 것을 알면 더 높은 목표를 달성하기 위해 노력하게 된다.
- 보상 제공: 출석 게시와 함께 보상을 주는 것도 운동실천을 높이는 데 효과적이다. 매주 출석하면 1달러를 받거나 경품 응모권을 보상으로 받은 집단은 운동 출석률이 64%였는데, 아무런 보상을 받지 않은 집단은 40%에 불과했다(Epstein, Wing, Thompson & Griffiths, 1980). 보상을 주는 방식으로 여러 가지가 시도되었다. 가장 흔한 것이 먼저 회비를 납부하고 출석률이 좋으면 납부 금액을 보상으로 돌려받는 방식이다. 다음으로 회사와 개인이 회비를 분담할 수 있다. 하지만 회사가 회비 전액을 납부하면 출석률이 가장 낮다는 연구가 있다. 노력에 대한 보상이 아니라 일방적인 보상이므로 내적 동기를 끌어내지 못한 것이다.
- 피드백 제공: 긍정적인 피드백을 제공하면 운동 동기를 끌어낼 수 있다. 운동을 할 때마다 회원의 체중, 휴식 시 심박수, 운동 시 심박수, 걸은 거리, 달린 거리, 총 거리 등을 개인별로 기록할 수 있다. 이 기록을 매월 운동 지도자와 함께 평가하고 개인이 설정한 목표를 달성하면 월별로 시상을 할 수 있다. 이와 같은 피드백 제공 방법은 운동 참가와 출석률과 함께 운동 동기와 열정을 높이는 데 도움이 된다.

나. 인지 전략

운동 참가와 지속 실천에 도움이 되는 실용적인 인지 전략으로 목표 설정과 주의집중 전략을 들 수 있다. 이들 인지 전략은 외부 환경에 변화를 주는 것이 아니라 개인 내부의 생각에 변화를 주는 방법이다.

- 목표 설정: 목표 설정은 운동 참가와 지속 실천에 좋은 효과를 준다. 실제로 운동 지도자와 회원은 목표 설정을 중재 기법으로 널리 사용하고 있다. 목표 설정 기법을 적용할 때 몇 가지

지켜야 할 것이 있다. 첫째, 지도자가 일방적으로 정해준 융통성 없는 목표에 비해 회원이 스스로 정한 변화 가능한 융통적인 목표가 더 효과적이다. 지도자가 목표를 정했을 때 출석률이 67%인 반면, 스스로 목표를 정하면 출석률이 83%로 높아진다는 연구가 있다. 스스로 목표를 정한 사람들은 운동 프로그램이 종료되고 3개월이 지난 시점에 47%가 운동을 지속하고 있었다. 지도자가 목표를 정한 집단은 3개월 후에 28%만 운동하고 있었다.

- 내적 집중과 외적 집중: 운동 중에 어떤 생각을 하는지도 운동실천에 영향을 준다. 몸의 내부에서 오는 정보(호흡, 심박수, 근육)에 집중하는 방법을 내적 집중(association), 외부정보(경치, 사람, 음악)에 주의를 집중하면 외적 집중(dissociation)이라 한다. 운동을 할 때 내적 집중을 하는 것에 비해 외적 집중을 하면 출석률이 크게 오른다. 내적 집중의 출석률은 58%인 반면 외적 집중은 77%까지 높아졌다는 실험도 있다. 외적 집중으로 운동을 한 사람은 운동 프로그램이 종료된 3개월 후, 6개월 후까지도 내적 집중으로 운동을 한 사람보다 운동을 지속하는 비율이 월등히 높았다. 운동할 때에는 외부 정보에 주의를 집중하게 하면 피로감과 지루함을 덜 수 있고 장기적으로도 운동을 지속하는 데 도움이 된다.

다. 의사결정 전략

운동을 하겠다고 마음먹는 것이 쉽지 않고, 실제로 운동을 시작하는 것은 더 어렵다. 의사결정을 내릴 때 도움을 주는 기법으로 '의사결정 균형(decision balance)'이 있다. 이 방법은 운동을 시작함에 따라 얻을 수 있는 혜택과 손실을 표로 만드는 것이다. 마치 수입과 지출 내역을 적어 자금을 관리하는 기법과 유사하다. 의사결정 균형표를 작성할 때에는 자신에게 주는 혜택, 자신에게 주어진 손실, 남에게 주어지는 혜택, 남에게 주어지는 손실, 다른 사람으로부터의 인정, 다른 사람으로부터의 거절, 자기 인정, 자기 거절 등의 측면에서 운동이 주는 잠재적 혜택과 손실을 나열한다. 의사결정 균형표를 작성한 집단은 7주간 운동 프로그램에서 84%의 출석률을 보였고, 통제집단은 40%에 머물렀다는 결과가 있다. 운동이 주는 잠재적 혜택을 미리 인식하는 것이 운동실천에 도움이 됨을 알 수 있다.

라. 내적 동기 전략

운동실천율이 50%를 넘지 못하는 이유는 운동을 할 때 어떤 외적인 목적을 달성하는 데 집착하기 때문이라는 주장이 있다. 운동을 통해 미래의 목표를 달성하는 것에 집중하다 보면 흥미가 떨어지고 지속 실천에도 방해가 된다. 대신 운동을 할 때 개인에게 의미와 목표가 있는 것이 중요하고, 운동하는 그 순간과 느낌을 중시하는 것이 바람직하다고 본다.

- 운동 체험과 과정 중시하기: 최근 마음 챙김(mindfulness)에 대한 관심이 늘면서 운동을 하면서 운동하는 그 순간의 느낌과 과정을 중시하는 것이 꾸준히 운동을 하는 데 도움이 된다는 주장이 설득력을 얻고 있다. 체중 조절 같은 외적인 목표 때문에 운동을 하고 있다면 운동 체험 그 자체를 중시하는 것으로 집중 포인트를 옮길 필요가 있다. 운동이 주는 내적 체험에 집중할 수 있는 것은 심리기술이다. 운동을 할 때 마음 챙김 자세가 필요하고 어떤 미래의 목적을 달성하려고 하기보다는 운동 그 자체를 중시하라는 것이다. 운동에서 결과보다는 과정 자체를 중시하면 장기적으로 운동 지속 실천에 도움이 된다.
- 의미와 목적 찾기: 운동을 중도에 포기하는 사람들은 흔히 운동의 목적과 의미를 잃은 경우가 많다. 운동에서 의미를 찾기보다는 운동 프로그램으로 '처방'된 운동을 맹목적으로 하기 때문이다. 실제로 스포츠센터에서 하는 운동(예: 러닝머신, 웨이트트레이닝, 로잉, 자전거 타기, 수영)은 개인적으로 어떤 의미가 있는 운동이 아니라 프로그램으로 '처방'을 받은 의미 없는 운동인 경우가 많다. 운동에 의미(meaning)를 부여해야 장기적으로 꾸준하게 할 수 있다. 수십 년간 운동을 해온 사람들은 운동이 자신에게 어떤 의미가 있다고 말한다. 운동 지도자가 프로그램을 계획할 때에는 지도자가 처방하는 프로그램이 아니라 의미와 목적이 있는 운동이 되도록 회원의 요구와 흥미를 반영한다.

VI부
스포츠심리상담

상담은 심리학의 꽃이며 결정체이다. VI부에서는 스포츠와 운동분야에 적용되는 심리상담의 특징이 무엇이며 이에 대한 이론적인 배경이 제시되어 있다. 또한, 이를 바탕으로 실제 스포츠와 운동분야에 적용할 수 있는 현장지향적인 상담기법 등을 살펴볼 수 있다.

1장. 스포츠심리상담의 개념

학습목표

- 스포츠심리상담의 정의에 대해 알아본다.
- 스포츠심리상담의 이론에 대해 이해한다.
- 스포츠심리상담사의 역할과 윤리에 대해 이해한다.

1. 스포츠심리상담의 정의

스포츠심리학은 스포츠와 운동 상황에서 인간과 인간 행동을 과학적으로 탐구하고 그 지식의 현장 보급에 초점을 둔 운동과학(체육학)의 한 분야라고 정의(정청희·김병준, 2009)한 바와 같이 스포츠심리학은 스포츠와 운동 상황에서 연구와 현장 적용을 중요시하는 응용학문이라 할 수 있다. 스포츠심리학에서는 현장 적용의 중요성이 강조되면서 스포츠심리상담이라는 용어가 활용되기 시작하였다. 먼저 스포츠심리상담의 정의에 대해 알아보기로 한다.

가. 스포츠심리상담 정의

스포츠심리상담이란 "스포츠와 운동 상황에서 선수, 지도자, 일반 운동 참여자를 대상으로 심리기술훈련과 상담을 적용하여 경기력 향상과 인간적 성장을 위한 개입(intervention) 과정"이라고 정의할 수 있다.

스포츠심리상담에서 스포츠 상황이라는 경쟁 상황에서의 현장 적용에서는 운동선수와 코치 및 감독을 대상으로 하며, 경기력 향상에 초점을 둔다. 물론 운동선수와 지도자들의 인간적 성장을 위한 상담도 함께 적용된다. 스포츠 상황이 경쟁 상황이라면 운동 상황은 비경쟁 상황이라 할 수 있다. 물론 동호회나 건강 증진을 위해 운동을 하더라도 동호인대회나 생활체육대회에 참여하는 경

> **스포츠심리상담**
> 스포츠와 운동 상황에서 선수, 지도자, 일반 운동 참여자를 대상으로 심리기술훈련과 상담을 적용하여 경기력 향상과 인간적 성장을 위한 개입 과정을 의미한다.

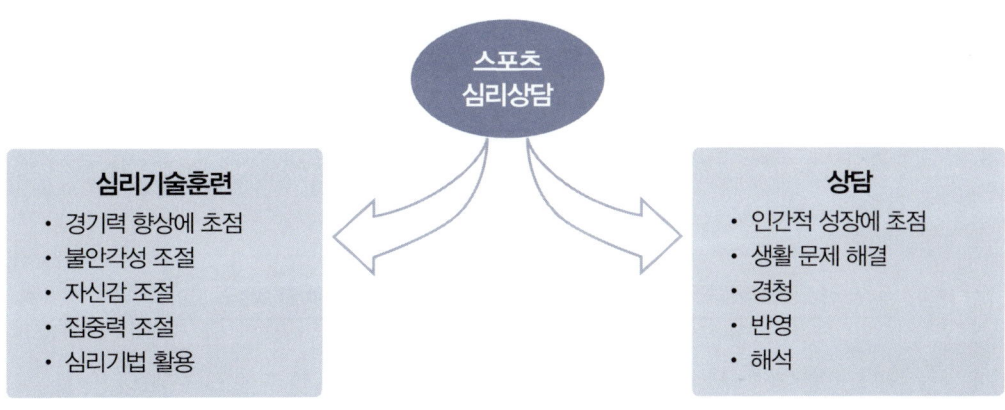

그림 6-1. 스포츠심리상담

우가 있기는 하지만, 운동 상황은 대부분 경쟁이 없는 경우이다. 이러한 일반 운동 참가자들을 대상으로 인간적 성장, 즉 건강 증진 및 삶의 질 향상을 목표로 노력하는 과정을 '운동상담'이라는 용어를 활용하여 정의하기도 한다. 운동 상황에서의 스포츠심리상담은 경기력 향상보다는 일반 운동 참가자의 인간적 성장에 초점을 둔다. 따라서 스포츠심리상담에는 스포츠 상황과 운동 상황에 참여하는 선수, 지도자, 일반 운동 참가자가 현장 적용의 대상이며 경기력 향상과 인간적 성장을 목적으로 한다. 이러한 차이점을 이해하고 대상에 따라 그 목표와 접근을 달리 적용하는 것이 적합하다.

1) 심리기술훈련(psychological skills training)

심리기술훈련은 다양한 심리기법을 연습하고 훈련하여 심리기술을 향상시키는 것을 의미한다(Vealey, 1986). 심리기술훈련은 경기력 향상을 위해 현장에서 적용되는데, 심리기술과 심리기법을 구분하여 이해해야 한다. 심리기술(psycholigical skills)은 선수의 심리 상태를 조절하여 최상 수행을 발휘할 수 있도록 하는 능력으로, 긍정적인 자기지각, 스트레스 대처, 불안 감소, 자신감 향상 등과 같은 긍정적인 변화가 수반된다(Vealey, 1986). 다시 말해, 시합에서 도달해야 하는 심리 상태로서 집중력, 의지력, 동기, 각성/불안 등이다(Vealey, 1994). 심리 기법(psychological methods)은 심리기술을 향상시키거나 시합에 적절한 상태에 도달하기 위해 사용되는 방법을 의미한다(한명우, 2005). 심리기술이 상위개념이며 심리기법이 하위개념으로, 심리기술 조절을 위하여 심리기법을 활용한다. 심리기법에는 혼잣말, 목표 설정, 심상, 루틴, 이완, 사고조절 등 다양한 방법들이 속한다(김병준, 2004). 심리기술은 심리기법을 통하여 조절되거나 향상될 수 있다. 선수들마다 경기에서 문제가 되는 심리기술이 있을 것이다. 예를 들면, 어떤 선수는 경기에서 자신감이 저하되기도 하고, 또 다른 선수는 주의가 산만해져서 집중력이 떨어지는 경우가 있다. 자신감 향상을 위하여 긍정적 혼잣말이나 과거 최고수행의 심상 등을 활용할 수 있으며, 이러한 다양한 기

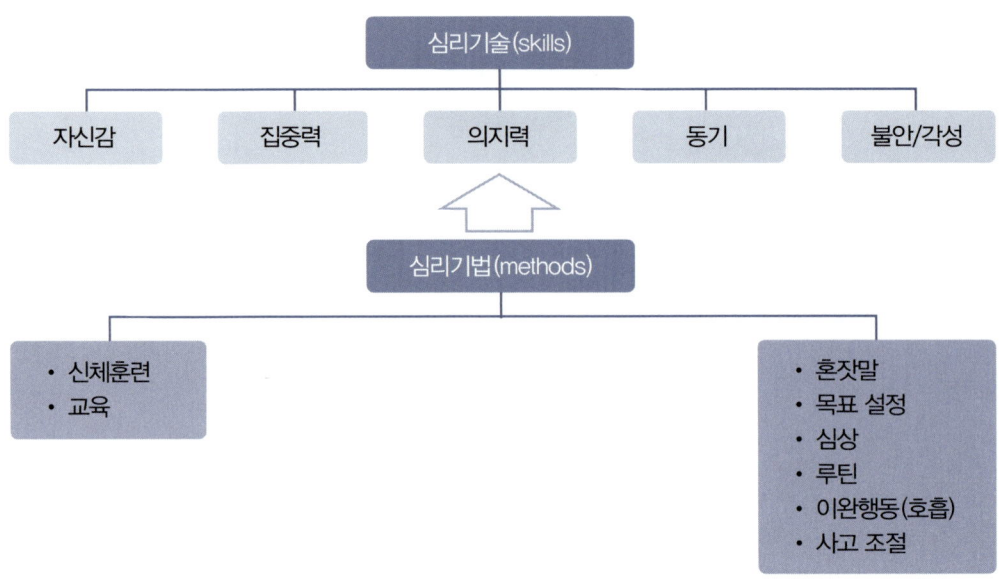

그림 6-2. 심리기술과 심리기법(김병준, 2014)

표 6-1. 심리기술과 심리기법(정청희 · 김병준, 2009에 기반을 두고 보완함)

심리기술과 심리기법의 구분		
심리기술	기초기술	의지 자각 자아존중감 자신감
	수행기술	최적 신체적 각성 최적 정신적 각성 최적 주의집중
	촉진기술	대인관계 기술 생활방식 관리
심리기법	기초기법	신체훈련 교육
	심리기술훈련방법	목표 설정 심상 신체 이완 사고 조절 혼잣말 루틴

* 심리기법에는 이외에도 다양한 기법을 활용할 수 있음

법들 중 그 선수에게 효과적인 기법을 찾아서 활용하는 것이 좋다. 집중력 향상을 위해서는 루틴이 자주 활용되는 기법인데, 루틴 안에 이미지, 행동, 단서 등을 활용할 수 있다.

2) 상담

상담은 "도움을 필요로 하는 사람이 전문적 훈련을 받은 사람과의 대면관계에서 생활과제의 해결과 사고, 행동 및 감정 측면의 인간적 성장을 위해 노력하는 학습과정"이라고 정의된다(이장호, 1998). 상담에 대한 정의는 인간에 대한 관점에 따라 학자마다 견해의 차이가 있으나, 여러 정의를 종합해볼 때 상담의 개념은 다음과 같이 정의할 수 있다(한국청소년개발원, 2004).

- 상담은 도움을 필요로 하는 내담자와 도움을 주는 상담자가 있어야 한다. 상담은 내담자나 상담자 중 어느 한 사람만 있어서는 성립되지 않는다. 상담자와 내담자가 개인 혹은 집단의 형태를 유지하며 양측 모두 존재할 때 상담이 성립될 수 있다.
- 상담은 전문적인 교육과 훈련을 받은 상담자에 의해 제공되는 전문적 활동이다. 상담관계는 일상적인 대인관계와 달리 상담자가 내담자를 긍정적인 방향으로 변화시킬 책임을 가지도록 수행하는 전문적 관계이다. 따라서 상담자는 이에 요구되는 전문적 지식과 기술을 갖추어야 한다.
- 상담은 상담자와 내담자 간의 상호협력 관계에 기초하고 있다. 바람직한 상담관계는 상담자와 내담자가 대등한 위치에서 상담에 임하고, 서로 합의에 의해 상담 목표를 설정하고 그것을 구체화한다.
- 상담은 의사결정과 문제해결에 관여한다. 상담에서 다루는 문제는 다양하지만 상담은 내담자의 의사결정과 문제해결에 직·간접적으로 관여한다. 내담자가 이러한 의사결정과 문제해결기술을 습득하도록 조력하는 것은 상담의 중요한 기능 중의 하나이다.
- 상담은 내담자가 새로운 행동을 학습하거나 새로운 태도를 형성하도록 돕는다. 내담자의 행동 변화는 상담의 효과를 측정하는 척도가 될 수 있다.
- 상담은 내담자의 문제를 예방하고 성장과 발전을 조력한다.

2. 스포츠심리상담의 이론

스포츠심리상담에 활용될 수 있는 이론은 매우 다양하다. 현장에서 더욱 효과적으로 스포츠심리상담이 지원되기 위해서는 다양한 이론을 이해하고 현장에 적합한 이론을 기반으로 스포츠심리상담을 적용해야 한다. 스포츠심리상담사마다 현장 적용의 접근이나 이론적 기반이 동일할 수는 없는데, 이론적 기반에 따라 스포츠심리상담 적용의 절차나 방법에서 차이가 생긴다. 즉, 이론적 모형에 따라 대상자를 대하는 방법과 태도, 문제의 진단과 해석 및 스포츠심리상담의 전 과정이 결정되기 때문에 이 이론적 모형은 중요한 의미를 지닌다(한명우, 2005 재인용). 이 장에서는 다양한 이론 중 인지재구성 모형, 교육적 모형, 멘탈 플랜 모형을 간략하게 설명하고자 한다.

가. 인지재구성 모형

인지재구성 모형은 합리적 정서행동치료로 알려진 Ellis의 REBT(Rational Emotive Behavior Therapy)의 심리상담 및 치료 이론에 기반을 둔다. 인지재구성 모형은 합리적 정서행동치료의 중심이 되는 ABDCE 이론 모형이다.

합리정서행동치료는 인간이 합리적이고 '올바른' 사고와 비합리적이고 '올바르지 못한' 사고를 할 수 있는 가능성을 모두 가지고 태어난다는 가정에 기초한다. 또한 이러한 사고나 신념이 정서와 행동에 영향을 미친다고 가정한다. 따라서 인간이 갖고 있는 비합리적인 신념이나 사고를 훈련이나 치료과정을 통해 합리적이고 이성적인 신념과 사고로 바꾸는 방법을 익히게 하여 결과적으로 동일한 상황에서의 정서적 행동적 반응이 합리적으로 바뀌게 한다.

ABCDE 모형은 REBT 이론과 실제의 중심이다. A는 사실, 사건, 개인의 행동이나 태도 등이다(activating event). B는 인간의 신념(belief)이며, C는 정서적·행동적 반응, 즉 결과(consequence)를 의미하며, 이 반응은 적절할 수도 있고 부적절할 수도 있다. A(활성화시키는 반응)가 C(결과)를 직접적으로 일으킬 수 없고, 그 사람의 신념인 B가 C의 원인이 된다.

그 사람이 갖고 있는 합리적인 신념을 논박(D: disputing)을 통하여 합리적인 신념으로 바꾸게 되면 그에 대한 반응으로 효과(E: Effect)가 나타나며, 이에 따라 적절한 정서적·행동적 반응을

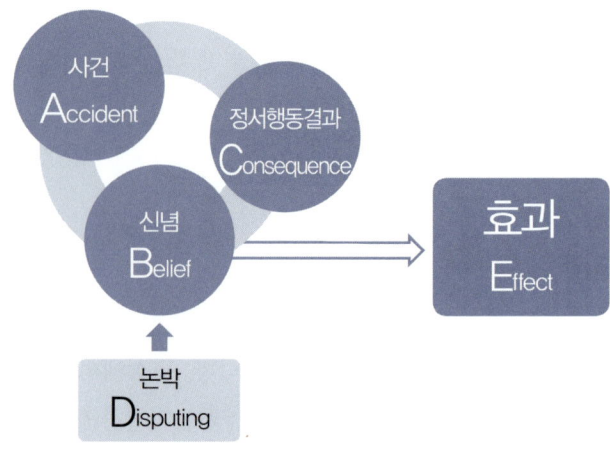

그림 6-3. 인지재구성 모형

하게 된다.

　REBT의 핵심은 사람들이 자신의 비합리적인 생각과 신념을 지각하고 이를 합리적인 생각과 신념으로 바꿀 수 있는 방법을 가르쳐주는 것이다. 이를 통해 자기 비난의 감정을 최소화할 수 있으며, 합리적인 생각과 신념에 따라 긍정적인 정서적·행동적 반응을 이끌 수 있다(조현춘·조현재, 2004)

　예를 들어, 어떤 체조선수가 마루의 한 동작에서 실수하고 난 후 "실수를 하고 말았어. 난 실수하면 안 되는데, 완벽해야 하는데, 실수했으니 나는 망했다. 나는 패배자다."라는 비합리적인 신념으로 인한 우울이나 자책을 하게 되면 다음 동작에도 부정적인 영향을 미친다. 이럴 때는 자신의 비합리적이며 역기능적인 신념을 반박하게 한다. "실수해서 아쉽긴 하지만, 경기가 끝난 것은 아니다. 실수에 대해 계속해서 나 자신을 비난하고 자책하는 것은 어리석은 짓이다." 이러한 반박을 통해 이 선수는 새로운 신념을 갖게 된다. "실수하고 나서 빨리 평정심을 회복하는 것이 더 중요하다."라는 생각과 신념을 갖게 되면 그다음 동작의 수행을 위해 빠르게 심리적 컨디션을 회복하여 경기에 임할 수 있게 된다. 스포츠심리상담사가 논박하는 부분을 먼저 예를 들어 선수의 생각을 바꾸고 난 후, 선수가 직접 활용할 수 있도록 연습하게 한다.

나. 교육적 모형

　교육적 모형은 심리기술훈련을 단계별로 나누어 훈련하게 하는 이론 모형이다. Butcher와 Rotella(1987)는 4단계 심리기술 교육 프로그램을 소개하였다. 이 모형은 폐쇄기술 종목에 적용하기 위해 개발되었는데, 심리기술 교육 프로그램의 4단계는 다음과 같이 구성된다. 1단계에서는 폐쇄기능을 역학적·생리적으로 분석하고, 2단계에서는 다양한 질문지를 활용한 선수의 심리적 분석, 3단계에서는 선수의 의지력 향상과 동기 부여, 4단계에서 심리기술(중재기법, 수행루틴) 개발로 구성된다. 교육적 모형은 스포츠심리상담을 계획하고 적용할 때 스포츠심리상담 절차로 참고하는 것이 적절하다고 생각된다.

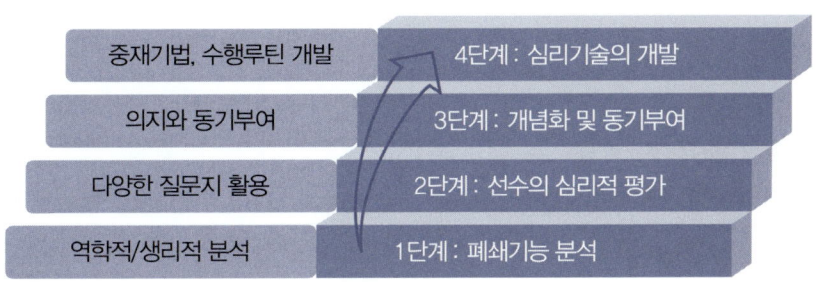

그림 6-4. 교육적 모형(Butcher & Rotella, 1987)

다. 멘탈 플랜 모형(한명우, 2005 재인용; Orlick, 1986)

마지막으로 멘탈 플랜 모형은 선수의 심리적 잠재력과 장점을 찾아서 이를 토대로 그 선수에게 맞는 멘탈 플랜을 구성해주는 것이 핵심이다. 이 모형은 선수들 대부분이 자신이 제일 잘한 시합(최상수행)과 제일 못한 시합(최저수행)과의 차이점에 대해 정확한 인식을 하지 못하고 있다는 데 착안하여 먼저 최고수행과 최저수행의 시합 회상을 실시하도록 한다. 이를 통하여 최고수행과 최저수행 사이에 나타나는 신체적·행동적·인지적·감정적 차이를 인식시킨다. 그런 다음 이 자료를 바탕으로 최고수행 시의 상태를 이끌어낼 수 있는 각종 심리기법을 선정하고 연습함으로써 선수가 최상수행 시의 상태에 근접할 수 있도록 한다(한명우, 2005).

라. 이론적 모형의 선택 시 고려할 사항(한명우, 2005)

스포츠심리상담을 계획하고 적용할 경우 스포츠심리상담사로서 이론적 모형을 선택할 때 고려할 사항은 다음과 같다(한명우, 2005). 이 장에서 제시한 이론 외에도 심리기술훈련이나 상담과 관련된 다양한 이론들이 존재하므로 종목과 선수의 심리적 상황에 적합한 이론을 이해하고, 다음의 사항을 고려하여 스포츠심리상담을 적용해보자.

- 심리학적 원리에 근거하고 있는가?
- 개인차를 중요시하고 있는가?
- 개인의 오감을 중시하는가?
- 개인의 장점 향상 및 단점 보완이 가능한가?
- 실제 상황에서 활용될 수 있는가?
- 선수의 요구가 우선시되는가?
- 다른 행동수정으로 전이가 가능한가?

3. 스포츠심리상담사의 역할과 윤리

스포츠심리상담사의 역할과 윤리는 다음과 같다.

가. 스포츠심리상담사의 역할

응용스포츠심리학회(AAASP: American Association of Applied Sport Psychology, 1989)에서 제시하고 있는 스포츠심리 현장 적용의 서비스 규정은 다음과 같다.

① 스포츠심리상담사들은 개인, 집단, 조직에 스포츠와 관련된 심리적 요인이 어떤 역할을 하는지에 대한 정보를 전달해줄 수 있어야 한다.
② 운동이나 스포츠 상황에 적용할 수 있는 인지, 행동, 사회심리 및 정서적 기술을 지도할 수 있어야 한다.
③ 운동이나 스포츠 상황에서 여러 심리적 요인의 이해와 측정, 경기력 향상을 위한 도움을 제공해주어야 한다.
④ 운동 지속 참여 방안, 의사소통, 집단응집력, 프로그램 개발 및 평가 등을 할 수 있어야 하고, 이러한 내용을 조직이나 집단, 개인을 위해 교육할 수 있어야 한다.

실제로 현장에서 선수들이 지각하는 최고의 스포츠심리상담사와 최악의 스포츠심리상담사에 관한 연구결과는 다음과 같다(장덕선·허정훈, 2004 재인용; Partington & Orlcik, 1991).

1) 최고의 스포츠심리상담사
- 선수 개인별 요구에 부합하는 융통성과 풍부한 전문적인 지식
- 친밀감(유대감) 형성
- 지속적인 심리훈련
- 선수 개인별 다차원적인 접근
- 경기 시즌, 전·중·후 지원

2) 최악의 스포츠심리상담사
- 대인관계 기술 부족, 적극성 부족
- 불편하며, 자존감이 너무 높아 보이고, 성격이 변덕스러움
- 스포츠심리학의 응용력과 개인의 욕구에 대한 민감성과 융통성 부족
- 선수와의 개인별 접근 제한
- 상담기술의 적절한 활용 부족
- 선수들의 시합이나 훈련 등의 준비기간에 대한 지식 부족으로 인한 부적절한 지원 타이밍
- 조사내용이나 상담결과에 대한 피드백 제공 없음

나. 스포츠심리상담사의 상담윤리

스포츠심리상담 시 고려해야 할 상담윤리는 한국스포츠심리학회에서 일반원칙 5조와 일반윤리 11조를 다음과 같이 제시하고 있다(한국스포츠심리학회, 2014).

1) 일반원칙

- 1조. 전문성

    1항. 스포츠심리상담사는 자신의 전문성(competence) 영역과 한계 영역을 명확하게 인식하여야 한다.

    2항. 스포츠심리상담사는 교육, 연수, 수련, 경험 등에 의해 충분히 자격을 인정받은 지식과 기법만을 제공해야 한다.

    3항. 스포츠심리상담사는 자신의 활동분야에 있어서 측정, 처치, 상담, 교육, 연구 등에 임할 때 해당분야의 최근 연구 동향과 정보를 숙지하고 있어야 한다.

    4항. 스포츠심리상담사는 전문가로서의 능력을 유지하고 개발시키기 위해 정기적 또는 비정기적으로 교육 및 지도감독을 받을 책무가 있다.

- 2조. 정직성

    1항. 스포츠심리상담사는 연구, 교육, 현장 적용에 있어서 성실, 정직, 공정해야 한다.

    2항. 스포츠심리상담사는 자격과 경력, 서비스 제공, 연구수행 등에서 정직해야 한다.

    3항. 스포츠심리상담사는 자격규정에 명시된 것 이상으로 자신의 자격을 과장하지 않는다.

- 3조. 책무성

    1항. 스포츠심리상담사는 비윤리적 행동을 하는 회원으로부터 공공의 안녕과 학회(KSSP)를 보호할 의무가 있다.

    2항. 스포츠심리상담사는 윤리기준을 준수하며 자신의 행동에 대한 책임을 진다.

    3항. 스포츠심리상담사는 비윤리적 행동의 예방과 종결을 위해 필요한 경우 윤리위원회에 의뢰한다.

    4항. 자격을 갖춘 스포츠심리상담사는 본 학회가 제정한 윤리규정에 서약한 것으로 간주한다.

- 4조. 인권존중

    1항. 스포츠심리상담사는 선수 및 고객의 사생활, 비밀, 자유의지에 대한 권리를 존중한다.

    2항. 스포츠심리상담사는 연령, 성, 국적, 종교, 장애, 언어, 사회경제적 지위 등 개인차를 존중한다.

    3항. 스포츠심리상담사는 상담과정 또는 종료 후에 고객을 부당하게 이용하거나 속이는 행위 등 윤리강령을 위반하는 행동을 해서는 안 된다.

- 5조. 사회적 책임
  - 1항. 스포츠심리상담사는 자신이 몸담고 있는 사회에 대한 전문적·학술적 책임을 인식한다.
  - 2항. 스포츠심리상담사는 공공의 복리를 위해 지식을 현장에 적용하고, 다양한 방법으로 널리 알린다.
  - 3항. 스포츠심리상담사는 연구할 때에도 공공의 복리를 증진시키고, 연구 참여자의 권리를 보호한다.

2) 일반 윤리

- 6조. 권력남용과 위협
  - 1항. 스포츠심리상담사는 선수, 지도자, 학생, 수련생, 고용인, 연구 참여자, 고객을 대상으로 권력을 남용하지 않는다.
  - 2항. 스포츠심리상담사는 상담에 참여한 사람으로부터 좋은 평가나 소감(증언)을 요구하지 않는다.

- 7조. 의뢰와 위임
  - 1항. 스포츠심리상담사는 고객의 이익을 최우선에 두고 상담을 진행하고 필요한 경우 다른 전문가에게 의뢰한다.
  - 2항. 스포츠심리상담사는 타인에게 역할을 위임할 때에는 전문성이 있는 사람에게만 위임하여야 하며 타인의 전문성을 확인하여야 한다.
  - 3항. 스포츠심리상담사는 자신과 고객의 신변의 변화 혹은 이동이나 재정적 문제 등으로 상담기간 중에 상담이 중단될 경우, 이에 대한 적절한 조치를 취해야 한다.

- 8조. 상담 비용
  - 1항. 스포츠심리상담사는 고객이나 상담 서비스 수혜자와 상담 비용에 대해 공식적으로 상담을 동의하기 전에 합의해야 한다.
  - 2항. 스포츠심리상담사는 상담 비용 문제에 있어 서비스 수혜자에게 지나친 요구를 해서는 안 된다.
  - 3항. 스포츠심리상담사는 상담 비용을 수혜자의 소득수준과 실정에 맞게 책정해야 한다.
  - 4항. 스포츠심리상담사는 상담비용 및 제반 문제로 상담이 제한될 경우 가능한 한 일찍 알려주어야 한다.
  - 5항. 스포츠심리상담사는 미래에 예상되는 업적(예: 메달 획득, 입상)을 기준으로 상담 비용

을 청구해서는 안 되며, 상담 비용 대신 상담 체험 소감(증언: "나로 인해 메달을 땄다")을 부탁해서도 안 된다. 단, 협회 및 공식기관으로부터 진행되는 상담인 경우에는 상담 비용이나 포상금 지급 등이 계약체력에서 동반될 수 있다.

- 9조. 물품
  1항. 스포츠심리상담사는 상담에 대한 대가로 상담료 이외의 물품이나 금품 보상을 받지 않는다.
  2항. 스포츠심리상담사는 감사의 표시로 기념품을 받을 때 그 물품이 제공한 서비스에 비추어 적당하며, 제공한 서비스에 대한 보상금이 아니라는 것을 확인해야 한다.
  3항. 스포츠심리상담사는 계약 이외의 상금이나 보상을 받아서는 안 된다. 단, 협회 및 공식기관으로부터 진행되는 상담인 경우에는 계약조건에 따라 달라질 수 있다.

- 10조. 부적절한 관계
  1항. 스포츠심리상담사는 알고 지내는 사람(가까운 친구, 친인척, 제자, 후배)과의 전문적인 상담 관계를 진행하지 않도록 한다.
  2항. 스포츠심리상담사는 상담, 감독을 받는 학생이나 고객과 이성 관계로 만나지 않는다.
  3항. 스포츠심리상담사는 미성년자 고객의 가족과는 개인적, 금전적 또는 다른 관계로 만나지 않는다.
  4항. 스포츠심리상담사는 특별한 경우를 제외하고는 고객과 상담실 밖에서의 사적인 관계를 유지하지 않도록 한다.

- 11조. 비밀보장
  1항. 스포츠심리상담사는 상담 과정에서 얻은 사생활과 비밀유지에 대한 개인의 권리를 최대한 존중해야 한다.
  2항. 스포츠심리상담사는 비밀 보장에 제한이 있거나, 상담과정에서 얻은 정보를 이용할 경우 미리 고객과 상의해야 한다.
  3항. 스포츠심리상담사는 상담에 참여한 선수, 지도자, 학생, 수련생, 고용인, 연구 참여자, 고객 등에 대한 개인 정보는 동의 없이 서면이나 언론을 통해 공개해서는 안 된다.
  4항. 스포츠심리상담사는 지도감독자, 사례 연구(case conference)에 참가한 모든 이들에게 고객의 사생활과 비밀이 보호되도록 주지시켜야 한다.

* 이외의 심리검사 및 기법의 활용과 적용, 상담 기록, 상담 동의서, 상담연구 수행, 포상과 징계에 관한 일반 윤리 조항(12~16항)은 한국스포츠심리학회의 스포츠심리상담사 연수교재를 참고하기 바란다.

2장 스포츠심리상담의 적용

학습목표
- 스포츠심리상담의 절차와 기법에 대해 알아본다.
- 스포츠심리상담의 실제(프로그램)에 대해 이해한다.

1. 스포츠심리상담의 절차와 기법

스포츠심리상담의 정의, 이론과 스포츠심리상담사가 하는 역할과 윤리에 대해 1장에서 설명하였다. 그렇다면 실제로 스포츠심리상담은 어떻게 진행되는지 절차와 기법에 대해 알아보기로 한다.

가. 스포츠심리상담의 절차

스포츠심리상담의 절차는 상담 전 단계, 상담 시작 단계, 상담 진행 단계, 상담 종결 단계의 4단계로 구성되며 단계별 내용을 간략하게 소개하면 다음과 같다(박혜주, 2014).

1) 상담 전 단계

경기력이 떨어지거나 슬럼프에 빠진 선수들, 이를 지도하는 코치 및 감독들, 운동이 잘 안 되는 일반 운동 참가자들은 이러한 심리적 문제를 해결하기 위해 전문가의 도움을 받는다. 지인을 통하거나 인터넷 홈페이지, 신문 등에 실린 스포츠심리상담자에게 전화 혹은 직접 방문하여 상담을 요청한다. 이러한 상담을 요청하는 내담자와 스포츠심리상담자의 공식적인 상담관계가 형성되는 과정을 '의뢰'라고 한다. 자발적인 의뢰는 내담자 본인이 요청하여 상담하게 되는 것이고, 비자발적 의뢰는 내담자의 주요 타자의 요청에 의해 상담하게 된다. 비자발적인 의뢰는 주로 선수의 부모나 지도자에 의해 이루어진다.

2) 상담 시작 단계

상담이 시작되고 1차 상담에서 2차 상담은 상담의 시작 단계라고 할 수 있다. 상담의 시작 단계는 내담자와 상담자 간의 신뢰가 형성되는 시기이므로 상담의 효과가 좌우되는 중요한 시기이다. 이 시기에는 신뢰 형성뿐만 아니라 내담자의 동의하에 상담의 목표를 설정하게 된다. 또한 상담 시작 단계에서 내담자의 심리 상태를 파악하기 위해 다양하고 적합한 질문지를 활용하여 심리 상태를 측정할 수도 있다. 그 결과를 분석하여 내담자 개인별 심리 프로파일을 만들고, 내담자의 심리적 장점 및 단점을 파악하여 앞으로 어떠한 스포츠심리상담 내용을 적용할지 결정하게 된다. 물론 질문지의 결과 분석 내용뿐만 아니라 상담을 통하여 내담자의 심층적인 심리 상태를 파악한다.

3) 상담 진행 단계

상담이 본격적으로 진행되는 시기로, 상담의 기법이 활용되고 심리기술훈련도 함께 적용되는 시기이다. 상담 기법은 아래에 설명되어 있다. 이 시기에는 상담실에서의 상담이 이루어지며, 현장에서도 함께 상담이 적용되는 시기이다. 즉, 선수를 대상으로 한 스포츠심리상담의 진행 단계에서는 선수가 참여하는 훈련장 및 경기장에 동행하여 선수의 훈련 및 경기 상황에서의 심리 상태를 파악할 수 있으며, 심리기술훈련 적용을 확인할 수 있다.

4) 상담 종결 단계

상담이 종결되는 단계에서는 상담 시작 단계에서 측정하였던 심리적 변인을 재측정하고 결과를 분석하여 시작 단계의 결과와 비교한다. 이를 통하여 상담 적용의 효과에 대해 검증하고, 양적인 검증뿐만 아니라 내담자와의 면담을 통해 상담을 통하여 어떠한 변화가 이루어졌는지 알 수 있다. 또한 상담 시작 단계에서 설정했던 목표 성취 여부를 평가한다.

나. 스포츠심리상담의 기법

스포츠심리상담에서 활용되는 심리기술과 심리기법은 3부 스포츠수행의 심리적 요인의 4~8장(목표 설정, 자신감, 주의집중, 루틴)에서 다루었다. 따라서 이 장에서는 스포츠심리상담 중 상담에서 활용되는 기법에 대해 설명하도록 한다. 상담에서 활용되는 기법은 신뢰 형성, 관심집중, 경청, 공감적 이해 등 여러 다양한 기법이 있지만, 이 장에서는 가장 많이 활용되고 있는 기법인 신뢰 형성, 관심집중, 경청, 공감적 이해에 대해 설명하고자 한다.

1) 신뢰 형성

상담 초기에 가장 중요한 상담기술은 상담자와 내담자 간에 신뢰관계를 형성하는 기술로, 이는 상담의 성립은 물론 상담 단계로 진행하기 위한 기초가 된다. 상담 초기에 내담자와 신뢰를 형성하는 데 도움이 되는 방법은 다음과 같다(신정택, 2009).

① 첫 상담 시 내담자가 원하는 것이 무엇인지 정확히 파악하고, 상담자가 도움을 줄 수 있다는

인상을 심어주어야 한다. 즉, 어떤 내담자는 상담자가 자신의 정신적 고민이나 감정을 들어주기를 바라는 반면, 다른 내담자는 운동을 통한 자신의 정신건강 향상이나 개인적 성장을 원한다. 이러한 점에서 상담 초기에 상담자는 스포츠나 운동 참여와 관련하여 호소하는 문제, 내담자가 상담에서 얻고자 하는 것, 내담자의 변화에 대한 동기 등을 정확하게 파악해서 그들에게 맞는 상담을 운영함으로써 내담자와의 신뢰 형성을 용이하게 할 수 있다.

② 상담자는 내담자가 상담의 효과에 대해 긍정적인 기대를 갖도록 해야 한다. 내담자뿐만 아니라 상담자 자신도 상담의 효과를 의심하는 경우가 있다. 스포츠심리상담의 경우 상담 자체가 내담자들에게 아직까지는 크게 알려져 있지 않기 때문에 충분히 검증된 결과나 뚜렷한 상담 효과를 알기 어렵다. 이러한 점에서 내담자가 상담에 대한 희망적이고 긍정적인 기대를 가질 수 있도록 분위기를 조성하여야 하며, 이러한 긍정적 기대를 통해 내담자와 신뢰가 형성되면 상담의 효과도 커지게 된다.

③ 상담자가 전문성을 가져야 한다. 상담자의 학위, 자격증, 면허의 종류와 등급, 전문가 훈련을 받은 기관의 지명도, 합리적인 언행 등을 통해 상담자의 전문성이 내담자에게 인식되었을 때 신뢰 형성이 보다 용이해질 수 있다.

④ 매력 또는 끌림(attractiveness)으로 상담자와 비슷한 출신 배경(고향, 학교, 운동종목), 비슷한 의견이나 언어의 사용, 상담자가 내담자를 평가하지 않고, 공감적이고 온화한 느낌이 들게 할 때 보다 신뢰 형성이 쉬워진다.

⑤ 상담자는 정직하고 솔직하며 비밀을 엄수해주고 진지하며 개방적이어야 한다. 또한 내담자로 하여금 상담자를 존경할 수 있고, 책임감이 있어 보이며, 이기적이지 않고 공정한 느낌을 주어야 신뢰가 형성될 수 있다.

2) 관심집중

상담자가 내담자에게 관심을 갖고 집중하는 것은 상담의 기본 조건이다. 내담자를 돕기 위해서는 내담자를 위해 무엇인가 하기 전에 내담자가 원하는 것이 무엇인지 정성껏 주의를 기울여서 들어야 한다. 내담자는 상담자가 온전하게 다른 잡념 없이 자신에게만 주의를 기울이고 심리적으로 함께 있기를 원한다. 즉, 주의집중은 상담자가 "내담자와 온전하게 함께하기"를 의미한다고 할 수 있는데, 이것이 내담자와 협조관계를 형성하는 디딤돌이 되어 문제의 이해와 필요한 정보들을 효과적으로 교환하게 된다(김계현, 2002).

내담자에게 관심을 집중하는 기술에는 내담자를 향해서 앉기, 개방적인 자세 취하기, 때때로 내담자를 향해 몸을 기울여 앉기, 적절하게 시선 맞추기, 긴장 풀기 등이 있다.

① 내담자를 향해서 앉기

상담자와 내담자가 앉는 각도와 관계없이 상담자의 얼굴과 몸은 내담자를 향하고 있어야 한다. 각국의 문화에 따라 차이가 있는 부분도 있지만, 공통적인 내용은 상담자의 얼굴과 몸이 내담자를 향하지 않으면 내담자에게 주의집중하고 있지 않다는 것을 의미하기 때문이다.

② 개방적인 자세 취하기

개방적인 자세란 팔짱을 끼거나 다리를 꼬지 않는 태도로 내담자에게 경청할 준비가 되어 있다는 느낌을 준다.

③ 때때로 내담자를 향해 몸을 기울여 앉기

평소 우리는 대화할 때 관심 있거나 재미있는 얘기를 들을 때 몸이 저절로 말하는 사람을 향해 기울여진다. 그러나 상담자의 상체가 계속해서 내담자를 향해 기울어져 있다면, 내담자가 불편해하거나 부담감을 느낄 수도 있다. 따라서 때때로 내담자를 향해 몸을 기울여 앉아 내담자의 말을 진지하게 집중하고 있음을 알게 한다.

④ 적절하게 시선 맞추기

상담자가 내담자와 적절하게 시선을 맞추기 위한 조건은 다음과 같다(김계현, 2002).

- 밝은 눈, 부드러운 눈, 부드러운 시선으로 내담자를 바라본다.
- 내담자가 말할 때는 그의 눈과 표정에 시선을 맞추되 눈을 노려보지 않는다.
- 상담자가 말하는 동안에도 내담자의 표정을 살펴서 반응을 읽도록 한다.
- 내담자가 자신이 관찰 받고 있다는 느낌을 받지 않도록 주의한다.
- 시종일관 내담자의 눈을 들여다보기보다는 가끔씩 시선을 옮기도록 한다.
- 내담자가 나와 시선을 맞출 때에는 나도 그에게 시선을 맞춘다.
- 내담자가 나와 시선을 맞추지 않을 때에는 그것이 단지 문화적 습관에서인지, 나와 대화하는 데 있어서의 불편함 때문인지 민감하게 파악하도록 노력한다.

⑤ 긴장 풀기

상담자가 긴장하는 모습을 보인다면 내담자가 편안하게 자신의 고민을 얘기하지 못할 것이다. 상담자는 신체의 일부분을 불안하게 움직이거나 딱딱한 표정을 짓지 말아야 한다. 이런 표정이나 동작은 내담자를 불안하게 하고 내담자로 하여금 상담자의 전문성을 의심하게 한다. 상담자가 몸과 표정에서 긴장을 푼 편안한 모습을 보여주는 것이 상담을 더욱 원활하게 한다.

사람마다 제각기 주의를 집중하는 방식이 다르기 때문에 상담자가 자신에게 적합하면서 내담자에게 주의를 기울인다고 느낄 수 있는 기술을 익히도록 해야 한다.

3) 경청

경청은 내담자의 언어적 메시지(말)뿐만 아니라 비언어적 메시지(표정, 손발의 움직임, 몸의 자세, 목소리 등)를 듣는 것을 의미한다.

① 비언어적 메시지 경청하기

상담자는 내담자의 말 이외의 비언어적 메시지에 주목해야 한다. 말 이외의 비언어 매체를 분류하면 다음과 같다(김계현, 2002).

- 눈: 시선, 눈 깜빡임, 눈물을 글썽임, 눈에 힘이 들어감 등
- 자세: 웅크림, 뒤로 젖힘 등
- 손발의 제스처: 손발의 움직임, 주먹을 쥠, 뒤통수를 긁적임 등
- 표정: 미소, 미간 찌푸림, 입술 떨림 등
- 목소리: 톤의 고저, 강약, 유창성, 떨림 등
- 자율신경계에 의한 생리적 반응: 얼굴이 빨개지거나 창백해짐, 급한 호흡, 동공 확대, 발한 등
- 기타: 복장, 화장, 두발 상태 등

내담자의 비언어적인 메시지는 내담자의 심정과 생각을 말보다 더욱 정확하게 나타내기도 한다. 비언어적인 메시지는 말보다 상대적으로 매우 즉시적이며 무의식적으로 나타나기 때문에 상담자는 이러한 비언어적인 메시지를 신속하게 관찰하고 알아차리는 민감성을 가져야 한다. 비언어적인 메시지를 통하여 내담자가 언어로 표현하는 메시지를 다시 한 번 확인할 수 있다. 또한 비언어적인 메시지는 언어메시지의 내용을 부정하거나 강조하는 경우가 있기 때문에 언어메시지의 내용과 비언어적인 메시지의 표현이 일치하는지 알아야 한다.

② 언어메시지 경청하기

내담자의 말에 의해 표현되는 언어메시지는 내담자의 사실이나 사건, 생각, 감정을 표현한다. 이 3가지 요소는 서로 관계를 갖고 얽혀 있을 수도 있고 구분될 수도 있기 때문에 상담자는 경청을 통해 내담자의 언어메시지의 의미를 이해할 수 있어야 한다.

③ 경청의 확인

내담자는 상담자가 자신의 메시지를 경청하고 있는 것을 다음과 같은 상담자의 태도 혹은 행동에 의해 확인한다.

- 적절한 고개의 끄덕임: 너무 자주 고개를 끄덕이는 것은 내담자에게 잘 듣지 않는 느낌을 줄 수 있으므로 상황에 적절하게 고개를 끄덕이는 것이 내담자로 하여금 상담자가 사려 깊게 경청하고 있음을 확인하게 한다.
- 단순한 음성반응: "아, 예, 응, 그랬군요, 그랬구나" 등의 음성반응은 상담자에게 경청 받는다, 이해받는다는 느낌을 줄 수 있다. 단순 음성반응 역시 시기적절하게 사용되어야 한다.
- 관심어린 질문: 사실, 사건, 정보에 관한 질문을 적절히 사용하는 것은 자신의 감정이나 느낌을 말로 표현하기 힘들어하는 내담자에게 효과적이다.
- 내담자의 말을 반복·요약: 내담자가 강조해서 한 말이나 상담자가 볼 때 중요한 부분이라고 생각되는 곳을 반복해주면 내담자가 자기표현을 하는 데 도움이 된다. 또한 요약은 지금까지 불분명했던 내담자의 심정을 좀 더 확실하게 인식할 수 있는 기회를 준다. 요약과 반복의 적절한 시기는 다음과 같다.
  - 내담자가 전달하려는 바가 분명하지 않을 때
  - 내담자가 다양한 주제, 내용, 상황, 사건 등을 한꺼번에 말하고자 할 때
  - 내담자가 너무 오래 말할 때
  - 내담자가 무슨 말을 하고 있는지 혼돈에 빠졌을 때
  - 상담자 역시 내담자를 충분히, 확실히 이해하고 있는지 의심스러울 때

4) 공감적 이해

공감은 누군가와 같은 입장이 되거나 그 사람이 느끼고 생각하는 바를 자신도 유사하게 혹은 같게 느끼는 상태를 의미한다(김계현, 2002). 내담자는 상담자의 공감하는 행위를 통해 자신이 몰랐던 감정, 행동 방식, 내포하고 있는 주제 등을 스스로 파악하게 되고 효율적인 해결책을 찾게 된다. 상담 시 공감적 반응의 질을 높이기 위한 방법들은 다음과 같다.

- 생각할 시간을 갖는다. 상담 경험이 부족한 상담자일수록 내담자가 말을 멈출 때 지나치게 빨리 공감적 반응을 하려고 서두른다. 지나치게 빠른 반응은 핵심 메시지를 찾기 위해 내담자의 말을 생각해볼 시간을 갖지 않았다는 의미이다. 전문가라 하더라도 내담자가 말한 의미를 찾기 위해서는 시간이 필요하다.
- 반응시간을 짧게 한다. 상담자가 연설을 하거나 내담자가 장황하게 말하도록 내버려두는 것보다 내담자와 대화를 나누는 것이 더 효과적이다. 대화할 때 상담자는 비교적 자주 반응하지만, 그 반응이 적절하지 못한 경우가 있다. 처음 상담에 임하는 사람은 정확하게 지각해야 한다는 생각 때문에 반응이 더디거나 뜸을 많이 들인다. 내담자가 말하는 핵심이 무엇인가에 대해 생각해보면 짧고 구체적이고 정확한 반응에 도움이 될 것이다.
- 내담자에게 맞게 반응하도록 자신을 지켜야 한다. 즉, 합리적인 방법으로 내담자와 정서적 어조를 나누어야 한다. 깊은 공감을 통해 내담자의 말, 내용, 감정, 비언어적 행동들의 내면에 있는 내용을 파악하려는 능력이 상담자에게 꼭 필요하다. 이를 통해 내담자가 전체적으로 보다 깊이 파악되고 이에 따라 내담자의 변화를 일으킬 구체적인 전략을 세우는 기반을 수립한다. 또한 내담자는 이를 통해 상담자에 대한 신뢰가 높아진다.

2. 스포츠심리상담의 실제

스포츠심리상담의 실제 사례로 개인 선수를 대상으로 한 사례, 운동 참여자를 대상으로 한 사례, 스포츠 팀을 대상으로 한 사례를 제시한다. 스포츠심리상담자마다 절차에 약간의 차이가 있으며, 상담의 기반이 되는 이론에도 차이가 있다.

가. 개인 선수를 대상으로 한 스포츠심리상담 사례
운동선수를 대상으로 스포츠심리상담을 적용한 사례를 참고하자(김병준, 2009).

1) 상담 요청
- 내담자: 선배의 말 때문에 감정기복이 심한 프로배구 세터
- 시합 직전에 선배의 말 한마디에 감정이 크게 동요되는 프로배구 세터. 세터의 역할이 중요한데, 감정 기복이 심해 위기 상황에서도 대처 능력이 떨어진다고 감독이 평가함
- 팀 선배가 한 말 때문에 기분이 나빠짐
- 말 때문에 감정이 크게 나빠져 시합 때 자신 있게 세터 역할을 하지 못함

2) 상담 진행 단계(1~3차 상담)
① 선수와의 상담을 통해 문제점 파악
- 선배가 지나가면서 하는 말을 지나치게 의식함
- 선배의 말 때문에 감정의 기복이 심하고 경기에까지 나쁜 영향을 줌
- 생각 바꾸기(인지재구성)가 필요한 전형적인 사례
- 2차 상담에서는 게임을 빨리 끝내야 한다는 부담감을 추가로 호소함

② 해결 방법
- 인지재구성(생각 바꾸기)
- 시합 직전 선배가 안 좋은 말을 했을 때(장난으로 했는데 나는 심각하다)
- "화내는 게 나에게는 도움이 전혀 안 된다. 나는 내가 할 수 있는 일만 하겠다. 선배의 생각, 행동을 바꾸는 일은 내가 할 수 있는 일이 아니다. 그러니 신경 쓸 필요가 없다. 내가 고칠 수 있는 그런 문제가 아니다. 다만 나는 내가 할 수 있는 일에만 집중한다."
- '내가 할 수 있는 일이 무엇인가?' 준비운동 루틴을 만들기로 함

3) 결과 및 평가
① 결과
- 시합 전 선배의 말은 시합을 잘하라고 하는 얘기이며, 잘해보자는 의미로 한 말이라고 해석
- 준비운동 루틴을 정하고 거기에 집중했더니 선배들도 터치하지 않음

② 평가
- 인지재구성을 이용한 합리적인 생각을 만드는 절차가 좋은 효과를 보임
- 선수 스스로 의미 있는 생각을 찾도록 유도해야 함

나. 일반인을 대상으로 한 스포츠심리상담 사례
일반인을 대상으로 스포츠심리상담을 적용한 사례를 참고한다(신정택, 2011).

1) 상담 요청
- 내담자: 42세 여자, 전업주부
- 살이 너무 쪄서 옷이 맞지 않고 무릎이 아픔
- 스트레스 시 과식

- 남은 음식은 자신이 해결

2) 상담 진행 단계(1~3차 상담)
① 상담을 통한 내담자 탐색(1차)
- 내담자가 자신의 사고, 감정, 행동을 탐색하도록 도와줌
- 첫 상담에서 내담자 자신이 다이어트를 얼마나 절실히 원하고 있는지를 느끼도록 함
- 다이어트 성공 결과와 관련된 식이습관, 생활패턴, 가족과의 관계, 스트레스 반응 형태 등을 탐색하도록 함
- 1차 상담 결과: 평상시 다이어트 노력, 무릎이 아프고 옷이 안 맞아 다이어트 원함, 가족과의 관계 좋음, 스트레스 받으면 먹는 습관, 남은 음식 먹기, 남편이 살을 뺐으면 좋겠다고 함, 자신의 상황 및 욕구를 정확하게 파악하게 됨

② 상담을 통한 내담자 통찰(2차)
- 내담자가 자신의 사고, 감정, 행동을 이해할 수 있도록 도와줌
- 보다 심층적으로 접근하여 자신의 사고, 감정, 행동을 글로 쓰게 하고 그것이 의미하는 바를 설명하도록 하였음
- 아이들 간식 시 자신도 먹는 식습관에 대해 식습관 기록을 통해 문제점을 인식하게 하거나 남편과 같이 운동을 하게 하였음
- 이러한 작업을 통해 운동 참가 동기수준이 향상됨
- 2차 상담 결과: 식습관의 중요성을 인식하고 철저히 지킴, 운동을 통해 자신의 긍정적인 변화를 스스로 지각하게 되어 운동동기 및 만족도 향상, 실제 체지방 및 몸무게의 변화를 수량으로 제시해줌으로써 운동 및 식이조절에 대한 내적 동기 증가

③ 상담을 통한 내담자 실행(3차)
- 내담자가 어떤 행동을 할 것인지 도와줌
- 식습관을 변화시키고, 규칙적으로 운동 참여를 하게 함
- 운동 참가 정도와 운동 참가를 통한 신체적 변화를 기록하게 함
- 체중 및 체지방 감소를 그림으로 나타내어 보여줌
- 식습관 및 생활습관이 긍정적으로 변화, 운동·영양·칼로리에 대한 지식으로 생활습관 변화 흡족
- 3차 상담 결과: 3개월 후 목표 체중 설정함, 스트레스를 받아도 폭식을 하지 않게 됨, 함

께 운동을 함으로써 남편과의 관계도 좋아짐

다. 팀을 대상으로 한 스포츠심리상담 사례

운동선수와 일반인을 대상으로 한 스포츠심리상담 사례와 더불어 스포츠 팀을 대상으로 한 사례를 참고한다(김영숙, 2009).

1) 상담 요청
 - 중학교 여자축구팀
 - 팀의 응집력이 떨어지고, 그에 따른 경기력 저하
 - 시즌 전 새로운 선수들의 영입에 따른 선수들 관계 서먹함

2) 상담 진행 단계(1~10차)
① 팀 응집력 향상 프로그램의 목표 선정
 - 청소년 여자축구팀을 대상으로 선수들의 요구를 분석한 결과, 팀 내 대인관계와 의사소통이 중요한 요인으로 나타나 이에 대한 프로그램의 목표를 설정하였다.

표 6-2. 팀 응집력 향상 프로그램의 목표

요인	문제	목표	세부목표
팀 내 인간관계	• 성격차이 • 이기주의 • 파벌 조성	• 긍정적인 인간관계 • 대인관계 기술 향상	• 자신 및 타인에 대한 정확한 이해 경험 • 수용, 존중, 공감의 경험 제공 • 친밀감 향상
의사소통	• 오해 • 비난 • 부정적인 감정표현 • 팀 목표 부재	• 긍정적인 의사소통기술 향상 • 훈련/경기 시 명확한 의사소통 향상 • 팀 목표 성취	• 명료한 의사소통 경험 • 긍정적인 표현 경험 • 훈련/경기 시 명확한 의사소통 경험 • 명확한 팀 목표 설정

② 팀 응집력 향상 프로그램의 구성
 - 청소년 여자축구팀을 대상으로 적용된 프로그램의 내용은 다음과 같이 구성하였다. 프로그램은 매주 1회, 총 10회, 1회기당 60~120분 실시하였다.

표 6-3. 팀 응집력 향상 프로그램의 구성 내용

단계	회기	내용	주제/목표	활동 내용
1단계	1	팀 구축 목표 설정단계	• 오리엔테이션 • 참여의지 유발	• 참여방법 및 프로그램 이해 • 나와의 약속 서약하기
	2		팀의 문제점 직면 및 이해	• 우리 팀 이해하기 • 팀이 직면한 문제점 토론하기
2단계	3	대인관계 변화단계	• 자신과 타인의 이해 • 친밀감 형성 • 존중, 수용 경험	• 별칭 짓기 • 둘씩 짝지어 서로에 대해 소개하기
	4			• '나는 어떤 사람인가?' 문장 완성하기
	5			• 나와 팀 동료의 가족 알기
3단계	6	의사소통 변화단계	• 의사소통 패턴 확인 • 명확한 의사소통 • 팀 목표 확인	• 팀 동료를 칭찬하기
	7			• 팀 목표 설정하기
	8			• 일상용어 발견하기(생활/훈련 시)
	9			• 팀 동료에게 감사하기 • 우리 팀에 대한 자부심 확인하기
	10			• 자신에게 카드 쓰기
종결			참가소감 나누기	• 참가소감 나누기/작별인사

3) 결과 및 평가

① 결과

- 팀 내 대인관계(자신과 타인의 이해, 존중 수용)가 변화됨
- 의사소통의 변화: 칭찬을 많이 함
- 사회응집력과 과제응집력의 향상
- 우리 팀이라는 의식이 생김

② 평가

- 집단상담 활동을 적용하여 선수들의 대인관계와 의사소통이 긍정적으로 변화함
- 선수의 성별, 연령별, 종목별 팀을 위한 스포츠심리상담 방법은 다양하게 적용되어야 함

참고문헌

[1부]

Adams, J. A. (1987). Historical overview and appraisal of research on the learning, retention, and transfer of human motor skills, Psychological Bulletin, 101, 41~74.

Clark, J. E. & Oliveira, M. A. (2006). Motor behavior as a scientific field: A view from the start of the 21st century. Brazilian Journal of Motor Behavior, 1(1), 1~19.

Dishman & Chambliss (2010). Exercise psychology. In J. E. Williams (Ed.), Applied sport psychology: Personal growth to peak performance (pp. 563-595). McGraw-Hill.

Fischman, M. G. (2007). Motor learning and control foundations of kinesiology: Defining the academic core. Quest, 59, 67~76.

Franz, S. I. & Hamilton, G. V. (1905). The effects of exercise upon the retardation in conditions of depression. American Journal of Insanity, 62, 239~256.

Gill, D. L. & Williams, L. (2008). Psychological dynamics of sport and exercise (3rd Ed.). Champaign, IL: Human Kinetics.

Henry, F. M. & Rogers, D. E. 1960). Increased response latency for complicated movements and a "memory drum" theory of neuromotor reaction. Research Quarterly, 31, 448~458.

Hoffman, S. (2013). Introduction to kinesiology: Studying physical activity (4th Ed.). Champaign, IL: Human Kinetics.

Kelso, J. A. S. (1995). Dynamic patterns: The self-organization of brain and behavior. Cambridge, MA: MIT Press.

Schmidt, R. A. (1975). A schema theory of discrete motor skill learning. Psychological Review, 82, 225~260.

Schmidt, R. A. (1991). Motor learning & performance: From principles to practice. Champaign, IL: Human Kinetics.

Thomas, J. R. & Thomas, K. T. (2009). Motor behavior . In S. Hoffman (Ed.), Introduction to kinesiology: Studying physical activity (4th Ed.) (pp. 209~235). Champaign, IL: Human Kinetics.

Vealey, R. S. (2009). Sport and exercise psychology. In S. Hoffman (Ed.), Introduction to kinesiology: Studying physical activity (4th Ed.) (pp. 237~263). Champaign, IL: Human Kinetics.

Vealey, R. S. (2009). Sport and exercise psychology. In S. Hoffman (Ed.), Introduction to kinesiology: Studying physical activity (4th Ed.) (pp. 237~263). Champaign, IL: Human Kinetics.

Weinberg, R. S. & Gould, D. (2007). Foundations of sport and exercise psychology. Champaign, IL: Human Kinetics.

[2부]

김선진. 운동발달의 이해(2011). 서울: 서울대학교.
김선진. 운동학습과 제어(2010). 대한미디어.
문화관광부. 국민생활체육활동참여실태조사(2012).
Ackerman, P. L. (1988). Determinants of individual difference during skill acquisition: Cognitive abilities and information processing. Journal of Experimental Psychology: General, 117, 288~318.

Bernstein, N. A. (1967). The co-ordination and regulation of movements. Oxford: Pergamon Press.

Fitts, P. M. & Posner, M. I. (1967). Human performance. Brooks & Cole, Belmont: California.

Fjortoft, I. & Sageie, J. The natural environment as a playground for children - Landscape description and analyses of a natural playscape (2000). Landscape and Urban Planning, 48 (1-2), 83~97.

Gabbard, C. P. Lifelong Motor Development (2011). San Francisco: Pearson Benjamin Cummings.

Gallahue, D., Ozmun, J. & Goodway, J. Understanding Motor Development: Infants, Children, Adolescents, Adults (2011). New York: McGraw-Hill.

Gentile, A. M. (1972). A working model of skill acquisition with application to teaching. Quest, Monograph, 17, 3~23.

Gentile, A. M. (1972). A working model of skill acquisition with application to teaching. Quest, Monograph, 17, 3~23.

Goodway, J. D. & Branta, C. F. Influence of a motor skill intervention on fundamental motor skill development of disadvantaged preschool children (2003). Research quarterly for exercise and sport, 74(1), 36~46.

Hellendoorn, A., Wijnroks, L., van Daalen, E., Dietz, C., Buitelaar, J. K. & Leseman, P. Motor functioning, exploration, visuospatial cognition and language development in preschool children with autism (2015). Research in developmental disabilities, 39, 32~42.

Houwen, S., Visscher, C., Hartman, E. & Lemmink, K. A. Gross motor skills and sports participation of children with visual impairments (2007). Research quarterly for exercise and sport, 78(2), 16~23.

Iverson, J. M. Developing language in a developing body: the relationship between motor development and language development(2010). Journal of child language, 37(2), 229~261.

Kugler, P. N., Kelso, J. A. S. & Turvey, M. T. (1980). On the concept of coordinative structures as dissipative structures: Theoretical lines of convergence. In G. E. Stelmach & J. Requin (Eds.), Tutorials in motor behavior (p.3~47). Elsevier: Amsterdam.

Lerner, R. M. & Overton, W. F. The handbook of Life - span Development (2010). New Jersey: John Wiley & Sons.

Magill, R. A. (2003). Motor learning and control: Concepts and applications (7th Ed.) New York: McGraw-Hill.

Newell, K. M. (1985). Coordination, control and skill. In D. Goodman, R. B. Willberg, & I. M. Franks (Eds.), Differing perspectives in motor learning, memory, and control (p.295~317), Amsterdam: North-Holland.

Poulton, E. C. (1957). On prediction in skilled movements. Psychological Bulletin, 54, 467~478.

Schmidt, R. A. & Wrisberg, C. A. (2004). Motor Learning and Performance(3rd Ed). Champaign, IL: Human Kinetics.

Shumway-Cook, A. S. & Woollacott, M. (2012). Motor Control: Translating research into clinical practice (4th Ed.). New York: Lippincott Williams & Wilkins.

Singer, R. N. (1980). Motor learning and human performance (3rd Ed.). New York: McGraw-Hill.

Thelen, E. Motor development as foundation and future of developmental psychology (2000). International Journal of Behavioral Development, 24(4), 385~397.

[3부]

김병준(2012). 강심장을 만드는 심리훈련. 서울: 엠에스디미디어.

김병준 · 성창훈. 청소년 스포츠 참가자 심층 이해(I): 스포츠 재미거리. 한국스포츠심리학회 1997; 8: 43~60.

김병준 · 정청희 · 김영숙 · 황진 외(2009). 스포츠심리학. 도서출판 무지개.

김병준 · 허정훈 · 문익수(2011). 다이내믹 스포츠운동심리학 역서. 대한미디어.

김병현(2010). 8장 주의집중. 1급 경기지도자 연수교재. 국민체육진흥공단 체육과학연구원.

김선진(2010). 운동학습과 제어. 서울: 대한미디어.
김성옥(1999). 스포츠 행동의 심리학적 기초. 도서출판 태근.
문익수·김병준·허정훈·최영준 공역(2011). 다이내믹 스포츠운동심리학. 대한미디어.
성창훈·김병준(1996). 청소년 운동선수의 스포츠참가동기 심층 분석. 한국스포츠심리학회지, 7(1), 153~172.
유진(1996). 운동선수들의 심리적 기술 검사지 개발. 한국체육학회지, 35(3), 107~124.
이강헌·구우영·정구인·정용각(2005). 운동행동과 스포츠심리학. 서울: 대한미디어.
정청희·김병준(1999). 스포츠심리학의 이해. 도서출판 금광.
정청희·김병준(2009). 스포츠심리학의 이해. 서울: 금광.
정청희·황진 외(2009). 스포츠심리학. 성격 편. 도서출판 무지개사.
황진(2011). 체육수업에서 자기핸디캡 만들기: 능력에 대한 암묵적 믿음과 성취목표성향의 역할. 한국체육학회지, 50(1), 57~69.
Ames, C. (1992). Achievement Goals, motivational climate, and motivational processes. In G. C. Roberts (Ed.), Motivation in sport and exercise (pp. 161~176). Champaign, IL: Human Kinetics.
Apter, M. J. (1984). Reversal theory and personality: A Review. Journal of Research in Personality, 18, 265~288.
Bandura, A. (1977). Self-efficacy: Toward a unifying theory of behavioral change. Psychological Reviews, 84, 191~215.
Bandura, A. (1977). Social learning theory. Englewood Cliffs, N. Y. : Prentice-Hall
Bandura, A. (1986). Social foundations of thought and action. Prentice-Hill, Inc., New Jersey.
Burton, D. (1988). Do anxious swimmers swim slower? Reexamining the elusive anxiety performance relationship. Journal of Sport and Exercise Psychology, 10(1), 45~61.
Butler, R. J. et al., (1992). The performance profiling. Journal of applied sport psychology, 5, 48~63.
Cattell, R. B. (1965). The scientific analysis of personality. Baltimore: Penguin.
Cleary, T. J. & Zimmerman, B. J. (2001). Self-regulation differences during athletic practice by experts, non-experts, and novices. Journal of Applied Sport Psychology, 13, 185~206.
Cohn, P. J., Rotella, R. J. & Lioyd, J. W. (1990). Effects of a cognitive-behavioral intervention on the preshot routine and performance in golf. The Sport Psychologist, 4, 33~47.
Cox, R. H. (1994). Sport Psychology, Concept and applications. Madison, Wisconsin, Brown & Benchmark Publishers.
Cox, R. H. (1994). Sport psychology: Concept and application. WCB, Brown & Benchmark Wisconsin.
Csikszentmihalyi, M. (1975). Beyond boredom and anxiety. San Fransisco: Jossey-Bass.
Deci, E. L. & Ryan, R. M. (1985). Intrinsic motivation and self-determination in human behavior. New York: Plenum.
Deci, E. L. The psychology of self-determination. Lexington, Mass.: D.C. Heath (Lexington Books), 1980.
Dillon, K. M., Minchoff, B. & Baker, K. H. (1985). Positive emotional states and enhancement of the immune system. International Journal of Psychiatry in Medicine, 15(1), 13~18.
Dweck, C. S. (1989). Motivation. In A. Lesgold and R. Glaser (Ed.), Foundations for a Psychology of Education. Hillsdale, NJ: Erlbaum.
Easerbrook, J. A. (1959). The effect of emotion on cue utilization and the organization of behavior. Psychological Review, 66, 183~201.
Ekkekakis, P. & Petruzzello, S. J. (2002). Analysis of the affect measurement conundrum in exercise psychology: IV. A conceptual case for the affect circumplex. Psychology of Sport and Exercise, 3, 35~63.
Friedman, H. S. & Schustack, M. W. (2003). Personality: Classic theories and modern research. Boston: Allyn & Bacon.

Gill, D. L., Gross, J. B. & Huddleston, S. (1983). Participation motivation in youth sports. International Journal of Sport Psychology, 14, 1~14.

Gould, D. & Krane, V.(1992). The arousal-athletic performance relationship: Current status and future directions. In T. S. Horn (ed.), Advances in sport psychology Champaign, IL: Human Kinetic Publishers.

Hanin, Y. L. (1980). A study of anxiety in sports. In W. F. Straub(Ed.), Sport Psychology : An analysis of sport behavior. Ithaca, NY. Mouvement.

Hardman, C. (1973). "Can there be an anthropology of children?" Journal of the Anthropology Society Oxford 4(I): 85~99.

Hardy, L. & Fazey, J. (1987, June). The inverted U hypothesis: A catastrophe for sport psychology. Paper presented at the meeting of the North American Society for the Psychology of Sport and Physical Activity, Vancouver, BC.

Harris, D. V. & Harris, B. L. (1984). The athlete's guide to sport psychology: Mental skills for physical people. New York. Leisure Press.

Harris, D. V. & Robinson, W. J. (1986). The effects of skill level on EMG activity during internal and external imagery. Journal of Sport Psychology, 8, 105~111.

Hollander, E. P. (1971). Principles and methods of social psychology(2nd ed.). New York: Oxford University Press.

Izard, C. E. (1991). Psychology of emotions. New York: Plenum.

Jones, G. (1995). Competitive anxiety in sport. In S. J. H. Stuart(Ed.), European perspectives on exercise and sport psychology. Champaign IL. Human Kinetics.

Keith Oatley & Jennifer M. Jenkins (1996). Understanding emotions. Malden, MA, and Oxford, UK: Blackwell (Reviewed. eg. BPPS Quarterly, March 1997; Contemporary Psychology, 1997, 42, pp.992~993).

Kelley, B. C. & Gill, D. L. (1993). An examination of personal/situational variables, stress appraisal, and burnout in collegiate-teacher coaches. Research Quarterly for Exercise and Sport, 64, 94~102.

Kerr, J. H. (1985). The experience of arousal: A new basis for studying arousal effects in sport. Journal of Sport Sciences, 3, 169~179.

Lang, P. J. (1977). Imagery in therapy: An information processing analysis of fear. Behavioral Therapy, 8, 862~886.

Lang, P. J. (1979). A bio-informational theory of emotional imagery. Psychophysiology, 16, 495~512.

Lefcourt, H. (2002). Humor. In C.R. Snyder, & S.J. Lopez (Eds.), Handbook of positive psychology: (pp. 619~631). New York: Oxford University Press.

Locke, E. A. & Latham, G. P. (1990). A theory of goal setting and task performance. Eaglewood Cliffs, NJ: Prentice-Hall.

Mahoney, M. J. & Avener, M. (1977). Psychology of the elite athlete: An exploratory study. Cognitive Therapy and Research, 1, 135~141.

Martens, R. (1987). Coaches guide to sport psychology. Champaign, IL. Human Kinetics.

Martens, R., Burton, D., Vealey, R., Bump, L. & Smith, D. (1990). The Development of State Anxiety Inventory-2 (CSAI-2). In R. Martens, R. S. Vealey, & D. Burton(Eds.), Competitive anxiety in sport. Champaign, IL.: Human Kinetics.

Maslach, C. & Jackson, S. E. (1986). Maslach Burnout Inventory: Second Edition. Palo Alto, CA: Consulting Psychologists Press.

Maslow, A. H. (1968). Toward psychology of being(2nd ed.). New York: Van Nostrand.

Morgan, W. P. (1980). The trait psychology controversy. Research Quarterly for Exercise and Sport, 51, 50~76.

Nicholls, J. G. (1984). Conceptions of ability and achievement motivation. In R. Ames & C. Ames (Eds.),

Research on motivation in education (Vol. 1). San Diego, CA: Academic Press.
Nideffer, R. M. (1976). Test of attentional and interpersonal style. Journal of Personality and Social Psychology, 34, 394~404.
Orbach, I., Singer, R. & Price, S. (1999). An attribution training program and achievement in sport. The Sport Psychologist, 13, 69~82.
Orlick, T. & Partington, J. (1986). Psyched: Inner view of winning. Ottawa: Coaching Association of Canada.
Robert M. Yerkes and John D. Dodson (1908). First published in Journal of Comparative Neurology and Psychology, 18, 459~482.
Russell, J. A. (1994). Is there universal recognition of emotion from facial expression? A review of the cross-cultural studies. Psychological Bulletin, 115, 102~141.
Sage, G. (1977). Introduction to motor behavior: A neuropsychological approach (2nd ed.). Reading, MA: Addison-Wesley.
Scanlan, T. K., Simons, J. P., Carpenter, P. J., Schmidt, G. W. & Keeler, B. (1993). The Sport Commitment Model: Measurement development for the youth-sport domain. Journal of Sport & Exercise Psychology, 15, 16~38.
Selye, H. (1956). "The stress of life." McGraw-Hill, New York.
Selye, H. (1974). Stress without distress. New York.: New American Library.
Sheldon, W. H. (1942). The variety of temperament. New York: Harper & Row.
Smith, K. C. P. and M. J. Apter, A Theory of Psychological Reversal. Picton, CHhippenham 1975.
Smith, R.E. (1980). A cognitive-affective approach to stress management training for athletes. In C. Nadeau, W. Halliwell, K. Newell, & G. Roberts (Eds.), Psychology of motor behavior and sport-1979 (pp. 54~73). Champaign, IL: Human Kinetics.
Spielberger, C. D. Theory and research on anxiety. In C. D. Spielberger(Ed.), Anxiety and behavior. New York: Academic press, 1966.
Spielberger, C. D., Gorsuch, R. L. & Lushene, R. E. (1970). Manual for the state-trait anxiety inventory. Palo Alto, CA: Consulting Psychologists.
Taylor, J. (2001). Prime sport: Triumph of the athlete mind. New York: iUniverse.
Vealey, R. S. (2005). Coaching for the inner edge. Morgantown, WV; Fitness Information Technology.
Weinberg, R. S. & Gould, D. (1999) Foundations of sport and exercise psychology (2nd ed.). Champaign, IL: Human Kinetics.
Weiner, B. Theories of motivation. Chicago: Markham, 1972.
Weiss, M. R. & Chaumeton, N. (1992). Motivational orientations in sport. In T. Horn (Eds.), Advances in sport psychology. Champaign, IL: Human Kinetics.

[4부]

김병준 · 정청희 · 김영숙 · 황진 외(2009). 스포츠심리학. 도서출판 무지개.
김병준 · 허정훈 · 문익수(2011). 다이내믹 스포츠운동심리학 역서. 대한미디어.
성창훈 · 홍준희 · 최은규(2004). 소년 스포츠 코치들이 지각하는 긍정적 코칭의 구성요소 및 장애요인. 한국스포츠심리학회지, 15(4), 151~168.
Albert, Edward. (1991). Riding a line: competition and cooperation in the sport of bicycle racing. Sociology of Sport Journal, 8(4), 341~361.
Allport, F. (1924) Social Psychology. Boston: Houghton Mifflin.
Aronson, E. (1988). The social animal (3rd ed.). New York: Freeman.

참고문헌

Bandura, A. (1986). Social foundations of thought and action: A social cognitive theory. Englewood Cliffs, NJ: Prentice-Hall, Inc.

Bandura, Albert (1973). Aggression: A Social Learning Analysis. Englewood Cliffs, NJ: Prentice-Hall.

Barnard, C. I. (1938). The Functions of The Executive. Harvard University Press.

Baron, R. A. & Richardson, D. R. (1994). Human aggression (2nd ed.). New York: Plenum.

Baumeister, Roy F. and Steinhilber, Andrew (1984), "Paradoxical effects of supportive audiences on performance under pressure: The home filed disadvantage in sports championships," Journal of Personality and Social Psychology, 47 (1), 85~93.

Beer, M. (1980). Organizational change and development: A systems review. Glenview, IL: Scott, Foresman.

Bond, C. F. (1982). Social facilitation: a self-presentational view. Journal of Personality and Social Psychology, 42, 1042~1050.

Brawley, L. R. & Paskevich, D. M. (1997). Conducting team-building research in the context of sport and exercise. Journal of Applied Sport Psychology, 9, 11~40

Bray S, Gyurcsik N, Culos-Reed S, et al. An exploratory investigation of the relationship between proxy efficacy, self-efficacy and exercise attendance. J Health Psychol 2001;6:425~34.

Bray, S. R., Gyurcski, N. C., Martin Ginis, K. A. & Culos-Reed, S. N. (2004). The proxy efficacy exercise questionnaire: Development of an instrument to assess female exercisers' proxy efficacy beliefs in structured group exercise classes. Journal of Sport and Exercise Psychology, 26, 442~456.

Brobst, B. & Ward, P. (2002). Effects of public posting, goal setting, and verbal feedback on the skills of female soccer players. Journal of Applied Behavior Analysis, 35(3), 247~257.

Bryan, J. H. & Walbek, N. H. (1970). The Impact of Words and Deeds concerning Altruism upon Children. Child Development, 41(3), 747~757.

Carron, A. V. (1980). Social Psychology of Sport. Ithaca, NY: Mouvement.

Carron, A. V. (1982). Cohesiveness in sport groups: Interpretations and considerations. Journal of Sport Psychology, 4, 123~138.

Carron, A. V. (1988). Group cohesion and individual adherence to physical activity. Journal of Sport and Exercise Psychology, 10, 127~138.

Carron, A. V., Colman, M. M, Wheeler, J. & Stevens, D. (2002). Cohesion and performance in sport: A meta analysis. Journal of Sport and Exercise Psychology, 24, 168~188.

Carron, A. V., Loughhead, T. M. & Bray, S. R. (2005). The home advantage in sport competitions: Courneya and Carron's (1992) conceptual framework a decade later. Journal of Sports Sciences, 23(4), 395~407.

Carron, A. V., Spink, K. S., & Prapavessis, H. (1997). Team building and cohesiveness in the sport and exercise setting: Use of interventions, Journal of Applied Sport Psychology, 9, 61~72.

Cartwright D. (1968). The nature of group cohesiveness. In Group Dynamics: Research and Theory, ed. D Cartwright, A Zander, pp. 91~109. London: Tavistock

Chaumeton, N. & Duda, J. (1988). Is it how you play the game or whether you win or lose? The effect of competitive level and situation on coaching behaviors. Journal of Sport Behavior, 11, 157~174.

Chelladurai, P. & Arnott, M. (1985). Decision styles in coaching: Preferences of basketball players. Research Quarterly for Exercise and Sport, 56(1), 15~24.

Chelladurai, P. & Carron, A. V. (1983). Athletic maturity and preferred leadership. Journal of Sport Psychology, 5, 371~380.

Chelladurai, P. & Saleh, S. D. (1978). Preferred leadership in sports. Canadian Journal of Applied Sport Sciences, 3, 85~92.

Chelladurai, P. (1980). Leadership in sports organizations. Canadian Journal of Applied Sports Science, 5(4), 226~231.

Chelladurai, P. Malloy, D., Imamaura, H. & Yamaguchi, Y. (1987) A cross-cultural study of preferred leadership in sports. Canadian Journal of Sport Sciences, 12(2), 106~110.

Chelladurai, P., Haggerty, T. R. & Baxter, P. R. (1989). Decision style choices of university basketball coaches and players. Journal of Sport and Exercise Psychology, 11, 201~215.

Coakley, J. J.. Issues and Controversies. Sport in Society. St Louis: C. V. Mosby. 1994.

Cottrell, N. B. (1972). Social facilitation. In C. G. McClintock (Ed.), Experimental social psychology. New York: Holt, Rinehart & Winston.

Courneya, K. S. & Carron, A. V. (1992). The home advantage in sport competitions: A literature review. Journal of Sport & Exercise Psychology, 14, 13~27.

Cox, R. H.(1994). Sport Psychology, Concept and applications. Madison, Wisconsin, Brown & Benchmark Publishers.

Cribbin J. J. (1972). Effective Managerial Leadership, American Management Association, Inc.

Danielson, G. E., K. P. Klaasen, and J. L. Anderson, Acquisition and description of Mariner 10 television science data at Mercury, J. GeophysR. es.,8 0, 2357–2393, 1975.

Davis, W. B. (1969). A review of the small fruit bats (Genus Artibeus) of Middle America. Southwestern Nat. 14: 15~29.

Dollard, Miller et al. (1939). The hypothesis suggests that the failure to obtain a desired or expected goal leads to aggressive behavior. Frustration and aggression, Yale University Press, New Haven, ISBN 0-313-22201-0

Donnelly, P. & Young, K. (1988). The construction and confirmation of identity in sport subcultures. Sociology of Sport Journal, 5, 223~240.

Evans, J. and Roberts, G. C. (1987). Physical competence and the development of children's peer relations. Quest, 38, 23~35.

Feltz, D. L., Chase, M. A., Moritz, S. E. & Sullivan, P. J. (1999). A conceptual model of coaching efficacy: Preliminary investigation and instrument development. Journal of Educational Psychology, 91, 765–776.

Fiedler, F. E.(1978). The contingency model and the dynamics of the leadership process. In L. Berkowitz (Ed.), Advances in Experimental Social Psychology. New York: Academic Press.

Forsyth, R. S. (1991). Towards a grounded morality. Changes 9(4), 264~278.

Frederick C. M., Morrison C. S., Collegiate coaches: an examination of motivation style and its relationship to decision making and personality. J Sport Behavior, 1999: 22: 221~233.

Fredricks, J. A. & Eccles, J. S. (2002). Children's competence and value beliefs from childhood through adolescence: Growth trajectories in two male-sex-typed domains. Developmental Psychology, 38, 519~533.

Gibbons, S. L. & Ebbeck, V. (1997). The effects of different teaching strategies on the moral development of physical education students. Journal of Teaching in Physical Education, 17, 86~99.

Gould, D. (1978, January 24). Values and ethics surrounding youth sports programs, as perceived by parents, coaches, officials, and administrators. Paper presented at the Michigan Recreation and Park Association Conference, Dearborn, MI.

Gould, D. R. & Weiss, M. (1981). The effects of model similarity and model talk on self-efficacy and muscular endurance. Journal of Sport Psychology, 3,17~29.

Hanson, P. G. & Lubin, B. (1988). Team building as group development. In W. B. Reddy & K. Jamison (Eds.), Team building: Blueprints for productivity and satisfaction. Alexandria, VA: National Institute for Applied Behavioral Science.

Hellison, D. (1995). Teaching responsibility through physical activity. Champaign, IL: Human Kinetics.

Hemphill, J. K. & Coons, A. E. (1957). Development of the leader behavior description questionnaire. In R. M.

Stodgill and A. E. Coons (Eds.), Leaderbehavior: Itsdescriptionandmeasurement,Columbus,Ohio:Bureau ofBusinessResearch,OhioStateUniversity, pp.6~38.

Holland, A. & Andre, T. (1994). Athletic participation and the social status of adolescent males and females. Youth & Society, 25(3), 388~407.

Hoover-Dempsey, K. V. and H. M. Sandler. 1996. "Parental involvement in elementary children's homework: Parameters of reported strategy and practice." Elementary School Journal 95: 435~450.

Horn T. S., Horn J. L. Family influences on children's sport and physical activity participation, behavior, and psychosocial responses. In: Tenenbaum G, Eklund RC, editors. Handbook of sport psychology. 2007. pp. 685~711.

Horn, T. S. (2002). Coaching effectiveness in the sports domain. In T.S. Horn (Ed.), Advances in sport psychology (pp. 309~354). Champaign, IL: Human Kinetics.

Johnson, D. W. & Johnson, R. T. (1992). Preparing children to live in an interdependent world. In A. Combs (Ed.), Cooperation: Beyond the age of competition, (pp. 193~202). Philadelphia, PA: Gordon and Breach.

Karau, S. J. & Williams, K. D. (1993). Social loafing: A meta-analytic review and theoretical integration. Journal of Personality and Social Psychology, 65, 681~707.

Karau, S. J. & Williams, K. D. (1995). Social loafing: Research findings, implications, and future directions. Current Directions in Psychological Science, 4, 134~140.

Kauss, D. (1980). Peak Performance. London: Prentice-Hall International, Inc.

Kim, B. J. & Gill, D. L. (1997). A cross-cultural extension of goal perspective theory to Korean youth sport. Journal of Sport and Exercise Psychology, 19, 142~155.

Kimiecik, J. C. & Horn, T. S. (1998). Parental beliefs and children's moderate-to-vigorous physical activity. Research Quarterly for Exercise and Sport, 69, 163~175.

Kimiecik, J. C. Horn, T. S. & Shurin, C. S. (1996). Relationships among children's beliefs, perceptions of their parents beliefs and their moderate to vigorous physical activity. Research Quarterly for Exercise and Sport, 67, 324~336.

Landers, D. M. & Lueschen, G. Team performance outcome and cohesiveness of competitive co-acting groups. International Review of Sport Sociology, 1974, 2, 57~69.

Latane, B., Williams, K. & Harkins, S. (1979). Many hands make light the work: The causes and consequences of social loafing. Journal of Personality and Social Psychology, 37, 822~832.

Lirgg, C. D. & Feltz, D. L. (1991). Teacher versus peer models revisited: Effects on motor performance and self-efficacy. Research Quarterly for Exercise and Sport, 62, 217~224.

Lorentzen, R., Werden, D. & Pietila, T. (1988). Incidence, nature, and causes of ice hockey injuries. The American Journal of Sports Medicine, 16 (4), 392~396.

Lorenz, K. (1966). On aggression. New York: Harcourt, Brace & World.

Lox, C. L., Martin Ginis, K. A. & Petruzzello, S. J. (2006). The psychology of exercise: Integrating theory and practice (2nd ed.). Scottsdale, AZ: Holcomb Hathaway.

Martens, R. (1979). About smocks and jocks. Journal of Sport Psychology. 1, 94~99.

McAuley, E. (1985). Modeling and self-efficacy: A test of Bandura's model. Journal of Sport Psychology, 7, 283~295.

McCullagh, P. & Weiss, M. R. (2001). Modeling: Considerations for motor skill performance and psychological responses. In R. N. Singer, H. A. Hausenblas & C. M. Janelle (Eds.), Handbook for sport psychology (pp. 205~238). New York: Wiley & Sons.

McCullagh, P. & Weiss, M. R. (2002). Observational learning: The forgotten psychological method in sport psychology. In J. L. Van Raalte & B.W. Brewer (Eds.), Exploring sport and exercise psychology (p.131~149). Washington, D. C.: American Psychological Association.

McCullagh, P., Stiehl, J. & Weiss, M. R. (1990). Developmental modeling effects on the qualitative and quantitative aspects of motor performance. Research Quarterly for Exercise and Sport, 61, 344~350.

McDonough, M. H. & Crocker, P. R. E. (2005). Sport participation motivation in young adolescent girls: The role of friendship quality and self-concept. Research Quarterly for Exercise and Sport, 76, 456~467.

Mullen, Brian and Carolyn Copper. (1994). "The Relation Between Group Cohesiveness and Performance: An Integration," Psychological Bulletin 115, 2 (March 1994).

Ouchi, William G. (1981). Theory Z: How American Business Can Meet the Japanese Challenge. Reading MA: Addison-Wesley Publishing Co.

Papaioannou, A. (1995) Motivation and goal perspectives in children's physical education. In S. J. H. Bibble (Ed.), European perspectives on exercise and sport psychology. Champaign, IL: Human Kinetics. Pp. 245~269.

Ram, N. & McCullagh, P. Self-modeling: Influence on psychological responses and physical performance. The Sport Psychologist, 2003, 17: 220~241.

Rejeski, W., Darracott, D. & Hutslar, S. (1979). Pygmalion in youth sport: A field study. Journal of Sport Psychology, 1, 311~319.

Sanders, G. S. (1981). Driven by distraction: an integrative review of social facilitation theory and research. Journal of Experimental Social Psychology, 17, 227~251.

Schachter, S., N. Ellertson, D. McBride and D. Gregory. 1951. "An experimental study of cohesiveness and productivity." Human Relations, 4(4), 229~238.

Schein, E. H. (1969). Process consultation. Reading, MA: Addison-Wesley.

Schwartz, B. & Barsky, S. F. (1977). The home advantage. Social Forces, 55, 641~661.

Silva, J. M. (1980). Understanding aggressive behavior and its effects upon athletic performance. In W. F. Straub (Ed.), Sport psychology: An analysis of athlete behavior (pp. 177~186). Ithaca, NY: Mouvement.

Smith, A. L. (1999). Perceptions of peer relationships and physical activity participation in early adolescence. Journal of Sport & Exercise Psychology, 21, 329~350.

Smith, A. L. (2003). Peer relationships in physical activity contexts: a road less traveled in youth sport and exercise psychology research. Psychology of Sport & Exercise, 4, 25~39.

Smith, A. L., Ullrich-French, S., Walker, E. G. & Hurley, K. S. (2006). Peer relationship profiles and motivation in youth sport. Journal of Sport & Exercise Psychology, 28, 362~382.

Smith, R. E., Smoll, F. L., & Hunt, E. B. (1977). Training Manual for the Coaching Behavior Assessment System (CBAS). JSAS Catalog of Selected Documents in Psychology, 7 (2).

Smith, R. E., Zane, N. W. S., Smoll, F. L. & Coppel, D. B. (1983). Behavioral assessment in youth sports: Coaching behaviors and children's attitudes. Medicine and Science in Sports and Exercise, 15, 208~214.

Starek, J. & McCullagh, P. (1999). The effect of self-modeling on the performance of beginning swimmers. The Sport Psychologist, 13, 269~287.

Steiner, I. D. (1972). Group process and productivity. New York: Academic Press.

Stogdill, R. M. (1948). Personal factors associated with leadership: A survey of the literature. Journal of Psychology, 25, 35~71.

Stogdill, R. M. (1950). Leadership, membership and organization. Psychologicalbulletin. 47, pp.1~14.

Tannenbaum, S. I., Beard, R. L. & Salas, E. (1992). Team building and its influence on team effectiveness: An examination of conceptual and empirical developments. In K. Kelley (Ed.), Issues, theory, and research in industrial/organizational psychology. Amsterdam: Elsevier.

Terry, P. C. (1984). The coaching preference of elite athletes competing at Universiade '83. Canadian Journal of Applied Sport Sciences, 9, 201~208.

Tharp, R. G. & Gallimore, R. (1976). "What a Coach can Teach a Teacher", Psychology Today, 9 (8): 75~8.

Triplett, N. (1898). The Dynamogenic Factors in Pacemaking and Competition. American Journal of Psychology, 9, 507~533.

Turner, E. E., Rejeski, W. J. & Brawley, L. R. (1997). Psychological benefits of physical activity are influenced by the social environment. Journal of Sport & Exercise Psychology, 19, 119~130.

Ullrich-French, S. & Smith, A. L. (2006). Perceptions of relationships with parents and peers in youth sport: independent and combined prediction of motivational outcomes. Psychology of Sport and Exercise, 7, 193~214.

Vallerand, R. J., Deshaies, P., Cuerrier, J. P., Brie`re, N. M. & Pelletier, L. G. (1996). Toward a multidimensional definition of sportsmanship. Journal of Applied Sport Psychology, 8, 123~135.

Varca, P. (1980). An analysis of the home and away game performance of male college Basketball teams. Journal of Sport Psychology, 2, 245~257.

Weinberg, R. S. & Gould, D. (1995). Arousal, stress, and anxiety. In R. S. Weinberg & D. Gould (Eds.), Foundations of sport and exercise psychology (pp. 91~113). Champaign, IL: Human Kinetics.

Weiss, M. R. & Smith, A. L. (2002). Friendship quality in youth sport: Relationship to age, gender, and motivation variables. Journal of Sport and Exercise Psychology, 24, 420~437.

Weiss, M. R. & Stuntz, C. P. (2004). A little friendly competition: Peer relationships and psychosocial development in youth sport and physical activity contexts. In M.R. Weiss (Ed.), Developmental sport and exercise psychology: A lifespan perspective. (pp.165~198). Morgantown, WV: Fitness Information Technology.

Widmeyer, W. N., Brawley, L. R. & Carron, A. V. (1985). The measurement of cohesion in sports teams: The group environment questionnaire. London, Ontario: Sports Dynamics.

Widmeyer, W. N., Dorsch, K. D., Bray, S. R. & McGuire, E. J. (2002). The nature, prevalence, and consequences of aggression in sport. In J. M. Silva and D. E. Stevens (Eds.) Psychological Foundations of Sport. Boston, MA: Allyn & Bacon.

Williams, J. M. & Widmeyer, W. N. (1991). The cohesion-performance outcome relationship in a coacting sport. Journal of Sport & Exercise Psychology, 13, 364~371.

Williams, K. D., Harkins, S. & Latane´, B. 1981. Identifiability as a deterrent to social loafing: Two cheering experiments. Journal of Personality and Social Psychology, 40, 303~311.

Winfrey, M. L. and Weeks, D. L. (1993). Effects of self-modeling on self-efficacy and balance beam performance. Perceptual & Motor Skills, 77: 907~913.

Woodcock, M. and D. Francis, Organisation Development Through Teambuilding: Planning a Cost Effective Strategy, Gower, Aldershot, 1981.

Xiang, P., McBride, R. & Bruene, A. (2003). Relations of parents' beliefs to children's motivation in an elementary physical education running program. Journal of Teaching in Physical Education, 22(4), 410~425.

Yukelson, D. (1997). Principles of effective team-building interventions in sport: A direct services approach at Penn State University. Journal of Applied Sport Psychology, 9, 73~96.

Yukl, G. (1989). Managerial leadership: A review of theory and research. Journal of Management, 15(2), 251~289.

Zajonc, R. B. (1965). Social facilitation. Science, 149, 269~274.

[5부]

김병준(2006). 운동심리학 이론과 활용. 무지개사.
김성옥·김병준·김경원·한명우·송우엽 역(2004). 운동심리학. 대한미디어.
유진·김종오(2002). 한국형 운동정서 척도의 개발과 타당화 검증. 한국스포츠심리학회지, 13(2), 103~117.
이강헌·김병준·안정덕(2004). 스포츠심리검사지 핸드북. 도서출판 무지개사.
정용각(2000). 여가운동 참가자 성격의 Big-5 요인과 정서의 관계 분석. 한국체육학회지, 39(4), 265~275.
Bandura, A. (1986). Social foundations of thought and actions: A social cognitive theory. Englewood Cliffs, NJ: Prentice Hall.
Bandura, A. (1997). Self-efficacy: The exercise of control. New York: Freeman.
Blumenthal, J. A., Emery, G. F., Walsh, M. A., Cox, D. K., Kuhn, C. M., Williams, R. B. & Williams, R. S. (1988). Exercise training in healthy type A middle aged men: Effects on behavioral and cardiovascular responses. Psychosomatic Medicine, 50, 418~433.
Burger, B. & Motl, R. (2001). Physical activity and quality of life. In R. Singer, H. Hausenblas, & C. Janelle (Eds.), Handbook of sport psychology (Vol. 2, pp. 636~670). New York: Wiley.
Cardinal, B. J. (1997). Constuct validity of stages of change for exercise behavior. American Journal of Health Promotion, 12, 68~74.
Carron, A. V., Brawley, L. R. & Widmeyer, W. N. (1998). The measure- ment of cohesiveness in sports groups. In J. L. Duda (Ed.), Advances in sport and exercise measurement (pp. 213~226). Morgan-town, WV: Fitness Information Technology.
Carron, A. V., Hausenblas, H. A. & Mack, D. (1996). Social influence and exercise: A meta-analysis. Journal of Sport and Exercise Psychology, 18, 1~16.
Carron, A. V., Widmeyer, W. N. & Brawley, L. R. (1985). The development of an instrument to assess cohesion in sport teams: The group environment questionnaire. Journal of Sport Psychology, 7, 244~266.
Courneya, K. S. & McAuley, E. (1995). Reliability and discriminant validity of subjective norm, social support, and cohesion in an exercise setting. Journal of Sport and Exercise Psychology, 17, 325~337.
Courneya, K. S., Bobick, T. M. & Schinke, R. J. (1999). Does the theory of planned behavior mediate the relation between personality and exercise behavior. Basic and Applied Social Psychology, 21, 317~324.
Eastabrooks, P.A., & Carron, A.V. (2000). The physical activity group cohesion in exercise classes. Group Dynamics, 4, 230~243.
Epstein, L. H., Wing, R. R., Thompson, J. K. & Griffiths, M. (1980). Attendance and fitness in aerobic exercise: The effects of contract and lottery procedure. Behavior Modification, 4, 465~479.
Fox, L. D., Rejeski, W. J. & Gauvin, L. (2000). Effects of leadership style and group dynamics on enjoyment of physical activity. American Journal of Health Promotion, 14, 277~283.
Godin, G. & Shephard, R. J. (1985). A simple method to assess exercise behavior in the community. Canadian Journal of Applied Sport Sciences, 10(3), 141~146.
Gruber, J. J. (1986). Physical activity and self-esteem development in children: A meta-analysis. In G. A. Stull & H. M. Eckert (Eds.), Effects of physical activity on children: A special tribute to Mabel Lee (pp. 30~48). Champaign, IL: Human Kinetics.
Jeffery, R. W., Wing, R. R., Thorson, C. & Burton, L. R. (1998). Use of personal trainers and financial incentives to increase exercise in a behavioral weight-loss program. Journal of Consulting and Clinical Psychology, 66, 777~783.
Lox, C. L., Martin Ginis, K. A. & Petruzzello, S. J. (2014). The psychology of exercise (4th Ed.). Scottsdale, Arizona: Holcomb Hathaway, Publishers.

Marcus, B. H., Rossi, J. S., Selby, V. C., Niaura, R. S. & Abrams, D. B. (1992). The stages and processes of exercise adoption and maintenance in a worksite sample. Health Psychology, 11, 386~395.

Martin, K. A. & Fox, L. D. (2001). Group and leadership effects on social anxiety experienced during and exercise class. Journal of Applied Social Psychology, 31, 1000~1016.

Morgan, W. P. (1979). Prediction of performance in athletics. In P. Klavora Y. J. V. Daniel (Eds.), Coach, athlete, and the sport psychologist (pp. 173~186). Champaign, IL: Human Kinetics.

Morgan, W. P. (1980). The trait psychology controversy. Research Quarterly for Exercise and Sport, 51, 50~76.

Petruzzello, S. J., Landers, D. M., Hatfield, B. D., Kubitz, K. A. & Salazar, W. (1991). A meta-analysis on the anxiety-reducing effects of acute and chronic exercise: Outcomes and mechanisms. Sports Medicine, 11, 143~182.

Prochaska, J. O., Velicer, W. F., Rossi, J. S., Goldstein, M. G., Marcus, B. H. Rakowski, W., et al. (1994). Stages of change and decisional balance for twelve problem behaviors. Health Psychology, 13, 39~46.

Rejeski, W. J., Best, D. L., Griffith, P. & Kenney, E. (1987). Sex-role orientation and the responses of men to exercise stress. Research Quarterly for Exercise and Sport, 58, 260~264.

Remington, N. A., Fabrigar, L. R. & Visser, P. S. (2000). Reexamining the circumplex model of affect. Journal of Personality & Social Psychology, 79, 286~300

Sallis, J. E. & Owen, N. (1999). Physical activity and behavioral medicine. Thousand Oaks, CA: Sage Publications.

Sallis, J. F., Haskell, W. L., Fortman, S. P., Vranizan, K. M., Taylor, C. B. & Solomon, D. S. (1986). Predictors of adoption and maintenance of physical activity in a community sample. Preventive Medicine, 15, 331~341.

Taylor, A. H. & Fox, K. (2005). Effectiveness of a primary care exercise referral intervention for changing physical self-perceptions over 9 months. Health Psychology, 24, 11~21.

Turner, E. E., Rejeski, W. J. & Brawley, L. R. (1997). Psychological benefits of physical activity are influenced by the social environment. Journal of Sport and Exercise Psychology, 19, 119~130.

Vanden Auweele, Y., Boen, F., Schapendonk, W. & Dornez, K. (2005). Promoting stair use among female employees: The effects of a health sign followed by an e-mail. Journal of Sport and Exercise Psychology, 27, 188~196.

Weinberg, R. S. & Gould, D. (2007). Foundations of sport and exercise psychology (4th ed.). Champaign, IL: Human Kinetics.

Weinberg, R. S. & Gould, D. (2007). Foundations of sport and exercise psychology. Champaign, IL:

Wills, T. A. & Shinar, O. (2000). Measuring perceived and received social support. In S. Cohen, L. G. Underwood & B. H. Gottlieb (Eds.), Social support measurement and intervention (pp. 86~135). New York: Oxford University Press.

[6부]

김계현(2002). 카운슬링의 실제. 서울: 학지사.

김병준(2004). 심리훈련의 설계와 실천절차. 제1차 스포츠심리상담사 자격연수 자료집, 87~95. 한국스포츠심리학회.

김병준(2009). 14장. 스포츠심리훈련의 설계와 절차. 스포츠심리상담. 한국스포츠심리학회.

김영숙(2009). 16장. 집단상담을 통한 축구팀 팀구축. 스포츠심리상담. 한국스포츠심리학회.

박혜주(2014). 스포츠심리 상담과정. 17차 스포츠심리상담사 자격연수 1·2급 자료집. 한국스포츠심리학회.

신정택(2011). 운동심리학. 5장 운동상담. 1급 생활체육지도자 연수교재. 국민체육진흥공단 체육과학연구원.
이장호(1998). 상담심리학. 서울: 박영사.
장덕선·허정훈(2004). 스포츠심리상담사 자격연수 참가자의 연수과정에 관한 평가분석. 한국스포츠심리학회, 15(4), 1~16.
정청희·김병준 (2009). 스포츠심리학. 서울: 태광.
조현춘·조현재(2004). 심리상담과 치료의 이론과 실제. 서울; 시그마프레스.
한국스포츠심리학회. (2009). 스포츠심리상담. 서울: 레인보우북스.
한국스포츠심리학회. (2014). 제7차 스포츠심리상담사 자격연수 자료집. 서울: 레인보우북스.
한국청소년개발원(2004). 청소년상담론. 서울: 교육과학사.
한명우(2005). 심리기술훈련 프로그램 개관. 스포츠심리학 핸드북. 305~333. 서울: 레인보우북스.
Association for the Advancement of Applied Sport Psychology. (1989). AAASP certification plan. Chapel Hill, NC: Author.
Butcher, S. H. & Rotalla, R. J. (1987). A psychological skills educational program for closed skill performance enhancement. The Sport Psychologist, 1, 127~137.
Orlick, T. (1986). In pursuit of excellence: Mental training for athletes. Champaign, IL; Human Kinetics.
Patrington, J. & Orlick, T. (1991). An analysis of olympic sport psychology consultants' best-ever consultation experiences. The Sport Psychologist, 5, 183~193.
Vealey, R. S. (1986). Imagery training for performance enhancement. In J. M. Williams(Ed.), Applied Sport Psychology: Personal growth to peak performance, (pp. 209~234). Palp Alto, CA: Mayfield Publishing Co.
Vealey, R. S. (1994). Knowledge development and implementation in sport psychology: A review of The Sport Psychologist, 1987-1992. The Sport Psychologist, 8, 331~348.

찾아보기

[ㄱ]

각성	96
강화	197
건강신념 모형	118, 248
경쟁 불안	96
공격성	25, 116, 223~227
공행	183
관중 효과	209
귀인	118, 123~125
긍정심리학	90
기분 상태 프로파일	87
기질	76

[ㄴ]

내적 규제	121
내적 동기	121, 264
놀람	91

[ㄷ]

다면적 인성 검사	82
다차원적 리더십 모형	192
동기 분위기	25
동기 손실	178

[ㄹ]

루틴	235
리더십	188, 206, 255
링글만 효과	177

[ㅁ]

모델링	204, 215
목표 설정	127
몰입	90
목표성향	25, 89

[ㅂ]

바이오피드백	20, 45, 108
변화단계 이론	250, 252, 264
불안	24, 82, 94
빙산형 프로파일	237

[ㅅ]

사고 정지	111
사회적 촉진	209
사회학습 이론	225
사회적 태만	177~180
상태 불안	95
성격	76, 281, 295
성취목표 성향	118
스트레스	32, 88, 96
신체적 자기개념	238
심리기술훈련	274~276, 279
심상	146

[ㅇ]

역U 이론	103
외적 규제	121, 265
외적 동기	121
욕구이론	102
응집력	176, 295
의사결정 전략	270
인지 불안	96
인지평가 이론	25, 88, 119

[ㅈ]

자기 개념	238
자결성 이론	264
자기효능감	25, 110, 249
점진 이완	109
조정 손실	179
주의 집중	270

[ㅊ]

참가동기	114
처벌	121, 122, 134, 202
추동이론	102

찾아보기

[ㅋ]
카타스트로피 ······································ 26, 106
코칭행동 평가 ·· 203

[ㅌ]
탈진 ································· 101, 221, 239
투사법 ·· 84
특성불안 ·· 95

[ㅍ]
파지 ······································ 16, 29, 217
피로 ·· 94, 243

[ㅎ]
학습된 무기력 ···································· 125, 202
합리적 행동 이론 ·· 247
확인 규제 ·· 265
혼잣말 ······································ 83, 130, 143

저자소개

황진
전북대학교 사범대학 체육교육과 교수

김상범
중앙대학교 체육대학 스포츠과학부 교수

김병준
인하대학교 사범대학 체육교육과 교수

김영숙
한국스포츠개발원 스포츠과학실 연구원